浙江省一流本科课程配套教材

高等院校土建类专业"互联网+"创新规划教材

路基路面工程

主　编　偶昌宝　林法力　段园煜
副主编　武金婷　李金柱　王婷静
参　编　骆卫忠　王大为　王战国
　　　　侯宏伟　吴志敏

内 容 简 介

本书内容全面新颖，算例详细丰富，基本理论和方法讲解透彻。全书共分为 10 章：总论、一般路基设计、路基边坡稳定性分析、挡土墙设计、路基防护设计、软土地基处理、沥青路面设计与计算理论、沥青路面结构验算与改建设计、水泥混凝土路面设计和路基路面排水设计。

本书可作为高等院校道路桥梁与渡河工程、土木工程、市政工程等专业的应用型本科教材和指导书，也可以作为注册土木工程师（道路工程）执业资格考试的培训教材，还可供道路工程设计、施工、管理人员学习参考。

图书在版编目(CIP)数据

路基路面工程 / 偶昌宝，林法力，段园煜主编 . —北京：北京大学出版社，2021.3
高等院校土建类专业 "互联网+" 创新规划教材
ISBN 978-7-301-32015-0

Ⅰ.①路… Ⅱ.①偶… ②林… ③段… Ⅲ.①路基工程—高等学校—教材②路面—道路工程—高等学校—教材 Ⅳ.①U416

中国版本图书馆 CIP 数据核字(2021)第 032772 号

书　　　　名	路基路面工程 LUJI LUMIAN GONGCHENG
著作责任者	偶昌宝　林法力　段园煜　主编
策 划 编 辑	刘健军
责 任 编 辑	于成成　刘健军
数 字 编 辑	蒙俞材
标 准 书 号	ISBN 978-7-301-32015-0
出 版 发 行	北京大学出版社
地　　　　址	北京市海淀区成府路 205 号　100871
网　　　　址	http://www.pup.cn　新浪微博：@北京大学出版社
电 子 信 箱	pup_6@163.com
电　　　　话	邮购部 010-62752015　发行部 010-62750672　编辑部 010-62750667
印 刷 者	北京市科星印刷有限责任公司
经 销 者	新华书店
	787 毫米×1092 毫米　16 开本　24.5 印张　585 千字 2021 年 3 月第 1 版　2023 年 6 月第 2 次印刷
定　　　　价	59.50 元

未经许可，不得以任何方式复制或抄袭本书之部分或全部内容。
版权所有，侵权必究
举报电话：010-62752024　电子信箱：fd@pup.pku.edu.cn
图书如有印装质量问题，请与出版部联系，电话：010-62756370

"路基路面工程"是道路桥梁与渡河工程、土木工程等专业非常重要的主干核心课之一，其内容多、涉及面广、实践性强，学习起来有一定难度。但是，在通识教育背景下，本门课程的学时一再压缩，甚至有些高校将学时压缩至30学时。而党的二十大报告明确指出，要努力培养造就更多大师、战略科学家、一流科技领军人才和创新团队、青年科技人才、卓越工程师、大国工匠、高技能人才，教材建设在实现人才培养目标过程中将起重要作用。此外，很多课堂上没有时间讲授的内容，需要课下通过教材去加强和完善，这就要求教材要全面一些、详细一些、透彻一些。因此，"全""新""详""透"就是本书的基本编写思路。

"全"——内容全面。本书涵盖了路基路面工程设计的大部分内容，像软土地基处理、泡沫混凝土等其他路基路面工程教材几乎不涉及的部分，本书也全部纳入。

"新"——内容新颖。本书按照新颁布的《公路路基设计规范》(JTG D30—2015)、《公路路面基层施工技术细则》(JTG/T F20—2015)、《公路水泥混凝土路面设计规范》(JTG D40—2011)和《公路沥青路面设计规范》(JTG D50—2017)编写。

"详"——算例详细。书中介绍的设计或案例全部给出算例，算例约占本书篇幅的20%，而且算例均给出全部的计算步骤，与一般教材中的介绍性例题具有本质区别。算例要详细并具有可操作性，学生才能够按照书中的介绍一步一步做出来。

"透"——基本理论和方法讲透。本书对路基路面工程设计的基本理论和方法力争做到讲清讲透，让应用型本科的学生能看懂和理解。对于涉及研究生阶段的理论，学生能借助于软件解出结果即可。

本书配置了互联网资源，老师和学生们可通过手机"扫一扫"功能对书中的二维码进行扫描识别，查看对应知识点的视频、动画和图文等，极大地丰富了学生的学习资源。本书标题后的"*"表示本章或本节内容为选学。

本书由浙江水利水电学院偶昌宝、台州学院林法力和合肥学院段园煜主编，浙大宁波理工学院武金婷、浙江省交通规划设计研究院有限公司李金柱和衢州学院王婷静副主编，并邀请企业人员参与编写，全书由浙江水利水电学院偶昌宝负责统稿。本书具体章节编写分工为：浙江水利水电学院偶昌宝编写第1章、第4章、第6章、第7章和第8章，浙大宁波理工学院武金婷编写第2章，台州学院林法力编写第 3 章，合肥学院段园煜编写第 5 章，浙江省交通规划设计研究院有限公司李金柱编写第 9 章，衢州学院王婷静编写第 10 章，航天建筑设计研究院有限公司骆卫忠参与编写第 10 章，温州市交通规划设计研究院王大为参与编写第 2 章，宁波杭州湾新区开发建设有限公司王战国参与编写第 6 章，浙江中宏检测技术有限公司侯宏伟参与编写第 8 章，东莞市水务技术中心吴志敏参与编写第 3 章。

本书在编写过程中，参考和引用了国内外大量文献资料，并得到浙江水利水电学院测绘与市政工程学院的大力支持和帮助，在此一并表示感谢。

由于时间仓促，加上编者水平有限，本书难免存在不足和疏漏之处，敬请各位读者批评指正，可添加交流群（qq：920867876）进行交流，以便再版时修改。

2021 年 2 月

目 录

第 1 章 总论 …… 1	思考题 …… 147
1.1 路基路面工程概述 …… 2	**第 5 章 路基防护设计** …… 148
1.2 路基的力学强度特性 …… 6	5.1 概述 …… 149
1.3 路基土的分类与工程性质 …… 14	5.2 坡面防护设计 …… 150
1.4 公路自然区划与路基干湿类型 …… 16	5.3 沿河路基防护设计 …… 157
1.5 路面结构及层位功能 …… 22	思考题 …… 159
1.6 路面分类 …… 25	**第 6 章 软土地基处理** …… 160
思考题 …… 27	6.1 土中应力和变形计算基本理论 …… 161
第 2 章 一般路基设计 …… 28	6.2 排水固结法处理软土地基 …… 176
2.1 路基概念及类型 …… 29	6.3 水泥土搅拌法处理软土地基 …… 195
2.2 路基横断面设计 …… 32	6.4 泡沫混凝土轻质路堤设计 …… 204
2.3 路床设计 …… 35	思考题 …… 213
2.4 路堤设计 …… 42	**第 7 章 沥青路面设计与计算理论** …… 214
2.5 路堑设计 …… 45	7.1 沥青路面分类与特点 …… 215
2.6 路基填挖交界处理 …… 48	7.2 交通荷载分析 …… 217
思考题 …… 50	7.3 沥青路面结构组合设计 …… 227
第 3 章 路基边坡稳定性分析 …… 51	7.4 材料性质要求和设计参数 …… 243
3.1 概述 …… 52	7.5 沥青路面结构计算理论* …… 258
3.2 高路堤稳定性分析 …… 56	思考题 …… 274
3.3 陡坡路堤稳定性分析 …… 62	**第 8 章 沥青路面结构验算与改建设计** …… 275
3.4 路堑边坡稳定性分析 …… 66	8.1 沥青路面结构验算 …… 276
3.5 软土地基路堤稳定性分析 …… 77	8.2 沥青路面改建设计 …… 294
3.6 浸水路堤稳定性分析 …… 78	8.3 沥青路面设计案例分析 …… 300
思考题 …… 86	思考题 …… 315
第 4 章 挡土墙设计 …… 87	**第 9 章 水泥混凝土路面设计** …… 316
4.1 挡土墙的类型及作用 …… 88	9.1 水泥混凝土路面分类与特点 …… 317
4.2 挡土墙的基本构造 …… 91	9.2 交通荷载分析 …… 320
4.3 挡土墙土压力计算 …… 96	9.3 水泥混凝土路面结构组合设计 …… 324
4.4 重力式挡土墙的构造与选择 …… 121	9.4 水泥混凝土路面接缝设计 …… 332
4.5 重力式挡土墙验算 …… 125	9.5 水泥混凝土面层配筋设计 …… 339
4.6 重力式挡土墙设计案例分析 …… 144	

9.6 水泥混凝土路面厚度设计 ………… 343
 思考题 …………………………………… 357
第 10 章 路基路面排水设计 ………… 358
 10.1 概述 …………………………… 359
 10.2 路界地表排水 ………………… 360

 10.3 路面内部排水 ………………… 369
 10.4 路界地下排水 ………………… 376
 思考题 …………………………………… 382
参考文献 ………………………………… 383

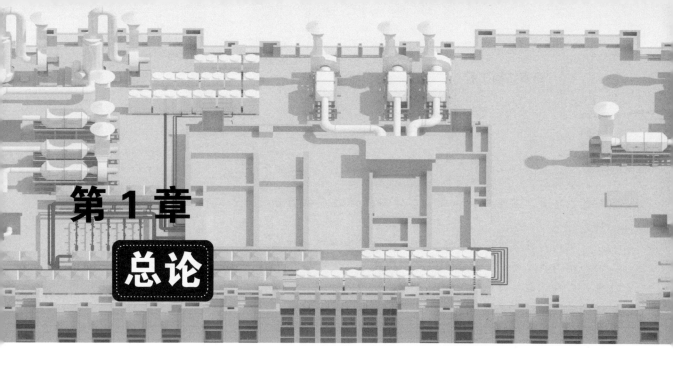

第 1 章 总论

教学目标

本章介绍基础性的内容。本章目标为,了解路基和路面的特点、要求和影响因素,公路自然区划;掌握路基工作区的概念和计算方法,路基结构性能指标的概念和测试方法,路基土的分类和性质,路基平衡湿度的概念和平衡湿度状况的确定方法,路面结构层位功能和路面分类。

教学要求

能力要求	知识要点	权重
能描述路基和路面的特点、要求和影响因素	路基和路面特点、设计要求、稳定性影响因素	5%
能描述路基工作区的概念 能进行路基工作区深度计算	路基受力状况、路基工作区	20%
能描述路基结构性能指标的概念和测试方法	回弹模量、动态回弹模量、加州承载比(CBR)	20%
能描述公路自然区划的大致情况	公路自然区划	5%
能判断路基平衡湿度状况 能确定路基平衡湿度	路基平衡湿度概念、路基平衡湿度状况	25%
能合理选用路基土	路基土的分类和性质	10%
能描述路面各个结构层的名称和功能 能描述路面分类	面层、基层、功能层的功能,路面分类	15%

> 引例

路的历史，应该与人类的历史一样漫长，有了人，也就有了路。《释名》曰："道者，蹈也；路者，露也。"也就是说，道路是经过人们长期行走而践踏出的没有长草的裸露路面。

中国的道路建设具有悠久的历史，也取得了辉煌的成就。在中国古代距今约4000年前的新石器晚期，就有记载役使牛马为人类运输而形成的驮运道。相传中华民族的始祖黄帝，因看见蓬草随风吹转，而发明了车轮，于是以"横木为轩，直木为辕"制造出车辆，对交通运输做出了伟大贡献，故尊称黄帝为"轩辕氏"。秦始皇统一六国后，大修驰道、直道，建立了规模宏大的道路交通网，秦直道被誉为人类"第一条高速公路"，其遗址如图1.1所示，是可与兵马俑和长城相媲美的伟大工程。

交通强国建设纲要

现在的中国，高速公路（图1.2）总里程数位居世界第一。根据中华人民共和国交通运输部的规划，到2020年高速公路总里程达到15万公里，基本覆盖城镇人口20万以上城市及地级行政中心。

道路的历史，就是路基路面的历史。路基路面在发挥道路功能方面具有决定性作用，因此，学好本课程意义重大。

图 1.1　秦直道遗址

图 1.2　高速公路

1.1　路基路面工程概述

1.1.1　路基路面工程的特点

路基和路面是道路的主要工程构造物。路基是在天然地表面上按照路线位置和一定技术要求修筑的带状构造物。路面是在路基顶面的行车部分用各种混合料铺筑而成的层状构造物。路基是路面结构的基础，坚强而又稳定的路基为路面结构长期承受行车荷载提供了重要的保证，而路面结构层的存在又保护了路基，使之避免直接经受车辆和环境因素的破坏作用，保持稳定状态。路基和路面相辅相成，是不可分割的整体，在实际中应综合考虑它们的工程特点、综合解决两者的强度及稳定性等工程技术问题。

路基路面工程是公路工程的主要组成部分，工程数量也十分可观。微丘区的三级公路每公里土石方数量为 8000~16000m^3，山岭、重丘区的三级公路每公里土石方数量可达 20000~60000m^3，对于高速公路，数量则更多。路面结构在道路造价中所占比重很大，一般都要达到 30% 左右。因此精心设计、精心施工，使路基和路面能长时间具备良好的使用性能，对节约投资、提高运输效益，具有十分重要的意义。

路基路面工程是一项线性工程，有的公路会延续数百公里，甚至上千公里。公路沿线地形起伏，地质、地貌、气候特征多变，再加上沿线城镇经济发达程度与交通繁忙程度不一，因此决定了路基路面工程复杂多变的特点。工程技术人员必须掌握广博的知识，善于识别各种变化的环境因素，恰当地进行处理，才能建造出理想的路基路面工程结构。

1.1.2 路基设计的一般要求

路基由路基结构和路基设施组成。路基结构是指路面结构层之下的带状岩土构造物，是路面的基础，主要承受由路面传来的行车荷载及各种自然因素的作用。路基设施是指为保证路基主体结构的性能而采用的必要附属设施，包括排水设施和防护支挡设施。在日常使用中要防止路基产生病害，保证公路运营安全。因此，路基除断面尺寸应符合设计规范要求外，还应满足下述要求。

① 具有足够的强度和刚度。公路上的行车荷载，通过路面传递给路基，对其产生一定压力，路面的重力及路基自重也给予路基和地基一定压力。这些压力都可使路基产生一定的变形，从而使路面遭到破坏，直接影响路面的使用品质。因此，要求路基具有足够的强度和刚度，能抵御外力产生的各种应力，并不产生超过容许范围的变形。

② 具有足够的整体稳定性。路基是直接在地面上填筑或挖去一部分地面建成的。路基建成后，改变了原地面的天然平衡状态。如在工程地质不良地区，修建路基可能加剧原地面的不平衡状态；开挖路堑使两侧边坡土体失去支撑力，可能导致边坡坍滑或滑坡；天然坡面特别是陡坡面上的填方路堤，可能因自重而下滑。对于上述种种情况，都必须因地制宜地采取措施保证路基的整体稳定性。

③ 具有足够的水温稳定性和耐久性。路基在地表水和地下水作用下，其强度将显著降低。特别是在季节性冰冻地区，由于水温状况（湿度与温度状况）的变化，路基将发生周期性冻融，导致路基强度急剧下降。因此，路基不仅要求具有足够的强度，而且还应保证在最不利的水温状况下，其强度不至于显著降低，即要求路基具有足够的水温稳定性和耐久性。

④ 应符合环境保护要求，避免引发地质灾害，减少对生态环境的影响。

1.1.3 路面设计的一般要求

为了保证道路最大限度地满足车辆运行的要求,提高行车速度、增强安全性和舒适性、降低运输成本和延长道路使用年限,路面应满足下述基本要求。

① 具有足够的承载能力。行驶在路面上的车辆,通过车轮把荷载传给路面,在路面结构内部产生应力、应变及位移。如果路面结构整体或某一组成部分的强度或抗变形能力不足以抵抗这些应力、应变及位移,则路面就会出现断裂、沉陷,还会出现波浪或车辙,使路况恶化,服务水平下降。因此,要求路面结构整体及其各组成部分都具有与行车荷载相适应的承载能力。

路面结构的承载能力包括强度和刚度两个方面。路面结构强度是指可以抵抗行车荷载引起的各个部位的各种应力,如压应力、拉应力、剪应力等,保证路面不发生压碎、拉断、剪切等各种破坏的能力。路面结构刚度是指路面在行车荷载作用下不发生过量变形,不发生车辙、沉陷或波浪等各种病害的能力。

② 具有足够的稳定性。路面结构袒露在大气之中,经常受到大气温度、降水和湿度变化的影响。路面结构的物理力学性质将随之发生变化,处于一种不稳定状态。路面结构能否经受住这种不稳定状态,而保持工程设计所要求的几何形状及物理力学性质,称为路面结构的稳定性。路面结构的稳定性包括高温稳定性、低温稳定性和水稳定性。

大气温度周期性的变化对路面结构的稳定性有重要影响,在高温季节,沥青路面软化,在车轮荷载作用下产生永久变形;水泥混凝土路面因结构变形产生过大内应力,导致路面被压曲破坏。在北方冰冻地区的低温冰冻季节,水泥混凝土路面、沥青路面、无机结合料稳定类基层由于低温收缩产生大量裂缝,最终失去承载能力。

大气降水使得路面结构内部的湿度状况发生变化,水泥混凝土路面如果不能及时将水分排出结构层,就会发生唧泥现象,冲刷基层,导致结构层提前破坏;沥青路面中水分的侵蚀,会引起沥青结构层剥落,结构松散。因此,路面的防水、排水是确保路面稳定的重要方面。

③ 具有足够的耐久性。路面工程投资大,从规划、设计、施工至建成通车需要较长的时间,对于这样的大型工程都应有较长的使用年限要求,一般的道路工程使用年限要求至少为数十年,因此路基路面工程应具有耐久的性能。

路面在行车荷载的反复作用与大气水温周期性的重复作用下,路面使用性能将逐年下降,强度与刚度将逐年衰变,路面材料的各项性能也可能由于老化衰变,从而引起路面结构的损坏。因此,提高路面的耐久性,保持其强度、刚度及几何形状经久不衰,除了要精心设计、精心施工、精选材料之外,还要把长年的养护、维修、恢复路用性能的工作放在重要的位置。

④ 具有足够的表面平整度。路面表面平整度是影响行车安全性、舒适性及运输效益的重要性能。不平整的路面会增大行车阻力,并使车辆产生附加的振动作用。这种振动作用会造成行车颠簸,影响行车的速度和安全,也影响驾驶的平稳和乘客的舒适。同时,振动作用还会对路面施加冲击力,从而加剧路面和汽车机件的损坏和轮胎的磨损,并增加油料的消耗。而且,不平整的路面还会积滞雨水,加速路面的破坏。

因此，为了减小振动冲击力，提高行车速度和增加行车舒适性、安全性，路面应保持一定的表面平整度。

路面的表面平整度同整个路面结构和路基顶面的强度、抗变形能力有关，同时也和结构层所用材料的强度、抗变形能力及均匀性有很大关系。强度和抗变形能力差的路面结构和面层混合料，经不起车轮荷载的反复作用，极易出现沉陷、车辙和推挤破坏，从而形成不平整的表面。

⑤ 具有足够的表面抗滑性。路面要求平整，但不宜光滑，汽车在光滑的路面上行驶时，车轮与路面之间缺乏足够的附着力或摩擦力。雨天高速行车、紧急制动、突然起动或爬坡、转弯时，车轮易产生空转或打滑，致使行车速度降低，油料消耗增加，甚至引起严重的交通事故。因此，对于公路行车道的路面，要求其具有较高的抗滑性。

路面的表面抗滑性可以通过采用坚硬、耐磨、表面粗糙的粒料组成路面表面材料来实现，有时也可以采用一些工艺措施来实现，如水泥混凝土路面的刷毛或刻槽等。

1.1.4 影响路基和路面稳定性的因素

路基和路面裸露在大气中，其稳定性在很大程度上是由当地的自然条件所决定的。因此，要深入调查公路沿线的自然条件，以及从总体到局部，从大区域到具体路段的自然情况，通过分析研究，掌握其对路基和路面稳定性的影响规律。

路基和路面的稳定性通常与下列因素有关。

1. 地理条件

公路沿线的地形、地貌和海拔高度不仅影响路线的选定，而且也影响路基和路面的设计。平原、丘陵、山岭各区地势不同，路基的水温情况也不同。平原区地势平坦，排水困难，地表易积水，地下水位相对较高，因而路基需要保持一定的最小填土高度，路面结构层应选择水稳定性良好的材料，并采取一定的排水设施；丘陵区和山岭区，地势起伏较大，路基和路面排水设计至关重要，否则会导致稳定性下降，出现路基和路面破坏现象。

2. 地质条件

公路沿线的地质条件，如岩石的种类、成因、节理、风化程度情况，岩层产状、层理和岩层厚度，有无夹层或遇水软化的夹层，以及有无断层或其他不良地质现象（岩溶、冰川、泥石流、地震等）都对路基和路面的稳定性有一定的影响。

3. 气候条件

气候条件如气温、降水、湿度、冰冻深度、日照、蒸发量、风向、风力等都会影响公路沿线地表水和地下水的状况，从而影响路基和路面的水温情况。

气候的季节性变化和地形的不同，例如山顶与山脚，山南坡与山北坡气候有很大的差别，都会严重影响路基和路面的稳定性。

4. 水文和水文地质条件

水文条件是指已知水体的具体特征状况，如公路沿线地表水的排泄、河流洪水位、常水位、有无地表积水、积水时期的长短、河岸的淤积情况等。水文地质条件是指与地下水有关的地质条件，如地下水位，地下水移动的规律，有无层间水、裂隙水、泉水等。所有这些地表水及地下水都会影响路基和路面的稳定性，如果处理不当，常会引起各种病害。

5. 土的类别

土是建筑路基和路面的基本材料，不同的土具有不同的工程性质，因而将直接影响路基和路面的强度与稳定性。

不同的土含有不同粒径的土颗粒。砂粒成分多的土，强度形成以内摩擦力为主，其强度高，受水的影响小，但施工时不易压实。较细的砂，在渗流情况下，容易流动，形成流砂。黏粒成分多的土，强度形成以黏聚力为主，其强度随密实程度的不同变化较大，并随湿度的增大而降低。粉土毛细现象强烈，路基和路面的强度和承载能力随毛细水上升、湿度增大而下降，在负温度坡差作用下，水分通过毛细作用移动并积聚，使局部土层湿度大幅度增大，造成路基冻胀，最后导致路基翻浆、路面结构层断裂等各种破坏现象。

1.2 路基的力学强度特性

1.2.1 路基受力与路基工作区

1. 路基受力状况

路基在工作过程中，同时受到由路面传下来的行车荷载，以及路基和路面的自重作用。在路基上部靠近路面结构的一定深度范围内，路基主要承受车轮荷载的作用。正确的设计应使得路基所受的力在弹性限度范围内，当车辆驶过后，路基能恢复原状，以保证路基相对稳定，路面不致破坏。图1.3所示为土质路基受力时，不同深度 Z 范围内的应力分布图。

其中，σ_1 为车轮荷载在路基内部任一点产生的竖向压应力，σ_2 为路基自重引起的竖向压应力，σ_Z 为路基中任一点受到的应力，把车轮荷载简化为集中力时，σ_1 可按布辛奈斯克公式进行计算。

$$\sigma_1 = K\frac{P}{Z^2} \tag{1-1}$$

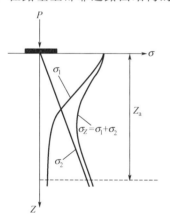

图1.3 路基沿深度的应力分布图

式中：P——车轮荷载（kN）；
Z——荷载下的垂直深度（m）；
K——应力系数，集中力作用线上 $K = \dfrac{3}{2\pi}$。

路基自重引起的竖向压应力按式（1-2）计算。

$$\sigma_2 = \gamma Z \tag{1-2}$$

式中：γ——土的重度（kN/m³）。

因此，路基中任一点受到的应力 σ_Z 按式（1-3）计算。

$$\sigma_Z = \sigma_1 + \sigma_2 = K\frac{P}{Z^2} + \gamma Z \tag{1-3}$$

2. 路基工作区

由式（1-1）和式（1-2）可见，车轮荷载在路基内部任一点产生的竖向压应力 σ_1 随深度的增加而减小，路基自重引起的竖向压应力 σ_2 则随深度的增加而增大，因此，两者之比 σ_1/σ_2 亦随之急剧减小。如果此比值减小到一定数值，例如 $\sigma_1/\sigma_2 = 0.1$，即在某一深度 Z_a 处，车轮荷载产生的竖向压应力仅为路基自重引起的竖向压应力的 0.1 倍，与路基自重引起的竖向压应力相比，车辆荷载在路基中 Z_a 外产生的应力已很小，可忽略不计。把车轮荷载在路基中产生应力作用的这一深度范围叫作路基工作区。

据此，可以计算路基工作区深度 Z_a。

$$n = \frac{\sigma_2}{\sigma_1} = \frac{\gamma Z}{K\dfrac{P}{Z^2}}$$

从而得到

$$Z_a = \sqrt[3]{\frac{KnP}{\gamma}} \tag{1-4}$$

式中：n——系数，取 $n=10$；
Z_a——路基工作区深度（m）。

由式（1-4）可见，路基工作区深度随车轮荷载的增大而加深，表1-1列出了各种型号汽车对应的路基工作区深度。

表1-1　各种型号汽车对应的路基工作区深度

汽车型号	工作区深度/m		汽车型号	工作区深度/m	
	$n=5$	$n=10$		$n=5$	$n=10$
解放 CA10B	1.6	2.0	交通 SH141	1.6	2.0
北京 BJ130	1.2	1.6	上海 SH130	1.2	1.5
跃进 NJ130	1.4	1.7	黄河 JN150	1.9	2.4
红旗 CA773	1.0	1.3			

由于路基、路面材料的不同（路面的强度、刚度及重度比路基大），路基工作区的实际深度随路面强度和厚度的增加而减小。因此，要准确计算 Z_a，须将路面折算为当量厚度后再进行计算或用弹性层状体系理论计算，式（1-4）只是为了解释路基工作区的概念，而不能真正用来计算路基工作区深度。

在路基工作区内，路基的强度和稳定性对保证路面结构的强度和稳定性极为重要，因此对工作区深度范围内的土质选择和路基的压实度应提出较高的要求。

当工作区深度大于路堤高度时，如图 1.4（b）所示，行车荷载的作用不仅施加于路堤，还施加于天然地基的上部土层。因此，天然地基的上部土层和路堤应同时满足工作区的要求，均应充分压实。

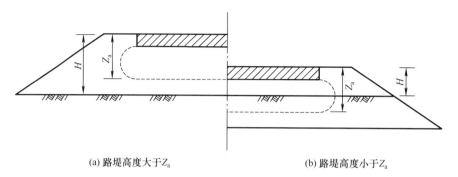

(a) 路堤高度大于 Z_a　　　　　　　(b) 路堤高度小于 Z_a

图 1.4　工作区深度和路堤高度

1.2.2　路基结构性能指标

在车轮荷载作用下，路基、路面结构的承载能力除了与路面材料的品质有关外，还与路基的支承有关。表征路基结构性能的指标有回弹模量、加州承载比、地基反应模量、竖向压应变等，下面重点介绍前两项。

1. 回弹模量

路基抵抗车轮荷载能力的大小，主要取决于路基顶面在一定应力级位下抵抗变形的能力。所以路基的承载能力往往采用一定应力级位下抵抗变形的能力来表征，即回弹模量。

回弹模量可以反映路基在瞬时荷载作用下的可恢复变形性质，因而可以应用弹性理论公式描述荷载与变形之间的关系。采用刚性承载板法在顶面测定路基的回弹模量，或者采用贝克曼梁测定路基回弹弯沉试验后应用公式反算出路基的回弹模量，均是静态回弹模量。采用动三轴仪法或落锤式弯沉仪法现场测试测定的回弹模量则是动态回弹模量。

(1) 静态回弹模量

① 刚性承载板法。

用刚性承载板法测定路基回弹模量时，压板下路基顶面挠度为定值，不随坐标 r 变化，但是板底接触压力却随 r 变化，呈鞍形分布，如图 1.5 所示。

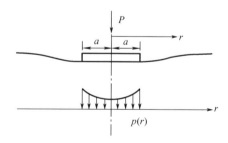

图 1.5　路基在刚性承载板下的压力和挠度曲线

根据弹性理论，在刚性承载板作用下测出路基顶面挠度，即路基回弹变形值，通过计算可求得路基的回弹模量。

$$E_0 = \frac{2pa(1-\mu_0^2)}{l} \cdot \frac{\pi}{4} \tag{1-5}$$

式中：E_0——路基的回弹模量（MPa）；

l——承载板下的路基回弹变形值（cm）；

a——承载板半径（cm）；

μ_0——土的泊松比，通常取 0.35；

p——承载板压力（MPa）。

因为土质材料具有非线性性质，在不同的压力作用下，测定的回弹模量均不相同。所以，一般采用在路基表面，通过用刚性承载板对路基逐级加载、卸载的方法，测出每级荷载 p_i 下相应的路基实测回弹变形值 l_i，然后按线性回归公式（1-6）计算出路基的回弹模量 E_0 值。

$$E_0 = \frac{\pi a}{2} \cdot \frac{\sum p_i}{\sum l_i}(1-\mu_0^2) \qquad (1-6)$$

式中：E_0——路基的回弹模量（MPa）；

l_i——结束试验前的各级路基实测回弹变形值；

a——承载板半径；

μ_0——土的泊松比，通常取 0.35；

p_i——对应于 l_i 的各级压力值。

② 贝克曼梁测定路基回弹弯沉试验。

由于刚性承载板法测试路基的回弹模量的野外测试速度慢，因此在工程中常用贝克曼梁测定路基回弹弯沉试验的方法测定路基的回弹模量。它避免了逐级加载、卸载的复杂操作，根据标准汽车的前进卸载试验，利用测得的回弹弯沉值计算出路基的回弹模量。

$$E_0 = \frac{2p\delta}{l_1}(1-\mu_0^2)a \qquad (1-7)$$

贝克曼梁测定路基回弹弯沉试验

式中：E_0——路基的回弹模量（MPa）；

l_1——路基的回弹弯沉值；

δ——测定用标准车双圆荷载单轮传压面当量圆的半径（cm），通常取 10.65cm；

μ_0——土的泊松比，通常取 0.35；

p——测定车轮的平均垂直荷载（MPa），为 0.7MPa；

a——弯沉系数，为 0.712。

（2）动态回弹模量

路基土是非线性弹塑性材料，反映应力-应变关系的回弹模量具有应力依赖性，并随路基土的湿度和密实度状态而变化，因此静态回弹模量，无论是试验方法、参数指标还是参考值，均不能确切反映材料在行车荷载作用下的基本力学性状。所以，《公路路基设计规范》（JTG D30—2015）规定采用动态回弹模量作为设计指标。

① 动三轴仪法（室内试验）。

动三轴仪

路基土动态回弹模量是利用动三轴仪在规定的加载条件下测定的，动三轴仪示意图如图 1.6 所示。现场取土采用薄壁试管取样，对最大粒径大于 19mm 的路基土与粒料，应筛除大于 26.5mm 的颗粒，采用振动或冲击压实成型，试件尺寸应符合直径（150±2）mm、高（300±2）mm 的要求；对最大粒径不超过 9.5mm，且 0.075mm 筛通过百分率小于 10% 的路基土，应采用振动压实成型，试件尺寸应符合直径（100±2）mm、高（200±2）mm 的要求；对最大粒径不超过 9.5mm，且 0.075mm 筛通过百分率不小于 10% 的路基土，应采用冲击或静压压实成型，试件尺寸应符合直径（100±2）mm、高（200±2）mm 的要求。

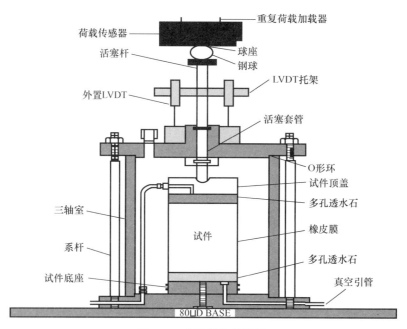

图 1.6 动三轴仪示意图

动三轴仪法操作方法如下。

a. 在试件上套装橡皮膜，保证密封不透气。

b. 将试件放置在预浸的湿润多孔透水石和底部压盘上，并在顶部加放预浸的湿润透水石和顶部压盘。当存在透水石堵塞时，应在试件与透水石之间放置预浸的湿润滤纸。

c. 将组装好的试件置于三轴室基座的中心位置，并保证试件中心与加载架的中心对齐。

d. 安装位移传感器。当采用上下顶端式测量装置时，应将 LVDT（线性可变差动变压器）或位移传感器附于钢条或铝棒（介于试件顶盖与底部压盘之间）上；当采用光学变形测量仪时，应将 2 个指示标直接附于试件上，每个指示标至少采用 2 个小别针定位；当采用夹持式测量装置时，应将夹具置于试件 1/4 高度处。对不排水抗剪强度小于 36.0kPa 的较软试件，不应采用置于试件上的夹持式测量装置。

e. 打开排水管阀门，连通围压供给管和三轴室，对试件施加 30.0kPa 预载围压，并对试件施加至少 1000 次、最大轴向应力为 66.0kPa 的半正矢脉冲荷载。当试件总的垂直永久应变达到 5% 时，预载停止，应分析原因或重新制备试件。

f. 调整围压和半正矢脉冲荷载至目标设定值，以 10Hz 的频率重复加载 100 次。试验采集最后 5 个波形的荷载及变形曲线，记录并计算试验施加荷载、试件轴向可恢复变形、动态回弹模量。加载过程中，若试件总的垂直永久应变超过 5%，应停止试验并记录结果。

路基土动态回弹模量按下式计算。

$$M_R = \frac{\sigma_0}{\varepsilon_0} \tag{1-8}$$

式中：σ_0——轴向应力幅值（MPa），按式（1-9）计算；

ε_0——可恢复轴向应变幅值（mm/mm），按式（1-10）计算；

M_R——路基土或粒料动态回弹模量（MPa）。

$$\sigma_0 = \frac{P_i}{A} \tag{1-9}$$

式中：P_i——最后 5 次加载循环中轴向试验荷载平均幅值（N）；

A——试件径向横截面面积，可取试件上下端面面积平均值（mm²）。

$$\varepsilon_0 = \frac{\Delta_i}{l_0} \tag{1-10}$$

式中：Δ_i——最后 5 次加载循环中可恢复轴向变形平均幅值（mm）；

l_0——位移传感器的量测间距（mm）。

② 落锤式弯沉仪法。

落锤式弯沉仪（FWD）以一定质量从一定高度自由落下，作用于经弹簧和橡胶垫缓冲的承载板（直径 30cm）上，对路基顶面施加半正弦的脉冲荷载（持续时间约为 0.03s），利用间隔一定距离（通常为 30cm）布设在结构层表面的 4～9 个传感器，测量表面各点的动态弯沉值。通过承载板中点的弯沉值可计算出路基顶面的动态回弹模量，见式（1-11）。

$$E_0 = \frac{176 pr}{l_0} \tag{1-11}$$

落锤式弯沉仪法

式中：E_0——路基顶面的动态回弹模量（MPa）；

l_0——板中点的弯沉值（0.01mm）；

p——落锤式弯沉仪承载板施加的荷载（MPa）；

r——落锤式弯沉仪承载板半径（mm）。

2. 加州承载比

加州承载比是早年由美国加利福尼亚州提出的一种评定土基及路面材料承载能力的指标。承载能力以材料抵抗局部荷载压入变形的能力表征，并采用高质量标准碎石为标准，以规定贯入量时荷载压力与标准压力的比值表示加州承载比值，加州承载比一般用符号 CBR 表示。

试验时，用一个端部面积为 19.35cm² 的标准压头，将其以 0.127cm/min 的速度压入土中。记录每贯入 0.254cm 时的单位压力，直至压入深度达到 1.270cm 时为止。标准压力值用高质量标准碎石通过试验求得，见表 1-2。

表 1-2 标准压力值

贯入量/cm	0.254	0.508	0.762	1.016	1.270
标准压力/kPa	7030	10550	13360	16170	18230

加州承载比值按式（1-12）计算。

$$CBR = \frac{p_1}{p_s} \times 100\% \tag{1-12}$$

式中：p_1——对应于某一贯入量的荷载压力（MPa）；

p_s——标准压力（MPa），当贯入量为 2.5mm 时为 7MPa，当贯入量为 5.0mm 时为 10.5MPa。

加州承载比值一般以贯入量为 2.5mm 时的测定值为准，若贯入量为 5.0mm 时的加州承载比值大于贯入量为 2.5mm 时的加州承载比值，则应重新试验，如重新试验仍然如此，则应以贯入量为 5.0mm 时的加州承载比值为准。

加州承载比本质上是表征材料水稳定性的指标，通过控制加州承载比值，可提高路基填料浸水状态下的稳定性和耐久性。

1.2.3 路基的破坏与防治

路基的变形分为可恢复变形和不可恢复变形。路基的不可恢复变形将引起路基高程和边坡坡度、形状的改变，严重时，造成土体位移，危及路基的整体性和稳定性，对路基产生各种破坏。

1. 路基的破坏形式

路基的主要破坏形式有以下几种。

（1）路基沉陷

路基沉陷是指路基表面在垂直方向上产生较大的沉落，路基沉陷可以有以下两种情况。

① 堤身沉陷。堤身沉陷是因路基填料选择不当、填筑方法不合理、压实度不足、在路基堤身内部形成过湿的夹层等因素，在荷载和水温综合作用下，引起的堤身下陷，如图 1.7（a）所示。

② 地基沉陷。地基沉陷是指原天然地面有软土、泥沼或不密实的松土存在，承载能力极低，路基修筑前未经处理，在路基自重作用下，地基下沉或向两侧挤出，引起路基沉陷，如图 1.7（b）所示。

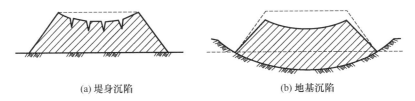

(a) 堤身沉陷　　　　　　　　　(b) 地基沉陷

图 1.7　路基沉陷

（2）边坡滑坍

路基边坡滑坍是最常见的路基病害，根据边坡土质类别、破坏原因和规模不同，可将其分为溜方与滑坡两种情况。

① 溜方。溜方是由于少量土体沿土质边坡向下移动所形成的，通常指的是边坡上表面薄层土体下溜，主要是由于流动水冲刷边坡或施工不当而引起的，如图 1.8（a）所示。

② 滑坡。滑坡是指一部分土体在重力作用下沿某一滑动面滑动，主要是由于土体的稳定性不足而引起的，如图 1.8（b）所示。

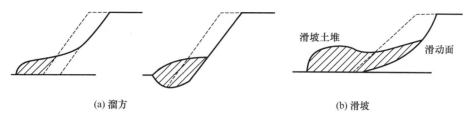

图 1.8　路基边坡滑坍

　　路堤边坡坡度过陡，或边坡坡脚被冲刷淘空，或填土层次安排不当是路堤边坡发生滑坡的主要原因。而边坡高度和坡度与天然岩土层次的性质不相适应是路堑边坡发生滑坡的主要原因。当黏性土层和蓄水的砂石层交替分布且有倾向于路堑方向的斜坡层理存在时，就容易造成滑动。

　　(3) 剥（碎）落和崩塌

　　剥（碎）落是指路堑边坡风化岩层表面，在大气温度与湿度的交替作用，以及雨水冲刷和动力作用下，表层岩石从坡面上剥落下来，向下滚落。崩塌是指大块岩石脱离坡面沿边坡滚落。

　　(4) 路基沿山坡滑动

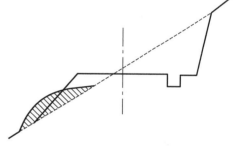

图 1.9　路基沿山坡滑动

　　在较陡的山坡上填筑路基，如果原地面未经除杂草、凿毛或人工挖台阶，坡脚又未进行必要的支撑处理，特别是受水的润滑作用时，填方与原地面之间的抗剪力很小，在自重和荷载作用下，路基整体或局部有可能沿原地面向下移动，如图 1.9 所示。此种破坏虽不普遍，但亦不应忽视，如果不针对其破坏原因采取措施，路基稳定性就得不到保证，从而导致路基的破坏。

　　(5) 不良地质和水文条件造成的路基破坏

　　公路通过不良地质条件（如泥石流、溶洞等）和较大自然灾害（如大暴雨）地区，均可能导致路基的大规模毁坏。

2. 路基破坏原因综合分析

　　由上面路基的破坏形式及原因分析可知，路基破坏的原因是多方面的，各种破坏既有各自的特点，又有共同的原因，大致可归纳为以下几个方面。

　　① 不良地质和水文地质条件，如地质构造复杂、岩层走向及倾角不利、岩性松软、风化严重、土质较差、地下水位较高等。

　　② 不利的水文与气候因素，如降雨量大、洪水猛烈、干旱、冰冻、积雪或温差特大等。

　　③ 设计不合理，如断面尺寸不符合设计标准要求，包括边坡取值不当、填挖布置不符合要求、最小填土高度不足、未进行合理防护、加固与排水设计不合理等。

　　④ 施工不符合规范要求，如填筑顺序不当，土基压实不足，盲目采用大型爆破及不按设计要求和操作规程施工，工程质量不满足标准等。

　　上述原因中，地质条件是影响路基工程质量和产生病害的基本前提，水是造成路基病害的主要原因。为此，必须强调设计前应详细进行地质与水文的勘察工作，针对具体条件及各种因素的综合作用，采取正确的设计方案与施工方法，尽可能消除和减少路基病害，确保路基工程达到规定的质量要求。

3. 路基病害防治

为提高路基的稳定性，防止各种病害的产生，可以采取以下措施。

① 正确设计路基横断面。

② 选择良好的路基用土填筑路基，必要时对路基上层填土做稳定处理。

③ 采取正确的填筑方法，充分压实路基，保证达到规定的压实度。

④ 适当提高路基高度，防止水分从侧面渗入或从地下水位上升进入路基工作区范围内。

⑤ 正确进行排水设计（包括地面排水、地下排水、路面结构排水及地基的特殊排水）。

⑥ 必要时设计隔离层隔绝毛细水上升，设置隔温层减少路基冰冻深度和水分累积，设置砂垫层以疏干土基。

⑦ 采取边坡加固，修筑挡土结构物、土体加筋等防护技术措施，以提高其整体稳定性。

以上措施的宗旨在于限制水分侵入路基，并使已侵入路基的水分迅速排除，保持路基干燥，提高路基的整体强度与稳定性。

1.3 路基土的分类与工程性质

1.3.1 路基土的分类

我国路基土依据土的颗粒组成特征、土的塑性指标和土中有机质存在的情况，分为巨粒土、粗粒土、细粒土和特殊土四类。土的颗粒组成特征用不同粒径的粒组在土中的百分含量表示。表1-3为不同粒径的粒组的划分界限和范围。

表1-3 不同粒径的粒组的划分界限和范围

粒径	200	60	20	5	2	0.5	0.25	0.075	0.002（mm）
巨粒组		粗粒组						细粒组	
漂石（块石）	卵石（小块石）	砾（角砾）			砂			粉粒	黏粒
		粗	中	细	粗	中	细		

土分类总体系包括四类并细分为13种，如图1.10所示。

巨粒组质量大于总质量15%的土称为巨粒土。巨粒土又分为漂石土和卵石土。

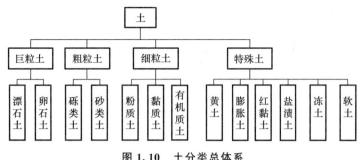

图 1.10　土分类总体系

粗粒土分砾类土和砂类土两种。粗粒土中砾粒组质量大于砂粒组质量的土称为砾类土，反之称为砂类土。

细粒组质量大于或等于总质量50%的土称为细粒土。细粒土中粗粒质量小于或等于总质量25%的土称为粉质土或黏质土，粗粒质量为总质量25%～50%（包含）的土称为含粗粒的粉质土或含粗粒的黏质土，有机质含量大于或等于总质量的5%，且小于总质量10%的土称为有机质土。

特殊土种类较多，典型的有黄土、膨胀土、红黏土、盐渍土、冻土、软土等，这些特殊土的工程分类目前较成熟的是盐渍土，其他特殊土的工程分类方法不统一。盐渍土根据含盐性质分为氯盐渍土、亚氯盐渍土、亚硫酸盐渍土、硫酸盐渍土和碳酸盐渍土五类，根据盐渍化程度分为弱盐渍土、中盐渍土、强盐渍土和过盐渍土四类。

1.3.2　路基土的工程性质

各种路基土具有不同的工程性质，在选择路基填筑材料及修筑稳定土路面结构层时，应根据不同的土类分别采取不同的工程技术措施。

1. 巨粒土

巨粒土具有很高的强度及稳定性，是填筑路基的最好材料。对于漂石土，在码砌边坡时，应正确选用边坡值，以保证路基稳定。对于卵石土，填筑时应保证其具有足够的密实度。

2. 粗粒土

砾类土由于粒径较大，内摩擦力也大，因此强度和稳定性均能满足要求。级配良好的砾类土混合料密实度较好。对于级配不良的砾类土混合料，填筑时应保证密实度，防止由于空隙大而造成路基积水、不均匀沉陷或表面松散等破坏。

砂类土又可分为砂、含细粒土砂（或称砂土）和细粒土质砂（或称砂性土）三种。

砂和砂土无塑性，透水性强，毛细水上升高度小，具有较大的内摩擦系数，强度和水稳定性均好，但黏结性小，易于松散，压实困难，经充分压实的砂土路基，压缩变形小，稳定性好。为了提高砂和砂土的密实度和稳定性，可以采用振动法或灌水法压实，并可掺加少量黏土，以改善级配组成。

砂性土既含有一定数量的粗颗粒，使路基具有足够的强度和稳定性，又含有一定数量的细颗粒，使其具有一定的黏性，不至于过分松散。一般砂性土遇水干得快，不膨胀，干时具有足够的黏结性，雨天不泥泞，晴天不扬尘，容易被压实，便于施工。因此，砂性土是理想的路基填筑材料。

3. 细粒土

粉质土含有较多的粉土颗粒，干时虽有黏性，但易于破碎，浸水时容易成为流动状态。同时其毛细作用强烈，毛细水上升高度大（可达1.5m），在季节性冰冻地区容易造成冻胀、翻浆等病害。因此，粉质土属于不良的路基土，如必须用粉质土填筑路基，则应采取技术措施改良土质并加强排水、采取隔离措施。

黏质土中细颗粒含量多，土的内摩擦系数小而黏聚力大，透水性小而吸水能力强，毛细现象显著，有较大的可塑性。黏质土干燥时较坚硬，施工时不易破碎，浸湿后能长期保持水分，不易挥发，因而承载能力小。对于黏质土，如在适当含水量时将其加以充分压实和设置良好的排水设施，筑成的路基也能获得稳定。

有机质土（如泥炭、腐殖土等）不宜做路基填料，如遇有机质土均应在设计和施工中采取适当措施。

4. 特殊土

黄土属大孔和多孔结构，具有湿陷性；膨胀土受水浸湿会发生膨胀，失水会发生收缩；红黏土失水后体积收缩量较大；盐渍土潮湿时承载能力很低；冻土会引起路基冻胀、翻浆；软土承载能力低、压缩性大、变形发展缓慢。因此，特殊土也不宜做路基填料。

1.4 公路自然区划与路基干湿类型

1.4.1 公路自然区划

由于我国地域辽阔，各地气候、地形、水文地质等条件相差很大，同时自然条件与公路建设密切相关，各种自然因素对公路构造物产生的影响和造成的病害也各不相同，因此，在不同地区的公路设计中应考虑的问题也各有侧重。如何根据各地自然条件特点对路线勘测、路基和路面的设计、筑路材料的选择、施工方案的拟定等问题进行综合考虑是十分必要的。根据我国各地自然条件及其对公路构造物影响的主要特征，中华人民共和国交通部（现中华人民共和国交通运输部）发布了《公路自然区划标准》（JTJ 003—1986），标准相应地列出了不同地理区域的自然条件对公路工程影响的差异性，并在路基和路面的设计、施工和养护方面提供了应采取的适当技术措施和设计参数。

根据影响公路工程的地理、地貌及气候的差异特点，公路自然区划按以下三项原则进行划分。

① 公路工程特征相似的原则。同一区划在同样的自然因素下筑路具有相似性。例如，北方不利季节主要是春融时期，有翻浆病害；南方不利季节主要是雨季，有冲刷、水毁等

病害。

② 地表气候区划差异性的原则。地表气候是地带性差异与非地带性差异的综合结果。通常，地表气候随当地纬度而变，如北半球，北方寒冷、南方温暖，这称为地带性差异。除此之外，地表气候还与高程的变化有关，即沿垂直方向的变化，如青藏高原海拔高，与纬度相同的其他地区相比，气候更加寒冷，这称为非地带性差异。

③ 自然因素既有综合又有主导作用的原则。自然因素对公路工程的影响是其综合作用的结果，但其中又有某种因素起着主导作用。例如，道路冻害是水和温度综合作用的结果，但是在南方，只有水而没有寒冷气候的影响，不会有冻害，说明温度起主导作用；西北干旱区与东北潮湿区，同样都存在负温度，但前者冻害轻于后者，说明水起主导作用。

根据《公路自然区划标准》（JTJ 003—1986）的规定，我国公路自然区划划分为 3 个等级。

一级区划首先将全国划分为多年冻土、季节冻土和全年不冻三大地带，再根据水热平衡和地理位置，划分为冻土、湿润、干湿过渡、湿热、潮暖、干旱和高寒 7 个大区。二级区划是在一级区划基础上以潮湿系数为主进一步划分。三级区划是在二级区划内划分更低一级的区域或类型单元。

1. 一级区划

根据不同地理、气候、构造、地貌界线的交错和叠合，全国划分为 7 个一级自然区，其代号与名称如下。

Ⅰ——北部多年冻土区；

Ⅱ——东部温润季冻区；

Ⅲ——黄土高原干湿过渡区；

Ⅳ——东南湿热区；

Ⅴ——西南潮暖区；

Ⅵ——西北干旱区；

Ⅶ——青藏高寒区。

2. 二级区划

二级区划划分的主要依据是潮湿系数 K。潮湿系数是指年降水量 R 与年蒸发量 Z 之比，即 $K=R/Z$，分为如下 6 个潮湿等级。

过湿区　　　$K>2.0$

中湿区　　　$2.0 \geqslant K>1.5$

润湿区　　　$1.5 \geqslant K>1.0$

润干区　　　$1.0 \geqslant K>0.5$

中干区　　　$0.5 \geqslant K>0.25$

过干区　　　$K<0.25$

根据二级区划的主导因素与标志，在全国 7 个一级自然区内又分为 33 个二级区和 19 个副区（亚区），共有 52 个二级自然区。全国公路自然区划名称见表 1-4。

表1-4　全国公路自然区划名称

Ⅰ 北部多年冻土区 　Ⅰ$_1$ 连续多年冻土区 　Ⅰ$_2$ 岛状多年冻土区	Ⅴ 西南潮暖区 　Ⅴ$_1$ 秦巴山地润湿区 　Ⅴ$_2$ 四川盆地中湿区 　　Ⅴ$_{2a}$ 雅安、乐山过湿副区 　Ⅴ$_3$ 三西、贵州山地过湿区 　　Ⅴ$_{3a}$ 滇南、桂西润湿副区 　Ⅴ$_4$ 川、滇、黔高原干湿交替区 　Ⅴ$_5$ 滇西横断山地区 　　Ⅴ$_{5a}$ 大理副区
Ⅱ 东部温润季冻区 　Ⅱ$_1$ 东北东部山地湿润冻区 　　Ⅱ$_{1a}$ 三江平原副区 　Ⅱ$_2$ 东北中部山前平原重冻区 　　Ⅱ$_{2a}$ 辽河平原冻融交替副区 　Ⅱ$_3$ 东北西部润干冻区 　Ⅱ$_4$ 海滦中冻区 　　Ⅱ$_{4a}$ 冀北山地副区 　　Ⅱ$_{4b}$ 旅大丘陵副区 　Ⅱ$_5$ 鲁豫轻冻区 　　Ⅱ$_{5a}$ 山东丘陵副区	
Ⅲ 黄土高原干湿过渡区 　Ⅲ$_1$ 山西山地、盆地中冻区 　　Ⅲ$_{1a}$ 雁北张宣副区 　Ⅲ$_2$ 陕北典型黄土高原中冻区 　　Ⅲ$_{2a}$ 榆林副区 　Ⅲ$_3$ 甘东黄土山地区 　Ⅲ$_4$ 黄渭间山地、盆地轻冻区	Ⅵ 西北干旱区 　Ⅵ$_1$ 内蒙草原中干区 　　Ⅵ$_{1a}$ 河套副区 　Ⅵ$_2$ 绿洲-荒漠区 　Ⅵ$_3$ 阿尔泰山地冻土区 　Ⅵ$_4$ 天山-界山山地区 　　Ⅵ$_{4a}$ 塔城副区 　　Ⅵ$_{4b}$ 伊犁河谷副区
Ⅳ 东南湿热区 　Ⅳ$_1$ 长江下游平原润湿区 　　Ⅳ$_{1a}$ 盐城副区 　Ⅳ$_2$ 江淮丘陵、山地润湿区 　Ⅳ$_3$ 长江中游平原中湿区 　Ⅳ$_4$ 浙闽沿海山地中湿区 　Ⅳ$_5$ 江南丘陵过湿区 　Ⅳ$_6$ 武夷南岭山地过湿区 　　Ⅳ$_{6a}$ 武夷副区 　Ⅳ$_7$ 华南沿海台风区 　　Ⅳ$_{7a}$ 台湾山地副区 　　Ⅳ$_{7b}$ 海南岛西部润干副区 　　Ⅳ$_{7c}$ 南海诸岛副区	Ⅶ 青藏高寒区 　Ⅶ$_1$ 祁连-昆仑山地区 　Ⅶ$_2$ 柴达木荒漠区 　Ⅶ$_3$ 河源山原草甸区 　Ⅶ$_4$ 羌塘高原冻土区 　Ⅶ$_5$ 川藏高山峡谷区 　Ⅶ$_6$ 藏南高山台地区 　　Ⅶ$_{6a}$ 拉萨副区

3. 三级区划

三级区划的方法有两种，一种是按照地貌、水温和土质类型将二级自然区进一步划分为若干类型单位的类型区别；另一种是继水热、地理和地貌等为标志将二级自然区进一步划分为若干更低级区域的区域划分。三级区划未列入全国性的区划中，由各省结合当地自然情况自行划分。

各级区划的范围不同,在公路工程中的应用也各有侧重,一级区划主要为全国性的公路总体规划和设计服务;二级区划主要为各地公路路基和路面的设计、施工和养护提供较全面的地理、气候依据和有关参数,如路基和路面材料的回弹模量、路基临界高度、土基压实标准等。

1.4.2 路基干湿类型

路基的强度与稳定性,同路基的干湿状态有密切关系,并在很大程度上影响路面结构设计。因此,在进行路基和路面设计前应严格区分路基的干湿类型。

1. 路基湿度的来源

引起路基湿度变化的水源(图1.11)主要有:大气降水,通过路面、路肩和边坡渗入路基;边沟水及排水不良时的地表积水,以毛细水的形式渗入路基;靠近地面的地下水,借助毛细作用上升到路基内部;在土粒空隙中流动的水蒸气,遇冷凝结为水。

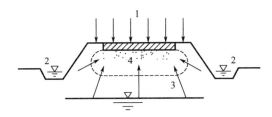

1—大气降水;2—地表积水;3—地下水上升的毛细水;4—水蒸气凝结的水

图 1.11 路基湿度来源示意图

上述各种导致路基湿度变化的水源,其对路基的影响程度随当地自然条件、气候特点及所采取工程措施的不同而变。

2. 路基干湿类型

(1) 路基平衡湿度的概念

路基的湿度状况受大气降水和蒸发、地下水、温度和路面结构及其透水性等多种因素的影响,许多观测资料表明,路面完工后的2~3年内,在地下水、降雨、蒸发、冻结和融化等因素作用下,路基的湿度变化逐渐趋于某种平衡状态,此时的湿度定义为平衡湿度。

由于饱和度指标既反映了含水率,也包含了密实度的影响,因此采用饱和度来表征路基土的湿度。饱和度按下式确定。

$$S_r = w \Big/ \left(\frac{\gamma_w}{\gamma_s} - \frac{1}{G_s} \right) \tag{1-13}$$

式中:w——质量含水率(%);

γ_s、γ_w——土的干重度和水的重度(kN/m³);

G_s——土的相对密度;

S_r——饱和度(%)。

(2) 路基平衡湿度状况

路基在使用期内,主要处于非饱和状态,因此路基平衡湿度(饱和度)的预估属于非饱和土力学研究的范畴,采用非饱和土力学的土-水特征曲线(饱和度-基质吸力关系曲线)。所以,确定饱和度,首先要确定基质吸力,而基质吸力的确定与路基湿度的来源有关。路基湿度的来源受地下水控制的,采用地下水位模型预估基质吸力;受气候因素控制的,采用湿度指标模型预估基质吸力。

基质吸力

所以,按照路基湿度的来源,对路基平衡湿度状况进行以下分类。

① 地下水控制的路基。地下水或地表长期积水的水位高,路基工作区处于地下水毛细润湿区影响范围内,路基平衡湿度由地下水或地表长期积水的水位升降控制,路基平衡湿度状况为潮湿。

② 气候因素控制的路基。地下水的水位很低,路基工作区处于地下水毛细润湿区之上,路基平衡湿度由气候因素控制,路基平衡湿度状况为干燥。

③ 地下水和气候因素共同控制的路基。地下水的水位较高,路基工作区下部处于地下水毛细润湿区影响范围内,而上部处于润湿区之上,路基平衡湿度由地下水的水位升降和气候因素共同控制,路基平衡湿度状况为中湿。

新建公路路床应处于干燥或中湿状态。

(3) 路基平衡湿度(饱和度)的确定

考虑到理论计算的复杂性,《公路路基设计规范》(JTG D30—2015)给出了用查表法确定饱和度的方法。

潮湿类路基的平衡湿度可根据路基土组类别及地下水位高度,按表1-5确定距地下水位不同高度处的饱和度。

干燥类路基的平衡湿度可根据路基所在自然区划的湿度指标 TMI 和土组类别确定,即先根据不同自然区划由表1-6得到相应的 TMI 值,再根据 TMI 值和路基土组类别,由表1-7确定饱和度。

表1-5 各路基土组距地下水位不同高度处的饱和度(%)

土组	计算点距地下水或地表长期积水水位的距离/m						
	0.3	1.0	1.5	2.0	2.5	3.0	4.0
粉土质砾(GM)	69~84	55~69	50~65	49~62	45~59	43~57	—
黏土质砾(GC)	79~96	64~83	60~79	56~75	54~73	52~71	—
砂(S)	95~80	70~50	—	—	—	—	—
粉土质砂(SM)	79~93	64~77	60~72	56~68	54~66	52~64	—
黏土质砂(SC)	90~99	77~87	72~83	68~80	66~78	64~76	—
低液限粉土(ML)	94~100	80~90	76~86	83~73	71~81	69~80	—
低液限黏土(CL)	93~100	80~93	76~90	73~88	70~86	68~85	66~83
高液限粉土(MH)	100	90~95	86~92	83~90	81~89	80~87	—
高液限黏土(CH)	100	93~97	90~93	88~91	86~90	85~89	83~87

注:1. 对于砂(SW、SP),D_{60}(通过率为60%时的颗粒粒径)大时平衡湿度取低值,D_{60} 小时平衡湿度取高值。

2. 对于其他含细粒的土组,通过0.075mm筛的颗粒含量大和塑性指数高时,取高值;反之,取低值。

表 1-6 不同自然区划的 TMI 值范围

区划	亚区		TMI 范围	区划	亚区	TMI 范围
Ⅰ	Ⅰ₁		−5.0～−8.1	Ⅴ	Ⅴ₁	−25.1～6.9
	Ⅰ₂		0.5～−9.7		Ⅴ₂	0.9～30.1
Ⅱ	Ⅱ₁	黑龙江	−0.1～−8.1		Ⅴ₂ₐ	39.6～43.7
		辽宁、吉林	8.7～35.1		Ⅴ₃	12.0～88.3
	Ⅱ₁ₐ		−3.6～−10.8		Ⅴ₃ₐ	−7.6～47.2
	Ⅱ₂		−7.2～−12.1		Ⅴ₄	−2.6～50.9
	Ⅱ₂ₐ		−1.2～−10.6		Ⅴ₅	39.8～100.6
	Ⅱ₃		−9.3～−26.9		Ⅴ₅ₐ	24.4～39.2
	Ⅱ₄		−10.7～−22.6	Ⅵ	Ⅵ₁	−15.3～−46.3
	Ⅱ₄ₐ		−15.5～17.3		Ⅵ₁ₐ	−40.5～−47.2
	Ⅱ₄ᵦ		−7.9～9.9		Ⅵ₂	−39.5～−59.2
	Ⅱ₅		−1.7～−15.6		Ⅵ₃	−41.6
	Ⅱ₅ₐ		−1.0～−15.6		Ⅵ₄	−19.3～−57.2
Ⅲ	Ⅲ₁		−21.2～−25.7		Ⅵ₄ₐ	−34.5～−37.1
	Ⅲ₁ₐ		−12.6～−29.1		Ⅵ₄ᵦ	−2.6～−37.2
	Ⅲ₂		−9.7～−17.5	Ⅶ	Ⅶ₁	−3.1～−56.3
	Ⅲ₂ₐ		−19.6		Ⅶ₂	−49.4～−58.1
	Ⅲ₃		−19.1～−26.1		Ⅶ₃	−22.5～82.8
	Ⅲ₄		−10.8～−24.1		Ⅶ₄	−5.1～−5.7
Ⅳ	Ⅳ₁		21.8～25.1		Ⅶ₅	−20.3～91.4
	Ⅳ₁ₐ		23.2		Ⅶ₆ₐ	−10.6～−25.8
	Ⅳ₂		−6.0～34.8			
	Ⅳ₃		34.3～40.4			
	Ⅳ₄		32.0～67.9			
	Ⅳ₅		45.2～89.3			
	Ⅳ₆		27.0～64.7			
	Ⅳ₆ₐ		41.2～97.4			
	Ⅳ₇		16.0～69.3			
	Ⅳ₇ᵦ		−5.4～−23.0			

表 1-7　各路基土组在不同 TMI 值时的饱和度（%）

土组	TMI					
	−50	−30	−10	10	30	50
砂（S）	20～50	25～55	27～60	30～65	32～67	35～70
粉土质砂（SM）	45～48	62～68	73～80	80～86	84～89	87～90
黏土质砂（SC）						
低液限粉土（ML）	41～46	59～64	75～77	84～86	91～92	92～93
低液限黏土（CL）	39～41	57～64	75～76	86	91	92～94
高液限粉土（MH）	41～42	61～62	76～79	85～88	90～92	92～95
高液限黏土（CH）	39～51	58～69	74～85	86～92	91～95	94～97

注：1. 砂的饱和度取值与 D_{60} 相关，D_{60} 大时（接近 2mm）取低值，D_{60} 小时（接近 0.25mm）取高值。
　　2. 粉土质砂、黏土质砂或细粒土的饱和度取值与细粒土含量和塑性指数相关，细粒土含量高、塑性指数大时取低值；反之，取高值。

中湿类路基的平衡湿度，先分路基工作区上部和下部分别确定其平衡湿度，再以厚度加权平均计算路基的平衡湿度。地下水毛细润湿面以上的路基工作区上部，按路基土组类别和 TMI 值确定其平衡湿度；地下水毛细润湿面以下的路基工作区下部，则按路基土组类别和距地下水位的距离确定其平衡湿度。

需要说明的是，路基平衡湿度状况和平衡湿度是两个不同的概念，平衡湿度状况分为干燥、潮湿和中湿三种类型，而平衡湿度就是指饱和度。确定路基平衡湿度状况，首先要知道毛细水上升高度，这往往是很难的，而且规范中也没有给出相关的计算方法。

1.5　路面结构及层位功能

1.5.1　路面横断面形式

在路基顶面上铺筑的面层结构，沿横断面方向由行车道、硬路肩和土路肩所组成。路面横断面随道路等级的不同，可选择不同的形式，通常分为槽式横断面和全铺式横断面，如图 1.12 所示。

1. 槽式横断面

槽式横断面是指在路基上按路面行车道及硬路肩设计宽度开挖路槽，保留土路肩，形成浅槽，在槽内铺筑路面的方式。其也可采用培槽方法，在路基两侧培槽，或采用半填半挖的方法培槽。

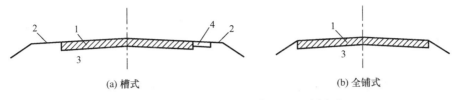

(a) 槽式　　　　　　　　　　　　(b) 全铺式

1—路面；2—土路肩；3—路基；4—硬路肩

图 1.12　路面横断面形式

2. 全铺式横断面

全铺式横断面是指在路基全部宽度内都铺筑路面的方式。在高等级公路建设中，有时为了将路面结构内部的水分迅速排出，便在路基全宽范围内都铺筑基层材料，以保证水分横向排入边沟。有时考虑到道路交通的迅速增加，为适应扩建的需要，也会将硬路肩及土路肩的位置全部按行车道标准铺筑面层。

1.5.2　路拱横坡度

为了保证路面上雨水及时排出，避免雨水对路面的浸润和渗透而减弱路面结构强度，路面表面应做成直线型或抛物线型路拱。等级高的路面，表面平整度和水稳定性较好，透水性也小，通常采用直线型路拱和较小的路拱横坡度。等级低的路面，为了有利于迅速排除路表积水，一般采用抛物线型路拱和较大的路拱横坡度。表1-8为各种不同类型路面的路拱平均横坡度。

表 1-8　各种不同类型路面的路拱平均横坡度

路面类型	路拱平均横坡度/（%）
沥青混凝土、水泥混凝土	1～2
厂拌沥青碎石、路拌沥青碎（砾）石、沥青贯入碎（砾）石、沥青表面处治、整齐石块	1.5～2.5
半整齐石块、不整齐石块	2～3
碎石、砾石等	2.5～3.5
炉渣土、砾石土、砂砾土等	3～4

选择路拱横坡度，应充分考虑有利于行车平稳和横向排水两方面的要求。在干旱和有积雪、浮冰地区，路拱横坡度应采用低值，多雨地区路拱横坡度应采用高值。如果道路纵坡较大或路面较宽，或行车速度较高，或交通量和车辆载重较大，或常有拖挂汽车行驶，则应采用路拱平均横坡度的低值；反之，则应取用高值。

高速公路和一级公路设有中央分隔带，通常采用两种方式布置路拱横坡度。若分隔带未设置排水设施，则做成中间高、两侧路面低的路拱，由单向横坡向路肩方向排水；若分隔带设置排水设施，则两侧路面分别单独做成中间高两边低的路拱，向中间排水设施和路肩两个方向排水。

路肩横坡度一般比行车道横坡度大1%。但是当高速公路和一级公路的硬路肩采用与行车道相同的结构时，路肩横坡度应与行车道横坡度相同。

1.5.3 路面结构分层及层位功能

行车荷载和自然因素对路面的影响，随深度的增加而逐渐减弱。因此，对路面材料的强度、抗变形能力和稳定性的要求也随深度的增加而逐渐降低。为了适应这一特点，路面结构通常是分层铺筑的，并按照使用要求、受力状况、土基支承条件和自然因素影响程度的不同，分成若干层次。通常根据各个层次功能的不同，将路面结构划分为面层、基层和必要的功能层，如图1.13所示。

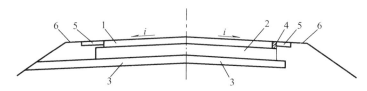

1—面层；2—基层；3—底基层；4—路缘石；5—硬路肩；6—土路肩

图1.13 路面结构层次划分示意图

1. 面层

面层是直接同行车和大气接触的表面层次，它承受较大的行车荷载的垂直力、水平力和冲击力的作用，同时还受到降水的侵蚀和气温变化的影响。因此，同其他层次相比，面层应具备较高的结构强度、抗变形能力，较好的水温稳定性，而且应当耐磨、不透水，表面还应有良好的抗滑性和表面平整度。

修筑面层的材料主要有水泥混凝土、沥青混凝土、沥青贯入碎石、沥青碎石、沥青表面处治及块料等。

面层有时分两层（上面层、下面层）或三层（上面层、中面层和下面层）铺筑，如高速公路沥青面层总厚度为18~20cm，可分上、中、下三层铺筑，并根据各分层的要求采用不同的级配类型。水泥混凝土路面也有分上、下两层铺筑，分别采用不同等级的水泥混凝土材料。在实际中，有时也将面层做成复合式结构，如在水泥混凝土路面上加铺4~8cm厚的沥青混凝土。但是在砂石路面上所铺的2~3cm厚的磨耗层或1cm厚的保护层，以及厚度不超过1cm的简易沥青表面处治，不能作为一个独立的层次。

2. 基层

基层主要承受由面层传来的行车荷载的垂直力，并扩散到下面的土基中去，实际上基层是路面结构中的承重层，它应具有足够的强度和刚度，并具有良好的扩散应力的能力。基层遭受自然因素的影响虽然比面层小，但是仍然有可能经受地下水和通过面层渗入的雨水的浸湿，所以基层结构应具有足够的水稳定性。基层表面虽不直接供车辆行驶，但仍然要求有较好的表面平整度，这是保证面层平整的基本条件。

修筑基层的材料主要有无机结合料稳定类、沥青结合料类、粒料类等。

基层厚度太厚时，为保证工程质量，可将其分为两层或三层铺筑，基层的最下层称为底基层。当采用不同材料修筑基层时，对底基层材料质量的要求较低，可使用当地材料来修筑。

3. 功能层

功能层是起特殊作用的层次，主要包括排水层或防冻层、透层、封层、黏层、应力吸收层、超薄磨耗层等。

功能层

① 排水层或防冻层设置在路基与基层（底基层）之间。防冻层是路面结构中按防冻要求所设置的功能层，排水层是排除路面结构内部水的功能层。

② 透层一般设置在无机结合料稳定类或粒料类基层顶面。其作用是加强基层与沥青层之间的黏结，可采用稀释沥青和乳化沥青。

③ 封层一般设置在无机结合料稳定类或冷再生类材料结构层与沥青层之间。其作用是保护基层和路基不受雨水下渗的影响，可采用单层沥青表面处治或稀浆封层。

④ 黏层一般设置在沥青层之间或水泥混凝土板与沥青层之间，起黏结作用。重及以上交通荷载等级公路，宜采用改性乳化沥青、道路石油沥青或改性沥青，中等及以下交通荷载等级公路可采用乳化沥青，水泥混凝土板上黏层宜采用改性沥青。

⑤ 应力吸收层设置在水泥混凝土板或无机结合料稳定类材料结构层与沥青层之间，起应力消解作用。其可以有效防止面层的反射裂缝，同时也具有一定的黏结和防水作用，应力吸收层宜采用橡胶沥青。设置应力吸收层时，可不再设置封层。

⑥ 超薄磨耗层一般设置在路面表面，起表面行驶与磨耗功能。其一般宜采用高黏度改性沥青，采用冷拌冷铺工艺时须采用高性能 SBS 改性乳化沥青。

1.6 路面分类

路面类型可以从不同角度来划分，但是一般都按面层所用的材料进行分类，如水泥混凝土路面、沥青路面等。

1.6.1 沥青混凝土路面

根据基层材料性质的不同，沥青混凝土路面分为无机结合料稳定类基层沥青路面、沥青结合料类基层沥青路面、粒料类基层沥青路面和水泥混凝土基层沥青路面四类。

1. 无机结合料稳定类基层沥青路面

无机结合料稳定类基层一般采用水泥稳定碎石、石灰粉煤灰（二灰）稳定碎石等材料。此类基层刚度较大，沥青面层的底面基本处于受压或低拉应力状态，但是较易产生温度收缩和干燥收缩裂缝，使沥青面层出现反射裂缝。

2. 沥青结合料类基层沥青路面

沥青结合料类基层可采用密级配沥青碎石、半开级配沥青碎石、开级配沥青碎石、沥青贯入碎石等材料。沥青结合料类基层具有较高的强度和刚度，适用于极重、特重及重交通荷载等级公路路面，而沥青贯入碎石基层因其强度和刚度相对较低，故适用于中等或轻交通荷载等级公路路面。

3. 粒料类基层沥青路面

粒料类基层主要采用级配碎石、级配砾石、未筛分碎石、天然砂砾等材料。这类基层承载能力较低，不宜用于极重交通荷载等级公路路面。在重复荷载作用下，粒料类基层会出现由压密变形和剪切变形而产生的永久变形，并会逐渐积累。此外，粒料类基层刚度不大，沥青面层的底面会出现较大的拉应变（拉应力），在重复荷载作用下产生疲劳开裂。

4. 水泥混凝土基层沥青路面

水泥混凝土基层主要包括水泥混凝土和贫混凝土两类。这种路面综合了沥青混合料和水泥混凝土两类材料的特点和长处，使用寿命长，使用性能良好。水泥混凝土基层的强度、刚度大，抗冲刷性能良好，可用于极重、特重交通荷载等级公路路面。病害形式主要为沥青面层的反射裂缝及其引起的地表水沿反射裂缝下渗，进而引发断板、断角和唧泥等水泥混凝土板块病害。

1.6.2 水泥混凝土路面

水泥混凝土路面主要指用水泥混凝土（包括普通水泥混凝土、钢筋混凝土、连续配筋混凝土、钢纤维混凝土等）做面层的路面结构。与其他筑路材料相比，水泥混凝土的弯拉强度高，并且有较高的弹性模量，故呈现出较大的刚度。在行车荷载作用下，水泥混凝土结构层处于板体工作状态，竖向弯沉较小，路面结构主要靠水泥混凝土板的弯拉强度承受行车荷载。通过板体的扩散分布作用，路面传递给地基上的单位压力较沥青混凝土路面小得多。

1.6.3 上拌下贯沥青碎石路面

上拌下贯沥青碎石路面的施工工艺为，先用碎石铺一层压实，然后在上面喷一层沥青（热沥青或乳化沥青），撒一层细料，碾压成型（也可开放交通），最后在上面铺一层沥青混合料。

1.6.4 沥青表面处治路面

沥青表面处治路面是用沥青和集料按层铺法或拌和法施工，厚度不大于 30mm 的一种薄层面层。沥青表面处治路面按浇洒沥青和撒布集料的遍数不同，分为单层式、双层式和三层式。沥青表面处治路面寿命短，一般不考虑其承重，其作用主要是对非沥青承重层起保护和防磨耗作用。沥青表面处治路面和上拌下贯沥青碎石路面的强度和刚度均较小，适用于交通量小的中等、轻交通荷载等级公路面层。

思考题

1. 路基路面工程的特点及设计要求是什么?
2. 什么是路基工作区? 如何确定?
3. 路基结构性能指标有哪些? 如何测试?
4. 我国路基土分为几类? 各有什么工程性质?
5. 什么是路基平衡湿度? 怎样确定路基平衡湿度?
6. 路面结构由哪些层次组成? 各层的功能是什么?
7. 路面结构中的功能层有哪些? 各个功能层采用什么材料?
8. 沥青混凝土路面分为哪几类? 各有什么特点?
9. 水泥混凝土路面有什么结构特点?

第1章在线答题

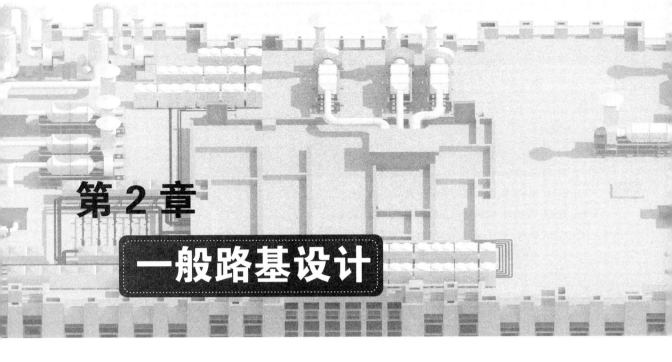

第 2 章 一般路基设计

📚 **教学目标**

本章介绍一般路基设计内容。本章目标为，掌握路基的基本概念以及路基的类型和特征，路基标准横断面的形式与组成，路基宽度、高度和边坡坡度的表示方法，路基设计指标和验算指标的内容，路基回弹模量设计值的计算方法，以及路堤边坡坡率的确定方法；熟悉路床填料的技术要求，路堤填料的技术要求，地基表层处理和与构造物衔接处理，一般挖方路堑边坡坡率的确定方法，以及路基填挖交界处理；了解路堤高度的确定方法。

📚 **教学要求**

能力要求	知识要点	权重
	路床	5%
能正确选用路床厚度	路堤、路堑、半填半挖式路基	15%
能合理进行路基横断面设计	路基标准横断面	5%
能正确计算路基回弹模量设计值	路基宽度、高度、边坡坡度	10%
能进行路床、路堤的填料设计	路基回弹模量设计值	30%
能正确选用路堤边坡坡率	一般路堤设计	15%
能进行地基表层处理和与构造物衔接处理	一般路堑设计	15%
能正确选择挖方边坡坡率	路基填挖交界处理	5%
能进行路基填挖交界处理		

第 2 章　一般路基设计

  引例

党的二十大报告指出，实施全面节约战略，推进各类资源节约集约利用，加快构建废弃物循环利用体系。因此，在路基设计时也应考虑节约措施，如路基填料尽量就地取材，加强建筑垃圾的资源化利用，尽量避免高填深挖等。一般路基设计是路基设计中的重要任务，任何路基设计都有一般路基设计的内容。一般路基碾压图如图 2.1 和图 2.2 所示。

图 2.1　一般路基碾压图（一）　　　　图 2.2　一般路基碾压图（二）

2.1　路基概念及类型

2.1.1　路基基本概念

路基是按照路线位置和一定技术要求修筑的带状构造物，是路面的基础，承受由路面传来的行车荷载。

路面结构层以下的路基工作区深度范围内的结构为路基结构，行车荷载产生的附加应力相对显著，且与路面结构响应密切相关，这部分路基范围也称为路床。也就是说，路床与路基结构的范围基本一致，均以路基工作区深度为确定依据。因此，路床的厚度应根据交通量及轴载组成确定，轻、中等及重交通荷载等级公路路床厚度为 0.8m；特重、极重交通荷载等级公路路床厚度为 1.2m；特种轴载的公路，应单独计算路基工作区深度以确定路床厚度。

路床和路堤

路基工程要做好综合设计，应从路基的位置、高度、结构断面形式、填料的选择与处治、地基处理、排水工程、防护支挡工程等方面考虑，同时也要考虑路面结构设计对路基性能的要求，遵循"路基路面一体化、强路基"原则，综合考虑路基结构与填料设计，在各种环境因素和行车荷载作用的影响下，保证路基长期使用的性能要求，为路面提供良好的支撑基础。

为保证路基主体结构的性能，还需要采用必要的附属设施，如排水设施和防护支挡设施等。

2.1.2 路基的类型

由路线设计确定的路基设计高程与天然地面高程通常是不同的,路基设计高程低于天然地面高程时,需进行开挖;路基设计高程高于天然地面高程时,需进行填筑。按照填挖情况的不同,路基可分为路堤、路堑、半填半挖式路基三种形式。

1. 路堤

路堤是指高于原地面的填方路基。路堤在结构上分为上路堤和下路堤,上路堤是指路床以下 0.7m 厚度范围的填方部分,下路堤是指上路堤以下的填方部分。

按填土高度不同,路堤可划分为低路堤、一般路堤和高路堤。填土高度小于路基工作区深度的路堤为低路堤;路基填土边坡高度大于 20m 的路堤为高路堤;介于上述两者之间的可称为一般路堤。如果路堤的原地面斜坡陡于 1:2.5,则称为陡坡路堤。根据路堤所处环境条件和加固类型的不同,还有浸水路堤、护脚路堤及挖沟填筑路堤等形式,如图 2.3 所示。

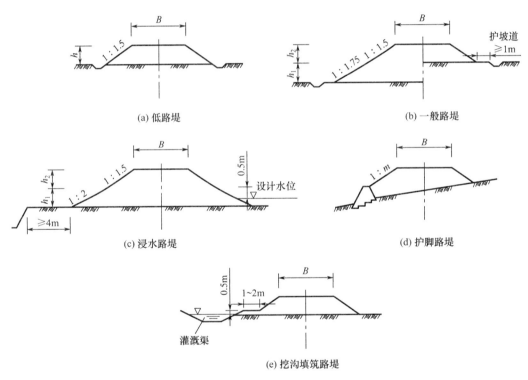

图 2.3 路堤的几种常见形式

低路堤节约土地,对环境影响小,但气候环境、地下水将对路床(路基工作区)性能产生显著影响,导致路床承载能力不足,从而引起路面的变形破坏,故低路堤对路床填料和排水措施的要求较高,必要时需采取换土、设置隔离层、排除地下水或降低地下水位等措施,以保证路基、路面的强度和稳定性。

高路堤填方数量大、占地多,且存在边坡稳定性不足和路堤不均匀变形等问题,故应作为独立工点进行勘察设计。从整个社会经济综合效益考虑,高路堤往往不是最佳工程方案,宜结合路线设计与桥梁等构造物或分离式路基的配合情况进行方案比选。

2. 路堑

路堑是指低于原地面的挖方路基,常见的有全挖式、台口式和半山洞式三种,如图2.4所示。

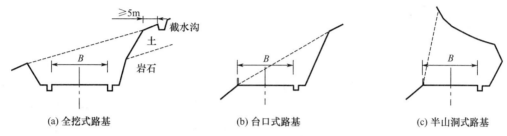

图2.4 路堑的几种常见形式

由于路堑开挖破坏了原地面的天然平衡状态,而其稳定性主要取决于地质与水文地质条件,以及边坡的高度和坡度,因此路堑的设计需要根据具体的地质与水文地质条件和边坡高度,设置成直线式、折线式或台阶式边坡,并选择合适的边坡坡度和采用合适的防护方式。

水文状况对路堑的影响较大,地质条件越差,水的破坏作用越明显。因此,路堑排水非常重要。挖方边坡的坡脚必须设置路堑边沟,以汇集和排除路基范围内的地表径流。为防止大量地表水流向路基,造成坡面冲刷和边沟溢流,路堑的上方应设置一道或多道截水沟。截水沟的弃土可堆放在其下方。若边坡坡面为已风化的岩石,则应在坡脚处(边沟外侧)设置碎落台,其宽度不宜小于1.0m,或对坡面采取防护措施。台阶式边坡中部应设置平台,其宽度不宜小于2.0m。

陡峻山坡上的半路堑,路中线宜向内移动,尽量采用台口式路基,避免路基外侧少量填方。遇有整体性的坚硬岩层,为节省石方工程,可采用半山洞式路基。

如果挖方路基所处土层水文状况不良,经常发生水分积聚现象,可能就会导致路面的破坏。在这种情况下,路堑以下的天然土基要人工压实至规定的密实度,必要时还应翻挖、重新分层填筑或换土,或采取加铺隔离层,设置必要的地下排水设施等措施。

3. 半填半挖式路基

半填半挖式路基一部分为挖方,一部分为填方,适用于天然地面横坡大,且路基较宽,需要一侧开挖而另一侧填筑的情况,如图2.5所示。

位于山坡上的路基,通常路中心的高程取接近原地面高程的数值,以减少土石方数量,保持高填深挖时土石方数量的横向填挖平衡。若处理得当,路基稳定可靠,则这种路基形式是比较经济的。

半填半挖式路基兼有路堤和路堑两者的特点,因此应满足路堤和路堑的设计要求。填方部分的原地面横坡为1∶5~1∶2.5时,土质地面应挖台阶或石质地面应凿毛[图2.5(a)]。填方部分的局部路段,如遇原地面的短缺口,可采用石砌路肩[图2.5(c)]。如果填方量较大,可就近利用废弃石方砌筑护坡或护墙[图2.5(d)和(e)]。砌石护坡和护墙相当于简易式挡土墙，承受一定的侧向压力，要求其坚固稳定。有时为了保证路基的稳定，压缩用地宽度，可在填方部分设置路肩或路堤挡土墙［图 2.5（f）］。如果填方部分悬空，而纵向又有埋深较浅的基岩，则可以沿路基纵向建半山桥路基［图 2.5（g）］。

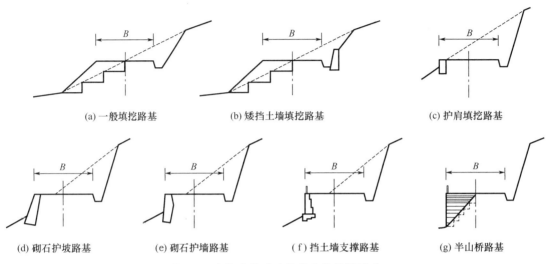

图 2.5 半填半挖式路基的几种常见形式

从路基稳定性需要考虑，陡坡路基一般应"宁挖勿填"或"多挖少填"。而在陡峻山坡上，尤其是沿溪路线，为减少土石方的开挖数量，避免大量废弃石方阻挡溪流，有时又需要少挖多填。因此，半填半挖式路基，在选定路线线形设计时，应予统一安排，进行路线的平、纵、横三者综合设计，权衡利弊，择优而定。

2.2 路基横断面设计

路基横断面设计是路线设计的内容，其详细规定见"道路勘测设计"课程。路基横断面设计与路基设计关系密切，两者相互影响、相互制约，路基横断面设计侧重于路基宽度和高度，路基设计侧重于边坡坡度。

2.2.1 路基标准横断面的形式与组成

1. 路基标准横断面的形式

对于等级高、交通量大的公路（高速公路、一级公路），通常是将上、下行车辆分开。分开的方式有两种，一种是用等宽等高的分隔带分开，另一种是将上、下行车道放在不同的平面上分开。前者叫作整体式路基，后者叫作分离式路基。此外，对于双向十车道及以上车道数的高速公路还可采用复合式断面形式。高速公路、一级公路采用的整体式和分离式路基如图 2.6 和图 2.7 所示。

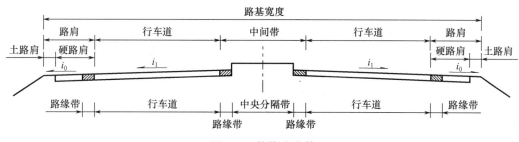

图 2.6 整体式路基

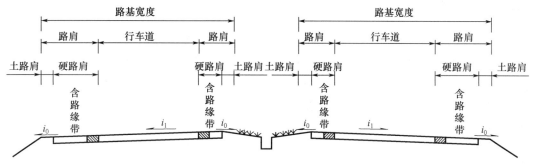

图 2.7 分离式路基

二级和三、四级公路路基应采用整体式路基,如图 2.8 和图 2.9 所示。

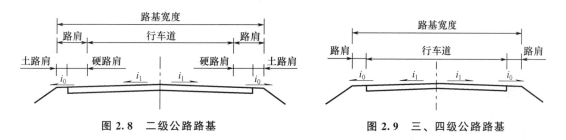

图 2.8 二级公路路基　　　　　图 2.9 三、四级公路路基

2. 路基标准横断面的组成

高速公路、一级公路整体式路基的标准横断面应由行车道、中间带(中央分隔带、两侧左侧路缘带)、路肩(右侧硬路肩、土路肩)等部分组成。高速公路、一级公路分离式路基的标准横断面应由行车道、路肩(右侧硬路肩、左侧硬路肩、土路肩)等部分组成。

二级公路路基的标准横断面应由行车道、路肩(硬路肩、土路肩)等部分组成。

三、四级公路路基的标准横断面应由行车道、路肩等部分组成,且三、四级公路一般不设硬路肩。

路基标准横断面图

2.2.2　路基宽度

公路路基横断面中各组成部分宽度之和称为**路基宽度**,即公路路基宽度为行车道宽度与路肩宽度之和,当设有中间带、加(减)速车道、爬坡车道、紧急停车带、错车道、超

车道、侧分带、非机动车道（或慢车道）和人行道等时，应包括上述部分的宽度。

行车道供机动车行驶，两侧路肩可保护行车道稳定，兼供临时停车及行人和非机动车通行。行车道宽度应满足车辆行驶需要，根据设计车速，一般每个行车道宽度为 3.0～3.75m。城镇近郊行人和非机动车较集中的地方，路肩宽度应尽可能增大，一般取 1～3m，土路肩最好硬化，以提高路肩利用率，保证行车少受干扰。中间带宽度应满足设置必要的安全、防眩和导向等设施的需要。

2.2.3 路基高度

路基高度是指路基设计高程与原地面高程之差，即路堤的填筑高度或路堑的开挖深度。路基设计高程，也就是路线纵断面上的设计高程应符合下列规定。

① 新建公路的路基设计高程。高速公路和一级公路宜采用中央分隔带的外侧边缘高程，二级、三级、四级公路宜采用路基边缘高程，在设置超高、加宽路段为设超高、加宽前该处边缘标高。

② 改建公路的路基设计高程。改建公路宜按新建公路的规定执行，也可视具体情况采用中央分隔带中线高程或行车道中线高程。

由于原地面沿横断面方向往往是倾斜的，因此在路基宽度范围内，两侧的高差有所差别。路基两侧边坡高度是指填方坡脚或挖方坡顶与路基边缘的相对高差。

路基高度，是在路线纵断面设计时，综合考虑路线纵坡要求、路基稳定性和工程经济性等因素确定的。从路基强度和稳定性要求出发，路基工作区应处于干燥或中湿状态，同时应根据临界高度并结合公路沿线具体条件和排水及防护措施，确定路堤的最小填土高度。

高路堤和深路堑的土石方数量大、占地多、施工困难、边坡稳定性差、行车不利，应尽可能避免使用。

沿河及容易受水浸淹的路基，其高度一般为设计水位加上 0.5m 的安全高度，设计水位可根据《公路工程技术标准》（JTG B01—2014）规定的路基设计洪水频率（表 2-1）求得。如果因路堤而压缩河道河床，使上游有壅水，或河面宽阔而有风浪，那么还应增加壅水的高度和波浪冲上路堤的高度。所以沿河浸水路堤的高度，应高出上述各值之和，以保证路基不致被淹，并据此进行路基的防护与加固。

表 2-1 路基设计洪水频率

公路等级	高速公路	一级公路	二级公路	三级公路	四级公路
设计洪水频率	1/100	1/100	1/50	1/25	按具体情况确定

2.2.4 路基边坡坡度

路基边坡坡度对路基稳定十分重要，确定路基边坡坡度是路基设计的重要内容。公路的路基边坡坡度，通常用边坡高度 H 与边坡宽度 b 之比表示，并取 $H=1$，如图 2.10 所示，$H:b=1:0.5$（路堑边坡）或 $1:1.5$（路堤边坡），通常用 $1:n$ 或 $1:m$ 表示其坡率，称为边坡坡率。

第 2 章 一般路基设计

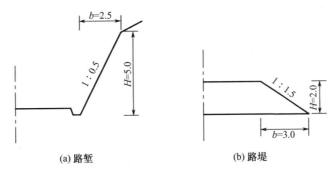

(a) 路堑 (b) 路堤

图 2.10 路基边坡坡度

路堤和路堑边坡坡率的具体规定详见后述。

2.3 路床设计

2.3.1 路床的概念

路床是路面结构层以下 0.8m 或 1.2m 范围内的路基部分，即路基结构，路床分上路床和下路床两层。上路床厚度 0.3m，下路床厚度在轻、中等及重交通荷载等级公路为 0.5m，特重、极重交通荷载等级公路为 0.9m。对于特种轴载的公路，其路床厚度确定方法见前述内容。

2.3.2 路基设计指标

路基设计以路床顶面回弹模量（也称路基顶面回弹模量）作为设计指标，以路床顶面竖向压应变作为验算指标，具体要求如下。

① 路基在平衡湿度状态下，路床顶面回弹模量不应低于沥青路面和水泥混凝土路面的有关要求。

② 沥青路面路床顶面竖向压应变的计算值应满足沥青路面永久变形的控制要求。

③ 水泥混凝土路面路床顶面竖向压应变可不作控制。

1. 路床顶面回弹模量

（1）回弹模量设计值 E_0

新建公路路基回弹模量设计值 E_0 应按式（2-1）确定，并应满足式（2-2）的要求。

$$E_0 = K_s K_\eta M_R \tag{2-1}$$

$$E_0 \geqslant [E_0] \tag{2-2}$$

式中：E_0——平衡湿度状态下路基回弹模量设计值（MPa）；

$[E_0]$——路面结构设计的路基回弹模量要求值（MPa），详见沥青路面和水泥混凝土路面设计的有关规定；

M_R——标准状态下路基动态回弹模量值（MPa）；

K_s——路基回弹模量湿度调整系数，为平衡湿度（含水率）状态下的回弹模量与标准状态下的回弹模量之比；

K_η——干湿循环或冻融循环条件下路基土模量折减系数，通过试验确定。初步设计时，非冰冻地区可根据土质类型、失水率确定，季节冻土区可根据冻结温度、含水率确定，折减系数可取 0.7～0.95。非冰冻区粉质土、黏质土，失水率大于 30%，取小值，反之取较大值；粗粒土取大值。季节冻土地区粉质土、黏质土冻结温度低于 −15℃，冻前含水率高，取小值，反之取较大值；粗粒土取大值。

公路通车运营后，在自然环境条件（降雨、蒸发、冻结、融化等）和地下水等因素影响下，路基内会产生新的水分迁移和湿度的重分布，湿度会达到相对稳定的平衡状态，此时的湿度称为平衡湿度，对应的状态称为平衡湿度状态。因此，平衡湿度状态既是路基设计状态，也是路基使用状态，三个状态是一致的。路基施工时的最佳含水率和最大干密度湿度状态称为标准状态。

湿度增大，路基强度和回弹模量将减小。与此同时，路基在干湿循环、冻融循环过程中，也会对路基土结构产生损伤，使得路基土强度和回弹模量产生衰减。根据研究成果，得到了标准状态下的路基土湿度、强度、回弹模量与平衡湿度状态下的路基土湿度、强度、回弹模量的变化规律，反映在式（2-1）中的路基回弹模量湿度调整系数和干湿循环或冻融循环条件下路基土模量折减系数上。

对于多层不同类型的土质路基，应采用弹性层状体系理论，按照弯沉等效的原则，将多层结构转化为当量单层结构后，再计算路床顶面回弹模量设计值 E_0。

（2）标准状态下路基动态回弹模量值 M_R

标准状态下路基动态回弹模量值 M_R 按下述三个方法确定。

① 试验确定。路基填料的回弹模量值，通过动三轴仪测定，详见 1.2 节。

② 查表确定。受试验条件限制时，可根据土组类别及粒料类型由表 2-2、表 2-3 查取回弹模量参考值。

表 2-2 标准状态下路基土动态回弹模量参考值

土组	取值范围/MPa
砾（G）	110～135
含细粒土砾（GF）	100～130
粉土质砾（GM）	100～125
黏土质砾（GC）	95～120
砂（S）	95～125
含细粒土砂（SF）	80～115
粉土质砂（SM）	65～95
黏土质砂（SC）	60～90

续表

土组	取值范围/MPa
低液限粉土（ML）	50～90
低液限黏土（CL）	50～85
高液限粉土（MH）	30～70
高液限黏土（CH）	20～50

注：1. 对砾和砂，D_{60} 大时，模量取高值，D_{60} 小时，模量取低值。
  2. 对其他含细粒的土组，小于 0.075mm 颗粒含量大和塑性指数高时，模量取低值，反之，模量取高值。
  3. 同等条件下，轻、中等及重交通荷载时路基土动态回弹模量取较小值，特重、极重交通条件下取较大值。

表 2-3　标准状态下粒料动态回弹模量参考值

粒料类型	取值范围/MPa
级配碎石	180～400
未筛分碎石	180～220
级配砾石	150～300
天然砂砾	100～140

③ 经验公式确定。初步设计阶段，也可按式（2-3）、式（2-4）由填料的 CBR 值估算标准状态下填料的动态回弹模量值。

$$M_R = 17.6 \text{CBR}^{0.64} \quad (2 < \text{CBR} \leq 12) \quad (2-3)$$

$$M_R = 22.1 \text{CBR}^{0.55} \quad (12 < \text{CBR} < 80) \quad (2-4)$$

此外，标准状态下路基土动态回弹模量值还可根据回弹模量本构模型进行确定，见式（2-5）。

$$M_R = k_1 P_a \left(\frac{\theta}{P_a}\right)^{k_2} \left(\frac{\tau_{\text{oct}}}{P_a} + 1\right)^{k_3} \quad (2-5)$$

式中：P_a——大气压强绝对值，通常取 100kPa；
　　　θ——体应力（kPa），$\theta = \sigma_1 + \sigma_2 + \sigma_3$；
　　τ_{oct}——八面体剪应力（kPa），$\tau_{\text{oct}} = \sqrt{(\sigma_1-\sigma_2)^2 + (\sigma_2-\sigma_3)^2 + (\sigma_3-\sigma_1)^2}/3$；
　k_1, k_2, k_3——模型参数，对于细粒土可按式（2-6）、式（2-7）、式（2-8）计算。

$$k_1 = -0.0960w + 0.3929\rho_d + 0.0142I_p + 0.0109P_{0.075} + 1.0100 \quad (2-6)$$

$$k_2 = -0.0005w - 0.0069I_p - 0.0026P_{0.075} + 0.6984 \quad (2-7)$$

$$k_3 = -0.2180w - 3.0253\rho_d - 0.0323I_p + 7.1474 \quad (2-8)$$

式中：w——路基土的含水率（%）；
　　ρ_d——路基土的干密度（g/cm³）；
　　I_p——塑性指数（%）；
　$P_{0.075}$——细粒含量（%）。

不同交通荷载等级的路基内当量应力水平变化幅度较小，因此在确定标准状态下路基动态回弹模量值时，当量应力水平可按体应力为 70kPa、八面体剪应力为 13kPa 取用。

（3）回弹模量湿度调整系数 K_s

新建公路路床应处于干燥或中湿状态。确定回弹模量湿度调整系数，首先要根据 1.4 节的方法确定路基平衡湿度状况，即根据路基相对高度、路基土组类别及毛细水上升高度，确定路基处于干燥、中湿还是潮湿状态。然后，根据路基平衡湿度状况，确定路基结构的平衡湿度，即饱和度。最后根据饱和度与回弹模量湿度调整系数的关系，确定回弹模量湿度调整系数，见式（2-9）。

$$\lg K_s = a + \frac{b-a}{1+e^{[\ln(-\frac{b}{a})+k_m(S-S_{opt})]}} \tag{2-9}$$

式中：a,b,k_m——回归参数（粗粒土 $a=-0.3132, b=0.3, k_m=6.8157$；细粒土 $a=-0.5934, b=0.4, k_m=6.1324$）；

S——平衡状态的湿度（饱和度）；

S_{opt}——标准状态的湿度（饱和度）。

需要特别指出的是，《公路路基设计规范》（JTG D30—2015）直接给出了回弹模量湿度调整系数与路基平衡湿度状况的关系，见表 2-4 和表 2-5，但没有具体给出由饱和度推导出回弹模量湿度调整系数这一步骤。

表 2-4 潮湿类路基的回弹模量湿度调整系数

土质类型	砂	细粒土质砂	粉质土	黏质土
路基工作区顶面	0.8~0.9	0.5~0.6	0.5~0.7	0.6~1.0
路基工作区底面	0.5~0.6	0.4~0.5	0.4~0.6	0.5~0.9

注：1. 砂的回弹模量湿度调整系数，D_{60} 大时取高值，D_{60} 小时取低值。
2. 细粒土质砂的回弹模量湿度调整系数，细粒含量大、塑性指数高时取低值，反之取高值。
3. 粉质土和黏质土的回弹模量湿度调整系数，路基高度低时取低值，反之取高值。

表 2-5 干燥类路基的回弹模量湿度调整系数

土组	TMI					
	−50	−30	−10	10	30	50
砂（S）	1.30~1.84	1.14~1.80	1.02~1.77	0.93~1.73	0.86~1.69	0.80~1.64
粉土质砂（SM）	1.59~1.65	1.10~1.26	0.83~0.97	0.73~0.83	0.70~0.76	0.70~0.76
黏土质砂（SC）						
低液限粉土（ML）	1.35~1.55	1.01~1.23	0.76~0.96	0.58~0.77	0.51~0.65	0.42~0.62
低液限黏土（CL）	1.22~1.71	0.73~1.52	0.57~1.24	0.51~1.02	0.49~0.88	0.48~0.81

注：1. 砂的回弹模量湿度调整系数，D_{60} 大时（接近 2mm）取低值，D_{60} 小时（接近 0.25mm）取高值。
2. 粉土质砂、黏土质砂或细粒土的饱和度取值与细粒土含量和塑性指数相关，细粒土含量高、塑性指数大时取低值，反之取高值。

具体设计时，潮湿类路基的回弹模量湿度调整系数按表 2-4 查取；干燥类路基的回弹模量湿度调整系数按表 2-5 查取；中湿类路基的回弹模量湿度调整系数，可按路基工作区内两类湿度来源的上部和下部分别确定,并以路基工作区上、下部的厚度加权计算路基总的回弹模量湿度调整系数。

2. 路床顶面竖向压应变

通过控制路床顶面竖向压应变防止路基产生过大的永久变形,是粒料类基层沥青路面和底基层为粒料类的沥青结合料类基层沥青路面的验算指标。对于其他沥青路面和水泥混凝土路面,因为路床顶面竖向压应变很小,所以该项指标不用验算。具体计算方法详见 8.1 节。

3. 指标不满足时的处理措施

当路基湿度状态、路基填料、路床顶面回弹模量和路床顶面竖向压应变等不能满足要求时,应根据气候、土质、地下水和料源等条件,经技术经济比较后,对路床采取下列措施。

① 可采用粗粒土或低剂量无机结合料稳定土等进行换填,并合理确定换填深度。

② 对细粒土可采用砂、砾石、碎石等进行掺和处治,或采用无机结合料进行稳定处治。细粒土处治设计应通过物理力学试验,确定处治材料及其掺量、处治后的路基性能指标等。

③ 水文地质条件不良的土质挖方路基或潮湿状态填方路基,应采取设置排水垫层、毛细水隔离层、地下排水渗沟等措施。

④ 季节冻土地区各级公路的中湿、潮湿路段,应结合路面结构进行路基结构的防冻验算。必要时,应设置防冻垫层或保温层。

2.3.3 路基设计指标计算的探讨

路基由多层不同材料组成,其平衡湿度状态下的路床顶面回弹模量,应采用弹性层状体系理论,按照弯沉等效原则,将多层结构转化成当量单层结构进行计算,计算公式如下。

$$E_0 = 100 \frac{2p\delta(1-\mu_0^2)}{l_0} \quad (2-10)$$

式中:l_0——多层体系计算的弯沉值,取 0.01mm;

p——落锤式弯沉仪承载板施加的荷载(MPa);

δ——落锤式弯沉仪承载板半径(mm);

μ_0——路基土泊松比,可取 0.40。

当路床顶面回弹模量、竖向压应变等指标不满足控制标准时,需要进行路床填料换填以及确定换填材料的厚度。确定换填材料的厚度的步骤为,首先拟定路床换填材料(如砂砾、碎石土或无机结合料处治土等),并将其标准状态下的回弹模量转换为平衡湿度状态下的回弹模量,然后按照路床顶面回弹模量控制标准,计算换填材料的厚度。

因此,计算路床顶面回弹模量的理论与方法非常清晰、明确,但是还有一些问题,规范并没有叙述清楚。

① 式(2-1)是把路床作为整体来计算平衡湿度状态下的回弹模量,可是如果路床材料不止一种,则式(2-1)明显就不适用了。

② 对于潮湿类路基,规范只给出了路基工作区的回弹模量湿度调整系数,可是路堤和地基土的回弹模量湿度调整系数取多少呢?而且潮湿类路基,不同高度处的调整系数都不一样,表 2-4 只给出了工作区顶面和底面的调整系数。

③ 对于中湿类路基，路基工作区下部为潮湿类，以潮湿类路基工作区底面的调整系数作为中湿类路基工作区下部的调整系数明显不合适，那么中湿类路基工作区下部的调整系数该怎么取呢？

④ 路堤和地基土取什么状态的回弹模量，规范中也没有明确规定，而这两个回弹模量是计算路床顶面回弹模量必须要用到的。

对于上述问题，可参考以下建议。

① 按照路基不同部位的湿度状态，分别确定回弹模量湿度调整系数。不管是路床还是路堤，地下水毛细润湿区内的就是潮湿，地下水毛细润湿区以外的就是干燥。土的回弹模量湿度调整系数既可查表2-4或表2-5，也可按式（2-9）确定。

② 地基土回弹模量，建议采用落锤式弯沉仪现场测定，按式（1-11）计算。

③ 路床分为上路床和下路床，路堤分为上路堤和下路堤，可以取各层中点处回弹模量湿度调整系数。如果路床材料仅采用一种，则路床可不再分层。对于中湿类路基，路床应按干燥和潮湿部分至少分成两层。

例1 某 $Ⅳ_4$ 一级公路，路面结构为无机结合料稳定类基层沥青路面，路面结构总厚度为740mm，交通荷载等级为重。路堤填料为低液限黏土，标准状态下路基动态回弹模量值取65MPa，标准状态下的饱和度为75%。地下水位在原地面下0.5m，原地面FWD检测中心点弯沉值为380（0.01mm）。路基填土高度为3.5m，毛细水上升高度取2.8m。试计算平衡湿度状态下的路床顶面回弹模量，并根据计算结果确定所选材料是否符合要求，如不符合，请选择适合的材料。

解：根据FWD测试结果，反算出地基土的回弹模量为

$$E_3 = 100 \frac{2p\delta(1-\mu_0^2)}{l_0} = 100 \times \frac{2 \times 0.707 \times 150 \times (1-0.4^2)}{380} \approx 46.9(\text{MPa})$$

重交通荷载等级，路床厚度为0.8m。

路床顶面与地下水位的距离为

$$h_1 = 3.5 - 0.74 + 0.5 = 3.26(\text{m})$$

路床底面与地下水位的距离为

$$h_2 = h_1 - 0.8 = 3.26 - 0.8 = 2.46(\text{m})$$

毛细水上升高度2.8m，因此，路床上部［厚度为3.26-2.8=0.46（m）］在地下水毛细润湿区以上，路床下部［厚度为0.8-0.46=0.34（m）］在地下水毛细润湿区范围内。路基平衡湿度状况为中湿。

路床下部中点与地下水位的距离为2.46+0.34/2=2.63（m）。

路堤中点与地下水位的距离为2.46-（3.5-0.74-0.8）/2=1.48（m）。

路床上部为干燥状态，根据TMI值查表1-7，取平衡湿度为93%。

路床下部、路堤为潮湿状态，根据与地下水位距离查表1-5，分别取平衡湿度为80%、85%。

由式（2-9），得到路床上部、路床下部和路堤的回弹模量湿度调整系数分别为0.54、0.84和0.71。

干湿循环条件下路基土模量折减系数取0.85，则路床上部、路床下部和路堤的回弹模量设计值分别为29.8MPa、46.4MPa和39.2MPa。路床上部、路床下部、路堤和地基组

成四层弹性层状体系,采用BISAR3.0软件计算,得到回弹弯沉值为557.1(0.01mm)。

路床顶面回弹模量按式(2-10)计算,为32.0MPa。根据表7-13,重交通荷载等级沥青路面要求路床顶面回弹模量不小于50MPa,可见路堤填筑方案不符合要求,需对路床填料进行换填。

拟采用砂土换填,砂土标准状态下路基动态回弹模量值取100MPa,饱和度为62%。砂土空隙率较大,距离地下水位较远,可认为毛细水升不上来,处于干燥状态,根据表1-7,取平衡湿度为65%。由式(2-9),得到其回弹模量湿度调整系数为0.93,干湿循环条件下路基土模量折减系数取0.90,则回弹模量设计值为83.7MPa。路床、路堤和地基组成三层弹性层状体系,采用BISAR3.0软件计算,得到回弹弯沉值为237.4(0.01mm)。同理,根据式(2-10)计算得到路床顶面回弹模量为75MPa,其值大于50MPa,故换填材料符合要求。

2.3.4 路床填料的技术要求

路床填料应均匀,其最小承载比要求应符合表2-6的规定。

表2-6 路床填料最小承载比要求

路基部位		路面底面以下深度/m	填料最小承载比CBR/(%)		
			高速公路、一级公路	二级公路	三、四级公路
上路床		0~0.3	8	6	5
下路床	轻、中等及重交通	0.3~0.8	5	4	3
	特重、极重交通	0.3~1.2	5	4	—

注:1. 该表CBR试验条件应符合现行《公路土工试验规程》(JTG 3430—2020)的规定。
　　2. 年平均降雨量小于400mm地区,路基排水良好的非浸水路基,通过试验论证可采用平衡湿度状态的含水率作为CBR试验条件,并应结合当地气候条件和汽车荷载等级,确定路基填料CBR控制标准。

路床应分层铺筑,碾压密实,并应符合下列要求。
① 填料最大粒径应小于100mm。
② 路床压实度要求应符合表2-7的规定。
③ 路床顶面横坡应与路拱横坡一致。

表2-7 路床压实度要求

路基部位		路面底面以下深度/m	路床压实度/(%)		
			高速公路、一级公路	二级公路	三、四级公路
上路床		0~0.3	≥96	≥95	≥94
下路床	轻、中等及重交通	0.3~0.8	≥96	≥95	≥94
	特重、极重交通	0.3~1.2	≥96	≥95	—

注:1. 表列压实度系按现行《公路土工试验规程》(JTG 3430—2020)重型击实试验所得最大干密度求得的压实度。
　　2. 当三、四级公路铺筑沥青混凝土和水泥混凝土路面时,其压实度应采用二级公路压实度标准。

CBR 是表征材料的水稳定性和抵抗局部荷载压入变形能力的指标,压实度是施工控制指标,两者都不是路基设计指标,但是路基回弹模量设计值必须通过填料的合理选择和压实度的有效控制才能实现。

2.4 路堤设计

2.4.1 路堤高度

确定路堤高度时,应综合考虑环境因素(气候、地表水、地下水、冻结和融化)和行车荷载等对路基结构性能的共同影响。路堤高度应满足下列要求。

① 满足公路等级所对应的路基设计洪水频率及其设计洪水位。
② 路堤高度不宜小于中湿状态路基临界高度。
③ 季节冻土地区,路堤高度不宜小于当地路基冻深。

路堤高度宜按式(2-11)计算确定。

$$H_{op} = \text{MAX}\{(h_{sw}-h_0)+h_w+h_{bw}+\Delta h, h_l+h_p, h_{wd}+h_p, h_f+h_p\} \quad (2-11)$$

式中:H_{op}——路堤合理高度(m);
h_{sw}——设计洪水位(m);
h_0——地面高程(m);
h_w——波浪侵袭高度(m);
h_{bw}——壅水高度(m);
Δh——安全高度(m);
h_l——中湿状态路基临界高度(m);
h_p——路面厚度(m);
h_{wd}——路基工作区深度(m);
h_f——季节冻土地区路基冻深(m)。

2.4.2 路堤填料技术要求

路堤填料应符合下列技术要求。

① 路堤宜选用级配较好的砾类土、砂类土等粗粒土作为填料,填料最大粒径应小于 150mm。
② 泥炭、淤泥、冻土、强膨胀土、有机质土及易溶盐超过允许含量的土等,不得直接用于填筑路堤。季节冻土地区路床及浸水部分的路堤不应直接采用粉质土填筑。
③ 路堤填料最小承载比要求应符合表 2-8 的规定。

表 2-8　路堤填料最小承载比要求

路基部位		路面底面以下深度/m	填料最小承载比 CBR/（%）		
			高速公路、一级公路	二级公路	三、四级公路
上路堤	轻、中等及重交通	0.8~1.5	4	3	3
	特重、极重交通	1.2~1.9	4	3	—
下路堤	轻、中等及重交通	1.5 以下	3	2	2
	特重、极重交通	1.9 以下			

注：1. 当路基填料 CBR 值达不到表列要求时，可掺石灰或其他稳定材料处理。
　　2. 当三、四级公路铺筑沥青混凝土和水泥混凝土路面时，应采用二级公路的规定。

④ 液限大于 50%、塑性指数大于 26 的细粒土，不得直接作为路堤填料。

⑤ 浸水路堤、桥涵台背和挡土墙墙背宜采用渗水性良好的填料。在渗水材料缺乏的地区，采用细粒土填筑时，可采用无机结合料进行稳定处治。

路堤应分层铺筑，均匀压实，压实度要求应符合表 2-9 的规定。

表 2-9　路堤压实度要求

路基部位		路面底面以下深度/m	压实度/（%）		
			高速公路、一级公路	二级公路	三、四级公路
上路堤	轻、中等及重交通	0.8~1.5	≥94	≥94	≥93
	特重、极重交通	1.2~1.9	≥94	≥94	—
下路堤	轻、中等及重交通	1.5 以下	≥93	≥92	≥90
	特重、极重交通	1.9 以下			

注：1. 表列压实度系按现行《公路土工试验规程》（JTG 3430—2020）重型击实试验所得最大干密度求得的压实度。
　　2. 当三、四级公路铺筑沥青混凝土和水泥混凝土路面时，应采用二级公路的规定。
　　3. 路堤采用粉煤灰、工业废渣等特殊填料，或处于特殊干旱或特殊潮湿地区时，在保证路基强度和回弹模量要求的前提下，通过试验论证，压实度标准可降低 1~2 个百分点。

2.4.3　路堤边坡

路堤边坡形式和坡率应根据填料的物理力学性质、边坡高度和工程地质条件确定，并符合下列要求。

① 当地质条件良好，边坡高度不大于 20m 时，其边坡坡率不宜陡于表 2-10 的规定值。

表 2-10 路堤边坡坡率

填料类别	边坡坡率	
	上部高度（$H \leqslant 8m$）	下部高度（$H \leqslant 12m$）
细粒土	1∶1.5	1∶1.75
粗粒土	1∶1.5	1∶1.75
巨粒土	1∶1.3	1∶1.5

② 对边坡高度大于 20m 的路堤，边坡形式宜采用阶梯形，边坡坡率应由稳定性分析计算确定，并应进行工点设计。

③ 浸水路堤在设计水位以下的边坡坡率不宜陡于 1∶1.75。

2.4.4 地基表层处理

地基条件直接影响到路堤稳定性和沉降变形控制。为使地基具有足够的强度和良好的承载能力，并为路堤施工提供良好的工作面，在设计时应因地制宜，合理确定地基表层处理措施。

① 稳定的斜坡上，地面横坡缓于 1∶5 时，清除地表草皮、腐殖土后，可直接填筑路堤；地面横坡为 1∶5～1∶2.5 时，原地面应挖台阶，台阶宽度不应小于 2m。当基岩面上的覆盖层较薄时，宜先清除覆盖层再挖台阶；当覆盖层较厚且稳定时，可予保留。

② 地面横坡陡于 1∶2.5 地段的陡坡路堤，必须验算路堤整体沿基底及基底下软弱层滑动的稳定性，抗滑稳定系数不得小于表 3-5 规定值，否则应采取改善基底条件或设置支挡结构物等防滑措施。

③ 当地下水影响路堤稳定时，应采取拦截引排地下水或在路堤底部填筑渗水性好的材料等措施。

④ 地基表层应碾压密实。一般土质地段，高速公路、一级公路和二级公路基底的压实度（重型）不应小于 90%；三、四级公路不应小于 85%。低路堤应对地基表层土进行超挖、分层回填压实，其处理深度不应小于路床深度。

⑤ 稻田、湖塘等地段，应视具体情况采取排水、清淤、晾晒、换填、加筋、外掺无机结合料等处理措施。

2.4.5 与构造物衔接处理

桥头路基处理设计图

路堤与桥台、横向构造物（涵洞、通道）等相邻处，路基常产生较大的差异沉降，产生桥头跳车现象，其主要原因是路堤压实度不够。为消除这种跳车现象，常在路堤与桥台、横向构造物（涵洞、通道）等连接处设置过渡段，台尾过渡段设计如图 2.11 所示。过渡段路基压实度不应小于 96%，并应做好填料、地基处理、台背防排水系统等综合设计。过渡段长度宜按式（2-12）确定。

$$L=(2\sim 3)H+(3\sim 5) \tag{2-12}$$

式中：L——过渡段长度（m）；
H——路基填土高度（m）。

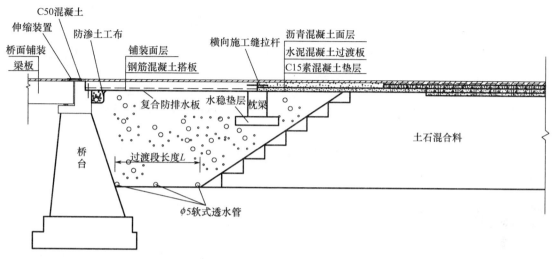

图 2.11　台尾过渡段设计

2.5　路堑设计

2.5.1　土质路堑设计

土质路堑边坡形式及坡率应根据工程地质与水文地质条件、边坡高度、排水防护措施、施工方法等，并结合自然稳定边坡、人工边坡的调查及力学分析综合确定。边坡高度不大于 20m，土质较均匀、无不良地质现象和无地下水条件下，其边坡坡率不宜陡于表 2-11 的规定值。

表 2-11　土质路堑边坡坡率

土的类别		边坡坡率
黏土、粉质黏土、塑性指数大于 3 的粉土		1∶1
中密以上的中砂、粗砂、砾砂		1∶1.5
卵石土、碎石土、圆砾土、角砾土	胶结和密实	1∶0.75
	中密	1∶1

土的密实程度划分见表 2-12。

表 2-12 土的密实程度划分

分级	试坑开挖情况
较松	铁锹很容易铲入土中，试坑坑壁容易坍塌
中密	天然坡面不易陡立，试坑坑壁有掉块现象，部分需用镐开挖
密实	试坑坑壁稳定，开挖困难，土块用力才能破碎，从坑壁取出大量颗粒处仍能保持凹面形状
胶结	细粒土密实度高，粗颗粒之间呈弱胶结，试坑用镐开挖很困难，天然坡面可以陡立

土质路堑边坡高度大于 20m 时，其边坡形式及坡率应进行边坡稳定性分析计算，详见第 3 章。

2.5.2 岩质路堑设计

岩质路堑边坡形式及坡率也应根据工程地质与水文地质条件、边坡高度、排水防护措施、施工方法等，并结合自然稳定边坡、人工边坡的调查及力学分析综合确定。必要时可采用稳定性分析方法予以验算。边坡高度不大于 30m 时，无外倾软弱结构面的边坡可按表 2-13 和表 2-14 确定岩体类型，边坡坡率可按表 2-15 确定。

表 2-13 岩质路堑边坡的岩体分类

边坡岩体类型	判定条件			
	岩体完整程度	结构面结合程度	结构面产状	直立边坡自稳能力
Ⅰ	完整	结构面结合良好或一般	外倾结构面或外倾不同结构面的组合线倾角大于75°或小于35°	30m 高边坡长期稳定，偶有掉块
Ⅱ	完整	结构面结合良好或一般	外倾结构面或外倾不同结构面的组合线倾角35°~75°	15m 高的边坡稳定，15~30m 高的边坡欠稳定
	完整	结构面结合差	外倾结构面或外倾不同结构面的组合线倾角大于75°或小于35°	
	较完整	结构面结合良好或一般或差	外倾结构面或外倾不同结构面的组合线倾角小于35°，有内倾结构面	边坡出现局部塌落

续表

边坡岩体类型	判定条件				直立边坡自稳能力
	岩体完整程度	结构面结合程度	结构面产状		
Ⅲ	完整	结构面结合差	外倾结构面或外倾不同结构面的组合线倾角35°～75°		8m 高的边坡稳定,15m 高的边坡欠稳定
	较完整	结构面结合良好或一般	外倾结构面或外倾不同结构面的组合线倾角35°～75°		
	较完整	结构面结合差	外倾结构面或外倾不同结构面的组合线倾角大于75°或小于35°		
	较完整（碎裂镶嵌）	结构面结合良好或一般	结构面无明显规律		
Ⅳ	较完整	结构面结合差或很差	外倾结构面以层面为主,倾角多为35°～75°		8m 高的边坡不稳定
	不完整（散体、碎裂）	碎块间结合很差	—		

注：1. 边坡岩体分类中未含由外倾软弱结构面控制的边坡和倾倒崩塌型破坏的边坡。
2. Ⅰ类岩体为软岩、较软岩时，应降为Ⅱ类岩体。
3. 当地下水发育时，Ⅱ、Ⅲ类岩体可视具体情况降低一档。
4. 强风化岩和极软岩可划为Ⅳ类岩体。
5. 表中外倾结构面系指倾向与坡向的夹角小于30°的结构面。

表 2-14 岩体完整程度划分

岩体完整程度	结构面发育程度	结构类型	完整性系数 K_V
完整	结构面1～2组，以构造节理或层面为主，密闭型	巨块状整体结构	>0.75
较完整	结构面2～3组，以构造节理或层面为主，裂隙多呈密闭型，部分为微张型，少有充填物	块状结构、层状结构、镶嵌碎裂结构	0.35～0.75
不完整	结构面大于3组，在断层附近受构造作用影响较大，裂隙以张开型为主，多有充填物，厚度较大	碎裂状结构、散体结构	<0.35

表 2-15　岩质路堑边坡坡率

边坡岩体类型	风化程度	边坡坡率	
		$H<15m$	$15m \leq H<30m$
Ⅰ类	未风化、微风化	1:0.1~1:0.3	1:0.1~1:0.3
	弱风化	1:0.1~1:0.3	1:0.3~1:0.5
Ⅱ类	未风化、微风化	1:0.1~1:0.3	1:0.3~1:0.5
	弱风化	1:0.3~1:0.5	1:0.5~1:0.75
Ⅲ类	未风化、微风化	1:0.3~1:0.5	—
	弱风化	1:0.5~1:0.75	—
Ⅳ类	弱风化	1:0.5~1:1	—
	强风化	1:0.75~1:1	—

注：1. 有可靠的资料和经验时，可不受本表限制。
　　2. Ⅳ类强风化包括各类风化程度的极软岩。

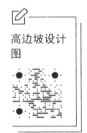

高边坡设计图

对有外倾软弱结构面的岩质路堑边坡、坡顶边缘附近有较大荷载的边坡、边坡高度超过表 2-15 范围的边坡等，边坡坡率的确定应进行稳定性分析计算，详见第 3 章。岩质路堑边坡稳定性分析计算，目前尚没有统一、完善的方法，因为非常复杂，除了受其岩性、边坡高度及施工方法等因素影响外，还在很大程度上取决于岩体结构、结构面产状及风化程度等。

对于硬质岩质路堑边坡，常规的爆破开挖法因冲击和振动作用，使岩体破碎、松动，运营期间易产生掉块、落石或滑坡坍塌等病害，因此设计时不能简单地利用自然岩体特性，还需要考虑爆破振动后的岩体特性。工程实践表明，采用光面爆破、预裂爆破等毫秒微差爆破技术，能提高堑坡边坡工程质量，最大限度地减少对边坡的破坏，适合于硬质岩质路堑边坡。

2.6　路基填挖交界处理

半填半挖式路基在山区公路中分布较广，填挖结合部常产生差异沉降变形破坏等路基病害，其主要原因是填挖结合部的材料性质和密实状态的差异及地下水的存在。因此必须加强填挖之间的处理。

半填半挖式路基中的填方区和挖方区应符合相应的要求，尤其在填方区，必要时可采用冲击碾压或强夯等进行增强补压，以消减路基填挖间的差异沉降变形。

填挖结合部的材料性质不同是引起路基差异沉降变形的主要因素之一。当挖方区为土质或软质岩石时，应对挖方区路床范围不符合要求的土质或软质岩石进行超挖换填或改良处治。此外，还应从填方区材料设计入手，填方区所选材料性质需尽量与挖方区岩土性质相匹配，宜采用渗水性好的材料填筑，既可减少差异沉降，又为挖方区地下水提供排泄途径。必要时，可在填挖结合部路床范围内铺设土工格栅，其主要作用是提高半填半挖式路基的整体性，减少路基的差异沉降变形。当挖方区为硬质岩石时，填方区宜采用填石路堤。

根据地下水出露情况和岩土性质，设置完善的地下排水系统，除应在边沟下设置纵向渗沟外，还应在填挖结合部设置横向或纵向渗沟，可在很大程度上减轻路基病害，路基横向填挖交界设计图如图 2.12 所示。实践表明，凡是设置了完善的地下排水系统的路基，都没有发现病害。因此，半填半挖式路基设置完善的地下排水系统是十分重要的。

公路路基衔接设计图

路基纵向填挖结合部，尤其是在岩质挖方段与填土路堤之间，因挖方段与填方段材料性质差异大，加之地下水渗透，常产生差异沉降变形等路基病害。因此，纵向填挖结合部宜设置过渡段，土质地段过渡段宜采用级配较好的砾类土、砂类土、碎石填筑（图 2.13），岩质地段过渡段可采用填石路堤。

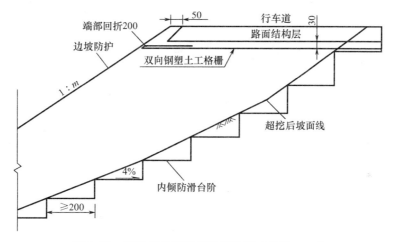

图 2.12 路基横向填挖交界设计图（单位：cm）

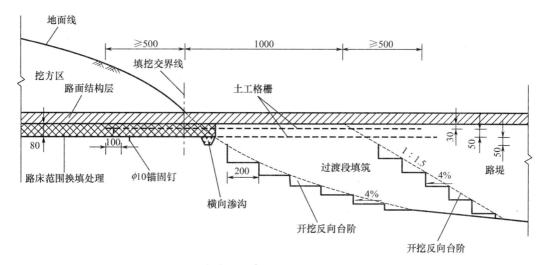

图 2.13 路基纵向填挖交界设计图（单位：cm）

过渡段长度需根据填方高度和地形条件确定，一般情况下过渡段长度为10～15m。

思考题

1. 路基结构、路床、路基工作区三者之间的关系是什么？
2. 按填挖情况，路基分为哪几类？各有什么特征？
3. 简述路基宽度、路基高度和边坡坡度的含义。
4. 路基的设计指标和验算指标有哪些？怎么计算？
5. 回弹模量湿度调整系数是怎么确定的？
6. 当路基湿度状态、路基填料、路床顶面回弹模量和路床顶面竖向压应变等不能满足要求时怎么办？
7. 路堤和路床设计有哪些技术要求？
8. 地基表层是怎么处理的？
9. 一般路堤边坡坡率是怎么确定的？
10. 一般路堑边坡坡率是怎么确定的？
11. 路基填挖交界处为何易出现问题？应该怎么处理？

第2章在线答题

第 3 章
路基边坡稳定性分析

📚 教学目标

本章介绍路基边坡稳定性分析的内容。本章目标为,掌握高路堤稳定性分析方法,最危险滑动圆弧圆心位置的确定方法,陡坡路堤稳定性分析方法,土质路堑边坡稳定性分析方法;了解边坡土体抗剪强度参数的取值方法和稳定性分析控制标准,岩质路堑边坡稳定性分析方法,软土地基路堤稳定性分析方法和浸水路堤稳定性分析方法。

📚 教学要求

能力要求	知识要点	权重
能合理选择边坡稳定性分析的强度参数 能正确选择稳定安全系数 能进行高路堤稳定性分析 能进行陡坡路堤稳定性分析 能进行土质路堑边坡稳定性分析 能使用软件进行岩质路堑边坡稳定性分析 能进行软土地基路堤稳定性分析 能进行浸水路堤稳定性分析	边坡强度参数	5%
	稳定安全系数	5%
	高路堤稳定性分析	30%
	陡坡路堤稳定性分析	20%
	土质路堑边坡稳定性分析	10%
	岩质路堑边坡稳定性分析	10%
	软土地基路堤稳定性分析	10%
	浸水路堤稳定性分析	10%

引例

道路边坡失稳，可能造成重大的生命财产损失，每年这方面的事故数不胜数。因此，要掌握路基边坡稳定性分析的基本方法，尽量避免边坡的各种失稳现象，如图3.1和图3.2所示。

图3.1　某公路边坡坍塌

图3.2　边坡预应力锚索加固

3.1　概述

3.1.1　边坡分类

边坡的分类方法有很多，主要分类方法如下。

① 根据成因，边坡可分为天然边坡和人工边坡。天然边坡是由自然地质作用形成的具有一定坡度的地段。人工边坡是由人工开挖、回填形成的具有一定坡度的地段。

② 根据岩性，边坡可分为岩质边坡和土质边坡。岩质边坡由岩石构成，土质边坡由土质构成。

③ 根据道路与天然地面的关系，边坡可分为路堤边坡和路堑边坡。当道路高于天然地面时，用土石方填筑起来的路基斜坡称为路堤边坡。当道路低于天然地面时，将天然地面开挖形成的路基斜坡称为路堑边坡。

对于一般路基的边坡，可以采用规范规定的坡度，不做稳定性分析。而对于高填、陡坡路堤及深挖路堑，应进行边坡稳定性分析计算，据此合理选定边坡坡度及相应的工程措施。岩质路堑边坡的稳定性，很大程度上取决于岩石的产状与结构，边坡失稳岩体的滑动面主要是地质构造上的软弱结构面。边坡稳定性分析应首先进行定性分析，确定失稳岩体的范围和软弱结构面，然后进行定量力学计算。

土质边坡稳定性分析的各种方法,按失稳土体滑动面特征,大致可分为直线、折线和曲线三大类,而且均以土的抗剪强度理论为基础,按力的平衡原理建立相应的方程。

3.1.2 稳定性分析计算中用到的边坡强度参数

1. 路堤边坡

高路堤与陡坡路堤稳定性分析的强度参数应根据填料来源、场地情况及分析工况的需要,选择有代表性的土样进行室内试验,并结合现场情况确定。试验方法应符合下列要求。

① 路基填土的强度参数 c、φ 值,可采用直剪快剪或三轴不排水剪试验获得。不同工况下试样制备要求见表 3-1。当路基填料为粗粒土或填石料时,应采用大型三轴试验仪或大型直剪试验仪进行试验。

② 地基土的强度参数 c、φ 值,宜采用直剪固结快剪或三轴固结不排水剪试验获得。

③ 分析高路堤沿斜坡地基或软弱层带滑动的稳定性时,应结合场地条件,选择控制性层面的土层试验获得强度参数 c、φ 值。可采用直剪快剪或三轴不固结不排水剪试验。当存在地下水影响时,应采用饱水试件进行试验。

表 3-1 路堤填土强度参数试验试样制备要求

分析工况	试样要求	适用范围
正常工况	采用填筑含水率和填筑密度;当难以获得填筑含水率和填筑密度时,或进行初步稳定分析时,密度采用要求达到的密度,含水率采用击实曲线上要求密度对应的较大含水率	用于新建路堤
	取路基原状土	用于已建路堤
非正常工况 I	同正常工况试样要求,但要预先饱和	用于降雨入渗影响范围内的填土
非正常工况 II	同正常工况试样要求	—

正常工况是指路基投入运营后经常发生或持续时间长的工况。非正常工况 I 是指路基处于暴雨或连续降雨状态下的工况,通常采用饱和状态下的填土强度参数来考虑该工况。非正常工况 II 是指路基遭遇地震等荷载作用的工况。

上述三种分析工况,是高路堤与陡坡路堤稳定性分析时需要考虑的。

2. 路堑边坡

(1) 岩体

路堑边坡岩体和结构面抗剪强度指标宜根据现场原位试验确定。试验应符合现行《工程岩体试验方法标准》(GB/T 50266—2013)的规定。当无条件进行试验时,可采用现行《工程岩体分级标准》(GB/T 50218—2014)、表 3-2 和反分析等方法综合确定。

表 3-2 结构面抗剪强度指标标准值

结构面类型		结构面结合程度	内摩擦角 φ/(°)	黏聚力 c/MPa
硬性结构面	1	结合好	>35	>0.13
	2	结合一般	35～27	0.13～0.09
	3	结合差	27～18	0.09～0.05
软弱结构面	4	结合很差	18～12	0.05～0.02
	5	结合极差（泥化层）	根据地区经验确定	

注：1. 表中数值已考虑结构面的时间效应。
2. 极软岩、软岩取表中低值。
3. 岩体结构面连通性差时取表中的高值。
4. 岩体结构面浸水时取表中的低值。

岩体结构面的结合程度可按表 3-3 确定。

表 3-3 岩体结构面的结合程度

结合程度	结构面特征
结合好	张开度小于 1mm，胶结良好，无充填；张开度 1～3mm，硅质或铁质胶结
结合一般	张开度 1～3mm，钙质胶结；张开度大于 3mm，表面粗糙，钙质胶结
结合差	张开度 1～3mm，表面平直，无胶结；张开度大于 3mm，岩屑充填或岩屑夹泥质充填
结合很差、结合极差（泥化层）	表面平直光滑，无胶结；泥质充填或泥夹岩屑充填，充填物厚度大于起伏差；分布连续的泥化夹层；未胶结的或强风化的小型断层破碎带

岩体内摩擦角可由岩块内摩擦角标准值按岩体裂隙发育程度与表 3-4 所列的折减系数的乘积确定。

表 3-4 边坡岩体内摩擦角折减系数

边坡岩体特性	内摩擦角的折减系数	边坡岩体特性	内摩擦角的折减系数
裂隙不发育	0.90～0.95	裂隙发育	0.80～0.85
裂隙较发育	0.85～0.90	碎裂结构	0.75～0.80

（2）土体

土体力学参数宜采用原位剪切试验、原状土样室内剪切试验及反算分析等方法综合确定。

土质边坡按水土合算原则计算时，地下水位以下的土宜采用三轴试验土的自重固结不排水抗剪强度指标；按水土分算原则计算时，地下水位以下的土宜采用土的有效抗剪强度指标。

（3）不同分析工况下参数的取值

路堑边坡稳定性计算也应考虑以下三种工况。

① 正常工况是指边坡处于天然状态下的工况。

② 非正常工况Ⅰ是指边坡处于暴雨或连续降雨状态下的工况。

③ 非正常工况Ⅱ是指边坡处于地震等荷载作用状态下的工况。

按正常工况计算时，边坡岩土体计算参数需采用天然状态下的参数。按非正常工况Ⅰ计算时，边坡岩土体计算参数需采用饱水状态下的参数。按非正常工况Ⅱ计算时，边坡岩土体计算参数需采用饱水状态下的参数，同时还要考虑地震等特殊荷载。

3.1.3 车辆荷载等效土柱高度

车辆荷载是边坡稳定性分析的主要作用力之一，计算时应将车辆荷载换算成路基填土层的高度，换算高度 h_0 为

$$h_0 = \frac{NQ}{\gamma BL} \tag{3-1}$$

$$B = Nb + (N-1)m + d \tag{3-2}$$

式中：L——车辆前后轮最大轴距，取 12.8m；

Q——一辆车的重力，取 550kN；

N——并列车辆数；

γ——路基填土重度（kN/m³）；

B——荷载横向分布宽度（m）；

b——后轮轮距，取 1.8m；

m——相邻两辆车后轮的中心距，取 1.3m；

d——轮胎接地宽度，取 0.6m。

车辆荷载对较高路基边坡的稳定性影响较小，换算高度可近似分布于路基全宽，以简化滑动土体重力的计算。

3.1.4 稳定性验算控制标准

1. 路堤边坡

各等级公路高路堤与陡坡路堤稳定系数不得小于表 3-5 所列的稳定安全系数值。对非正常工况Ⅱ，路基稳定性分析方法及稳定安全系数应符合现行《公路工程抗震规范》（JTG B02—2013）的规定。

2. 路堑边坡

各等级公路路堑边坡稳定系数不得小于表 3-6 所列的稳定安全系数值。对非正常工况Ⅱ，路堑边坡稳定性分析方法及稳定安全系数应符合现行《公路工程抗震规范》（JTG B02—2013）的规定。

表 3-5 高路堤与陡坡路堤稳定安全系数

分析内容	地基强度指标	分析工况	稳定安全系数	
			二级及二级以上公路	三、四级公路
路堤的堤身稳定性、路堤和地基的整体稳定性	采用直剪的固结快剪或三轴固结不排水剪指标	正常工况	1.45	1.35
		非正常工况Ⅰ	1.35	1.25
	采用快剪指标	正常工况	1.35	1.30
		非正常工况Ⅰ	1.25	1.15
路堤沿斜坡地基或软弱层滑动的稳定性	—	正常工况	1.30	1.25
		非正常工况Ⅰ	1.20	1.15

注：区域内唯一通道的三、四级公路重要路段，高路堤与陡坡路堤稳定安全系数可采用二级公路的标准。

表 3-6 路堑边坡稳定安全系数

分析工况	路堑边坡稳定安全系数	
	高速公路、一级公路	二级及二级以下公路
正常工况	1.20~1.30	1.15~1.25
非正常工况Ⅰ	1.10~1.20	1.05~1.15

注：1. 路堑边坡地质条件复杂或破坏后危害严重时，稳定安全系数取大值；地质条件简单或破坏后危害较轻时，稳定安全系数可取小值。
2. 路堑边坡破坏后的影响区域内有重要建筑物（桥梁、隧道、高压输电塔、油气管道等）、村庄和学校时，稳定安全系数取大值。
3. 施工边坡的临时稳定安全系数不应小于1.05。

3.2 高路堤稳定性分析

3.2.1 直线滑动面法

由渗水性材料（黏聚力很小）填筑的路堤，边坡坍塌时滑动面的形状接近平面，可按直线滑动面法验算边坡的稳定性。

验算时，先通过坡脚或变坡点，假设一直线滑动面，如图 3.3（a）所示，按式（3-3）计算路堤沿此滑动面的下滑稳定系数 F_s。

$$F_s = \frac{抗滑力}{下滑力} = \frac{W\cos\alpha\tan\varphi + cL}{W\sin\alpha} \quad (3-3)$$

式中：W——作用在滑动面上的土体自重及车辆荷载（kN）；

α——滑动面倾角（°）；

c——填料的黏聚力（kPa）；
φ——填料的内摩擦角（°）；
L——滑动面的长度（m）。

然后，再假设几个直线滑动面，计算相应的下滑稳定系数，作 $F_s = f(\alpha)$ 曲线，如图 3.3（b）所示，由此求得最小下滑稳定系数 $F_{s,min}$。当 $F_{s,min}$ 不小于表 3-5 所列的稳定安全系数值时，此路堤边坡是稳定的；否则，需重新设计边坡，直至符合要求为止。

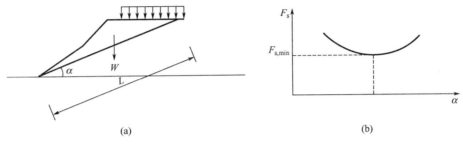

图 3.3　直线滑动面法（一）

3.2.2　圆弧滑动面法

一般来说，土均具有一定的黏性，边坡坍塌时滑动面多数呈曲面。为简化计算，通常将其近似地假设为圆弧状滑动面。

高路堤被破坏时的滑动面，一般通过坡脚，但有时也通过变坡点。当滑动面通过变坡点时，除了要对整个路堤边坡进行验算外，还应对较陡的路堤上层边坡进行稳定性分析。当基底软弱时，滑动面将通过坡脚外，此时应按基底滑动进行验算。

滑动土体形状及构成复杂时，稳定性分析难度很大，可以将其划分为多个土条进行离散，使得每一土条的性质相对简单，通过计算有限土条间及土条在滑动面上的力和力矩，建立平衡关系，从而简化计算过程，这种方法称为条分法。

按照土条间作用力考虑的不同，公路上常用的条分法有瑞典条分法和简化 Bishop 法。

1. 瑞典条分法

瑞典条分法如图 3.4 所示，取单位长度按平面问题处理。设可能的滑动面是圆弧 AD，圆心为 O，半径为 R。将滑动土体分成许多竖向土条，土条宽度一般取 $0.1R$，某 i 土条上的作用力有重力 W_i，滑动面 ef 上的法向反力 N_i 和切向反力 T_i。

建立垂直于滑动面 ef 的静力平衡方程

$$N_i = W_i \cos\alpha_i \tag{3-4}$$

对圆心 O 产生的滑动力矩为

$$M_{si} = W_i R \sin\alpha_i \tag{3-5}$$

对圆心 O 产生的抗滑力矩为

$$M_{Ri} = T_i R = \frac{N_i \tan\varphi_i + c_i l_i}{F_s} R = \frac{W_i \cos\alpha_i \tan\varphi_i + c_i l_i}{F_s} R \tag{3-6}$$

式中：α_i——i 土条滑动面法线与竖直线的夹角（°）；

φ_i——i 土条的内摩擦角（°）；
c_i——i 土条的黏聚力（kPa）；
l_i——i 土条滑动面 ef 的长度（m）；
F_s——下滑稳定系数。

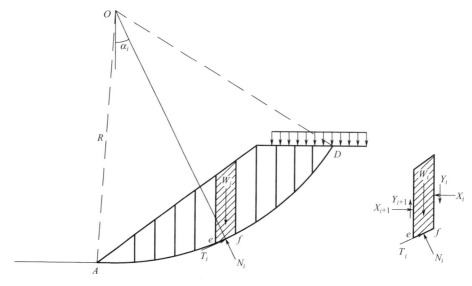

图 3.4 瑞典条分法

滑动土体若处于平衡状态，则 $\sum M_{si} = \sum M_{Ri}$，可得到下滑稳定系数 F_s 为

$$F_s = \frac{\sum_{i=1}^{n}(W_i \cos\alpha_i \tan\varphi_i + c_i l_i)}{\sum_{i=1}^{n} W_i \sin\alpha_i} \tag{3-7}$$

式中：n——划分的土条数。

上述下滑稳定系数是对于某一个假定滑动面求得的，因此需要试算多个假定的滑动面，相应于最小下滑稳定系数的滑动面即为最危险滑动面。

瑞典条分法假定滑动面为圆弧面，忽略土条间的相互作用力，将土条底部的法向反力简单地看成是土条重力在法线方向的投影，因此该法向反力通过圆弧圆心，对圆心取矩时为零，简化了计算工作。

2. 简化 Bishop 法

瑞典条分法不考虑土条间的相互作用力，一般来说，这样简化之后得到的下滑稳定系数偏小。为了改进瑞典条分法的计算精度，在计算时应该考虑土条间的相互作用力。针对这一问题，目前已有许多解决办法，其中 1955 年 Bishop 提出的简化方法比较合理实用，这一方法仍然保留了滑动面为圆弧和通过力矩平衡条件求解的这些特点，并考虑了土条间的相互作用力，为了简化计算，Bishop 假定土条间的切向力 $Y_i = Y_{i+1} = 0$，同时忽略了成对土条间相互作用力产生的力矩。

对每个土条建立竖直方向的静力平衡方程

$$W_i - N_i\cos\alpha_i - T_i\sin\alpha_i = 0 \quad (3-8)$$

将 $T_i = \dfrac{N_i\tan\varphi_i + c_i l_i}{F_s}$ 代入式（3-8），得

$$N_i = \frac{1}{m_{\alpha_i}}\left(W_i - \frac{c_i l_i \sin\alpha_i}{F_s}\right) \quad (3-9)$$

$$m_{\alpha_i} = \cos\alpha_i + \frac{\sin\alpha_i \tan\varphi_i}{F_s} \quad (3-10)$$

滑动土体若处于平衡状态，则 $\sum M_{si} = \sum M_{Ri}$，即

$$\sum(W_i R\sin\alpha_i) = \sum\left(\frac{N_i\tan\varphi_i + c_i l_i}{F_s}R\right) = \sum\left(\frac{\dfrac{1}{m_{\alpha_i}}\left(W_i - \dfrac{c_i l_i \sin\alpha_i}{F_s}\right)\tan\varphi_i + c_i l_i}{F_s}R\right)$$

$$(3-11)$$

可以解出下滑稳定系数 F_s 为

$$F_s = \frac{\displaystyle\sum_{i=1}^{n}\dfrac{W_i\tan\varphi_i + c_i l_i \cos\alpha_i}{m_{\alpha_i}}}{\displaystyle\sum_{i=1}^{n}W_i\sin\alpha_i} \quad (3-12)$$

式（3-12）中的 m_{α_i} 也包含 F_s，因此该式要用迭代法求解，即先假定一个 F_s，按式（3-10）求得 m_{α_i}，然后代入式（3-12）中求出 F_s。若此值与假定值不符，则用此 F_s 值重新计算 m_{α_i} 求得新 F_s；如此反复迭代，直至假定的 F_s 值与求得的 F_s 值相近为止。

上述计算可列表进行。对每一个假设的滑动面均可算出相应的下滑稳定系数。为寻找最危险的滑动面，同样需要假设数个滑动面，逐个计算，从而找出最小下滑稳定系数。

简化 Bishop 法是规范推荐的方法。

3. 最危险滑动圆弧圆心位置的确定

根据计算经验，最危险滑动圆弧的圆心，是在一条辅助线上。辅助线的位置，可按下述方法绘出。

（1）$4.5H$ 法

$4.5H$ 法如图 3.5 所示，由坡脚 A 点向下作垂线，量取 $H = h_1 + h_0$ 得 C 点，从 C 点引水平线，量取长度 $4.5H$，得 D 点，在 A 点作一条与边坡夹角为 β_1 的直线 AO。在堤顶

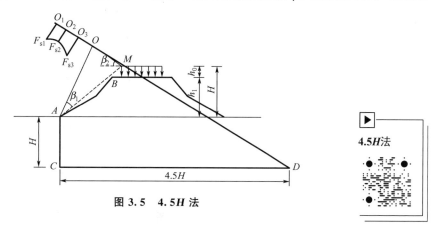

图 3.5 $4.5H$ 法

B（或荷载顶 M）作与堤顶水平线夹角为 β_2 的直线，直线会与 AO 直线相交于 O 点（β_1 和 β_2 取决于路基边坡坡率，见表 3-7）。连接 DO，并向外延伸。当填料的内摩擦角为 0 时，最危险滑动圆弧的圆心位置就在 O 点；当填料的内摩擦角大于 0 时，最危险滑动圆弧的圆心位置就在 DO 的延长线上。可在此延长线上定 3~5 个圆心位置，计算相应的下滑稳定系数，由此求得最小值。有时为了可靠起见，在此最小值位置附近，沿垂直 DO 延长线的方向，再设几个圆心，看有无更小的下滑稳定系数。

表 3-7 β_1 和 β_2 数值

边坡坡率	1:0.5	1:0.75	1:1.0	1:1.25	1:1.5	1:1.75	1:2.0	1:2.5	1:3	1:4	1:5
β_1	29.5°	29°	28°	27°	26°	26°	25°	25°	25°	25°	25°
β_2	40°	39°	37°	38.5°	35°	35°	35°	35°	35°	36°	37°

（2）36°法

36°法如图 3.6 所示，在堤顶 B 处作与堤顶水平线夹角为 36°的直线，最危险滑动圆弧的圆心位置，可在此直线上寻找。

36°法比较简单，但精度不如 $4.5H$ 法。

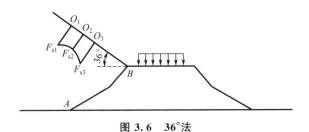

图 3.6 36°法

例1 某三级公路高路堤，顶宽 8.5m，高 25m，如图 3.7 所示，填料容重 20kN/m³，黏聚力 42.5kPa，内摩擦角 15°。请用瑞典条分法分析其边坡稳定性。

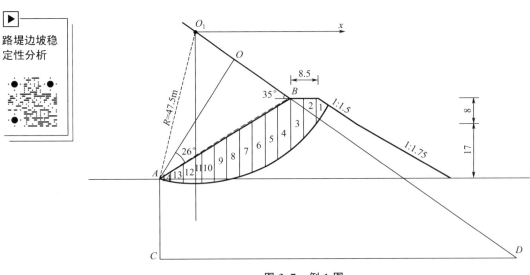

图 3.7 例1图

解：路堤较高，不考虑车辆荷载。

自堤顶至坡脚连一直线 AB（虚线），以此线边坡坡率查表 3-7 得 $\beta_1=26°$，$\beta_2=35°$。据此作 AO、BO 线交于 O 点，再在坡脚下 H（25m）深度处得 C 点及沿水平线 $4.5H$ 处得 D 点，连接 DO 并延伸得最危险滑动圆弧的圆心位置的辅助线。

在辅助线上先定出圆心 O_1，作通过坡脚的圆弧，半径为 47.5m。按填土横断面的形状，将路堤分为 14 个土条，验算其稳定性，计算表见表 3-8。

利用式（3-7），得 $F_s = \dfrac{5363.413}{4347.255} \approx 1.23$。

在辅助线上再找出若干个圆心，计算相应的下滑稳定系数，发现圆心 O_1 处的下滑稳定系数最小，因此最小下滑稳定系数 $F_{s,\min} \approx 1.23 < 1.30$，所以该边坡是不稳定的。

表 3-8 瑞典条分法计算表

土条号	各土条底面中点坐标 x_i	各土条面积 A_i/m^2	$\alpha_i/(°)$	l_i/m	$W_i\sin\alpha_i/\text{kN}$	$W_i\cos\alpha_i\tan\varphi_i + c_i l_i/\text{kN}$
1	39.802	14.883	56.923	6.644	249.420	325.899
2	35.968	40.258	49.220	6.128	609.684	401.354
3	31.954	56.676	42.277	5.408	762.537	454.567
4	27.932	64.364	36.018	4.948	756.975	489.276
5	23.922	64.139	30.240	4.632	646.035	493.808
6	19.915	61.806	24.788	4.408	518.260	488.041
7	15.910	58.424	19.569	4.247	391.379	475.506
8	11.905	54.185	14.515	4.133	271.609	456.761
9	7.901	48.456	9.575	4.058	161.200	428.522
10	3.897	41.318	4.706	4.015	67.796	391.314
11	0.949	16.668	1.145	1.898	6.660	169.971
12	−2.002	28.318	−2.416	4.005	−23.871	321.833
13	−6.005	17.786	−7.263	4.034	−44.971	265.995
14	−9.925	6.092	−12.061	3.968	−25.458	200.566
					$\sum = 4347.255$	$\sum = 5363.413$

例2 条件同例1。请用简化 Bishop 法分析其边坡稳定性。

解：由例1可知，O_1 为最危险滑动圆弧的圆心。按简化 Bishop 法，验算该圆弧的稳定性。

先假定 $F_s = 1.26$，计算表见表 3-9。

表 3-9 简化 Bishop 法计算表

土条号	α_i/(°)	l_i/m	$W_i\sin\alpha_i$/kN	$m_{\alpha_i}=\cos\alpha_i+\dfrac{\sin\alpha_i\tan\varphi_i}{F_s}$	$\dfrac{W_i\tan\varphi_i+c_il_i\cos\alpha_i}{m_{\alpha_i}}$/kN
1	56.923	6.644	249.420	0.724	323.037
2	49.220	6.128	609.684	0.814	473.909
3	42.277	5.408	762.537	0.883	536.587
4	36.018	4.948	756.975	0.934	551.477
5	30.240	4.632	646.035	0.971	529.124
6	24.788	4.408	518.260	0.997	502.793
7	19.569	4.247	391.379	1.014	476.745
8	14.515	4.133	271.609	1.021	450.784
9	9.575	4.058	161.200	1.021	420.716
10	4.706	4.015	67.796	1.014	386.051
11	1.145	1.898	6.660	1.004	169.287
12	−2.416	4.005	−23.871	0.990	325.019
13	−7.263	4.034	−44.971	0.965	274.983
14	−12.061	3.968	−25.458	0.934	211.640
			$\sum=4347.255$		$\sum=5632.152$

$$F_s=\frac{5632.152}{4374.255}\approx 1.30$$

假定 $F_s=1.30$，按同样的方法计算得到 $F_s\approx 1.30$，两者相符，因此下滑稳定系数为 1.30。

3.3 陡坡路堤稳定性分析

地面横坡陡于 1∶2.5 时，除了应保证路堤边坡的稳定外，还要预防路堤沿地面陡坡下滑。下滑的情况，一般有两种，一是路堤沿基底接触面下滑，二是路堤连同基底下的山坡覆盖层沿基岩面下滑。

出现下滑的原因，除地面横坡较陡和基底情况不佳外，主要与地表水和地下水的不利影响密切相关，应针对可能出现的下滑情况和不利条件，对陡坡路堤做稳定性验算。在稳定性不足时，需采取适当的加固措施。

3.3.1 直线滑动面法

直线滑动面法适用于地面横坡只有一个坡度,如图 3.8 所示。滑动面为直线时,整个路堤沿斜面的下滑力 E 为

$$E = T - \frac{1}{F_s}(N\tan\varphi + cl) = W\sin\alpha - \frac{1}{F_s}(W\cos\alpha\tan\varphi + cl) \qquad (3-13)$$

式中:α——地面斜坡的坡度(°);
φ——基底接触面的内摩擦角(°);
c——基底接触面的黏聚力(kPa);
l——滑动面的长度(m);
W——路堤及车辆荷载(kN);
F_s——下滑稳定系数。

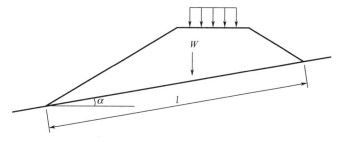

图 3.8 直线滑动面法(二)

令 $E=0$,从式(3-13)反算出下滑稳定系数。

3.3.2 折线滑动面法

当地面由多个横坡组成时,滑动面为折线,即多段直线,可采用折线滑动面法,如图 3.9 所示。路堤按各直线段划分为若干个土条,从上往下,逐个计算每个土条沿直线滑动面的下滑力,用最后一个土条的剩余下滑力的正负值来判断路堤的稳定性。

第 1 个土条的下滑力按式(3-13)计算

$$E_1 = W_1\sin\alpha_1 - \frac{1}{F_s}(W_1\cos\alpha_1\tan\varphi_1 + c_1 l_1)$$

随后各个土条的下滑力相应为

$$E_i = W_i\sin\alpha_i - \frac{1}{F_s}(W_i\cos\alpha_i\tan\varphi_i + c_i l_i) + E_{i-1}\psi_{i-1} \qquad (3-14)$$

$$\psi_{i-1} = \cos(\alpha_{i-1} - \alpha_i) - \frac{\tan\varphi_i}{F_s}\sin(\alpha_{i-1} - \alpha_i) \qquad (3-15)$$

式中:α_i——第 i 个土条底滑面的倾角(°);
φ_i——第 i 个土条底的内摩擦角(°);
c_i——第 i 个土条底的黏聚力(kPa);

l_i——第 i 个土条底滑面的长度（m）；

W_i——第 i 个土条的重力与外加竖向荷载之和（kN）；

α_{i-1}——第 $i-1$ 个土条底滑面的倾角（°）；

E_{i-1}——第 $i-1$ 个土条传递给第 i 个土条的下滑力（kN），方向与第 $i-1$ 个土条底面平行；

ψ_{i-1}——传递系数。

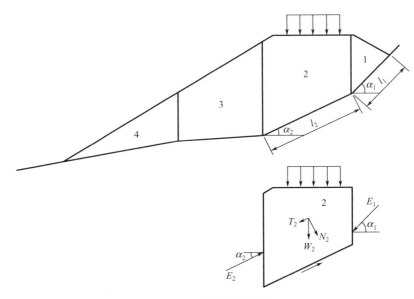

图 3.9 折线滑动面法

JTG D30—2015 规定，用式（3-14）和式（3-15）逐条计算，直到第 n 条的剩余推力为零，由此确定下滑稳定系数 F_s，这个方法叫作不平衡推力法。

滑动面的黏聚力 c 和内摩擦角 φ 较难确定。在基底挖台阶时，可在填土与基底的 c、φ 值中选择较低的一组，并按滑动面受水浸湿的程度再予适当地降低。

在不设台阶的斜坡上，考虑到水沿滑动面的渗流影响，黏聚力 c 实际上很小，因此可忽略不计，摩擦系数（$\tan\varphi$）通常在 0.25～0.60 之间。

例 3 路堤横断面如图 3.10 所示，路堤填料容重 19kN/m³，土条底的内摩擦角 20.87°，车辆荷载换算土柱高度 0.7m。请验算其稳定性。

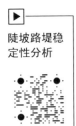

陡坡路堤稳定性分析

解： ① 先假定 $F_s=1.10$。

② 计算各传递系数。

$$\psi_1 = \cos(\alpha_1-\alpha_2) - \frac{\tan\varphi}{F_s}\sin(\alpha_1-\alpha_2)$$

$$= \cos(33°-41°) - \frac{\tan 20.87°}{1.1}\sin(33°-41°) \approx 1.039$$

$$\psi_2 = \cos(\alpha_2-\alpha_3) - \frac{\tan\varphi}{F_s}\sin(\alpha_2-\alpha_3)$$

$$= \cos(41° - 21.5°) - \frac{\tan 20.87°}{1.1} \sin(41° - 21.5°) \approx 0.827$$

$$\psi_3 = \cos(\alpha_3 - \alpha_4) - \frac{\tan\varphi}{F_s} \sin(\alpha_3 - \alpha_4)$$

$$= \cos(21.5° - 6°) - \frac{\tan 20.87°}{1.1} \sin(21.5° - 6°) \approx 0.871$$

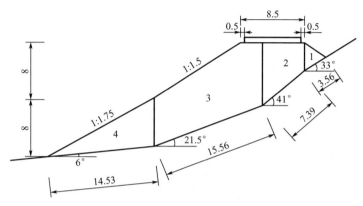

图 3.10　例 3 图（单位：m）

③ 计算各土条土体重力。

可以作图，量出各土条面积。

$A_1 = 5.879 \text{m}^2$

$A_2 = 38.988 \text{m}^2$

$A_3 = 125.579 \text{m}^2$

$A_4 = 48.706 \text{m}^2$

各土条重力为

$W_1 = 19 \times 5.879 = 111.701 \text{(kN)}$

$W_2 = 19 \times 38.988 = 740.772 \text{(kN)}$

$W_3 = 19 \times 125.579 = 2386.001 \text{(kN)}$

$W_4 = 19 \times 48.706 = 925.414 \text{(kN)}$

④ 计算各土条下滑力。

$$E_1 = W_1 \sin\alpha_1 - \frac{1}{F_s}(W_1 \cos\alpha_1 \tan\varphi_1 + c_1 l_1)$$

$$= 111.701 \times \sin 33° - \frac{1}{1.1}(111.701 \times \cos 33° \times \tan 20.87° + 0) \approx 28.367 \text{(kN)}$$

$$E_2 = W_2 \sin\alpha_2 - \frac{1}{F_s}(W_2 \cos\alpha_2 \tan\varphi_2 + c_2 l_2) + E_1 \psi_1$$

$$= 740.772 \times \sin 41° - \frac{1}{1.1}(740.772 \times \cos 41° \times \tan 20.87° + 0) + 28.367 \times 1.039$$

$$\approx 321.675 \text{(kN)}$$

$$E_3 = W_3 \sin\alpha_3 - \frac{1}{F_s}(W_3 \cos\alpha_3 \tan\varphi_3 + c_3 l_3) + E_2 \psi_2$$

$$= 2386.001 \times \sin 21.5° - \frac{1}{1.1}(2386.001 \times \cos 21.5° \times \tan 20.87° + 0) + 321.675 \times 0.827$$

$$\approx 371.029 (\mathrm{kN})$$

$$E_4 = W_4 \sin\alpha_4 - \frac{1}{F_s}(W_4 \cos\alpha_4 \tan\varphi_4 + c_4 l_4) + E_3 \psi_3$$

$$= 925.414 \times \sin 6° - \frac{1}{1.1}(925.414 \times \cos 6° \times \tan 20.87° + 0) + 371.029 \times 0.871$$

$$\approx 100.906 (\mathrm{kN}) > 0$$

⑤ 继续计算。

因为 $E_4 > 0$,所以要继续计算,直至找到 F_s 使 $E_4 = 0$。

按上述同样方法,再假定 $F_s = 1.015$,算得 $E_4 \approx -0.368 \mathrm{kN} \approx 0$。

因此,可以认为该路堤稳定系数 $F_s = 1.015 < 1.25$,所以该路堤是不稳定的。

3.4 路堑边坡稳定性分析

边坡稳定性评价应遵循"以定性分析为基础、定量计算为手段"的原则。进行边坡稳定性计算时,应根据边坡工程地质条件或已经出现的变形破坏迹象,定性判断边坡可能的破坏形式和边坡稳定性状态。

边坡稳定性计算方法,应根据边坡类型和可能的破坏形式,按下列原则确定。

① 规模较大的碎裂结构岩质边坡和土质边坡宜采用简化 Bishop 法进行计算。
② 对可能产生直线形破坏的边坡宜采用平面滑动面解析法进行计算。
③ 对可能产生折线形破坏的边坡宜采用不平衡推力法进行计算。
④ 对结构复杂的岩质边坡,可配合采用赤平投影法和实体比例投影法分析及楔形滑动面法进行计算。
⑤ 当边坡破坏机制复杂时,宜结合数值分析法进行分析。

3.4.1 土质路堑边坡稳定性分析

复杂土质边坡稳定性分析

土质路堑边坡稳定性分析方法,可采用直线或圆弧滑动面法,具体计算详见 3.2 节。对于碎石类路堑边坡,其滑动面接近平面,宜采用直线滑动面法,此时路堑边坡的最小下滑稳定系数,可通过解析法求出,而不必多次寻找滑动面试算。

路堑边坡直线滑动面法如图 3.11 所示,土楔 ABD 沿假定的滑动面 AD 滑动,其下滑稳定系数 F_s 为

$$F_s = \frac{W\cos\alpha\tan\varphi + cl}{W\sin\alpha} = f(\alpha) \qquad (3-16)$$

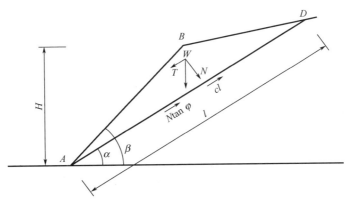

图 3.11 路堑边坡直线滑动面法

F_s 是 α 的函数,采用高等数学求极值的方法,令 $\dfrac{dF_s}{d\alpha}=0$,从而可求出 $F_{s,\min}$ 为

$$F_{s,\min}=(2a+\tan\varphi)\cot\beta+2\sqrt{a(\tan\varphi+a)}\csc\beta \tag{3-17}$$

$$a=\dfrac{2c}{\gamma H} \tag{3-18}$$

式中:β——边坡坡角(°);
　　　φ——边坡土体的内摩擦角(°);
　　　c——边坡土体的黏聚力(kPa);
　　　H——边坡高度(m);
　　　γ——边坡土体重度(kN/m³)。

3.4.2　岩质路堑边坡稳定性分析*

岩质路堑边坡不同于土质路堑边坡,其特点是岩体结构复杂,断层、节理、裂隙互相切割,块体极不规则。其稳定性很大程度上取决于岩体的产状与结构,这部分的计算较为复杂,故本书只介绍其基本计算原理。

1. 简单平面滑动岩坡稳定性分析

平面滑动是指一部分岩体在重力作用下沿着某一结构面的滑动,滑动面的倾角必须大于其内摩擦角,否则,不会出现滑动。平面滑动不仅要求滑动体克服滑动面底部的阻力,还要求其能克服滑动面两侧的阻力。在软岩中,如果滑动面的倾角远大于内摩擦角,则岩体本身的破坏即可解除两侧约束,产生滑动。而在硬岩中,只有当结构面横切到坡顶,解除了两侧约束时,岩体才可能发生滑动。

岩体沿着单一的平面发生滑动,一般需满足下列条件。
① 滑动面的走向必须与坡面平行或接近平行。
② 滑动面必须在边坡面露出,即滑动面的倾角必须小于边坡的倾角,即 $\beta<\alpha$。
③ 滑动面的倾角 β 必须大于该平面的内摩擦角 φ。
④ 岩体中必须存在解离面,其对于岩体的滑动而言仅有很小的阻力,并规定了滑动的侧面边界。

平面滑动稳定性计算图如图 3.12 所示，ABC 为可能滑动体，其重力为 W，AC 长度为 l，则岩体的下滑稳定系数为

$$F_s = \frac{W\cos\beta\tan\varphi + cl}{W\sin\beta} \tag{3-19}$$

式中：β——滑动面倾角（°）；

c,φ——分别为 AC 面上的黏聚力（kPa）和内摩擦角（°）。

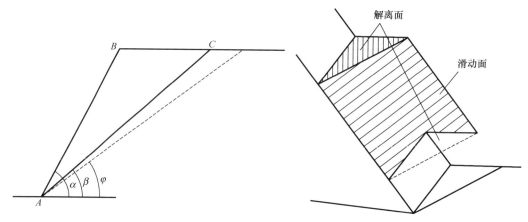

图 3.12　平面滑动稳定性计算图

如果坡顶面上有张裂隙，则地表水会从张裂隙渗入，沿滑动面 AC 渗流并在坡脚 A 点出露，这时路堑边坡的稳定性分析还需考虑静水压力的作用，如图 3.13 所示。

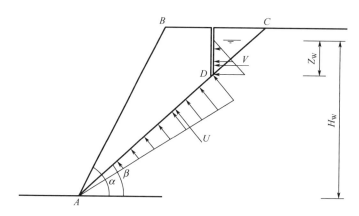

图 3.13　有张裂隙时路堑边坡的稳定性计算图

张裂隙中水柱高度为 Z_w，它将对滑动体产生一个静水压力 V。

$$V = \frac{1}{2}\gamma_w Z_w^2 \tag{3-20}$$

式中：γ_w——水的重度（kN/m³）。

同时，水沿 AD 面渗流，D 点水压为 $\gamma_w Z_w$，A 点水压为 0，假定水压沿 AD 面线性分布，则 AD 面产生的静水压力 U 为

$$U = \frac{1}{2}\gamma_w Z_w \frac{H_w - Z_w}{\sin\beta} \tag{3-21}$$

考虑静水压力 U、V 对边坡稳定性的影响时，边坡下滑稳定系数计算式为

$$F_s = \frac{(W\cos\beta - U - V\sin\beta)\tan\varphi + cl}{W\sin\beta + V\cos\beta} \qquad (3-22)$$

2. 双平面滑动岩坡稳定性分析

双平面滑动岩坡稳定性分析计算分两种情况。第一种情况为滑动体内不存在结构面，视滑动体为刚体，第二种情况为滑动体内存在结构面并将滑动体切割成若干块。

(1) 滑动体为刚体的情况

由于滑动体内不存在结构面，因此，可将可能滑动体视为刚体，如图 3.14 所示，$ABCD$ 为可能滑动体，AB、BC 为两个同倾向的滑动面。

为了便于计算，根据滑动面形状的变化将可能滑动体分为 Ⅰ、Ⅱ 两个块体，重力分别为 W_1 和 W_2。设 $F_Ⅰ$ 为块体 Ⅱ 对块体 Ⅰ 的作用力，$F_Ⅱ$ 为块体 Ⅰ 对块体 Ⅱ 的作用力，两者大小相等，方向相反，作用方向与水平面夹角为 θ。滑动面 AB 以下岩体对块体 Ⅰ 的反力 R_1 为

$$R_1 = W_1\cos\beta_1\sqrt{1 + \tan^2\varphi_1} \qquad (3-23)$$

式中：φ_1——R_1 与法线的夹角 (°)。

根据各力的大小和方向，可作块体 Ⅰ 的力多边形。从该力多边形可求得 $F_Ⅱ$ 的大小和方向。块体 Ⅱ 的下滑稳定系数为

$$F_{s2} = \frac{W_2\cos\beta_2\tan\varphi_2 + F_Ⅱ\sin(\theta - \beta_2)\tan\varphi_2 + c_2l_2}{W_2\sin\beta_2 + F_Ⅱ\cos(\theta - \beta_2)} \qquad (3-24)$$

式 (3-24) 是在块体 Ⅰ 处于极限平衡 (即块体 Ⅰ 的下滑稳定系数 $F_{s1} = 1.0$) 的条件下求得的。这时，如按式 (3-24) 求得的 F_{s2} 等于 1.0，则可能滑动体 $ABCD$ 的下滑稳定系数 F_s 也等于 1.0。如果 F_{s2} 不等于 1.0，那么 F_s 不是大于 1.0 就是小于 1.0。事实上，滑动体作为一个整体，其下滑稳定系数应该是 $F_s = F_{s1} = F_{s2}$。所以为了求得 F_s，可先假定一些 F_{s11}，F_{s12}，$F_{s13}\cdots F_{s1i}$ 的数值，然后将滑动面 AB 上的抗剪强度参数除以 F_{s1i}，得到新的抗剪强度参数，再把新的抗剪强度参数代入式 (3-23) 和式 (3-24) 中，得到 F_{s21}，F_{s22}，$F_{s23}\cdots F_{s2i}$ 的值。最后绘出 F_{s1} 和 F_{s2} 的关系曲线，在该曲线上找出 $F_{s1} = F_{s2}$ 的点，即是边坡的下滑稳定系数 F_s，如图 3.15 所示。

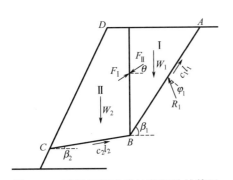

图 3.14 双平面滑动岩坡稳定性计算图

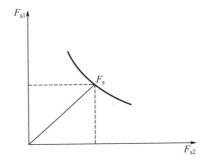

图 3.15 F_{s1} 和 F_{s2} 的关系曲线

(2) 滑动体内存在结构面的情况

当滑动体内存在结构面时，就不能将滑动体视为刚体。因为在滑动过程中，滑动体除

沿滑动面滑动外，其内部被结构面分割开的块体之间还要产生相互错动。显然，这种错动在稳定性分析中应予以考虑。对于这种情况，可以采用分块极限平衡法进行分析。

图 3.16 所示为滑动体内存在结构面的稳定性计算图。除有两个滑动面 AB 和 BC 外，滑动体内还有一个可作为切割面的结构面 BD，结构面将滑动体 $ABCD$ 分割成 I、II 两部分。设 AB、BC 和 BD 的黏聚力、内摩擦角及倾角分别为 c_1、c_2、c_3，φ_1、φ_2、φ_3 及 β_1、β_2、α。

在分块极限平衡法分析中，除认为各块体分别沿相应滑动面处于即将滑动的临界状态外，还假定块体之间沿结构面 BD 也处于临界错动状态。

对 AB 面

$$S_1 = \frac{c_1 \overline{AB} + N_1 \tan\varphi_1}{F_s} \quad (3-25)$$

对 BC 面

$$S_2 = \frac{c_2 \overline{BC} + N_2 \tan\varphi_2}{F_s} \quad (3-26)$$

对 BD 面

$$S_3 = \frac{c_3 \overline{BD} + Q\tan\varphi_3}{F_s} \quad (3-27)$$

块体 I 受到 S_1、N_1、Q、S_3 和 W_1 的作用，通过建立平衡方程，可得到 BD 面上的法向力 Q 为

$$Q = \frac{F_s^2 W_1 \sin\beta_1 + [c_3 \overline{BD} \cos(\beta_1+\alpha) - c_1 \overline{AB} - W_1 \tan\varphi_1 \cos\beta_1] F_s + \tan\varphi_1 c_3 \overline{BD} \sin(\beta_1+\alpha)}{(F_s^2 - \tan\varphi_1 \tan\varphi_3)\sin(\beta_1+\alpha) - (\tan\varphi_1 + \tan\varphi_3)\cos(\beta_1+\alpha) F_s}$$

$$(3-28)$$

同理，通过对块体 II 建立平衡方程，也可得到 BD 面上的法向力 Q 为

$$Q = \frac{-F_s^2 W_2 \sin\beta_2 + [c_3 \overline{BD} \cos(\beta_2+\alpha) + c_2 \overline{BC} + W_2 \tan\varphi_2 \cos\beta_2] F_s + \tan\varphi_2 c_3 \overline{BD} \sin(\beta_2+\alpha)}{(F_s^2 - \tan\varphi_2 \tan\varphi_3)\sin(\beta_2+\alpha) - (\tan\varphi_2 + \tan\varphi_3)\cos(\beta_2+\alpha) F_s}$$

$$(3-29)$$

由式（3-28）和式（3-29）可知，Q 是边坡下滑稳定系数 F_s 的函数，由此可分别绘出 Q-F_s 曲线，如图 3.17 所示。显然，图 3.17 中两条曲线的交点所对应的 Q 值即为作用于结构面 BD 的实际法向力，与交点对应的 F_s 值即为边坡下滑稳定系数。

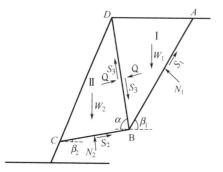

图 3.16 滑动体内存在结构面的稳定性计算图

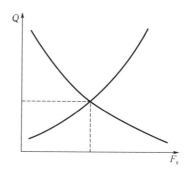

图 3.17 Q-F_s 曲线

3. 楔形体滑动岩坡稳定性分析

楔形体滑动是常见的边坡破坏类型之一，这类岩坡的滑动面由两个倾向相反且其交线

倾向与坡面倾向相同、倾角小于边坡角的软弱结构面组成。这是一个空间问题，所以，稳定性计算比较复杂。

楔形体滑动岩坡稳定性计算图如图 3.18 所示，可能滑动体 ABCD 实际上是一个以 △ABC 为底面的倒置三棱锥体。假定坡顶面为一水平面，△ABD 和△BCD 为两个可能滑动面，倾向相反，倾角分别为 β_1 和 β_2，它们的交线 BD 的倾角为 β，边坡角为 α，坡高为 H。

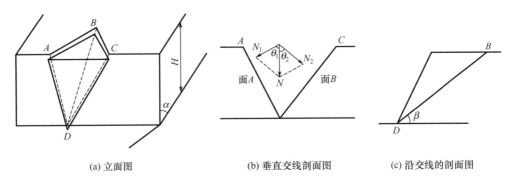

(a) 立面图　　　　　(b) 垂直交线剖面图　　　　(c) 沿交线的剖面图

图 3.18　楔形体滑动岩坡稳定性计算图

可能滑动体将沿交线 BD 滑动，滑出点为 D。在仅考虑滑动体自重的作用时，边坡下滑稳定系数计算的基本思路是这样的：首先将滑动体自重 W 分解为垂直交线 BD 的分量 N 和平行交线 BD 的分量（滑动力 $W\sin\beta$），然后将垂直分量 N 投影到两个滑动面的法线方向，求得作用于滑动面上的法向力 N_1 和 N_2，最后求得抗滑力和下滑稳定系数。

根据上述思路得到作用于这两个滑动面上的法向力为

$$N_1 = \frac{N\sin\theta_2}{\sin(\theta_1+\theta_2)} = \frac{W\cos\beta\sin\theta_2}{\sin(\theta_1+\theta_2)} \tag{3-30}$$

$$N_2 = \frac{N\sin\theta_1}{\sin(\theta_1+\theta_2)} = \frac{W\cos\beta\sin\theta_1}{\sin(\theta_1+\theta_2)} \tag{3-31}$$

式中：θ_1、θ_2——分别为 N 与两个滑动面法线的夹角。

则边坡的下滑稳定系数为

$$F_s = \frac{N_1\tan\varphi_1 + N_2\tan\varphi_2 + c_1 S_{\triangle ABD} + c_2 S_{\triangle BCD}}{W\sin\beta} \tag{3-32}$$

式中：c_1、φ_1——滑动面△ABD 的黏聚力和内摩擦角；

c_2、φ_2——滑动面△BCD 的黏聚力和内摩擦角；

$S_{\triangle ABD}$——△ABD 的面积；

$S_{\triangle BCD}$——△BCD 的面积。

以上计算中，关键是要求得 β、θ_1 和 θ_2，这三个参数可通过空间几何的方法求得。

如果边坡还承受静水压力、地震力等外力时，计算中还应加入这些力的作用。

3.4.3　理正岩土软件算例

若边坡稳定性验算没有通过，则需要进行边坡加固。在边坡加固工程中，使用了大量的锚固工程，即将一种受拉杆件埋入岩土体，用以调动和提高岩土体的自身强度和自稳能力。这种受拉杆件称为锚杆或锚索（以下统称为锚杆），其所起的作用就是锚固。

锚杆分为预应力锚杆和非预应力锚杆。预应力是人为对锚杆施加的张应力，从而对边坡施加主动压力。而非预应力锚杆只有当岩土体产生变形时才承受张应力，且张应力随位移增大而增大，故这种张应力主要对变形体起悬吊作用。所以，预应力锚杆属于主动加固措施，非预应力锚杆属于被动加固措施。在边坡加固工程中，前者比后者应用更为广泛。

预应力锚杆计算图如图 3.19 所示，施加预应力锚杆后，相当于在 A 点施加一个集中力 P_d，它对边坡稳定性的影响，就是使抗滑力增加了 $P_d\sin(\alpha+\beta)\tan\varphi$ 和下滑力减小了 $P_d\cos(\alpha+\beta)$。

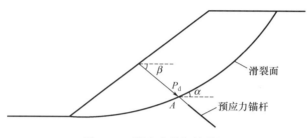

图 3.19 预应力锚杆计算图

本书不介绍锚杆和锚固边坡坡面结构设计，只介绍施加锚杆后对边坡稳定性的影响，下面通过一个实例加以说明。

岩质边坡计算较为复杂，要求在理解基本计算原理的基础上，会用软件分析计算即可。在众多软件中，理正岩土软件较为普遍，所以本书结合理正岩土软件介绍岩质边坡复杂平面的稳定性分析。

例4 岩质边坡高度为 53.5m，边坡情况如图 3.20 所示。现场实测土分为 3 层：一层杂填土，地基土重度 $18kN/m^3$；二层中风化石英岩，地基土重度 $19kN/m^3$；三层中风化板岩，地基土重度 $20kN/m^3$。土层分布情况如图 3.21 所示和见表 3-10。结构面分布情况如图 3.22 所示，地下水位在坡顶以下 50m。拟采用预应力锚杆加固，锚杆设计情况如图 3.28 所示。请计算边坡稳定性。

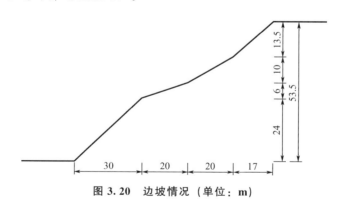

图 3.20 边坡情况（单位：m）

解： 运行理正岩土软件，选择【岩质边坡分析】系统，弹出如图 3.23 所示的对话框，选择【复杂平面滑动稳定分析】选项，单击【确认】按钮，出现新的操作界面。

在操作界面单击【增】命令，程序将显示对话框，选择例题后单击【确认】按钮，弹出如图 3.24 所示的计算界面。

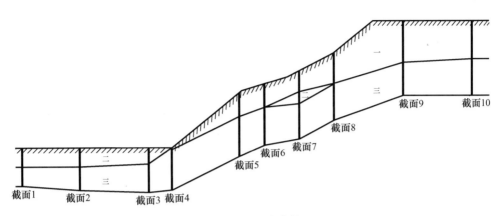

图 3.21 土层分布情况

表 3-10 土层分布情况表   单位：m

土层序号	截面1	截面2	截面3	截面4	截面5	截面6	截面7	截面8	截面9	截面10
与坡脚距离	−65	−40	−10	0.001	29	40	55	70	100	130
一层厚度	0	0	0	1	10	10	9	13	17.6	16
二层厚度	8	8	7	0	0	0	5	0	0	0
三层厚度	8	10	12	17	17	16	15	15.5	14.2	15.6

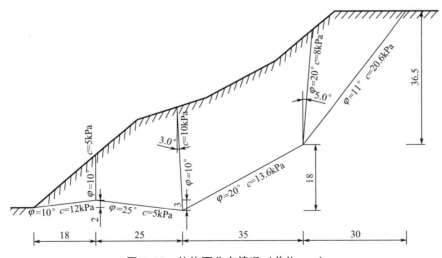

图 3.22 结构面分布情况（单位：m）

【基本】标签如图 3.24 所示。坡线参数在【基本】标签里输入。软件采用迭代计算下滑稳定系数，所以需要给定下滑稳定系数搜索范围的最小值和最大值。

【岩层】标签如图 3.25 所示。按图 3.21 和表 3-10 将岩层有关参数在【岩层】标签里输入。岩层数量：边坡有 3 层岩层，因此岩层数量填 3；控制点 Y 坐标：坡脚以上为岩土层底面与坡面交点的标高，坡脚以下为岩土层底面在坡脚点截面处的标高，从上往下输

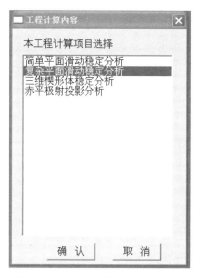

图 3.23 【工程计算内容】对话框

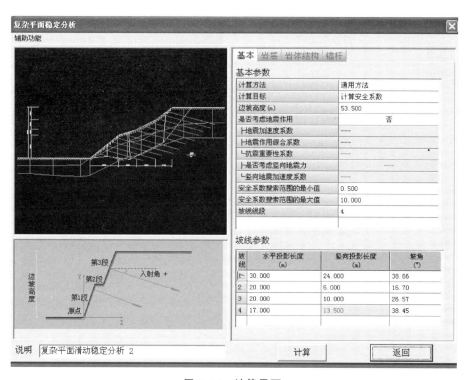

图 3.24 计算界面

入；控制截面数量：由表 3-10 可知，控制截面有 10 个，依次输入。

【岩体结构】标签如图 3.26 所示，根据图 3.22 填写。水作用位置：选择"结构面水"，表示不考虑内部结构面水的作用。选择"内部结构面水"，内部结构面参数输入框里的"裂隙水埋深"被激活，表示考虑内部结构面水的作用。

【锚杆】标签如图 3.27 所示。K_b 和 K 按照建筑边坡规范取用。支护类型选用"锚

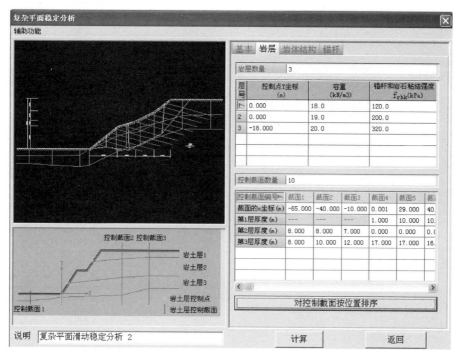

图 3.25 【岩层】标签

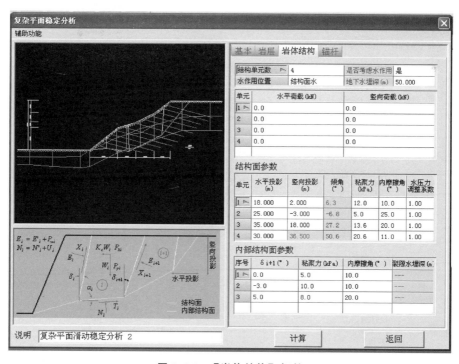

图 3.26 【岩体结构】标签

索",水平间距采用 2.0m,竖向间距采用 4.0m,从上到下逐个输入。

完成以上步骤后,单击【计算】按钮,可以查阅计算结果,如图 3.28 所示。本例计

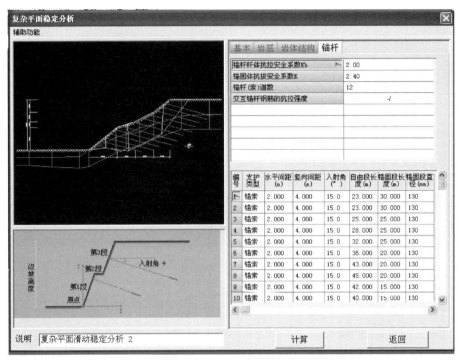

图 3.27 【锚杆】标签

算的下滑稳定系数为 1.491，满足稳定性要求。

```
锚杆(索)道数     12

序号 支护类型 水平间距 竖向间距 入射角 锚固体直径 自由段长度 锚固段长度  配筋    锚筋fy  钢筋与砂浆
            (m)    (m)   (°)   (mm)    (m)      (m)            (MPa)  fb(kPa)
 1   锚索   2.000  4.000  15.0   130   23.000   30.000  3s15.2  1320.0  2950.0
 2   锚索   2.000  4.000  15.0   130   23.000   30.000  3s15.2  1320.0  2950.0
 3   锚索   2.000  4.000  15.0   130   25.000   25.000  3s15.2  1320.0  2950.0
 4   锚索   2.000  4.000  15.0   130   28.000   25.000  3s15.2  1320.0  2950.0
 5   锚索   2.000  4.000  15.0   130   32.000   25.000  3s15.2  1320.0  2950.0
 6   锚索   2.000  4.000  15.0   130   36.000   20.000  3s15.2  1320.0  2950.0
 7   锚索   2.000  4.000  15.0   130   43.000   20.000  3s15.2  1320.0  2950.0
 8   锚索   2.000  4.000  15.0   130   45.000   20.000  3s15.2  1320.0  2950.0
 9   锚索   2.000  4.000  15.0   130   42.000   15.000  3s15.2  1320.0  2950.0
10   锚索   2.000  4.000  15.0   130   40.000   15.000  3s15.2  1320.0  2950.0
11   锚索   2.000  4.000  15.0   130   37.000   10.000  3s15.2  1320.0  2950.0
12   锚索   2.000  4.000  15.0   130   20.000   10.000  3s15.2  1320.0  2950.0

-----------------------------------------------------------------
[计算结果]
-----------------------------------------------------------------

安全系数为: 1.491

编号        Ni                Ni'                    Ui              Ti             Ei
 1       2481.0    2345.1    135.8     423.1       0.0      0.0      0.0      0.0
 2      12510.1   11754.7    755.4    3760.9    1067.0   1067.0      0.0    167.8
 3      19892.4   19671.0    221.4    5161.1    7806.8   7806.8      0.0   1114.4
 4       9616.4    9616.4      0.0    1906.5    6097.3   6097.3      0.0   1658.4
注：
```

图 3.28 计算结果

3.5 软土地基路堤稳定性分析

软土地基的路堤滑动面为圆弧面,计算方法有有效固结应力法、改进总强度法、简化 Bishop 法、Janbu 法等。

3.5.1 有效固结应力法

有效固结应力法是在已知固结度的条件下,求固结过程中任意时刻的下滑稳定系数的方法,它本身不计算固结度,而是把固结度作为已知条件。在路堤荷载作用下,地基达到某一固结度时,位于地基内的滑动面上某一土条底面具有一定的抗剪强度。抗剪强度由两部分组成,一是未加荷前的天然强度,二是路堤填筑后,固结过程所增加的强度。有效固结应力法稳定性计算图如图 3.29 所示,下滑稳定系数计算式为

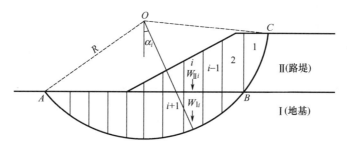

图 3.29 有效固结应力法稳定性计算图

$$F_s = \frac{\sum\limits_A^B (c_{qi}l_i + W_{Ii}\cos\alpha_i \tan\varphi_{qi} + W_{IIi}\cos\alpha_i \tan\varphi_{cqi}U_i) + \sum\limits_B^C (c_{qi}l_i + W_{IIi}\cos\alpha_i \tan\varphi_{qi})}{\sum\limits_A^B (W_{Ii} + W_{IIi})\sin\alpha_i + \sum\limits_B^C W_{IIi}\sin\alpha_i} \quad (3-33)$$

式中:c_{qi}、φ_{qi}——地基土或路堤填料快剪试验测得的黏聚力(kPa)和内摩擦角(°);

φ_{cqi}——地基土固结快剪试验测得的内摩擦角(°);

l_i——土条底面长度(m);

U_i——地基平均固结度。

其他符号见图 3.29。

式(3-33)中的 $\tan\varphi_{cqi}$ 是指地基固结过程中,地基强度在路堤自重作用下随路堤附加有效固结应力增加的增长率,所以采用固结快剪指标。

3.5.2 改进总强度法

改进总强度法是以 $\varphi=0°$ 法为基础发展而来的,它是基于 $\varphi=0°$ 法利用原位测试资料,

借用有效固结应力法计算地基强度随固结增加的思想，采用强度增长系数计算固结过程中强度的增量。采用该方法与静力触探试验相结合，为软土地基路堤稳定验算提供了一种高效可靠的途径。其下滑稳定系数计算式为

$$F_s = \frac{\sum_A^B (S_{ui}l_i + W_{\mathrm{II}i}\cos\alpha_i U_i m_i l_i) + \sum_B^C (c_{qi}l_i + W_{\mathrm{II}i}\cos\alpha_i \tan\varphi_{qi})}{\sum_A^B (W_{\mathrm{I}i} + W_{\mathrm{II}i})\sin\alpha_i + \sum_B^C W_{\mathrm{II}i}\sin\alpha_i} \quad (3-34)$$

式中：S_{ui}——由静力触探试验的贯入阻力（单桥探头）或锥尖阻力（双桥探头）换算的十字板抗剪强度或直接由十字板试验得到的抗剪强度；

m_i——地基土层强度增长系数，对黏质土一般取 0.30，对粉质土一般取 0.25。

简化 Bishop 法和 Janbu 法都是比较精确的计算方法，这两种方法采用有效抗剪强度指标，取样试验工作量比较大，设计中使用有一定难度，故此处不再叙述。

3.5.3 稳定验算控制标准

大量的实践证明，稳定安全系数与所采用的设计计算方法及抗剪强度指标有关，也就是说对不同的设计计算方法和抗剪强度指标应采用不同的稳定安全系数。软土地基路堤下滑稳定系数值应符合表 3-11 的要求，当计算的稳定系数小于表 3-11 规定值时，应针对稳定性进行地基处理设计。

表 3-11　软土地基路堤下滑稳定安全系数容许值

指标	有效固结应力法		改进总强度法		简化 Bishop 法、Janbu 法
	不考虑固结	考虑固结	不考虑固结	考虑固结	
直接快剪指标	1.1	1.2	—	—	—
静力触探、十字板剪指标	—	—	1.2	1.3	—
三轴有效剪切指标	—	—	—	—	1.4

注：当需要考虑地震力时，表列下滑稳定安全系数减少 0.1。

3.6　浸水路堤稳定性分析

浸水路堤除承受自重和车辆荷载作用外，还受到水浮力和渗透动水压力的作用。水浮力取决于浸水深度，渗透动水压力则视水的落差而定。

透水性强的土质路堤，动水压力较小；透水性很低的土质路堤，动水压力也不大。介于两者之间的土质路堤，浸水时边坡稳定性最差。

浸水路堤稳定性分析，通常也假定滑动面为圆弧，最危险滑动面通过坡脚，圆心位置的确定方法与前述高路堤稳定性分析相同。

3.6.1 稳定性分析方法和强度参数选取原则

浸水路堤稳定性分析，要区分稳定渗流期和水位骤降期等不同的工况。

稳定渗流期是指路堤填筑土体产生的超静孔隙水压力已全部消散，土体内形成稳定渗流，孔隙水压力不随时间变化的阶段。这种情况下，土体内各点孔隙水压力均可由流网确定。因此，原则上应采用有效应力法分析，抗剪强度指标采用有效抗剪强度指标 φ' 和 c'。

对于水位骤降期，稳定性分析方法可采用总应力法，也可采用有效应力法。

此外，计算时，若将土和水分开考虑，水对土的作用有浮力和渗透力，这称为水土分算；若将土和水作为整体，有效应力由总应力减孔隙水压力得到，这称为水土合算。

3.6.2 稳定渗流期稳定性分析

1. 水土分算

水土分算是将土骨架作为分析对象，分析其受到的各种作用。

浸水路堤计算图（稳定渗透期，水土分算）如图 3.30 所示，阴影部分（即浸润线以下的浸水部分）的土骨架除了受重力和滑动面的反力外，还受水的浮力和渗透力作用，所以计算其重力时，应采用浮重度。渗透力作用于渗透水流过的全部区域，即图 3.30 中的阴影部分，方向取该部分渗流的平均方向，作用点取该部分的形心处。

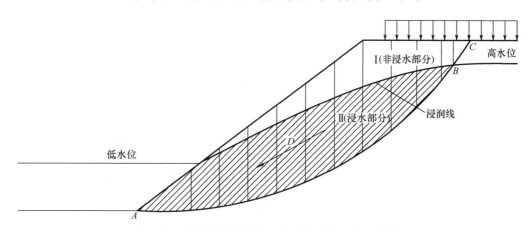

图 3.30 浸水路堤计算图（稳定渗流期，水土分算）

若采用瑞典条分法，则其下滑稳定系数计算式为

$$F_s = \frac{\sum\limits_A^B [c'_i l_i + (\gamma A_{\mathrm{I}i} + \gamma' A_{\mathrm{II}i}) \cos\alpha_i \tan\varphi'_i] + \sum\limits_B^C (c'_i l_i + \gamma A_{\mathrm{I}i} \cos\alpha_i \tan\varphi'_i)}{\sum\limits_A^B (\gamma A_{\mathrm{I}i} + \gamma' A_{\mathrm{II}i}) \sin\alpha_i + \sum\limits_B^C \gamma A_{\mathrm{I}i} \sin\alpha_i + D(d/R)} \quad (3-35)$$

式中：c'_i、φ'_i——土体的有效黏聚力（kPa）和有效内摩擦角（°）；

l_i——土条底面长度（m）；

γ——路堤填土天然重度（kN/m³）；

γ'——路堤填土浮重度（kN/m³）；
A_{Ii}——非浸水部分土体面积（m²）；
A_{IIi}——浸水部分土体面积（m²）；
D——动水压力（kN），按式（3-36）计算；
d——动水压力的力臂（m）；
R——圆弧滑动面半径（m）。

$$D = \gamma_w i A_{II} \tag{3-36}$$

式中：γ_w——水的重度（kN/m³）；

A_{II}——浸润线与滑动面之间的土体面积（m²）；

i——渗透水的平均水力坡降，计算时可近似假定浸润线为一直线，其坡度即为渗透水的平均水力坡降，可按式（3-37）近似计算。

$$i = \frac{1}{3000\sqrt{k}} \tag{3-37}$$

式中：k——土层渗透系数（m/s）。

这种分析方法以土骨架作为隔离体，力作用在土骨架上，所以是有效应力法，抗剪强度指标采用有效黏聚力 c_i' 和有效内摩擦角 φ_i'。

按照水土分算方法，需要计算渗透力，计算较为烦琐，使用不便，故很少使用。

2. 水土合算

同样，对于水土合算方法，也采用有效应力法。

浸水路堤计算图（稳定渗流期，水土合算）如图 3.31 所示。计算抗滑力时，Ⅰ土体的重度取天然重度 γ，Ⅱ土体处于饱和状态，重度应取饱和重度 γ_{sat}，然后减掉土条受的水压力后，即为有效应力。计算滑动力时，Ⅲ土体本身处于静力平衡状态，可认为其对稳定性不起作用，因此这部分土体的重度应取浮重度 γ'。

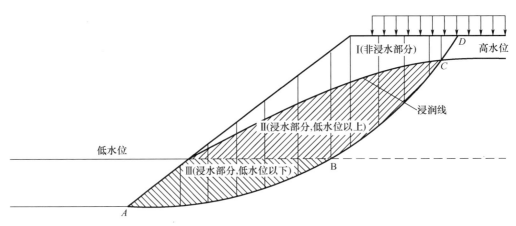

图 3.31 浸水路堤计算图（稳定渗流期，水土合算）

通常，可以采用简化方法，即计算抗滑力时，浸水部分（Ⅱ和Ⅲ）都采用浮重度 γ'，计算滑动力时，Ⅱ部分采用饱和重度 γ_{sat}，Ⅲ部分采用浮重度 γ'。若采用瑞典条分法计算其稳定性，则下滑稳定系数计算式为

$$F_s = \frac{\sum\limits_A^C [c_i' l_i + (\gamma A_{Ii} + \gamma' A_{IIi} + \gamma' A_{IIIi})\cos\alpha_i \tan\varphi_i'] + \sum\limits_C^D (c_i' l_i + \gamma A_{Ii}\cos\alpha_i \tan\varphi_i')}{\sum\limits_A^B (\gamma A_{Ii} + \gamma_{sat} A_{IIi} + \gamma' A_{IIIi})\sin\alpha_i + \sum\limits_B^C (\gamma A_{Ii} + \gamma_{sat} A_{IIi})\sin\alpha_i + \sum\limits_C^D \gamma A_{Ii}\sin\alpha_i}$$

(3-38)

式中：c_i'、φ_i'——土体的有效黏聚力（kPa）和有效内摩擦角（°）；

l_i——土条底面长度（m）；

γ——路堤填土天然重度（kN/m³）；

γ'——路堤填土浮重度（kN/m³）；

A_{Ii}——非浸水部分土体面积（m²）；

A_{IIi}——浸水部分，低水位以上土体面积（m²）；

A_{IIIi}——浸水部分，低水位以下土体面积（m²）。

采用式（3-38）的优点是只要知道浸润线的位置，不必计算滑动面上各点的孔隙水压力，即不用绘制流网，就可以得到计算结果，计算过程得以简化。

例5 某浸水路堤路基宽度10m，路基高度13m，车辆荷载换算土柱高度1.0m。路堤填土和地基土天然重度18.13kN/m³，浮重度10.82kN/m³。路堤填土和地基土有效抗剪强度指标均为：$c' = 14.7$kPa，$\varphi' = 26°$。渗透水的平均水力坡降 $i = 0.08$，渗流区面积 $A_{II} = 164.25$m²。请计算边坡稳定性。

解： ① 采用水土分算法，其水土分算计算图如图3.32所示。

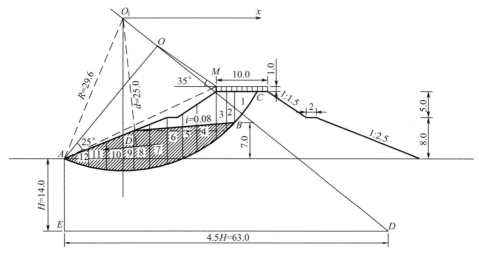

图3.32 某浸水路堤水土分算计算图（单位：m）

用 $4.5H$ 法做出圆心辅助线，定某个圆心 O_1，$R = 29.6$m。量得 $d = 25.0$m，将土体划分为12个土条。

动水压力 $D = \gamma_w i A_{II} = 10 \times 0.08 \times 164.25 = 131.4$（kN）。

列表计算其余各值，见表3-12。

表 3-12 水土分算法计算表

土条号	各土条底面中点坐标 x_i	A_{Ii} /m²	A_{IIi} /m²	α_i/(°)	l_i/m	AB 滑动面		BC 滑动面	
						下滑力/kN	抗滑力/kN	下滑力/kN	抗滑力/kN
1	23.940	18.606	0	38.965	7.438	—	—	272.824	206.097
2	20.796	11.152	1.16	35.091	2.218	150.867	107.135		
3	19.010	14.423	4.433	32.710	2.612	198.741	154.087		
4	16.162	19.449	15.330	28.635	4.480	283.098	277.713		
5	12.892	8.971	15.490	23.535	3.035	143.836	189.606		
6	10.015	6.161	20.073	18.693	3.210	111.278	198.136		
7	6.832	5.049	24.492	12.997	3.433	82.294	219.667		
8	3.628	1.494	23.403	6.988	3.081	34.357	180.975		
9	1.048	0	15.354	2.028	2.097	5.882	111.802		
10	−1.620	0	20.142	−3.133	3.241	−11.928	153.778		
11	−4.968	0	15.574	−9.528	3.502	−28.282	132.502		
12	−9.131	0	8.798	−17.140	5.078	−29.366	118.812		
						$\sum$ = 940.777	$\sum$ = 1844.213	$\sum$ = 272.824	$\sum$ = 206.097

$$F_s = \frac{1844.213 + 206.097}{940.777 + 206.097 + 131.4 \times (25/29.6)} \approx 1.63$$

可见圆心 O_1 对应的下滑稳定系数为 1.63，然后在辅助线上再找若干个圆心，按照上述步骤分别计算每个圆心的下滑稳定系数，直至找到最小下滑稳定系数为止。

② 采用水土合算法，其水土合算计算图如图 3.33 所示。

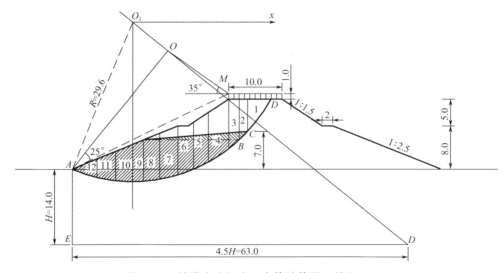

图 3.33 某浸水路堤水土合算计算图（单位：m）

水土合算法采用与上述相同的圆心和土条。

饱和重度 $\gamma_{sat}=10.82+10=20.82$ （kN/m³）。列表计算其余各值，见表 3-13。

表 3-13 水土合算法计算表

土条号	A_{Ii} /m²	A_{IIi} /m²	A_{IIIi} /m²	AB 滑动面 下滑力/kN	AB 滑动面 抗滑力/kN	BC 滑动面 下滑力/kN	BC 滑动面 抗滑力/kN	CD 滑动面 下滑力/kN	CD 滑动面 抗滑力/kN
1	18.606	0	0	—	—	—	—	272.824	206.097
2	11.152	1.160	0	—	—	159.017	107.135	—	—
3	14.423	2.705	1.728	216.113	154.087	—	—	—	—
4	19.449	4.206	11.124	306.063	277.713	—	—	—	—
5	8.971	2.355	13.135	154.093	189.606	—	—	—	—
6	6.161	1.909	18.164	117.737	198.136	—	—	—	—
7	5.049	1.262	23.230	85.207	219.667	—	—	—	—
8	1.494	0.374	23.029	34.815	180.975	—	—	—	—
9	0	0	15.354	5.882	111.802	—	—	—	—
10	0	0	20.142	−11.928	153.778	—	—	—	—
11	0	0	15.574	−28.282	132.502	—	—	—	—
12	0	0	8.798	−29.366	118.812	—	—	—	—
				$\sum=850.334$	$\sum=1737.078$	$\sum=159.017$	$\sum=107.135$	$\sum=272.824$	$\sum=206.097$

$$F_s=\frac{1737.078+107.135+206.097}{850.334+159.017+272.824}\approx 1.60$$

水土合算法与水土分算法相比，两者下滑稳定系数相差不大，所以水土分算法和水土合算法总体上相差不大。

3.6.3 水位骤降期稳定性分析

本节主要介绍总应力法在水位骤降期的稳定性分析中的应用，有效应力法不再叙述。

水位骤降期稳定性计算图如图 3.34 所示，低水位 1 为骤降前的水位，低水位 2 为骤降后的水位。

水位骤降前，在原水位情况下渗流已经稳定，固结已完成。水位骤降，来不及排水，所以总应力法应采用固结不排水剪或固结快剪指标。

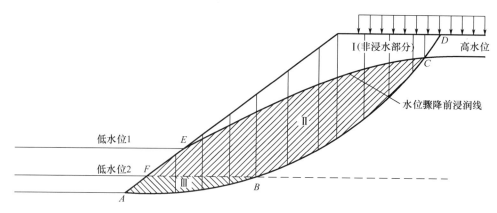

图 3.34 水位骤降期稳定性计算图

这里的固结是指原水位下的固结，所以，下滑稳定系数公式分子中的法向总应力应该指水位骤降前固结完成的法向应力，即此时的有效法向应力。计算抗滑力时，可采用简化方法，浸水部分（Ⅱ和Ⅲ）都采用浮重度 γ'。

水位降到低水位 2 后，由于是骤降，路堤中的水来不及排出，因此水面线是 FEC。所以，计算滑动力时，该水面下的土（Ⅱ部分）按饱和重度 γ_{sat} 计算，Ⅲ部分采用浮重度 γ'。

若采用瑞典条分法计算其稳定性，则下滑稳定系数计算式为

$$F_s = \frac{\sum_A^C [c_{cu} l_i + (\gamma A_{Ii} + \gamma' A_{IIi} + \gamma' A_{IIIi})\cos\alpha_i \tan\varphi_{cu}] + \sum_C^D (c_{cu} l_i + \gamma A_{Ii} \cos\alpha_i \tan\varphi_{cu})}{\sum_B^C (\gamma A_{Ii} + \gamma_{sat} A_{IIi} + \gamma' A_{IIIi})\sin\alpha_i + \sum_B^C (\gamma A_{Ii} + \gamma_{sat} A_{IIi})\sin\alpha_i + \sum_C^D \gamma A_{Ii} \sin\alpha_i}$$

(3-39)

式中：c_{cu}、φ_{cu}——土体的固结不排水剪或固结快剪的黏聚力（kPa）和内摩擦角（°）；

l_i——土条底面长度（m）；

γ——路堤填土天然重度（kN/m³）；

γ'——路堤填土浮重度（kN/m³）；

A_{Ii}——非浸水部分土体面积（m²）；

A_{IIi}——浸水部分，低水位 2 以上土体面积（m²）；

A_{IIIi}——浸水部分，低水位 2 以下土体面积（m²）。

式（3-39）与式（3-38）相比，分子中的法向应力形式差不多，但是抗剪强度指标改成了固结不排水剪或固结快剪指标。另外，滑动力也增加了许多（低水位 1 和低水位 2 间的土体采用饱和重度计算，而原先采用浮重度计算）。所以，水位骤降期的下滑稳定系数要比稳定渗流期降低许多，这就是水位骤降常引起边坡失稳的原因。

有一点需要说明，式（3-38）和式（3-39）均是比较适用的简化计算公式，但其推导过程并不严谨。

例 6 条件同例 5，水位骤降 4.121m，如图 3.35 所示，路基填土和地基土的固结快剪指标为：$c_{cu} = 7.0$ kPa，$\varphi_{cu} = 18°$。请验算边坡稳定性。

解：本例采用与例 5 相同的圆心和土条，列表计算其余各值，见表 3-14。

第 3 章 路基边坡稳定性分析

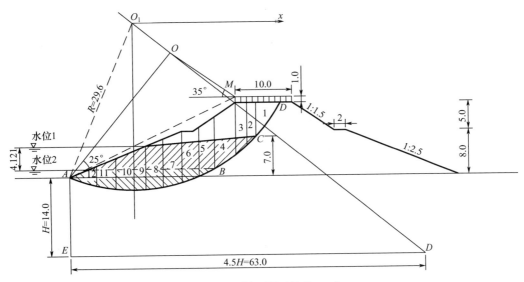

图 3.35 例 6 图（单位：m）

表 3-14 水位骤降期计算表

土条号	A_{Ii} /m²	A_{IIi} /m²	A_{IIIi} /m²	AB 滑动面 下滑力/kN	AB 滑动面 抗滑力/kN	BC 滑动面 下滑力/kN	BC 滑动面 抗滑力/kN	CD 滑动面 下滑力/kN	CD 滑动面 抗滑力/kN
1	18.606	0	0	—	—	—	—	272.824	116.525
2	11.152	1.160	0	—	—	159.017	65.177	—	—
3	14.423	4.433				227.211	95.355	—	—
4	19.449	15.330				366.801	172.496	—	—
5	8.971	13.607	1.883	203.100	117.836	—	—	—	—
6	6.161	14.352	5.721	159.837	123.030	—	—	—	—
7	5.049	15.021	9.471	116.964	136.750	—	—	—	—
8	1.494	12.968	10.435	50.251	111.957	—	—	—	—
9	0	7.757	7.597	8.628	68.624	—	—	—	—
10	0	8.525	11.617	−16.593	93.393	—	—	—	—
11	0	4.482	11.092	−35.805	78.490	—	—	—	—
12	0	0.463	8.335	−30.794	64.968	—	—	—	—
				$\sum=$ 455.588	$\sum=$ 795.048	$\sum=$ 753.029	$\sum=$ 333.028	$\sum=$ 272.824	$\sum=$ 116.525

$$F_s = \frac{795.048 + 333.028 + 116.525}{455.588 + 753.029 + 272.824} \approx 0.84$$

显而易见，水位骤降4.121m后，边坡将会失稳。

思考题

1. 路堤边坡和路堑边坡的抗剪强度参数分别是如何确定的？
2. 圆弧滑动面法的计算步骤是什么？
3. 瑞典条分法和简化Bishop法的异同是什么？
4. 折线滑动面法的计算步骤是什么？
5. 路堑边坡稳定性分析方法选取的原则是什么？
6. 边坡稳定性分析如何考虑分析工况？
7. 软土地基路堤稳定性分析的有效固结应力法和改进总强度法的异同是什么？
8. 如何考虑浸水对路堤稳定性分析的影响？

第3章在线答题

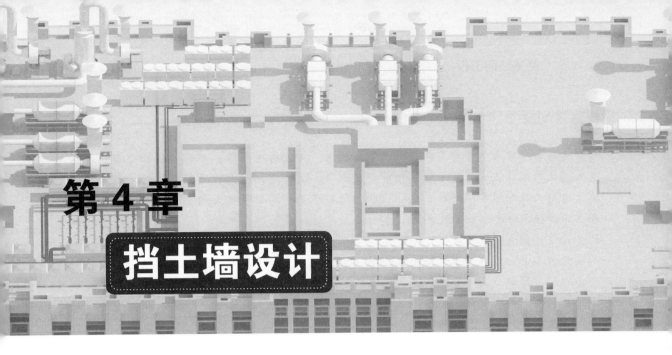

第 4 章 挡土墙设计

📖 教学目标

本章介绍挡土墙设计内容。本章目标为，了解挡土墙的作用及分类，朗肯理论计算方法；掌握挡土墙的布置内容和基本构造，库仑主动土压力的计算方法，挡土墙设计参数的确定方法，重力式挡土墙的基本构造和设计计算方法；熟悉各种特殊条件下土压力计算。

📖 教学要求

能力要求	知识要点	权重
能描述挡土墙的分类	挡土墙的分类	5%
能进行挡土墙的纵断面、横断面布置 能进行挡土墙的基本构造设计	挡土墙的布置和基本构造	15%
能通过查阅手册，进行库仑主动土压力计算	库仑主动土压力计算	25%
能合理使用各种特殊条件下土压力计算公式	朗肯理论	5%
	特殊条件下土压力计算	15%
能正确选用设计参数	填土抗剪强度	5%
能正确选用重力式挡土墙形式 能合理确定重力式挡土墙墙面坡度、墙背坡度、墙顶宽度等	重力式挡土墙基本组成和形式选择	10%
能正确进行重力式挡土墙的各类验算	重力式挡土墙验算	20%

引例

道路与原地面总会有高差，如果高差较大，又无用地条件，那么设置挡土墙就是不二选择。此外，从减少填挖方量、增加稳定性等方面考虑，也需要设置挡土墙。因此，挡土墙是道路工程中经常用到的工程构造物，同时也是制约工程质量的关键。设计、施工、管理、养护任何一个环节出现问题，都会导致不可估量的损失。每年因挡土墙倒塌事故造成的生命财产损失非常巨大。

党的二十大报告指出，坚持安全第一、预防为主，建立大安全大应急框架，完善公共安全体系，推动公共安全治理模式向事前预防转型。因挡土墙倒塌后果严重，更要做好预防工作。只有精心设计、精心施工，才能提高工程质量、确保安全。施工和倒塌的挡土墙分别如图 4.1 和图 4.2 所示。

图 4.1 施工的挡土墙

图 4.2 倒塌的挡土墙

4.1 挡土墙的类型及作用

4.1.1 挡土墙的作用

挡土墙是一种能够抵抗侧向土压力、防止边坡或路基土体变形失稳的墙式构造物。在路基工程中，挡土墙可以用以稳定路堤和路堑边坡，减少土石方工程量和占地面积，防止水流冲刷路基，并经常用于整治塌方、滑坡等路基病害。路基在下列情况下可考虑修建挡土墙。

① 路基位于陡坡地段、岩石风化的路堑边坡地段。

② 为避免大量填方、挖方及需要降低路基边坡高度的地段。

③ 设置挡土墙后能增加边坡稳定、防止产生滑坍的不良地质地段。

④ 水流冲刷严重的沿河路基地段。

⑤ 与桥涵或隧道工程相连接的路基地段。
⑥ 为节约用地、减少拆迁或少占农田的地段。
⑦ 为保护重要建筑物、生态环境或其他需要特殊保护的地段。

永久性的挡土墙工程造价相对较高,在决定采用挡土墙方案前,应同其他工程方案进行比较,比较内容如下。
① 与改移路线位置相比较。
② 与填筑路堤或加大开挖、放缓边坡相比较。
③ 与拆迁干扰路基的构造物相比较。
④ 与采用其他类型的构造物(桥梁、隧道等)相比较。
⑤ 与其他防止滑坍的措施相比较。

4.1.2 挡土墙的分类

挡土墙的划分方法如下。

① 根据挡土墙在路基横断面上位置的不同,可将其分为路肩墙、路堤墙及路堑墙等。墙顶内缘高程与路基边缘高程齐平的挡土墙叫路肩墙。墙顶内缘高程低于路基边缘高程,墙顶与填方路基边坡相连的挡土墙叫路堤墙。用于防止路堑边坡的滑坍或为保护路堑边坡上方的建筑物而修建在挖方一侧的挡土墙叫路堑墙,又称为上挡墙。上述三种形式的挡土墙如图4.3所示。

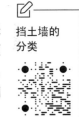
挡土墙的分类

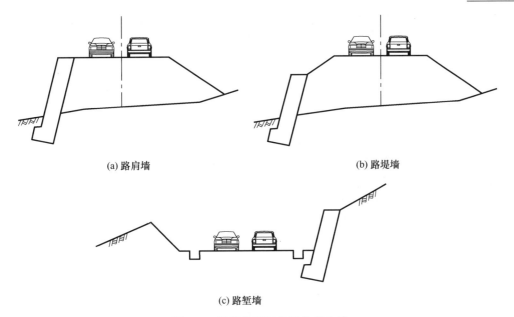

图4.3 设置在不同位置的挡土墙

② 根据建筑材料的不同,可将其分为石、混凝土及钢筋混凝土挡土墙等。
③ 根据所处环境条件的不同,可将其分为一般地区挡土墙、浸水地区挡土墙和地震地区挡土墙等。

④ 根据挡土墙结构形式的不同，可将其分为重力式挡土墙、衡重式挡土墙、悬臂式与扶壁式挡土墙、加筋土挡土墙、锚杆挡土墙、锚定板挡土墙、桩板式挡土墙、土钉挡土墙等。

一般以结构形式分类为主，本书主要介绍重力式挡土墙。各类挡土墙的适用范围取决于墙趾地形、工程地质、水文地质、建筑材料、墙的用途、施工方法、技术经济条件及当地的经验等因素。

各类挡土墙的特点及适用范围见表 4-1。

挡土墙

表 4-1 各类挡土墙的特点及适用范围

挡土墙形式	特点	适用范围
石砌重力式挡土墙	依靠墙身自重抵抗土体侧压力的作用，形式简单，取材容易，施工简易	产砂石地区。其中浆砌挡土墙高度不宜超过 12m，干砌挡土墙高度不宜超过 6m
石砌衡重式挡土墙	利用衡重台上部填土的重力和墙体重心后移而抵抗土体侧压力，墙身稳定，节约断面尺寸。墙面陡直，下墙仰斜，可降低墙高，减少基础开挖	产砂石地区，山区，地面横坡陡峻的路肩墙，也可用于路堑墙和路堤墙
混凝土半重力式挡土墙	采用素混凝土浇筑，或在墙背上加入少量钢筋，以减薄墙身，节省圬工。墙趾较宽，以保证基底宽度，必要时在墙趾设少量钢筋	缺乏石料地区，不宜采用重力式挡土墙的地下水位较高或较软弱的地基，墙高不宜超过 8m
钢筋混凝土悬臂式挡土墙	由立壁、墙踵板和墙趾板三个悬臂梁组成，断面尺寸较小。墙高时，立壁下部的弯矩大，需用较多的钢筋，不经济	缺乏石料地区，地基承载力较低的填方路段，墙高不宜超过 5m
钢筋混凝土扶壁式挡土墙	在悬臂式挡土墙的墙上，隔一定距离加一道扶壁，使立壁和墙踵板连接起来，减小立壁下部的弯矩，使受力更为有利。当墙高增加时较悬臂式挡土墙经济	墙高不宜超过 15m，其余同悬臂式挡土墙
加筋土挡土墙	由加筋带、墙面板和填土三部分组成，借加筋带与填土之间的摩擦力保持墙身稳定。施工简便，造型美观。对地基适应性强，占地少	缺乏石料地区，适用于一般地区的路肩墙或路堤墙。高速公路、一级公路墙高不宜大于 12m，二级及二级以下公路墙高不宜大于 20m，多级墙的每级墙高不宜大于 8m，上下级墙之间应设置宽度不小于 2m 的平台

续表

挡土墙形式	特点	适用范围
锚杆挡土墙	由立柱、挡土板和锚杆三部分组成，靠锚杆锚固在山体内拉住立柱。断面尺寸小。立柱、挡土板可预制	用作高挡土墙，施工应具备钻岩机、压浆机等设备。宜用于墙高较大的岩质路堑地段，用作抗滑挡土墙。可采用肋柱式或板壁式单级或多级墙，每级墙高不宜大于8m，多级墙的上下级墙之间应设置宽度不小于2m的平台
锚定板挡土墙	由立柱、挡土板、锚定板、拉杆四部分组成。锚定板埋入墙后填料内部的稳定层中，依靠锚定板产生的抗拔力抵抗土压力，保持墙身稳定。构件断面尺寸小，工程量省，不受地基承载力限制	缺乏石料地区，宜用于路堤墙和路肩墙，不应建在滑坡、坍滑、软土及膨胀土地区。可采用肋柱式或板壁式，墙高不宜超过10m，肋柱式可采用单级或多级墙，每级墙高不宜大于6m
桩板式挡土墙	主要由桩与桩间挡土板组成。基础开挖量较悬臂式挡土墙和扶壁式挡土墙少。断面尺寸小。桩顶处可能产生较大的水平位移或转动。挡土板可预制拼装，快速施工	适用于土压力大，墙高超过一般挡土墙的情况。多用于表土及强风化层较薄的均匀岩石地基。也可用于地震区的路堑或路堤支挡或滑坡等特殊地段
土钉挡土墙	主要由土体、土钉和护面板三部分组成，利用土钉对天然土体就地实施加固，并与喷射混凝土护面板结合，形成类似于重力式挡土墙的复合墙体，使开挖坡面稳定。土体适应性强、工艺简单、材料用量与工程量较小，可自上而下分级施工	常用于稳定挖方边坡，也可作为挖方工程的临时支护

在公路建设中，由于石料丰富、就地取材方便、施工方法简单等，因此石砌重力式挡土墙应用最多。

4.2 挡土墙的基本构造

4.2.1 挡土墙的布置

挡土墙的布置是挡土墙设计的一个重要内容，通常是在路基横断面图和墙趾纵断面图上布置，个别复杂的挡土墙还应作平面布置。

1. 横向布置

挡土墙横向布置主要在路基横断面图上进行,其内容为确定挡土墙的断面形式,选择挡土墙的位置。

挡土墙的断面形式和位置,均应根据实际情况分析计算后确定。例如,路肩墙与路堤墙的墙高和圬工数量相近,基础情况也相仿时,宜作路肩墙,因为采用路肩墙,可减少填方和占地;但若路堤墙的墙高或圬工数量比路肩墙显著降低,且基础可靠时,宜作路堤墙。

2. 纵向布置

挡土墙纵向布置主要在墙趾纵断面图上进行,布置后绘成挡土墙正面图,如图 4.4 所示。

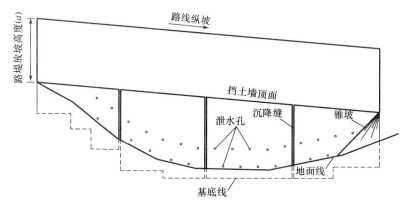

图 4.4 挡土墙正面图

布置的主要内容有以下几个方面。

① 确定挡土墙的起讫点和墙长,选择挡土墙与路基或其他构造物的衔接方式。

挡土墙与路堤之间可采用锥坡连接,墙端伸入路堤内不应小于 0.75m。垂直于路线方向的锥坡坡度应与路堤边坡坡度一致;平行于路线方向的锥坡坡度,当锥坡高度在 8m 以内时,不应陡于 1∶1.25,当锥坡高度在 20m 以内时,8m 高度以下的下部坡度不应陡于 1∶1.5。锥坡宜采用植物防护措施或植物防护与工程防护相结合的措施。

路堑挡土墙端部应嵌入路堑坡体内,其嵌入原地层的深度,土质地层不应小于 1.5m,风化软质岩层不应小于 1.0m,微风化岩层不应小于 0.5m。一般宜将墙高逐渐降低至 2m 以下,使边坡坡脚不致伸入边沟内,有时也可将挡土墙与横向端墙连接。

② 按地基及地形情况进行分段,确定伸缩缝与沉降缝的位置。

③ 布置各段挡土墙基础。当墙趾地面纵坡较大时,挡土墙的基底宜做成不大于 5% 的纵坡;当墙趾地面纵坡较小时,挡土墙的基底宜做成平坡。当地基为岩石时,为减少开挖,可沿纵向将岩石做成台阶,台阶尺寸视纵坡大小而定,但其高宽比不宜大于 1∶2。

④ 布置泄水孔的位置,包括数量、间隔和尺寸等。

布置时在图上应注明各特征点的桩号,以及墙顶、基础顶面、基底、冲刷线、冰冻线、常水位线或设计洪水位的标高等。

3. 平面布置

对于个别复杂的挡土墙,例如高的、长的沿河挡土墙和曲线挡土墙,除了横纵向布置外，还应作平面布置，并绘制平面布置图。

在平面布置图上，应标示挡土墙与路线平面位置的关系，以及与其有关的地物、地貌等情况。沿河挡土墙还应绘出河道及水流的方向、防护与加固工程等。

4.2.2 挡土墙的防排水措施

挡土墙的排水处理是否适当，直接影响到挡土墙的安全及使用效果。墙背积水不但会使挡土墙承受额外的静水压力，而且会使墙背填土的抗剪强度下降，因为挡土墙土压力计算时不考虑水的因素，所以若墙背积水将会导致严重的安全事故。此外，在冰冻地区，填土还会产生冻胀压力，而对于黏性土，当水分增加时，还将产生膨胀压力。所以，必须疏干墙后土体的积水。挡土墙的排水设施通常由地面排水和墙身排水两部分组成。

① 地面排水主要是防止地表水渗入墙背填料或地基。因此，可设置地面排水沟，以截留地表水。夯实回填土顶面、地表松土和加固边沟，可减少雨水和地表水下渗，必要时应加设铺砌，采取封闭处理。

② 墙身排水主要是为了迅速疏干墙后积水。应根据挡土墙墙后渗水量，在墙身上合理布置排水构造。对于重力式、悬臂式等整体式墙身挡土墙，应沿墙高和墙长设置泄水孔，其间距宜为 2~3m，浸水挡土墙宜为 1~1.5m，并且墙背应设置反滤层。泄水孔上下交错布置，并应向墙外倾斜，孔底坡度不小于 4%，其尺寸可视泄水量大小采用直径 5~10cm 的圆形孔或者 5cm×10cm、10cm×10cm、15cm×20cm 的矩形孔。折线形墙背可能积水处，也应设置泄水孔，干砌挡土墙可不设置泄水孔。挡土墙最下排泄水孔的底部应高出地面 0.3m，若为浸水挡土墙，则应将其设于常水位以上 0.3m 的位置。为防止孔道堵塞和细颗粒流失，泄水孔的进水侧应设反滤层，宜采用透水土工布。为防止水分渗入地基，在最下排泄水孔的底部，应设置隔水层。

墙背应在最下排泄水孔至墙顶以下 0.5m 的高度区间内，填筑不小于 0.5m 厚的透水性砂砾或碎石竖向反滤层，反滤层的顶部应以不小于 0.5m 厚的不渗水材料封闭，挡土墙泄水孔及反滤层构造如图 4.5 所示。反滤层的含泥量应小于 5%。

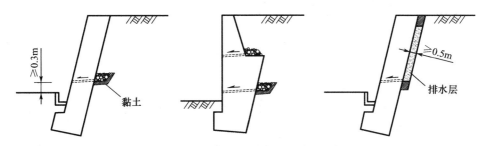

图 4.5 挡土墙泄水孔及反滤层构造

需要在挡土墙上开孔设置涵洞时，应对挡土墙墙身及基础进行补强和防水处理，并采取有效措施，防止涵洞渗漏及保证填料排水顺畅。

4.2.3 沉降缝与伸缩缝

沉降缝、伸缩缝

为防止墙身因地基不均匀沉降而引起断裂，需根据地基地质条件和墙高、墙身断面变化情况设置沉降缝。为了减少墙身圬工砌体硬化收缩，或避免温度变化所产生的温度应力引起开裂，需设置伸缩缝。

设计时，一般将沉降缝和伸缩缝合并设置，统称为沉降伸缩缝或变形缝。各类挡土墙应根据构造特点，设置容纳构件收缩、膨胀及适应不均匀沉降情况的变形缝。

重力式、半重力式、悬臂式和扶壁式等整体式墙身挡土墙，应沿墙长一定间距及在与其他建筑物连接处、墙身断面变化处设置伸缩缝，重力式和半重力式挡土墙伸缩缝间距宜为10~15m，悬臂式和扶壁式挡土墙伸缩缝间距宜为10~20m。挡土墙高度突变或基底地质、水文情况变化处，应设置沉降缝。平曲线路段挡土墙按折线布置时，转折处宜设置沉降缝。变形缝宽度宜取20~30mm，缝内沿墙内、外、顶三边填塞沥青麻筋或沥青木板，塞入深度不应小于0.15m。当墙背材料为填石且冻害不严重时，可仅留空缝，不塞填料。钢筋混凝土挡土墙表面应设置竖直V形槽，间距不大于10m，设槽处钢筋不截断，在沉降缝或伸缩缝处的水平钢筋应截断，接缝可做成企口式或前后墙面槽口式。干砌挡土墙可不设伸缩缝与沉降缝。位于岩石地基上的整体式墙身挡土墙，设缝间距可适当增加，但不应大于25m。

4.2.4 基础

1. 基础形式

挡土墙通常采用浅基础，只有在特殊情况下，才使用桩基础。

大多数挡土墙的基础直接砌筑于天然地基上。当地基承载力不足时，为减小基底压力和增加抗倾覆稳定性，通常采用扩大基础（刚性基础）的方式，主要是扩展墙趾或同时扩展墙踵，加宽的台阶宽度不宜小于0.2m，高宽比要符合刚性角的要求。混凝土基础刚性角不应大于40°，片石、块石、粗料石砌体基础，当用超过M5的砂浆砌筑时，刚性角不应大于35°，当用M5以下的砂浆砌筑时，刚性角不应大于30°。

当地基为软弱土时，可采用换填、砂桩、搅拌桩等方法处理地基，以提高地基承载力。

当基底压力超过地基承载力较多，加宽的台阶宽度很大时，为满足刚性角的要求，则加宽的台阶高度会很高，为避免加宽台阶过高，此时可采用钢筋混凝土基础（柔性基础）。

2. 基础埋置深度

为保证挡土墙基础的稳定性，必须根据下列要求，将基础埋入地面以下适当深度。

① 应保证基底土层的地基承载力特征值大于基底可能出现的最大应力。不同深度的土层具有不同的地基承载力。基底应力分布因基础埋置深度不同而有所差异，埋入土中的基础，基底应力分布比置于地面的均匀。所以，将基础置于具有一定深度且承载力足够的土层中，以避免地基产生剪切破坏，保证基础稳定。

② 应保证基础不受冲刷。在墙前地基受水流冲刷地段，如未采取专门防冲刷措施，应将基础埋到冲刷线以下，以免基底和墙趾前的土层被水淘蚀。

③ 季节性冰冻地区，应将基础埋置到冰冻线以下，防止基础因冻融而被破坏。

对于上述要求，基础的埋置深度一般规定如下。

① 基础最小埋置深度不应小于1.0m。风化层不厚的硬质岩石地基，基底应置于基岩未风化层以下。

② 受水流冲刷时，应按路基设计洪水频率计算冲刷深度，基底应置于局部冲刷线以下不小于1.0m。

③ 当冻结深度不大于1.0m时，基底应在冻结线以下不小于0.25m，且基础最小埋置深度不小于1.0m。当冻结深度大于1.0m时，基础最小埋置深度不应小于1.25m，并应对基底至冻结线以下0.25m深度范围的地基土采取措施，防止冻害。

④ 路堑挡土墙基底在路肩以下不应小于1.0m，并低于边沟砌体底面不小于0.2m。

⑤ 基础位于稳定斜坡地面上时，前趾埋入深度和距地表的水平距离应满足表4-2的规定。位于纵向斜坡上的挡土墙，当基底纵坡大于5%时，基底应设计为台阶式。

表4-2　斜坡地面基础埋置条件

土层类别	墙趾最小埋入深度 h/m	距地表的水平距离 L/m	图式
硬质岩石	0.60	1.50	
软质岩石	1.00	2.00	
土层	≥1.00	2.50	

3. 基底倾斜度

在增加挡土墙抗滑稳定性措施中，采用倾斜基底是行之有效的措施之一，所以，对于大多数高挡土墙，采用倾斜基底的情况很普遍。不过，当基底倾斜度过大时，可能发生墙身与基底土层一起滑动，而且此时地基承载力也将减小，因此，应按照地层类别及地基性质，对基底倾斜度加以限制，详见表4-3。

表4-3　基底倾斜度

地层类别		基底倾斜度 $\tan\alpha_0$
一般地基	岩石	≤0.3
	土质	≤0.2
浸水地基	$\mu<0.5$	0.0
	$0.6\leq\mu\leq0.6$	≤0.1
	$\mu>0.6$	≤0.2

注：1. α_0 为基底倾斜角，是基底面与水平线的夹角。

2. μ 为基底与地基间的摩擦系数。

4.3 挡土墙土压力计算

4.3.1 土压力的基本理论与分类

1. 土压力的基本理论

各种形式的挡土墙，都以支撑土体使其保持稳定为目的，所以这类构造物的主要荷载就是土体侧向压力，简称土压力。挡土墙的设计经济合理，关键在于正确地计算土压力，包括土压力的大小、方向和分布等。

土压力的计算是一个复杂的问题。它涉及填土、墙身及地基三者之间的共同作用。土压力的大小不仅与墙身的几何尺寸、墙背的粗糙度及填土的物理力学性质、填土的顶面形状和顶部的外部荷载有关，还与墙和地基的刚度及填土的施工方式有关。现在国内外土压力计算仍采用古典的极限平衡理论，它是对上述复杂问题进行诸多假定和简化而得出的。

土压力问题的理论研究，18世纪末已开始。根据研究途径的不同，可以把有关极限状态下的土压力理论，大致分为两类。

① 假定破裂面形状，依据极限状态下破裂棱体的静力平衡条件来确定土压力，这类土压力理论最初是由法国的库仑于1773年提出的，称为库仑理论。

② 假定土体为松散介质，依据土中一点的极限平衡条件来确定土压力强度和破裂面方向，这类土压力理论是由英国的朗肯于1857年提出的，称为朗肯理论。

在上述两类经典土压力理论中，朗肯理论基于散体中任一点的极限应力状态推出，在理论上较为严谨。但是，由于它只考虑比较简单的边界条件，因此在应用上受到很大限制。而库仑理论计算简便，能适用于各种复杂的边界条件，并且在一定范围内能得出比较满意的解答，所以应用很广。

2. 土压力类别

作用于挡土墙上的土压力大小与挡土墙的侧向变形有关，与其变形形态相对应的土压力有三种类型：主动土压力、被动土压力和静止土压力。三种不同性质的土压力如图4.6所示。

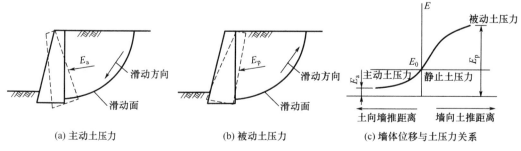

图4.6 三种不同性质的土压力

(1) 主动土压力

如果挡土墙在土压力作用下向前（离开土体）产生微小的移动或转动，从而使墙体对土体的侧向应力（它与土压力大小相等、方向相反）逐渐减小，土体便出现向下滑动的趋势，这时土中逐渐增大的抗剪力抵抗着这一滑动的产生。当侧向应力减小到某一数值，土的抗剪强度充分发挥时，土压力减小到最小值，土体便处于主动极限平衡状态。与此相对应的土压力称为主动土压力 E_a。达到主动极限平衡状态时，墙体的移动或转动位移量是较小的，即主动极限平衡状态很容易达到。

(2) 被动土压力

如果挡土墙在外力作用下，向推挤土体的方向移动或转动，从而使墙体对土体的侧向应力逐渐增大，土体便出现向上滑动的趋势，这时土中逐渐增大的抗剪力抵抗着这一滑动的产生。当侧向应力增大到某一数值，土的抗剪强度充分发挥时，土压力增大到最大值，土体便处于被动极限平衡状态。与此相对应的土压力称为被动土压力 E_p。达到被动极限平衡状态时，墙体的移动或转动位移量比产生主动土压力所需的位移量要大得多，即被动极限平衡状态不容易达到。

(3) 静止土压力

如果挡土墙的刚度很大，在土压力作用下，墙体不发生变形和任何位移（移动或转动），此时墙后土体处于弹性平衡状态，墙背所受的土压力称为静止土压力 E_0。实际上，使挡土墙保持静止的条件是：墙身尺寸足够大、墙身与基础牢固地连接在一起、地基不产生不均匀沉降等。

被动土压力和主动土压力是土压力中最大与最小的土压力，静止土压力介于其间，即 $E_p > E_0 > E_a$。

挡土墙一般均可能产生侧向位移，因此，要根据墙体在外力作用下可能的位移方向来判断承受的是主动土压力还是被动土压力。对于一般的挡土墙，墙体有被土体向外挤动的可能，则墙背承受的就是主动土压力，而墙趾前的被动土压力一般往往忽略不计。

3. 土压力计算方法

① 库仑方法。库仑方法由法国库仑提出，常用于计算重力式和半重力式挡土墙的土压力。

② 朗肯方法。朗肯方法由英国朗肯提出，它适用于墙后土体出现第二破裂面的情况，常用于计算衡重式、悬臂式和扶壁式挡土墙的土压力。用朗肯方法计算被动土压力的误差一般比库仑方法小，故计算被动土压力宜采用朗肯方法。

4.3.2 库仑理论

库仑理论是一种计算土压力的简化方法。它具有计算简便，能适用于各种复杂情况和计算结果比较接近实际等优点。因此，目前仍被工程界广泛使用。

1. 库仑理论的基本原理

库仑理论是从研究墙后宏观土体的滑动出发的，这和朗肯理论先求得土压应力的方法有所不同。当墙后破裂棱体产生滑动时，土体处于极限平衡状态，根据破裂棱体的静力平衡条件，求得墙背主动土压力和被动土压力。库仑理论在计算土压力时，一般基于下列基本假定条件。

① 墙后土体为均质散粒体，粒间仅有摩阻力而无黏结力。

② 当墙体产生一定位移（移动或转动）时，墙后土体将形成破裂棱体，并沿墙背和破裂面滑动（下滑或上移）。

③ 破裂面为通过墙踵的一个平面。

④ 当墙后土体开始破裂时，土体处于极限平衡状态，破裂棱体在其自重 W、墙背反力（它的反作用力即为土压力 E）和破裂面反力 R 作用下维持静力平衡。破裂棱体与墙背及土体间均有摩擦力，E 与墙背法线成 δ 角（墙背与土体间的摩擦角），R 与破裂面法线成 φ 角（土的内摩擦角），并偏向阻止棱体滑动的一侧。

⑤ 挡土墙及破裂棱体均视为刚体，在外力作用下不发生变形。

库仑理论可以计算土质砂填料，挡土墙墙背倾斜、填土表面倾斜、墙背粗糙等各种情况下的土压力。

2. 库仑主动土压力

库仑主动土压力计算图式如图 4.7 所示，AB 为墙背，BC 为破裂面，BC 与竖直方向的夹角 θ 为破裂角，α 为墙背倾角，$\triangle ABC$ 为破裂棱体。在整个棱体上作用着三个力，即破裂棱体自重 W、墙背反力（与主动土压力 E_a 大小相等、方向相反）、破裂面反力 R。由于棱体处于极限平衡状态，因此，力三角形必须闭合，则可得到

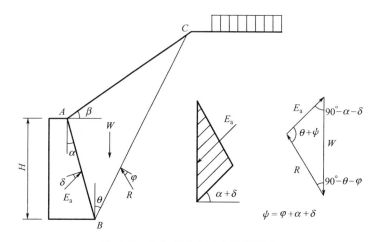

图 4.7 库仑主动土压力计算图式

$$E_a = \frac{W\cos(\theta+\varphi)}{\sin(\theta+\psi)} \tag{4-1}$$

但是，破裂角 θ 是未知的，从式（4-1）和图 4.7 可知，W 和 E_a 的值都随着假定的破裂面位置不同（即 θ 不同）而发生改变。当 $\theta = 90°-\varphi$ 时，R 与 W 方向重合，$E_a = 0$；当 $\theta = -\alpha$ 时，破裂面与墙背重合，$W = 0$，$E_a = 0$；当 $\theta > -\alpha$ 时，E_a 随 θ 增加而增大，当 θ 等于某一值时，E_a 达到最大值，然后又逐渐减小，至 $\theta = 90°-\varphi$ 时变为零。E_a 的最大值即为主动土压力，相应的 BC 面即为最危险破裂面。

根据上面分析，E_a 是 θ 的函数，且存在最大值。因此，利用微积分的极值定理，将式（4-1）对 θ 进行求导，并令

$$\frac{dE_a}{d\theta}=0 \quad (4-2)$$

由此可求得破裂角 θ 和主动土压力 E_a 之值。这便是库仑理论求解主动土压力的各种图解法和数解法的依据。

当填土表面为倾斜平面时,其库仑主动土压力计算图式如图 4.8 所示,依据上述方法所得的主动土压力表达式为

$$E_a = \frac{1}{2}\gamma H^2 K_a \quad (4-3)$$

$$K_a = \frac{\cos^2(\varphi-\alpha)}{\cos^2\alpha\cos(\delta+\alpha)\left[1+\sqrt{\frac{\sin(\varphi+\delta)\sin(\varphi-\beta)}{\cos(\delta+\alpha)\cos(\alpha-\beta)}}\right]^2} \quad (4-4)$$

式中: K_a——库仑主动土压力系数;
γ——填土的重度 (kN/m³);
H——墙背高度 (m);
φ——填土的内摩擦角 (°);
δ——墙背摩擦角 (°);
β——填土表面倾角 (°);
α——墙背倾角 (°),墙背俯斜时为正,仰斜时为负。

沿墙高的土压应力 σ_a,可通过 E_a 对 h 求导而得到,表达式为

$$\sigma_a = \frac{dE_a}{dh} = \gamma h K_a \quad (4-5)$$

由式 (4-5) 可见,主动土压力沿墙高呈三角形分布,土压力作用点离墙踵的高度为 $H/3$,方向与墙背的法线成 δ 角,或与水平方向成 $\delta+\alpha$ 角。

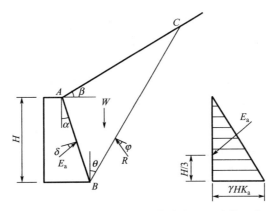

图 4.8 倾斜填土表面库仑主动土压力计算图式

3. 复杂边界条件下的库仑主动土压力

式 (4-3) 表示的主动土压力是按墙后土体表面为平面的边界条件推导的,适用于路堑墙或破裂面交于边坡上的路堤墙。实际工程中,挡土墙后的填土表面有时不是平面,而且在路基表面还会有车辆荷载作用,因此边界条件较为复杂。挡土墙因路基形式和荷载分布不同,使得土压力有多种计算图式。按破裂面交于路基顶面位置的不同,土压力有五种

计算图式，如图4.9所示。

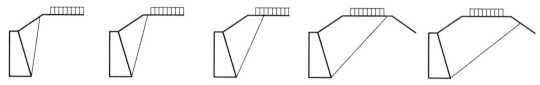

(a) 破裂面交于内边坡 (b) 破裂面交于荷载内侧 (c) 破裂面交于荷载中间 (d) 破裂面交于荷载外侧 (e) 破裂面交于外边坡

图4.9　土压力五种计算图式

在路基设计的有关手册中，列有各种边界条件下库仑主动土压力的计算公式。在查用时，可先假定破裂面交于路基顶面的位置（一般是先假定交于荷载中间），按此图式选择相应的计算公式计算出破裂面与竖直面的夹角 θ，将该角 θ 与原假定的破裂面位置相比较，看是否相符。如与假定不符，根据计算的角 θ 重新假定破裂面位置，按相应公式重复上述计算，直至相符为止。最后根据此夹角 θ 计算最大主动土压力。

4. 土压应力分布图

当地面不是一个平面而是多个平面或有荷载作用时，墙背土压应力往往不是呈直线分布的。为了求得土压力的作用点，常借助于土压应力分布图，土压应力分布图还可以用来计算挡土墙任一截面上所受的土压力。

通常用土压应力分布图表示墙背在竖直投影面上的应力分布情况，按下述原则绘制。

① 墙顶以上的填土及均布荷载向墙背扩散压应力的方向平行于破裂面。

② 各点土压应力与其所受的竖直应力成正比。

$$\sigma = \gamma h K \tag{4-6}$$

式中：K——主动土压力系数。

式（4-6）中的 K 不同于前文的 K_a，只有在特殊情况下两者才相等。

土压应力分布图有以下三种表示方法，常采用第一种方法。

① 土压应力按水平方向绘制，应力图形的面积等于土压力 E_a，但不能表示土压力的方向，如图4.10（b）所示。

② 土压应力按与水平方向成 $(\delta+\alpha)$ 角绘制，它可以表明土压力的方向，但应力图形的面积不等于土压力 E_a，如图4.10（c）所示。

③ 水平土压应力按水平方向绘制，这样它既表示土压力 E_x 的方向，同时应力图形的面积又等于水平土压力，如图4.10（d）所示。

主动土压力系数 K 可按下述方法推出，从图4.10（a）可以求得，当填土表面为水平面时，破裂棱体 ABC 的重力为

$$W = \frac{1}{2}\gamma H^2 (\tan\theta + \tan\alpha)$$

代入式（4-1）中，得到土压力为

$$E_a = \frac{1}{2}\gamma H^2 \frac{\cos(\theta+\varphi)}{\sin(\theta+\psi)}(\tan\theta + \tan\alpha)$$

由土压应力分布图可求得

$$E_a = \frac{1}{2}\gamma H^2 K$$

第4章 挡土墙设计

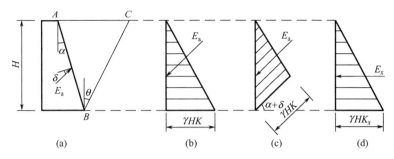

图 4.10 土压应力分布图表示法

上述两式相等，于是得到主动土压力系数为

$$K = \frac{\cos(\theta+\varphi)}{\sin(\theta+\psi)}(\tan\theta + \tan\alpha) \tag{4-7}$$

填土表面为水平面时的主动土压力系数 K 具有普遍意义，可用于推算各种复杂边界条件的土压应力分布图。

对于图 4.11（a）所示的破裂面交于荷载外侧的路堤墙，其土压应力分布图如图 4.11（b）所示。在图中，GF、ME、DN 都是平行于破裂面 BC 的直线。墙背上各应力变化点的应力值为

$$\sigma_H = \gamma H K$$
$$\sigma_a = \gamma a K$$
$$\sigma_0 = \gamma h_0 K$$

土压应力分布图各应力变化点的高度可由几何关系求得，本书不再赘述。绘出土压应力分布图，则可很容易求得土压力及其作用点位置。

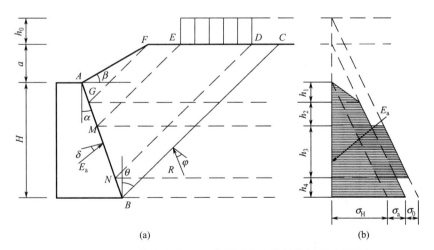

图 4.11 土压应力分布图（破裂面交于荷载外侧的路堤墙）

5. 库仑被动土压力

库仑被动土压力计算图式如图 4.12 所示，若 BC 为破裂面，则破裂棱体自重 W、墙背对破裂棱体的反力 E_p 及破裂面反力 R 平衡。此时，破裂棱体被推挤向上滑动，破裂棱体处于被动极限平衡状态，力三角形是闭合的，同理，可求得被动土压力为

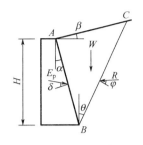

图 4.12 库仑被动土压力计算图式

$$E_p = \frac{W\cos(\theta-\varphi)}{\sin(\theta-\varphi-\delta+\alpha)} \quad (4-8)$$

由式（4-8）可知，θ 不同，求得的被动土压力也不同。在被动极限平衡状态下，土压力的最小值即为被动土压力 E_p，相应于土压力最小值时的破裂面即为被动状态破裂面。

按照求解主动土压力的原理与方法，可求得填土表面为倾斜平面时的被动土压力 E_p。

$$E_p = \frac{1}{2}\gamma H^2 K_p \quad (4-9)$$

$$K_p = \frac{\cos^2(\varphi+\alpha)}{\cos^2\alpha\cos(\delta-\alpha)\left[1-\sqrt{\frac{\sin(\varphi+\delta)\sin(\varphi+\beta)}{\cos(\delta-\alpha)\cos(\alpha-\beta)}}\right]^2} \quad (4-10)$$

式中：K_p——库仑被动土压力系数。

被动土压力沿墙高也呈三角形分布，方向与墙背法线成 δ 角。

6. 库仑理论的适用范围

（1）库仑主动土压力的适用范围

① 库仑理论虽有不够严谨之处，但概念清晰、计算简单、适用范围较广，可适用于不同墙背坡度和粗糙度，不同墙后填土表面形状和荷载作用情况下的主动土压力计算。一般情况下，其计算结果能满足工程要求。

② 库仑理论较适用于无黏性土，计算值与实际情况比较接近。当用于黏性土时，应考虑黏聚力的影响。

③ 库仑理论仅适用于墙背为一平面或近似平面的挡土墙，当墙背为 L 形时，可按图 4.13（a）所示的方法，以墙顶 A 和墙踵 B 的连线为假想墙背计算土压力，此时墙背摩擦角 δ 等于土的内摩擦角 φ。

④ 当俯斜墙背（包括 L 形墙背的假想墙背）的坡度较缓时，破裂棱体不一定沿着墙背（或假想墙背）AB 滑动，而可能沿着土体内某一破裂面 $A'B$ 滑动，此时土体中将出现第二破裂面，如图 4.13 所示。这时应按照第二破裂面法计算土压力。

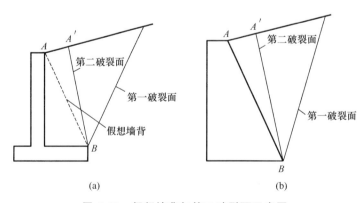

图 4.13 假想墙背与第二破裂面示意图

⑤ 当库仑理论应用于仰斜墙背土压力的计算时，墙背坡度不宜太缓，一般以不缓于 1∶0.3～1∶0.35 为宜，不然将出现较大误差，使得土压力计算结果偏小，如墙背倾角

$\alpha=\varphi$，理论上 $E_a=0$，但实际上不可能。

⑥ 库仑理论仅适用于刚性挡土墙。对于锚杆、锚定板、桩板式等柔性挡土墙的土压力，其只能按库仑理论近似计算。

⑦ 库仑理论适用于地面或墙后填土表面倾角 $\beta<\varphi$ 的情况，否则在计算主动土压力系数时将出现虚根。

（2）库仑被动土压力的使用条件

用库仑理论计算被动土压力时，常会引起较大误差，并且它随 α、δ 和 β 的增大而迅速增大。另外，被动土压力设计值通常达不到理论计算值，这是因为产生被动极限平衡状态时的位移量远比主动极限平衡状态的位移量大，这对一般挡土墙来说几乎不可能，有时也是不允许的。因此，如果在设计中考虑土的被动抗力，就应对被动土压力的计算值进行大幅度折减。

例如重力式挡土墙设计时，墙背承受主动土压力，墙趾处虽有部分土层，但由于主动土压力产生的位移量较小，墙前土体难以达到被动极限平衡状态，因此，墙前被动抗力要比理论计算的被动土压力小得多。目前尚无可靠的计算方法计算被动土压力，根据经验并安全起见，一般只取 1/3 的被动土压力计算值作为设计值，并且常常是在基础埋深较大（大于 1.5m），土层稳定且不受水流冲刷或其他的扰动破坏时才考虑。

例 1 仰斜式路堤挡土墙，如图 4.14 所示，车辆荷载换算土柱高度 $h_0=0.4$m，墙背填料重度 $\gamma=18$kN/m³，内摩擦角 $\varphi=35°$，墙背摩擦角 $\delta=17.5°$，墙背仰斜坡度 $\alpha=-14.03°$。请用库仑理论计算主动土压力。

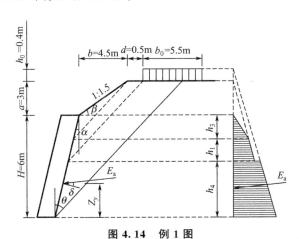

图 4.14 例 1 图

解：① 计算破裂角 θ。

假设破裂面交于荷载中间，选用《公路设计手册 路基》（第二版）中的相关公式。

$$\psi=\varphi+\alpha+\delta=35°-14.03°+17.5°=38.47°<90°$$

$$A=\frac{ab+2h_0(b+d)-H(H+2a+2h_0)\tan\alpha}{(H+a)(H+a+2h_0)}$$

$$=\frac{3\times4.5+2\times0.4\times(4.5+0.5)-6\times(6+2\times3+2\times0.4)\times\tan(-14.03°)}{(6+3)\times(6+3+2\times0.4)}\approx0.416$$

$$\tan\theta=-\tan\psi+\sqrt{(\cot\varphi+\tan\psi)(\tan\psi+A)}$$

$$= -\tan 38.47° + \sqrt{(\cot 35° + \tan 38.47°) \times (\tan 38.47° + 0.416)}$$
$$\approx 0.8458$$
$$\theta = 40.22°$$

下面验核破裂面是否交于荷载中间。

路堤顶破裂面距离墙踵
$$(H+a)\tan\theta = (6+3) \times 0.8458 \approx 7.612 \text{(m)}$$

荷载内边缘距离墙踵
$$H\tan(-\alpha) + b + d = 6 \times 0.25 + 4.5 + 0.5 = 6.5 \text{(m)}$$

荷载外边缘距离墙踵
$$H\tan(-\alpha) + b + d + b_0 = 6 \times 0.25 + 4.5 + 0.5 + 5.5 = 12.0 \text{(m)}$$

$6.5 < 7.612 < 12.0$，所以破裂面交于荷载中间，假设正确。

② 计算主动土压力系数 K。
$$K = \frac{\cos(\theta+\varphi)}{\sin(\theta+\psi)}(\tan\theta + \tan\alpha) = \frac{\cos(40.22°+35°)}{\sin(40.22°+38.47°)}[\tan 40.22° + \tan(-14.03°)]$$
$$\approx 0.1550$$

③ 计算主动土压力 E_a。
$$h_1 = \frac{d}{\tan\theta + \tan\alpha} = \frac{0.5}{\tan 40.22° + \tan(-14.03°)} \approx 0.839 \text{(m)}$$

$$h_3 = \frac{b - a\tan\theta}{\tan\theta + \tan\alpha} = \frac{4.5 - 3 \times \tan 40.22°}{\tan 40.22° + \tan(-14.03°)} \approx 3.295 \text{(m)}$$

$$h_4 = H - h_1 - h_3 = 6 - 0.839 - 3.295 = 1.866 \text{(m)}$$

$$K_1 = 1 + \frac{2a}{H}\left(1 - \frac{h_3}{2H}\right) + \frac{2h_0 h_4}{H^2} = 1 + \frac{2 \times 3}{6}\left(1 - \frac{3.295}{2 \times 6}\right) + \frac{2 \times 0.4 \times 1.866}{6^2} \approx 1.767$$

$$E_a = \frac{1}{2}\gamma H^2 K K_1 = \frac{1}{2} \times 18 \times 6^2 \times 0.1550 \times 1.767 \approx 88.739 \text{(kN)}$$

④ 土压力作用点位置 Z_y。
$$Z_y = \frac{H}{3} + \frac{a(H-h_3)^2 + h_0 h_4(3h_4 - 2H)}{3H^2 K_1}$$
$$= \frac{6}{3} + \frac{3 \times (6-3.295)^2 + 0.4 \times 1.866 \times (3 \times 1.866 - 2 \times 6)}{3 \times 6^2 \times 1.767} \approx 2.090 \text{(m)}$$

4.3.3 朗肯理论

1. 朗肯理论的基本原理

朗肯理论是从研究弹性半无限体内的应力状态出发，根据土的极限平衡理论来计算土压力。朗肯理论在分析土压力时做了如下基本假定。

① 土体是地表表面为一平面的半无限体，土压力方向与地表表面平行。在平行于地表表面的任一深度 h 的平面上，应力均匀分布，其数值为 $\gamma h\cos\beta$，方向竖直，应力偏角为 β；在竖直面上，应力呈三角形分布，方向平行于地表表面，应力偏角也为 β。

② 在主动应力状态时，土体侧向伸张；在被动应力状态时，土体侧向压缩。

③ 主动或被动应力状态只存在于破裂棱体内，即只在局部土体中出现极限状态，而破裂棱体外仍处于弹性平衡状态。

④ 土体发生剪切时，破裂面为平面。

⑤ 土体伸张或压缩对其影响很小，可忽略竖直方向上土的变形对土压力的影响。

⑥ 挡土墙墙背垂直、光滑，即 $\alpha=0°$，$\delta=0°$。

若土体表面为水平面的均质弹性半无限体，则土体沿垂直向下方向和水平方向都无限伸展。由于土体内任一竖直面都是对称面，因此，地面以下深度 h 处的 M 点在土的自重作用下，其竖直面和水平面上的剪应力都为 0，该点处于弹性平衡状态。其应力为

竖向应力 $\quad \sigma_z = \gamma h = \sigma_1$

水平应力 $\quad \sigma_x = K_0 \gamma h = \sigma_3$

如果用挡土墙代替 M 点一侧的土体，如图 4.15（a）所示，由于墙背与填土间无摩擦力，因此也无剪应力，墙背为主应力面。当挡土墙无位移时，它不影响土体中原有的应力状态，墙后土体仍处于弹性平衡状态，即作用在墙背上的应力状态与弹性半无限体应力状态相同。此时以 $\sigma_1 = \sigma_z$、$\sigma_3 = \sigma_x$ 表示土体应力状态的莫尔应力圆与土的抗剪强度线不相切，如图 4.15（d）中圆Ⅰ所示。

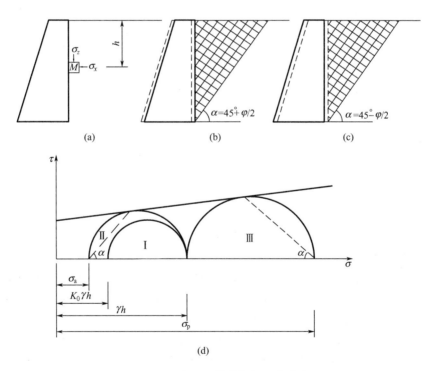

图 4.15 半无限体的极限平衡状态

当挡土墙向外移动时，如图 4.15（b）所示，墙后土体有伸张趋势。此时竖向应力 σ_z 不变，墙背上的法向应力 σ_x 减小，它们仍为大小主应力。当挡土墙位移使土体达到主动极限平衡状态时，σ_x 减小到最小值 σ_a，σ_z 和 σ_x 的莫尔应力圆与土的抗剪强度线相切，如图 4.15（d）中圆Ⅱ所示。墙后土体形成一系列破裂面，破裂面上各点都处于主动

极限平衡状态，称为朗肯主动状态。此时，墙背上的法向应力 σ_x 为最小主应力，即朗肯主动土压应力。破裂面与大主应力作用面之间的夹角为 $\alpha=45°+\varphi/2$。

同理，若挡土墙在外力作用下挤压土体，如图 4.15（c）所示，σ_z 仍不变，而 σ_x 随着挡土墙位移的增大而逐步增大，当 σ_x 超过 σ_z 时，σ_x 为大主应力，σ_z 为小主应力。当挡土墙位移使土体达到被动极限平衡状态时，σ_x 增加到最大值 σ_p，σ_z 和 σ_x 的莫尔应力圆与土的抗剪强度线相切，如图 4.15（d）中圆Ⅲ所示。墙后土体形成一系列破裂面，破裂面上各点都处于被动极限平衡状态，称为朗肯被动状态。此时，墙背上的法向应力 σ_x 为最大主应力，即朗肯被动土压应力。破裂面与小主应力作用面之间的夹角为 $\alpha=45°-\varphi/2$。

2. 朗肯主动土压应力

根据土的强度理论，土体达到极限平衡状态时，大小主应力有如下关系式

$$\sigma_3=\sigma_1\tan^2\left(45°-\frac{\varphi}{2}\right)-2c\tan\left(45°-\frac{\varphi}{2}\right) \quad (4-11)$$

或

$$\sigma_1=\sigma_3\tan^2\left(45°+\frac{\varphi}{2}\right)+2c\tan\left(45°+\frac{\varphi}{2}\right) \quad (4-12)$$

当挡土墙墙背垂直、光滑，填土表面水平，挡土墙偏离土体向外移动时，墙背任一深度 h 处竖向应力 σ_z 为大主应力，σ_x 为小主应力，墙后土体达到主动极限平衡状态后，由式（4-11）可得到朗肯主动土压应力为

$$\sigma_a=\gamma h\tan^2\left(45°-\frac{\varphi}{2}\right)-2c\tan\left(45°-\frac{\varphi}{2}\right) \quad (4-13)$$

朗肯主动土压应力沿墙高呈三角形分布，沿墙高积分可计算出主动土压力，详见土力学相关教材，本书不再赘述。

3. 朗肯被动土压应力

同理，挡土墙在外力作用下挤压土体，当土体达到被动极限平衡状态时，由式（4-12）可得到朗肯被动土压应力为

$$\sigma_p=\gamma h\tan^2\left(45°+\frac{\varphi}{2}\right)+2c\tan\left(45°+\frac{\varphi}{2}\right) \quad (4-14)$$

被动土压力求解过程同主动土压力，不再赘述。

4. 填土表面为倾斜平面时的土压力*

当填土表面为倾斜平面时，其与水平面的倾角为 β，取与水平面成 β 角的单元体，如图 4.16（a）所示。根据朗肯理论的基本假定，该单元体倾斜面上的力是竖直向下的并等于 $\sigma_z\cos\beta$，竖直面上的力平行于填土表面并等于 σ_e。

当土体达到极限平衡状态时，用上述倾斜平面和竖直面上的应力做出的莫尔应力圆与土的抗剪强度线相切（土为无黏性土），这样可得到图 4.16（b）所示的图形，A 点表示倾斜平面上的应力，B 点表示竖直面上的应力。大主应力在 C 点，小主应力在 D 点。根据土力学知识，BQ 与 BP 分别表示第一和第二破裂面的方向，而破裂面与大主应力作用面之间的夹角为 $\alpha=45°+\varphi/2$，因为 $\angle QBC=\alpha$，所以 BC 就是大主应力作用面。

根据图 4.16（b）中的几何关系，可以推导出朗肯主动土压应力为

$$\sigma_a=\sigma_e=\sigma_z\cos\beta\frac{\cos\beta-\sqrt{\cos^2\beta-\cos^2\varphi}}{\cos\beta+\sqrt{\cos^2\beta-\cos^2\varphi}} \quad (4-15)$$

第 4 章 挡土墙设计

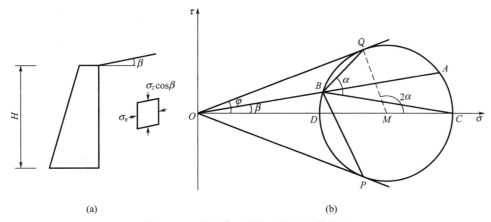

图 4.16 倾斜填土表面土压力计算图式

同理，可推导出朗肯被动土压应力为

$$\sigma_p = \sigma_z \cos\beta \frac{\cos\beta + \sqrt{\cos^2\beta - \cos^2\varphi}}{\cos\beta - \sqrt{\cos^2\beta - \cos^2\varphi}} \tag{4-16}$$

5. 朗肯理论的应用

① 朗肯理论可用于均布荷载、填土表面为水平或倾斜（必须 $\beta \leqslant \varphi$）平面的垂直墙背。

② 虽然朗肯理论只适用于垂直墙背，但是如果墙背为俯斜，也可利用朗肯理论近似计算主动土压力 E_a，如图 4.17 所示。其方法是从墙踵点 A 引竖直线与填土表面交于点 C，以 AC 为假想墙背，计算主动土压力。然后计算△ABC 的填土自重 W，则 E_a 与 W 的合力可近似认为是墙背 AB 上的土压力。

③ 当填土表面为折线时，朗肯理论不适用。

④ 朗肯理论不适合仰斜墙背。

朗肯理论概念明确，计算公式简单，但由于其假定墙背垂直、光滑，填土表面为单一平面，因此计算和适用范围受到限制，使得计算结果与实际有所出入，该理论求得的主动土压力偏大，被动土压力偏小。

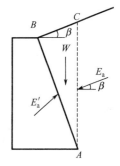

图 4.17 俯斜墙背主动土压力计算图式

4.3.4 特殊条件下的库仑土压力计算

1. 第二破裂面土压力

在挡土墙设计中，可能会遇到墙背俯斜很缓，即墙背倾角 α 比较大的情况，如图 4.18 所示的衡重式挡土墙的上墙，其假想墙背 AC 的倾角一般比较大。当墙体向外移动，土体达到主动极限平衡状态时，破裂棱体并不沿墙背滑动，而是沿着土体中的另一破裂面 CD 滑动，这时出现相交于墙踵 C 的两个破裂面，远离墙的破裂面称为第一破裂面，而近墙的破裂面称为第二破裂面，用 θ_i 和 α_i 表示第一、第二破裂角。由于土体中出现两个破裂面，用库仑理论的一般公式来计算土压力便不适用了，因此在这种情况下，应按破裂面出现的位置来求算土压力。

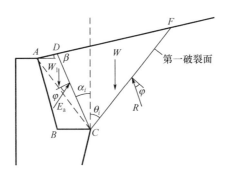

图 4.18 第二破裂面计算图式

(1) 第二破裂面出现的条件

① 墙背（或假想墙背）倾角 α 必须大于第二破裂面的倾角 α_i，即墙背不妨碍第二破裂面的产生。

② 墙背（或假想墙背）上的合力（第二破裂面与墙背之间的土体自重 W_1 及作用在第二破裂面上的土压力 E_a）所产生的下滑力必须小于墙背自身的抗滑力，即作用在墙背上的合力与墙背法线的夹角 δ' 必须小于墙背摩擦角 δ，也就是第二破裂面与墙背之间的土体不会沿墙背下滑。可表示为

$$E_x \tan(\alpha+\delta) > E_y + W_1 \tag{4-17}$$

一般俯斜式挡土墙，为避免土压力过大，很少采用平缓墙背，故不容易出现第二破裂面。衡重式挡土墙的上墙假想墙背、悬臂式和扶壁式挡土墙的假想墙背等，由于墙背平缓，故可能出现第二破裂面，设计时应加以判别，然后应用相应的公式计算土压力。

确定第二破裂面的位置时，首先需假定第一破裂面的位置，按相关路基设计手册提供的公式计算第一破裂面倾角 θ_i，以确定第一破裂面的位置，并以此结果核验所假定的破裂面位置是否正确。如与假设相符，则按此情况相应的公式计算第二破裂面倾角 α_i；如不符，需另行假定第一破裂面的位置，再做计算，直至相符为止，然后计算第二破裂面倾角 α_i。有时会出现两种破裂面位置均相符的情况，则应采用土压力值较大的那一组破裂面位置。

然后将上述计算所得的第二破裂面倾角 α_i 与墙背（或假想墙背）倾角 α 做比较，若 $\alpha_i > \alpha$，则不会出现第二破裂面，可以按库仑理论的一般公式计算土压力；若 $\alpha_i < \alpha$，则表明有第二破裂面出现，应按破裂面出现的位置计算土压力。

(2) 第二破裂面土压力计算

用库仑理论的方法可求算第二破裂面的土压力，这时第二破裂面的摩擦角等于土体的内摩擦角 φ。由于破裂棱体有两组破裂面，按照库仑理论，作用于第二破裂面的土压力 E_a 或 E_x 是 θ_i 和 α_i 的函数，即

$$E_x = f(\alpha_i, \theta_i) \tag{4-18}$$

为确定最不利破裂面倾角 α_i 和 θ_i，以及相应的主动土压力，可以解下列偏微分方程组

$$\left. \begin{array}{l} \dfrac{\partial E_x}{\partial \alpha_i} = 0 \\[6pt] \dfrac{\partial E_x}{\partial \theta_i} = 0 \end{array} \right\} \tag{4-19}$$

并满足下述条件

$$\left.\begin{array}{l}\dfrac{\partial^2 E_x}{\partial \alpha_i^2}<0 \\[2mm] \dfrac{\partial^2 E_x}{\partial \theta_i^2}<0 \\[2mm] \dfrac{\partial^2 E_x}{\partial \alpha_i^2}\cdot\dfrac{\partial^2 E_x}{\partial \theta_i^2}-\left(\dfrac{\partial^2 E_x}{\partial \alpha_i \partial \theta_i}\right)^2<0\end{array}\right\} \quad (4-20)$$

《公路设计手册 路基》(第二版)提供了各种边界条件下第二破裂面土压力计算公式,计算时可以参考。

2. 折线形墙背的土压力

为了适应地形和工程需要,挡土墙常采用折线形墙背,即墙背为折面,比如凸折式挡土墙、衡重式挡土墙。对于这类挡土墙,以墙背转折点或衡重台为界,将其分成上墙和下墙,如图 4.19 所示。

墙背为折线时,不能直接用库仑理论求算全墙的土压力。这时,通常分别计算各直线段上的土压力,然后取各直线段土压力的矢量和作为全墙的土压力。

计算上墙土压力时,把上墙作为独立墙背而不考虑下墙的存在。当出现第二破裂面时,按第二破裂面的公式计算土压力;当不出现第二破裂面时,凸折式挡土墙以上墙为实际墙背,衡重式挡土墙以上墙两边缘点连线为假想墙背,按库仑理论计算土压力。

下墙土压力计算较为复杂,目前常采用简化的方法,计算方法有延长墙背法、力多边形法和公路路基近似法。

(1) 延长墙背法

延长墙背法如图 4.20 所示,AB 为上墙墙背,BC 为下墙墙背。先将上墙作为独立墙背,用库仑理论的一般公式计算主动土压力 E_1,土压应力分布图为 $\triangle abc$。计算下墙土压力时,首先延长下墙墙背 BC,交填土表面于 D 点,以 DC 为假想墙背,用库仑理论的一般公式计算假想墙背上的土压力,土压应力分布图为 $\triangle def$,截取其中与下墙相对应的部分,即四边形 $hgfe$,图形 $hgfe$ 的合力为下墙主动土压力 E_2。

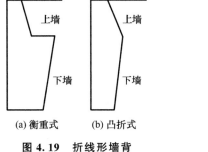

图 4.19 折线形墙背

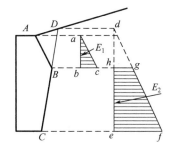

图 4.20 延长墙背法

延长墙背法因计算简便,故在工程界得到了广泛应用。然而,它的理论根据不足,给计算带来一定的误差。它忽略了下墙延长部分与上墙背之间的土体自重及作用在其上的荷载,但考虑了延长墙背与上墙背由于土压力方向不同而引起的竖直分力差,虽然两者能互相补偿,但未必能抵消。此外,在绘制应力分布图时,把上墙土压力 E_1 作为平行于下墙

土压力 E_2 处理，而大多数情况下，两者并不平行。

（2）力多边形法

力多边形法是依据极限平衡条件下，作用于破裂棱体上的合力应构成闭合力多边形的原理，来求算下墙土压力的方法。这种方法不需要借助任何假想墙背，因而避免了延长墙背法所引起的误差。

在力多边形法中，算出上墙土压力 E_1 后，即可绘制出下墙的任一破裂面的力多边形（E_2 及 R_2 的方向已知），据此求算下墙土压力 E_2。

当填土表面为一平面时，如图 4.21（a）所示，其中 E_1 为上墙土压力，R_1 为上墙破裂面上的反力，均可事先求出。图 4.21（b）所示的多边形 $abedc$ 为倾角为 θ 的破裂面力多边形，自 e 点作 $eg // bc$，自 c 点作 $cf // be$，则 $cg = be = E_2$。若令 $gf = \Delta E$，则 $cf = E_2 + \Delta E$。在 $\triangle cdf$ 中，由正弦定理可得

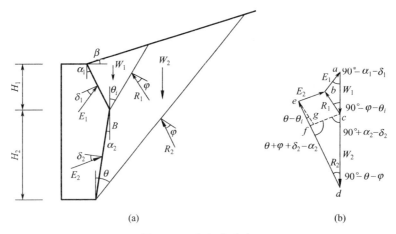

图 4.21 力多边形法

$$E_2 + \Delta E = W_2 \frac{\sin(90° - \theta - \varphi)}{\sin(\theta + \varphi + \delta_2 - \alpha_2)} \tag{4-21}$$

而在 $\triangle egf$ 中，有

$$\Delta E = R_1 \frac{\sin(\theta - \theta_i)}{\sin(\theta + \varphi + \delta_2 - \alpha_2)} \tag{4-22}$$

下墙破裂棱体自重 W_2 为

$$W_2 = \gamma \left[A_0 \frac{\sin(\theta - \alpha_2)}{\cos(\theta + \beta)} - B_0 \right] \tag{4-23}$$

式中：$A_0 = \frac{1}{2} H_2^2 \left[\frac{1}{\cos\alpha_2} + \frac{H_1}{H_2} \frac{\cos(\alpha_1 - \beta)}{\cos\alpha_1 \cos(\alpha_2 + \beta)} \right]^2 \cos(\alpha_2 + \beta)$；

$B_0 = \frac{1}{2} H_1^2 \frac{\sin(\theta_i - \alpha_2) \cos^2(\alpha_1 - \beta)}{\cos^2\alpha_1 \cos(\alpha_2 + \beta) \cos(\beta + \theta_i)}$。

则

$$E_2 = \gamma \left[A_0 \frac{\sin(\theta - \alpha_2)}{\cos(\theta + \beta)} - B_0 \right] \frac{\sin(90° - \theta - \varphi)}{\sin(\theta + \varphi + \delta_2 - \alpha_2)} - R_1 \frac{\sin(\theta - \theta_i)}{\sin(\theta + \varphi + \delta_2 - \alpha_2)} \tag{4-24}$$

为求 E_2 的最大值，令 $\frac{dE_2}{d\theta} = 0$，则

$$\tan(\theta+\beta) = -\tan\psi_2 \pm \sqrt{(\tan\psi_2+\cot\psi_1)[\tan\psi_1+\tan(\alpha_2+\beta)]+D} \quad (4-25)$$

式中：$\psi_1 = \varphi - \beta$；

$\psi_2 = \varphi + \delta_2 - \alpha_2 - \beta$；

$D = \dfrac{1}{A_0 \cos(\alpha_2+\beta)}\left[B_0(\tan\psi_2+\cot\psi_1) - \dfrac{R_1\sin(\psi_2+\theta_i+\beta)}{\gamma\sin\psi_1\cos\psi_2}\right], R_1 = \dfrac{E_{1x}}{\cos(\varphi+\theta_i)}$。

力多边形法满足了楔体静力平衡中的力矢量闭合条件，由此推导出的下墙土压力计算公式较为合理。

（3）公路路基近似法

此法是把上墙后的填料视作均布超载，而影响下墙土压力的超载部分（包括行车荷载）的范围，则根据上墙计算所得的破裂角 θ_i 和下墙的破裂角 θ 确定。各种情况下的影响范围，如图 4.22 所示，图中阴影部分即为计算下墙土压力时应予以考虑的上墙后均布超载和行车荷载范围。

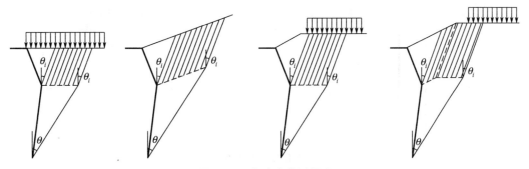

图 4.22　公路路基近似法

计算时，需先假定破裂面的位置，然后选用相应的公式进行计算，而后核验计算结果是否与假设相符。

例 2　衡重式路堤墙，断面尺寸如图 4.23 所示。衡重台宽 $d_1 = 0.92\text{m}$，上墙墙背倾角 $\alpha_1 = 18.26°$，下墙墙背倾角 $\alpha_2 = -14.03°$，填料重度 $\gamma = 19\text{kN/m}^3$，内摩擦角 $\varphi = 45°$，墙背摩擦角 $\delta = 22.5°$，车辆荷载换算土柱高度 $h_0 = 0.38\text{m}$。请用库仑理论计算主动土压力。

解：① 计算上墙土压力 E_1。

作假想墙背，计算假想墙背倾角 α'_1。

$$\tan\alpha'_1 = \tan\alpha_1 + \dfrac{d_1}{H_1} = \tan 18.26° + \dfrac{0.92}{4} = 0.560$$

$$\alpha'_1 = 29.25°$$

a. 确定第一破裂面。

假设第一破裂面交于路肩上，从《公路设计手册　路基》（第二版）中选用相关公式进行如下计算。

$$h'' = H_1\sin\beta(\cot\beta+\tan\alpha'_1) = 4\times\sin 33.69°\times(\cot 33.69°+\tan 29.25°)\approx 4.571(\text{m})$$

$$Q = \dfrac{h''}{H_0}\csc(2\varphi+\beta) - \cot(2\varphi+\beta) = \dfrac{4.571}{9}\times\csc(2\times 45°+33.69°) - \cot(2\times 45°$$
$$+33.69°)\approx 1.277$$

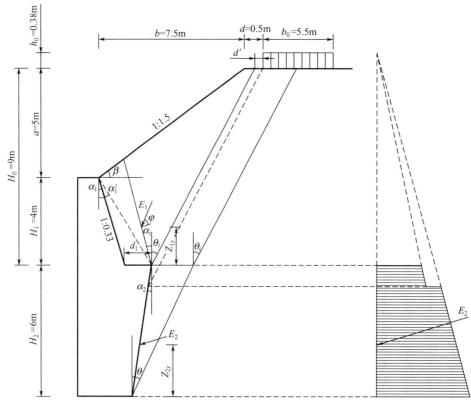

图 4.23 例 2 图

$$R = \cot\varphi\cot(2\varphi+\beta) + \frac{h''^2}{H_0^2}\frac{\cos(\varphi+\beta)}{\sin\varphi\sin(2\varphi+\beta)}\left[1+\frac{H_0^2}{h''^2}\tan(\varphi+\beta)\left(\frac{2h''}{H_0\sin\beta}-\cot\beta-\frac{h''^2}{H_0^2}\cot\beta\right)-\frac{2H_0}{h''}\frac{\cos\varphi}{\cos(\varphi+\beta)}\right]$$

$$= 1\times\cot(2\times45°+33.69°)+\frac{4.571^2}{9^2}\frac{\cos(45°+33.69°)}{\sin45°\times\sin(2\times45°+33.69°)}\left[1+\frac{9^2}{4.571^2}\tan(45°+33.69°)\left(\frac{2\times4.571}{9\times\sin33.69°}-\cot33.69°-\frac{4.571^2}{9^2}\cot33.69°\right)-\frac{2\times9}{4.571}\frac{\cos45°}{\cos(45°+33.69°)}\right]$$

$$\approx -1.894$$

$\tan\theta_i = -Q+\sqrt{Q^2-R} = -1.277+\sqrt{1.277^2+1.894}\approx 0.600$

$\theta_i = 30.98°$

核验破裂面位置，路堤顶破裂面距离墙顶内缘

$H_1\tan\alpha_1' + H_0\tan\theta_i = 4\times\tan29.25°+9\times\tan30.98°\approx 7.644(\mathrm{m})$

$7.5 < 7.644 < 8.0$，所以破裂面交于路肩上，与假设相符。

b. 判断是否出现第二破裂面。

$$\tan(\alpha_i-\beta) = \cot(\varphi+\beta) - \frac{H_0}{h''}\frac{\cos\varphi}{\sin(\varphi+\beta)}(1-\tan\varphi\tan\theta_i)$$

$$= \cot(45°+33.69°) - \frac{9}{4.571}\times\frac{\cos45°}{\sin(45°+33.69°)}\times(1-\tan45°\times\tan30.98°)$$

$$\approx -0.367$$
$$\alpha_i = -20.17° + \beta = -20.17° + 33.69° = 13.52° < \alpha'_1 = 29.25°$$

因此,土体出现第二破裂面。

c. 计算作用于第二破裂面的土压力。

$$H'_1 = H_1 \frac{1 + \tan\alpha'_1 \tan\beta}{1 + \tan\alpha_i \tan\beta} = 4 \times \frac{1 + \tan 29.25° \times \tan 33.69°}{1 + \tan 13.52° \times \tan 33.69°} \approx 4.734 \text{ (m)}$$

$$a' = H_0 - H'_1 = 9 - 4.734 = 4.266 \text{ (m)}$$

$$b' = a' \cot\beta = 4.266 \times \cot 33.69° \approx 6.399 \text{ (m)}$$

$$h_3 = \frac{b' - a'\tan\theta_i}{\tan\theta_i + \tan\alpha_i} = \frac{6.399 - 4.266 \times \tan 30.98°}{\tan 30.98° + \tan 13.52°} \approx 4.564 \text{ (m)}$$

$$K = \frac{\cos(\theta_i + \varphi)}{\sin(\theta_i + \alpha_i + 2\varphi)} (\tan\theta_i + \tan\alpha_i)$$

$$= \frac{\cos(30.98° + 45°)}{\sin(30.98° + 13.52° + 2 \times 45°)} (\tan 30.98° + \tan 13.52°)$$

$$\approx 0.286$$

$$K_1 = 1 + \frac{2a'}{H'_1}\left(1 - \frac{h_3}{2H'}\right) = 1 + \frac{2 \times 4.266}{4.734}\left(1 - \frac{4.564}{2 \times 4.734}\right) \approx 1.934$$

$$E_1 = \frac{1}{2}\gamma H'^2_1 K K_1 = \frac{1}{2} \times 19 \times 4.734^2 \times 0.286 \times 1.934 \approx 117.76 \text{ (kN)}$$

$$Z_{1y} = \frac{H'_1}{3} + \frac{a'(H'_1 - h_3)^2}{3H'^2_1 K_1} = \frac{4.734}{3} + \frac{4.266 \times (4.734 - 4.564)^2}{3 \times 4.734^2 \times 1.934} \approx 1.579 \text{ (m)}$$

② 计算下墙土压力 E_2。

采用"公路路基近似法"计算,先计算下墙破裂面倾角 θ。上墙破裂面倾角 $\theta_i = 30.98°$,破裂面交于路肩上。假设下墙破裂面交于荷载中间,则

$$\psi = \varphi + \alpha_2 + \delta_2 = 45° - 14.03° + 22.5° = 53.47° < 90°$$

$$d' = b + d - H_1\tan\alpha'_1 - H_0\tan\theta_i = 7.5 + 0.5 - 4 \times \tan 29.25° - 9 \times \tan 30.98°$$

$$\approx 0.356 \text{(m)}$$

$$A = \frac{2d'h_0}{H_2(H_2 + 2H_0 + 2h_0)} - \tan\alpha_2 = \frac{2 \times 0.356 \times 0.38}{6 \times (6 + 2 \times 9 + 2 \times 0.38)} - \tan(-14.03°) \approx 0.252$$

$$\tan\theta = -\tan\psi + \sqrt{(\cot\varphi + \tan\psi)(\tan\psi + A)}$$

$$= -\tan 53.47° + \sqrt{(\cot 45° + \tan 53.47°)(\tan 53.47° + 0.252)}$$

$$\approx 0.5903$$

$$\theta = 30.55°$$

核验破裂面位置,下墙破裂面距衡重台边缘

$$H_2(\tan\theta + \tan\alpha_2) = 6 \times (\tan 30.55° - \tan 14.03°) \approx 2.042 \text{(m)}$$

上墙破裂面距荷载内缘

$$d' = 0.356 \text{m}$$

上墙破裂面距荷载外缘

$$d' + b_0 = 0.356 + 5.5 = 5.856 \text{(m)}$$

$0.356 < 2.042 < 5.856$,因此破裂面交于荷载中间,与假设相符。

再计算下墙土压力 E_2。

$$h_1 = \frac{d'}{\tan\theta + \tan\alpha_2} = \frac{0.356}{\tan 30.55° + \tan(-14.03°)} \approx 1.046(\text{m})$$

$$h_4 = H_2 - h_1 = 6 - 1.046 = 4.954(\text{m})$$

$$K_1 = 1 + \frac{2H_0}{H_2} + \frac{2h_0 h_4}{H_2^2} = 1 + \frac{2 \times 9}{6} + \frac{2 \times 0.38 \times 4.954}{6^2} \approx 4.105$$

$$K = \frac{\cos(\theta+\varphi)}{\sin(\theta+\psi)}(\tan\theta + \tan\alpha_2)$$

$$= \frac{\cos(30.55° + 45°)}{\sin(30.55° + 53.47°)}[\tan 30.55° + \tan(-14.03°)] \approx 0.085$$

$$E_2 = \frac{1}{2}\gamma H_2^2 K K_1 = \frac{1}{2} \times 19 \times 6^2 \times 0.085 \times 4.105 \approx 119.33(\text{kN})$$

$$Z_{2y} = \frac{H_2}{3} + \frac{H_0}{3K_1} - \frac{h_0 h_4 (2H_2 - 3h_4)}{3H_2^2 K_1}$$

$$= \frac{6}{3} + \frac{9}{3 \times 4.105} - \frac{0.38 \times 4.954 \times (2 \times 6 - 3 \times 4.954)}{3 \times 6^2 \times 4.105} \approx 2.743(\text{m})$$

3. 黏性土的土压力

挡土墙墙后的填料一般采用透水性良好的岩块或粗粒土为宜，但我国黏性土分布较广，受条件所限仍需以黏性土作为填料。计算土压力所应用的库仑理论，是以墙后填料仅有内摩擦角而无黏聚力为前提的。而土的黏聚力对主动土压力影响很大，因此，在计算时应考虑黏聚力的影响。目前解决的办法有以下几种。

（1）等效内摩擦角法

公路挡土墙采用黏性土填料时，把黏性土的"黏结"作用以等效的"摩擦"作用代替，即把黏聚力折算为当量内摩擦角，叠加到填料的内摩擦角中，其定义为等效内摩擦角，采用库仑理论近似计算土压力。常用的内摩擦角换算方法有以下几种。

① 把黏性土的内摩擦角 φ 增大 $5°\sim 10°$，作为等效内摩擦角 φ_0，考虑到因采用相同 φ_0 时，墙高变化会引起土压力值的变化，因此墙高不超过 6m 时，一般等效内摩擦角取 $35°\sim 40°$，墙高大于 6m 时，等效内摩擦角取 $30°\sim 35°$，也可按经验规定黏结力每增加 0.1MPa，内摩擦角就增加 $3°\sim 7°$。

按经验确定的等效内摩擦角 φ_0 仅与一定的墙高相适应，比如用 φ_0 设计挡土墙，对于低墙偏于安全，对于高墙偏于危险。

② 根据土的抗剪强度相等原理计算等效内摩擦角，其换算公式为

$$\varphi_0 = \arctan\left(\tan\varphi + \frac{c}{\gamma H}\right) \tag{4-26}$$

式中：γ——填料试件的重度（kN/m^3）；

φ——试验所测定的内摩擦角（°）；

c——试验所测定的黏聚力（kN/m^2）；

H——挡土墙高度（m）。

当填土内摩擦角较小，黏聚力较大或墙高较大时，应按工程经验对式（4-26）的计算结果做适当折减。

③ 根据土压力相等的原理计算等效内摩擦角。为计算方便，可将边界条件简化为破

裂棱体顶面水平,墙背竖直、光滑,如图 4.24 所示,假定黏性土的土压力与换算后的砂性土的土压力相等,即可求出等效内摩擦角。

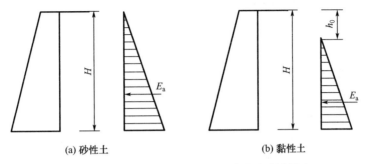

图 4.24 按土压力相等的原理计算等效内摩擦角

黏性土的土压力为

$$E_a = \frac{1}{2}\gamma H^2 \tan^2\left(45° - \frac{\varphi}{2}\right) - 2cH\tan\left(45° - \frac{\varphi}{2}\right) + \frac{2c^2}{\gamma}$$

换算后的砂性土的土压力为

$$E_a = \frac{1}{2}\gamma H^2 \tan^2\left(45° - \frac{\varphi_0}{2}\right)$$

令上两式相等,则

$$\tan\left(45° - \frac{\varphi_0}{2}\right) = \tan\left(45° - \frac{\varphi}{2}\right) - \frac{2c}{\gamma H} \tag{4-27}$$

从而可求出 φ_0。

(2) 力多边形法

力多边形法仍以库仑理论为基础,假设破裂面为平面(实际上是曲面),由此引起的误差并不太大。但是,所采用填料的黏聚力必须稳定,即在最不利条件下也能保证墙后填料的实际黏聚力不低于采用值。同时,对于高膨胀土和高塑性土均不能采用此法。

① 裂缝区。

当墙身向外有足够位移时,黏性土层的顶部会出现拉应力,并进而产生竖直裂缝。裂缝深度可按下式计算。

$$h_c = \frac{2c}{\gamma}\tan\left(45° + \frac{\varphi}{2}\right) \tag{4-28}$$

由式 (4-28) 可知,裂缝深度与地面倾斜度无关。当墙后填料上有均布荷载时,h_c 将减小,若将荷载换算成高度为 h_0 的均布土层,则裂缝深度为

$$h'_c = \frac{2c}{\gamma}\tan\left(45° + \frac{\varphi}{2}\right) - h_0 \tag{4-29}$$

墙后填料有局部荷载作用时,由于情况复杂,黏聚力难以正确估计,因此往往忽略它对裂缝深度的影响。

② 土压力计算公式。

下面以路堤墙为例,介绍黏性土土压力计算公式的推导过程。

黏性土路堤墙土压力计算图式如图 4.25 所示,BC 为破裂面。根据力多边形法可求得土压力为

$$E_c = E_a - E'_c \qquad (4-30)$$

式中：E_a——黏聚力等于 0 时的土压力；

E'_c——由于黏聚力减少的土压力。

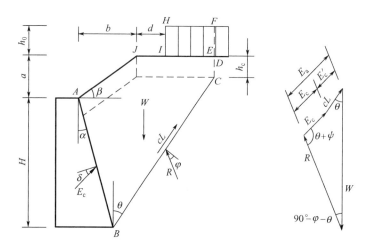

图 4.25 黏性土路堤墙土压力计算图式

$$E_a = W \frac{\cos(\theta+\varphi)}{\sin(\theta+\psi)} \qquad (4-31)$$

$$E'_c = \frac{\overline{BC}\, c\cos\varphi}{\sin(\theta+\psi)} = \frac{c(H+a-h_c)\cos\varphi}{\sin(\theta+\psi)} \qquad (4-32)$$

式中：$\psi = \varphi + \delta + \alpha$。

根据图 4.25，破裂棱体自重为

$$W = \gamma(A_0 \tan\theta - B_0) \qquad (4-33)$$

式中：$A_0 = \frac{1}{2}(H+a)^2 - \frac{1}{2}h_c^2 + h_0(H+a-h_c)$；

$B_0 = \frac{1}{2}ab + (b+d)h_0 + \frac{H}{2}(H+2a+2h_0)\tan\alpha$。

将上述式子代入式（4-30）中，并令 $\dfrac{\mathrm{d}E_c}{\mathrm{d}\theta}=0$，则可得到

$$\tan\theta = -\tan\psi \pm \sqrt{\sec^2\psi - D} \qquad (4-34)$$

式中：$D = \dfrac{A_0 \sin(\varphi-\psi) - B_0 \cos(\varphi-\psi)}{\cos\psi\left[A_0\sin\varphi + \dfrac{c}{\gamma}(H+a-h_c)\cos\varphi\right]}$。

将式（4-34）求得的 θ 代入式（4-30）中，即可求得主动土压力。

不同边界条件下的黏性土土压力计算公式详见《公路设计手册 路基》（第二版）。

例 3 仰斜式路肩墙，断面尺寸如图 4.26 所示。墙背倾角 $\alpha = -14.04°$，填料重度 $\gamma = 17\,\mathrm{kN/m^3}$，内摩擦角 $\varphi = 25°$，$c = 5\,\mathrm{kPa}$，墙背摩擦角 $\delta = 12.5°$。车辆荷载换算土柱高度 $h_0 = 0.6\,\mathrm{m}$。请用力多边形法计算土压力。

解：① 裂缝区深度 h_c。

$$h_c = \frac{2c}{\gamma}\tan\left(45° + \frac{\varphi}{2}\right) = \frac{2\times 5}{17}\tan\left(45° + \frac{25°}{2}\right) \approx 0.923 \text{ (m)}$$

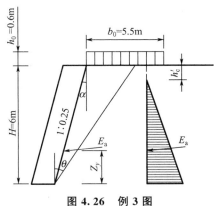

图 4.26 例 3 图

② 计算破裂面倾角 θ。

假设破裂面交于荷载中间。

$\psi = \varphi + \alpha + \delta = 25° - 14.04° + 12.5° = 23.46° < 90°$

$h'_c = h_c - h_0 = 0.923 - 0.6 = 0.323 \text{(m)}$

$A = \frac{1}{2}(H - h'_c)(H + h'_c + 2h_0) = \frac{1}{2} \times (6 - 0.323)(6 + 0.323 + 2 \times 0.6) \approx 21.354$

$B = -\frac{1}{2}H(H + 2h_0)\tan\alpha = -\frac{1}{2} \times 6 \times (6 + 2 \times 0.6) \times \tan(-14.04°) = 5.4$

$D = \frac{A\sin(\varphi - \psi) - B\cos(\varphi - \psi)}{\cos\psi\left[A\sin\varphi + \frac{c}{\gamma}(H - h'_c)\cos\varphi\right]}$

$= \frac{21.354 \times \sin(25° - 23.46°) - 5.4 \times \cos(25° - 23.46°)}{\cos 23.46° \times \left[21.354 \times \sin 25° + \frac{5}{17}(6 - 0.323) \times \cos 25°\right]} \approx -0.499$

$\tan\theta = -\tan\psi + \sqrt{\sec^2\psi - D} = -\tan 23.46° + \sqrt{\sec^2 23.46° + 0.499} \approx 0.8650$

$\theta = 40.86°$

核验破裂面位置，破裂面距墙顶边缘

$H(\tan\theta + \tan\alpha) = 6 \times (\tan 40.86° - \tan 14.04°) = 3.69 \text{(m)}$

$3.69 < 5.5$，所以破裂面交于荷载中间，与假设相符。

③ 计算土压力 E_c。

$E_c = \gamma(A\tan\theta - B)\frac{\cos(\theta + \varphi)}{\sin(\theta + \psi)} - \frac{c(H - h'_c)\cos\varphi}{\cos\theta\sin(\theta + \psi)}$

$= 17 \times (21.354 \times \tan 40.86° - 5.4) \times \frac{\cos(40.86° + 25°)}{\sin(40.86° + 23.46°)}$

$- \frac{5 \times (6 - 0.323) \times \cos 25°}{\cos 40.86° \times \sin(40.86° + 23.46°)} \approx 63.10 \text{(kN)}$

$Z_y = \frac{1}{3}(H - h'_c) = \frac{1}{3} \times (6 - 0.323) \approx 1.892 \text{(m)}$

4. 浸水挡土墙土压力

浸水挡土墙的土压力应考虑水对填土的影响。填土受到水的浮力作用，土压力一般会减小，而砂性土的内摩擦角 φ 受水的影响不大，可认为浸水后不变，但黏性土应考虑抗剪强度的降低。

(1) 浸水后填料 φ 值不变的土压力计算（砂性土）

浸水挡土墙土压力计算图式如图 4.27 所示，此时填料的 φ 不变，则主动土压力系数 K 也不变。破裂面倾角 θ 虽因浸水略有变化，但对土压力的计算影响不大，为了简化计算，可以进一步假设浸水后 θ 角不变。这样，浸水挡土墙墙背土压力，等于未考虑浸水时的土压力减去水位以下因浮力影响而减小的土压力，即

$$\left.\begin{array}{l} E_b = E_a - \Delta E_b \\ \Delta E_b = \dfrac{1}{2}(\gamma - \gamma')H_b^2 K \end{array}\right\} \quad (4-35)$$

式中：E_a——填土未考虑浸水时的土压力；

ΔE_b——浸水部分因浮力而减小的土压力；

γ——填料的重度；

γ'——填料的浮重度。

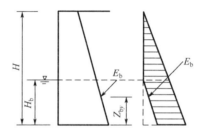

图 4.27　浸水挡土墙土压力计算图式

土压力作用点位置为

$$Z_{by} = \frac{E_a Z_y - \Delta E_b H_b / 3}{E_b} \quad (4-36)$$

式中：Z_y——填土浸水前土压力作用点的高度。

(2) 浸水后填料 φ 值变化的土压力计算

墙背填料为黏性土时，需考虑浸水后填料内摩擦角 φ 发生变化。应以计算水位为界，将填土的上下部分视为不同性质的土层，分层计算土压力。计算中，先求出计算水位以上填土的土压力 E_1，然后将上层填土重力作为超载，计算浸水部分的土压力 E_2。上述两部分土压力的矢量和即为全墙土压力。

在计算浸水部分的土压力时，应将上部土层及其上的荷载按照浮重度 γ' 换算为均布土层，作为浸水部分的超载。均布土层的厚度为

$$h_b = \frac{\gamma}{\gamma'}(h_0 + H - H_b) \quad (4-37)$$

4.3.5　车辆荷载换算与计算参数

1. 车辆荷载的换算

土压力的计算与车辆荷载的分布有关，此外，车辆荷载也将引起附加土体侧压力。根

据《公路挡土墙设计与施工技术细则》的规定，车辆荷载作用在挡土墙墙后填土上所引起的附加土体侧压力，可按式（4-38）换算成等代均布土层厚度计算。

$$h_0 = \frac{q}{\gamma} \tag{4-38}$$

式中：h_0——换算土层厚度（m）；

q——车辆附加荷载标准值（kN/m^2），可按表4-4的规定采用；

γ——墙后填料的重度（kN/m^3）。

表4-4 车辆附加荷载标准值表

墙高/m	附加荷载标准值 $q/(kN/m^2)$
≤2.0	20.0
≥10.0	10.0

注：墙高在表中规定值之内时，附加荷载标准值可用直线内插法计算。

路堤式挡土墙、路肩式挡土墙墙后填土破坏棱体上的车辆附加荷载的布置如图4.28所示。

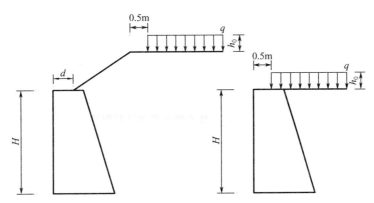

d—设计规定的各类挡土墙的墙顶外露最小宽度

图4.28 车辆附加荷载的布置

2. 土压力计算及挡土墙设计参数

挡土墙设计参数主要包括土的重度、密实度、黏聚力、内摩擦角等，应按照《公路土工试验规程》（JTG 3430—2020）的规定，通过土的物理力学试验求得。

土的重度一般变化不大，可经过试验或根据经验参考相关规范进行确定。而抗剪强度参数取值较为复杂，且对土压力计算影响很大，因此下面主要讨论抗剪强度参数。

（1）填方路基墙后土体抗剪强度参数

对于高速公路、一级公路墙高大于5m的挡土墙，应进行墙后填料的土质试验，确定填料的物理力学指标。其他路段的挡土墙也宜取样试验，确定填料的物理力学指标。

测定土体抗剪强度参数时，常用的试验方法是直剪试验和三轴试验。砂土抗剪强度参数的取值较为简单，而黏性土则复杂得多。因此黏性土在选用抗剪强度参数时，宜符合下列规定。

① 在挡土墙建成初期，回填黏性土尚未完成固结，此时墙后填料的抗剪强度宜取直

剪快剪指标或三轴不固结不排水指标。

② 在运营期间，对于黏性土，可采用直剪固结快剪指标或三轴固结不排水指标。

当缺乏可靠试验数据时，填料内摩擦角 φ 或综合内摩擦角 φ_0 可参照表 4-5。

表 4-5 填料内摩擦角 φ 或综合内摩擦角 φ_0

填料种类		综合内摩擦角 $\varphi_0/(°)$	内摩擦角 $\varphi/(°)$
黏性土	墙高 $H \leqslant 6m$	35～40	—
	墙高 $H > 6m$	30～35	—
碎石、不易风化的块石		—	45～50
大卵石、碎石类土、不易风化的岩石碎块		—	40～45
小卵石、砾石、粗砂、石屑		—	35～40
中砂、细砂、砂质土		—	30～35

在公路挡土墙工程中，土压力计算主要采用库仑理论，然而，应用库仑理论的一个基本前提是墙后填料仅有内摩擦力而无黏聚力。因此，若不加修正的采用库仑理论，则计算结果与实际是有较大出入的。

目前修正的方法是采用等效内摩擦角法，即用等效内摩擦角（又叫综合内摩擦角）φ_0 代替一般的内摩擦角 φ 和黏聚力 c，然后按照库仑理论计算土压力。

综合内摩擦角 φ_0 按式（4-26）或式（4-27）进行计算。

(2) 挖方路基墙后土体抗剪强度参数

可参照路基边坡设计的调查与分析数据，综合确定挖方路基挡土墙墙后土层的物理力学指标。因墙后土层早已完成固结，故建议采用直剪固结快剪指标或三轴固结不排水指标。

当缺乏试验数据时，墙后土层的内摩擦角可根据稳定的边坡坡度进行确定。

(3) 墙背摩擦角

墙背摩擦角 δ 与墙背的粗糙程度、墙后填料的性质及墙背排水条件等因素有关。当无试验数据时，可按表 4-6 采用。

表 4-6 墙背摩擦角

挡土墙情况	墙背摩擦角 $\delta/(°)$
混凝土墙，光滑，排水不良	$(0～1/3)\varphi$
片、块石砌体，粗糙，排水良好	$(1/3～1/2)\varphi$
干砌片、块石，很粗糙，排水良好	$(1/2～2/3)\varphi$
第二破裂面土体，墙背与土体间不滑动	φ

(4) 地基承载力计算参数

天然地基承载力特征值 f_{a0} 应根据地质勘测、原位测试、荷载试验、调查、对比邻近已建构造物的地基承载力资料及经验、理论公式的计算数据，综合分析后确定。当挡土墙

基础宽度 $B>2\mathrm{m}$，基础埋置深度 $h>3\mathrm{m}$，且 $h/B\leqslant 4$ 时，需对天然地基承载力特征值 f_{a0} 进行修正，可按下式确定。

$$f_a = f_{a0} + k_1\gamma_1(B-2) + k_2\gamma_2(h-3) \quad (4-39)$$

式中：f_a——修正后的地基承载力特征值。

B——基础宽度（m），当 $B<2\mathrm{m}$ 时，取 $B=2\mathrm{m}$；当 $B>10\mathrm{m}$ 时，按 $10\mathrm{m}$ 计算。

h——基础埋置深度（m），对于受水流冲刷的基础，由一般冲刷线算起；不受水流冲刷的基础，由天然地面算起；位于挖方区的基础，由开挖后的地面算起；当 $h<3\mathrm{m}$ 时，取 $h=3\mathrm{m}$。

γ_1——基底下持力层土的天然重度（kN/m^3），如持力层在水面以下且为透水者，应用浮重度。

γ_2——基底以上土的天然重度（kN/m^3），或不同土层的换算平均重度，如持力层在水面以下且为不透水者，不论基底以上土的透水性质如何，应一律采用饱和重度；如持力层为透水者，应一律采用浮重度。

k_1，k_2——地基承载力特征值随基础宽度、埋置深度的修正系数，根据持力层土的类别，按相关的规定采用。

（5）摩擦系数

挡土墙抗滑稳定性验算时，需要用到基底与地基土间的摩擦系数 μ。若采用倾斜基底，则验算墙踵处地基土水平面抗滑稳定性时，需要用到地基土的内摩擦系数 μ_n。

基底与地基土间的摩擦系数 μ，若无可靠试验数据时，可按表 4-7 的规定选用。

表 4-7　基底与地基土间的摩擦系数 μ

地基土的分类	摩擦系数 μ	地基土的分类	摩擦系数 μ
软塑黏土	0.25	碎石类土	0.50
硬塑黏土	0.30	软质岩石	0.40~0.60
砂类土、黏砂土、半干硬的黏土	0.30~0.40	硬质岩石	0.60~0.70
砂类土	0.40		

地基土的内摩擦系数 $\mu_n = \tan\varphi$，φ 为地基土的内摩擦角。

4.4 重力式挡土墙的构造与选择

4.4.1 重力式挡土墙的构造

重力式挡土墙是以墙身自重来维持挡土墙在土压力作用下的稳定，它是目前最常用的一种挡土墙形式。重力式挡土墙多用浆砌片（块）石砌筑，缺乏石料地区，有时可用混凝土预制块作为砌体，也可直接用混凝土浇筑，一般不配钢筋或只在局部范围内配置少量钢筋。这种挡土墙形式简单、施工方便，可就地取材，因而应用广泛。

重力式挡土墙的墙身截面大，所需圬工数量也多，在软弱地基上修建往往受到承载力的限制。如果墙砌筑得过高，则材料耗费也多，因而亦不经济。因此当地基较好，墙高不大，且当地又有石料时，一般优先选用重力式挡土墙。一般来说，墙高不宜超过12m，干砌时墙高不宜超过6m。

1. 重力式挡土墙的组成部分

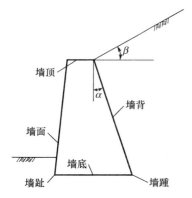

图 4.29 挡土墙各组成部分的名称

挡土墙各组成部分的名称如图 4.29 所示。墙身靠填土（或山体）一侧称为墙背，大部分外露的一侧称为墙面，墙的顶面部分称为墙顶，墙的底面部分称为墙底，墙背与墙底的交线称为墙踵，墙面与墙底的交线称为墙趾。墙背与竖直面的夹角称为墙背倾角，一般用 α 表示，工程中常用单位墙高与其水平投影长度之比来表示，即可表示为 $1:n$。

（1）墙背

根据墙背倾斜方向的不同，挡土墙断面形式可分为仰斜式、垂直式、俯斜式、凸折式和衡重式几种，如图 4.30 所示。

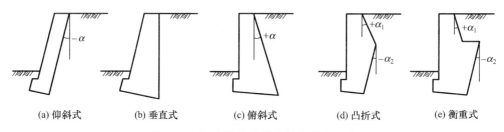

图 4.30 石砌重力式挡土墙的常用形式

通过对仰斜式、垂直式和俯斜式三种不同墙背的土压力计算可知，仰斜式墙背所受的土压力最小，垂直式墙背次之，俯斜式墙背土压力最大。因此，仰斜式挡土墙的墙身断面形式较经济，当用作挖方路段时，墙背与挖方边坡较贴合，所以开挖与回填量均较小。当用作填方路段时，若墙趾处地面横坡较陡，采用仰斜式挡土墙会使墙高增加，断面增大，因此仰斜式挡土墙不宜用于地面横坡较陡处。仰斜式挡土墙的墙背越缓，土压力越小，但施工越困难，故仰斜式挡土墙墙背坡度不宜过缓，一般不宜缓于 $1:0.25$。

俯斜式挡土墙所受的土压力最大，因此墙身断面要比仰斜式挡土墙大。俯斜式挡土墙适合填方路段，而不大适合挖方路段。当地面横坡较陡时，俯斜式挡土墙可采用陡直的墙面来减小墙高。俯斜式挡土墙的墙背坡度减缓固然对施工有利，但所受的土压力也随之增加，致使断面增大，因此墙背坡度也不宜过缓，一般控制在 $1:0.4$ 以内。

垂直式挡土墙的特点介于仰斜式挡土墙和俯斜式挡土墙之间。

凸折式挡土墙的墙背，上部俯斜下部仰斜，故其断面形式较为经济。衡重式挡土墙可视为在凸折式挡土墙的上下墙之间设一衡重台,并采用较陡的墙面。衡重式挡土墙和凸折式挡土墙的上墙俯斜坡度通常控制在1∶0.4以内,下墙仰斜坡度一般控制在1∶0.25以内。上下墙的墙高比,初拟尺寸时,通常采用2∶3。

(2) 墙面

通常,基础以上的墙面均为平面,墙面坡度应与墙背坡度相配合。此外,在设计时,还应考虑墙趾处的地面横坡坡度。地面横坡较陡时,墙面坡度可采用1∶0～1∶0.20,以减小墙高;地面横坡较缓时,墙面坡度也可较缓,但不宜缓于1∶0.3,以免过多占用土地。

(3) 墙顶

当墙身为混凝土时,墙顶宽度不应小于0.4m;当墙身为浆砌时,墙顶宽度不应小于0.5m;当墙身为干砌时,墙顶宽度不应小于0.6m。

浆砌挡土墙的墙顶应用M7.5水泥砂浆抹平,或用较大石块砌筑并勾缝。干砌挡土墙顶面以下0.5m高度内,宜用M5水泥砂浆砌筑。路肩挡土墙及路堑挡土墙宜设置粗料石或混凝土帽石,帽石出檐宽度宜为0.1m。需设置护栏或栏杆的浆砌路肩挡土墙,墙顶面以下不小于0.5m高度内,应采用C20以上等级的混凝土浇筑,并预埋护栏或栏杆的锚固件。

2. 重力式挡土墙墙身材料要求

重力式挡土墙墙身的石料应经过挑选,采用结构密实、质地均匀、不易风化且无裂缝的硬质石料,其抗压强度不应小于30MPa。在浸水地段及冰冻地区,石料应具有抗侵蚀及耐冻性能。

重力式挡土墙墙身尽量选用较大的石料砌筑。块石应大致方正、上下面大致平整,厚度不小于20cm,宽度和长度为厚度的1～1.5倍和1.5～3倍,石料用作镶面时,由外露面四周向内稍加修凿。片石应具有两个大致平行的面,其厚度不应小于15cm,宽度和长度不应小于厚度的1.5倍,质量约为30kg,用作镶面的片石,可选择表面较平整、尺寸较大者,并应稍加修整。粗料石外形应方正并成大面体,厚度为20～30cm,宽度为厚度的1～1.5倍,长度为厚度的2.5～4倍,表面凹陷深度不大于2cm,粗料石用作镶面时,应适当修凿,外露面应有细凿边缘。

砌筑挡土墙的砂浆宜采用中砂或粗砂拌制,当砌筑片石时,最大粒径不宜超过5mm;当砌筑块石、粗料石时,最大粒径不宜超过2.5mm。砂浆强度等级应按挡土墙类别、部位及用途选用,见表4-8。

表4-8 挡土墙材料强度要求

材料类型	最低强度等级		适用范围
	非冰冻区、轻冻区	中冻区、重冻区	
片石	MU30	MU40	挡土墙
砂浆	M7.5	M10	挡土墙
水泥混凝土	C15	C20	基础
	C20	C25	挡土墙

对于干砌挡土墙，墙较高时最好用块石。当墙高超过5m或石料强度较低时，可在挡土墙的中部设置厚度不小于50cm的浆砌水平层，以增加墙身的稳定性。

墙高小于10m的挡土墙可采用浆砌片石或浆砌块石，墙高大于10m的挡土墙和浸水挡土墙宜采用片石混凝土。

4.4.2 重力式挡土墙断面形式选择

重力式挡土墙墙背坡度及形式的选取，主要考虑结构经济、施工开挖量小、回填工程量小、回填前结构自身稳定，以及土压力计算理论的适用范围等因素。

在其他条件相同时，仰斜式墙背所承受的土压力比俯斜式墙背小，故墙身断面较俯斜式墙背经济。同时，仰斜式挡土墙的倾斜方向与开挖面边坡方向一致，所以开挖量与回填量均比俯斜式挡土墙小。但是，由于仰斜式挡土墙的基础外移，当地面横坡较陡时，需要增加墙高，使断面增大。因此，仰斜式挡土墙适用于路堑墙及墙趾处地面平坦的路肩或路堤墙。一般来说，路堑墙宜选用仰斜式挡土墙或凸折式挡土墙。路肩墙和路堤墙，当地形陡峻时，为降低墙高，宜选用直立或近似直立的墙面，当地形平坦时，墙面坡度缓些比较经济，但不宜缓于1:0.3。

凸折式挡土墙是将仰斜式挡土墙的上部墙背改为俯斜，以减少下部断面尺寸，故其断面较仰斜式挡土墙节省，多用于路堑墙，也可用于路肩墙。

其他条件相同时，衡重式挡土墙断面比俯斜式挡土墙小而比仰斜式挡土墙大，其基底应力较大，所以对地基承载力要求较高，比较适用于山区地形陡峻的路肩墙和路堤墙，也可用于路堑墙。

此外，在选择挡土墙断面形式时，在一处的墙型不宜过多，以免造成施工困难，影响墙体的外观。

选择一个合理的挡土墙断面形式，对挡土墙的设计具有重要意义，同时也是一个复杂的问题。综上所述，对道路上常用的重力式挡土墙，建议按下述几点选用。

① 使墙后土压力最小。

② 填挖方的要求。

a. 对于挖方，仰斜式挡土墙与挖方边坡较贴合，所以开挖量与回填量均较小，比较适合，此外凸折式挡土墙也比较合理。

b. 对于填方，仰斜式挡土墙填土的压实比俯斜式挡土墙或垂直式挡土墙困难，且自身稳定性比俯斜式挡土墙或垂直式挡土墙差。

③ 墙趾地形的陡缓。

a. 墙趾地形较平坦时，采用仰斜式挡土墙较为合理。

b. 墙趾地形较陡时，采用衡重式或俯斜式挡土墙较为合理。

④ 基底倾斜。增加挡土墙抗滑稳定性的一个非常有效的方法是将基底做成逆坡，但是应考虑当基底斜坡较大时，墙体是否有连同整个土体一起滑动的可能，所以基底斜坡不宜过大。

⑤ 墙趾加宽。当墙较高时，基底应力可能超过地基承载力，此时可通过加宽墙趾，使受力面积增大，从而减小基底应力，具体要求及设计详见后述。

4.5 重力式挡土墙验算

重力式挡土墙可能的破坏形式有滑移、倾覆、不均匀沉降和墙身断裂。因此，重力式挡土墙的设计应保证在自重和荷载作用下不发生全墙的滑移和倾覆，并保证墙身截面具有足够的强度、基底应力小于地基承载力和偏心距不超过允许值。所以，在拟定出挡土墙断面形式及尺寸后，要对上述几方面进行验算。

4.5.1 挡土墙设计原则

挡土墙设计应采用以极限状态设计的分项系数法为主的设计方法。挡土墙设计应进行承载能力极限状态验算和正常使用极限状态验算，以及挡土墙抗滑稳定、抗倾覆稳定和整体稳定性验算。

① 承载能力极限状态。当挡土墙出现下列状态之一时，应认为其超过了承载能力极限状态。

a. 整个挡土墙结构或挡土墙组成部分作为刚体失去平衡。

b. 挡土墙构件或联结部件因材料强度不足而被破坏，或因过度的塑性变形而不适于继续加载。

c. 挡土墙结构变为机动体系或构件失去稳定。

② 正常使用极限状态。当挡土墙出现下列状态之一时，应认为其超过了正常使用极限状态。

a. 影响正常使用或外观的大变形。

b. 影响正常使用或耐久性能的局部破坏。

1. 荷载组合

作用在挡土墙上的力系，按其作用性质分为永久作用（主要力系）、可变作用（附加力系）和偶然作用（特殊力）。

永久作用（主要力系）是经常作用在挡土墙上的各种力，如图 4.31 所示，它包括以下内容。

① 挡土墙自重 G 及位于墙上的恒载。
② 墙后土体的主动土压力 E_a（这是最重要的荷载）。
③ 基底的法向力 N 和摩擦力 T。
④ 墙前土体的被动土压力 E_p。
⑤ 预加力、混凝土收缩及徐变、基础变位影响力等。

对于浸水挡土墙，永久作用中还应包括计算水位时的静水压力和浮力。

可变作用（附加力系）是车辆荷载引起的土侧压力、人群荷

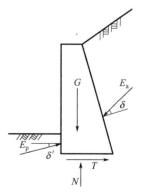

图 4.31 永久作用

载与人群荷载引起的土侧压力、施工荷载、温度应力及季节性地作用于挡土墙上的各种力，如洪水时的静水压力和浮力、动水压力、破浪冲击力、冻胀压力等。

偶然作用（特殊力）是偶然出现的各种荷载力，如地震力、水流漂浮物的撞击力、滑坡与泥石流作用力，以及作用于墙顶栏杆上的车辆碰撞力等。

施加于挡土墙的各类作用（或荷载）分类见表4-9。

在一般地区，挡土墙设计时仅考虑永久作用（或荷载）和基本可变作用（或荷载）；在浸水地区、地震动峰值加速度值为0.2g及以上的地区、产生冻胀力的地区等，还应计算其他可变作用（或荷载）和偶然作用（或荷载）。各种作用（或荷载）应根据挡土墙所处的具体工作条件，按最不利组合作为设计的依据进行取舍，见表4-10。

表4-9 施加于挡土墙的各类作用（或荷载）分类

作用（或荷载）分类		作用（或荷载）名称
永久作用（或荷载）		挡土墙结构重力
		填土（包括基础襟边以上土）重力
		填土侧压力
		墙顶上的有效永久荷载
		墙顶与第二破裂面之间的有效荷载
		计算水位的浮力及静水压力
		预加力
		混凝土收缩及徐变
		基础变位影响力
可变作用（或荷载）	基本可变作用（或荷载）	车辆荷载引起的土侧压力
		人群荷载、人群荷载引起的土侧压力
	其他可变作用（或荷载）	水位退落时的动水压力
		流水压力
		波浪压力
		冻胀压力和冰压力
		温度影响力
	施工荷载	与各类型挡土墙施工有关的临时荷载
偶然作用（或荷载）		地震作用力
		滑坡、泥石流作用力
		作用于墙顶护栏上的车辆碰撞力

表 4-10 常用作用（或荷载）组合

组合	作用（或荷载）名称
Ⅰ	挡土墙结构重力、墙顶上的有效永久荷载、填土重力、填土侧压力及其他永久荷载组合
Ⅱ	组合Ⅰ与基本可变荷载相组合
Ⅲ	组合Ⅱ与其他可变荷载、偶然荷载相组合

注：1. 洪水与地震力不同时考虑。
    2. 冻胀力、冰压力与流水压力或波浪压力不同时考虑。
    3. 车辆荷载与地震力不同时考虑。

挡土墙受地震力作用时，应符合现行《公路工程抗震规范》（JTG B02—2013）的有关规定。

浸水挡土墙墙背为岩块和粗粒土时，可不计墙身两侧静水压力和墙背动水压力。

墙身所受浮力，应根据地基地层的浸水情况按下列原则确定。

a. 砂类土、碎石类土和节理很发育的岩石地基，按计算水位的100%计算。

b. 岩石地基按计算水位的50%计算。

挡土墙前的被动土压力可不计算；当基础埋置较深且地层稳定、不受水流冲刷和扰动破坏时，可计入被动土压力，但应按表4-11的规定计入作用分项系数。为简化计算，对作用于墙顶上的车辆荷载、人群荷载进行垂直力计算时，可近似将其作为垂直恒载处理。

表 4-11 承载能力极限状态作用（或荷载）分项系数

情况	荷载增大对挡土墙结构起有利作用时		荷载增大对挡土墙结构起不利作用时	
组合	Ⅰ、Ⅱ	Ⅲ	Ⅰ、Ⅱ	Ⅲ
垂直恒载 γ_G	0.90		1.20	
恒载或车辆荷载、人群荷载的主动土压力 γ_{Q1}	1.00	0.95	1.40	1.30
被动土压力 γ_{Q2}	0.30		0.50	
水浮力 γ_{Q3}	0.95		1.10	
静水压力 γ_{Q4}	0.95		1.05	
动水压力 γ_{Q5}	0.95		1.20	

2. 承载能力极限状态设计表达式

挡土墙构件承载能力极限状态设计的基本条件是结构抗力设计值应大于或等于计入结构重要性系数的作用（或荷载）效应的组合设计值，一般表达式为

$$\gamma_0 S \leqslant R(\cdot) \qquad (4-40)$$

$$R(\cdot) = R(f_d, \alpha_d) \tag{4-41}$$
$$f_d = f_k / \gamma_f \tag{4-42}$$

式中：γ_0——结构重要性系数，按表 4-12 的规定采用；
　　　S——作用（或荷载）效应的组合设计值；
　$R(\cdot)$——挡土墙结构抗力函数；
　　　f_k——抗力材料的强度标准值；
　　　f_d——抗力材料的强度设计值；
　　　γ_f——结构材料、岩土性能的分项系数；
　　　α_d——结构或结构构件几何参数的设计值，当无可靠数据时，可采用几何参数标准值。

表 4-12　结构重要性系数 γ_0

墙高/m	公路等级	
	高速公路、一级公路	二级及二级以下公路
≤5.0	1.00	0.95
>5.0	1.05	1.00

重力式挡土墙、半重力式挡土墙按承载能力极限状态设计时，在某一类作用（或荷载）效应组合下，作用（或荷载）效应的组合设计值 S 采用下式计算。

$$S = \psi_{ZL}\left(\gamma_G \sum S_{Gik} + \sum \gamma_{Qi} S_{Qik}\right) \tag{4-43}$$

式中：S——作用（或荷载）效应的组合设计值；
γ_G, γ_{Qi}——作用（或荷载）的分项系数，按表 4-11 的规定采用；
　　S_{Gik}——第 i 个垂直恒载的标准值效应；
　　S_{Qik}——土侧压力、水浮力、静水压力、其他可变作用（或荷载）的标准值效应；
　　ψ_{ZL}——荷载效应组合系数，按表 4-13 的规定采用。

表 4-13　荷载效应组合系数 ψ_{ZL} 值

荷载组合	ψ_{ZL}	荷载组合	ψ_{ZL}
Ⅰ、Ⅱ	1.0	施工荷载	0.7
Ⅲ	0.8		

3. 正常使用极限状态设计表达式

挡土墙构件按正常使用极限状态设计时，应根据不同的设计目的，分别采用作用（或荷载）效应频遇组合或准永久组合进行计算，使变形、裂缝等作用（或荷载）效应的组合设计值符合下式的规定。

$$S_d \leq C \tag{4-44}$$

式中：S_d——正常使用极限状态的作用（或荷载）效应的组合设计值；
　　　C——设计对变形、裂缝等规定的相应限值。

当采用作用（或荷载）效应频遇组合时，作用（或荷载）效应的组合设计值 S_{fd} 可按式（4-45）计算；当采用作用（或荷载）效应准永久组合时，作用（或荷载）效应的组合设计值 S_{qd} 可按式（4-46）计算。

$$S_{fd} = S\left(\sum_{i=1}^{m} G_{ik}, \psi_{f1}Q_{1k}, \sum_{j=2}^{n} \psi_{qj}Q_{jk}\right) \quad (4-45)$$

$$S_{qd} = S\left(\sum_{i=1}^{m} G_{ik}, \sum_{j=1}^{n} \psi_{qj}Q_{jk}\right) \quad (4-46)$$

式中：G_{ik}——第 i 个永久作用标准值；

Q_{jk}——第 j 个可变作用标准值；

Q_{1k}——汽车荷载（不计汽车冲击力）的标准值；

ψ_{f1}——汽车荷载（不计汽车冲击力）频遇值系数，取 0.7；

ψ_{qj}——可变作用准永久值系数，汽车荷载（不计汽车冲击力）取 0.4，人群荷载取 0.4，风荷载取 0.75，温度梯度作用取 0.8，其他作用取 1.0。

正常使用极限状态设计表达式主要用于钢筋混凝土挡土墙构件设计。

4.5.2 挡土墙稳定性验算

1. 抗滑稳定性验算

挡土墙稳定性验算图式如图 4.32 所示。挡土墙的滑动稳定方程应满足式（4-47）的要求，抗滑稳定系数应按式（4-48）计算。

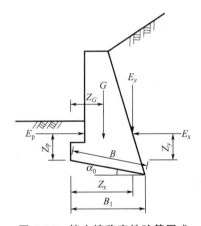

图 4.32 挡土墙稳定性验算图式

（1）滑动稳定方程

为保证挡土墙的抗滑稳定性，应验算在土压力及其他外力作用下，基底摩擦阻力抵抗挡土墙滑移的能力，即需满足滑动稳定方程

$$[1.1G + \gamma_{Q1}(E_y + E_x\tan\alpha_0) - \gamma_{Q2}E_p\tan\alpha_0]\mu + (1.1G +$$
$$\gamma_{Q1}E_y)\tan\alpha_0 - \gamma_{Q1}E_x + \gamma_{Q2}E_p > 0 \quad (4-47)$$

式中：G——作用于基底以上的重力（kN），浸水挡土墙的浸水部分应计入浮力；

E_x——墙后主动土压力的水平分量（kN）；

E_y——墙后主动土压力的竖向分量（kN）；

E_p——墙前被动土压力的水平分量（kN），当为浸水挡土墙时，$E_p=0$；

α_0——基底倾斜角（°），基底为水平时，$\alpha_0=0$；

μ——基底与地基间的摩擦系数；

γ_{Q1}，γ_{Q2}——主动土压力分项系数、墙前被动土压力分项系数，按照表 4-11 的规定采用。

（2）抗滑稳定系数

抗滑稳定系数 K_c 的计算公式为

$$K_c = \frac{[N+(E_x-E'_p)\tan\alpha_0]\mu+E'_p}{E_x-N\tan\alpha_0} \quad (4-48)$$

式中：N——作用于基底上合力的竖向分力（kN），浸水挡土墙应计浸水部分的浮力；

E'_p——墙前被动土压力水平分量的 0.3 倍（kN）。

若抗滑稳定性不满足要求，可采取下列措施增加抗滑稳定性。

a. 采用倾斜基底。

b. 采用凸榫基底，凸榫应设置在坚实的地基上。

c. 更换基底土层，以增大基础底面与地基之间的摩擦系数。

d. 采用桩基础。

由式（4-48）可以看出，设置了倾斜基底（$\alpha_0>0$）以后，挡土墙的抗滑稳定系数明显增大，而且 α_0 越大，越有利于抗滑稳定性。但是基底倾斜度要受到表 4-3 的控制，并且还要验算沿墙踵水平面的抗滑稳定性，以免挡土墙连同地基土体一起滑动，所以，基底倾斜度不宜过大。

① 采用倾斜基底时，墙踵处水平面的滑动稳定方程应满足式（4-49）的要求，抗滑稳定系数应按式（4-50）计算。

$$(1.1G+\gamma_{Q1}E_y)\mu_n+0.67cB_1-\gamma_{Q1}E_x>0 \quad (4-49)$$

式中：B_1——挡土墙基底水平投影宽度（m）；

μ_n——地基土内摩擦系数，$\mu_n=\tan\varphi$；

φ——地基土内摩擦角（°）；

c——地基土黏聚力（kN/m）；

G——作用于基底水平滑动面上的墙身重力、基础重力、基础上的填土重力、作用于墙顶上的其他竖向荷载及倾斜基底与滑动面间的土楔重力（kN）标准值的合力，浸水挡土墙的浸水部分应计入浮力。

$$K_c = \frac{(N+\Delta N)\mu_n+cB_1}{E_x} \quad (4-50)$$

倾斜基底与滑动面间的土楔重力标准值 ΔN 可按下式计算。

$$\Delta N = \frac{\gamma}{2}B^2\sin\alpha_0\cos\alpha_0 \quad (4-51)$$

式中：N——见式（4-48）的规定；

γ——地基土的重度，透水性的水下地基土为浮重度（kN/m³）。

② 增加抗滑稳定性的另一种方法是采用水泥混凝土凸榫基础，如图 4.33 所示，就是在基础底面设置一个与基础连成整体的榫装凸块，利用榫前土体所产生的被动土压力增加挡土墙的抗滑稳定性。

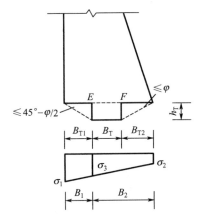

图 4.33 水泥混凝土凸榫基础

凸榫是一种辅助性的抗滑措施，是为了增强挡土墙的抗滑能力，以达到所要求的抗滑稳定系数。在挡土墙设计中，应使加设凸榫前的墙身保持基本稳定。

为了使榫前土体的被动土压力能完全形成，应使榫前被动土体不超出墙趾，即凸榫前缘与墙趾连线同水平线的夹角不超过 $45°-\varphi/2$。同时，为了防止因设凸榫而增大墙背主动土压力，应使凸榫后缘与墙踵连线同水平线的夹角不超过 φ。因此，应将整个凸榫置于通过墙趾与水平线成 $45°-\varphi/2$ 角线和通过墙踵与水平线成 φ 角线所形成的三角形范围内。

凸榫高度 h_T 根据抗滑的要求确定，凸榫宽度 B_T 按截面强度（图 4.33 中 EF 面上的弯矩和剪力）的要求确定。两者计算过程如下。

设凸榫后挡土墙的抗滑稳定系数为

$$K_c = \frac{0.5(\sigma_2+\sigma_3)B_2\mu + h_T e_p}{E_x} \tag{4-52}$$

按照抗滑稳定性的要求，令 $K_c = [K_c]$，则凸榫高度 h_T 为

$$h_T = \frac{[K_c]E_x - 0.5(\sigma_2+\sigma_3)B_2\mu}{e_p} \tag{4-53}$$

式中：B_2——凸榫前缘至墙踵的基底宽度（m）；

e_p——凸榫前土体的被动土压应力（kPa），可用朗肯理论近似计算。

$$e_p = \frac{1}{3}e'_p = \frac{1}{3} \times \frac{1}{2}(\sigma_1+\sigma_3)\tan^2\left(45° + \frac{\varphi}{2}\right)$$

凸榫宽度 B_T 根据以下两个方面的要求进行计算，取大者作为设计值。

a. 根据截面 EF 上的弯矩设计值 M_T 计算。

$$B_T = \sqrt{\frac{6M_T}{f_{tmd}}} \tag{4-54}$$

b. 根据截面 EF 上的剪力设计值 Q_T 计算。

$$B_T = \left(Q_T - \frac{1}{1.4}\mu_f N_k\right)/f_{vd} \tag{4-55}$$

式中：f_{tmd}，f_{vd}——水泥混凝土弯曲抗拉强度设计值和抗剪强度设计值；

μ_f——摩擦系数，可取 0.7；

N_k——与受剪面垂直的压力标准值。

2. 抗倾覆稳定性验算

挡土墙的倾覆稳定方程应满足式（4-56）的要求，抗倾覆稳定系数应按式（4-57）计算。

（1）倾覆稳定方程

为保证挡土墙的抗倾覆稳定性，应验算它抵抗墙身绕墙趾向外转动倾覆的能力，即需满足倾覆稳定方程

$$0.8GZ_G + \gamma_{Q1}(E_y Z_x - E_x Z_y) + \gamma_{Q2} E_p Z_p > 0 \tag{4-56}$$

式中：Z_G——墙身重力、基础重力、基础上填土的重力及作用于墙顶的其他荷载的竖向力合力重心到墙趾的距离（m）；

Z_y——墙后主动土压力的水平分量到墙趾的距离（m）；

Z_x——墙后主动土压力的竖向分量到墙趾的距离（m）；

Z_p——墙前被动土压力的水平分量到墙趾的距离（m）。

（2）抗倾覆稳定系数

抗倾覆稳定系数 K_0 计算公式为

$$K_0 = \frac{GZ_G + E_y Z_x + E'_p Z_p}{E_x Z_y} \tag{4-57}$$

若抗倾覆稳定性不满足要求，可采取下列措施增加抗倾覆稳定性。

a. 扩展挡土墙基础的墙趾，当刚性基础的墙趾扩展过程中受刚性角限制时，可采用配筋扩展基础。

b. 调整墙面、墙背坡度。

c. 改变墙身断面形式，可采用衡重式、扶壁式等抗倾覆稳定性较强的挡土墙。

在各类挡土墙适宜的墙高范围内，挡土墙的抗滑动和抗倾覆稳定系数不应小于表4-14的规定。

表4-14 抗滑动和抗倾覆稳定系数

荷载情况	验算项目	稳定系数
荷载组合Ⅰ、Ⅱ	抗滑动 K_c	1.3
	抗倾覆 K_0	1.5
荷载组合Ⅲ	抗滑动 K_c	1.3
	抗倾覆 K_0	1.3
施工阶段验算	抗滑动 K_c	1.2
	抗倾覆 K_0	1.2

挡土墙高度大于适宜墙高时，稳定系数宜大于表4-14中所列数值。相同填料下，稳定系数随墙高增加而增大；相同墙高下，稳定系数宜根据填料的黏聚力 c 取值，c 小者取较小值，c 大者取较大值。

俯斜式和垂直式挡土墙适宜墙高在6m以内，仰斜式挡土墙适宜墙高在12m以内，衡重式挡土墙适宜墙高为3～12m，半重力式挡土墙适宜墙高为3～8m，干砌挡土墙的适宜墙高在6m以内，高速公路、一级公路不应采用干砌挡土墙。

据统计，挡土墙因滑动失稳的现象较为少见，而因倾覆失稳的工程实例较为多见，因为墙身倾覆机理的复杂性，在现行的计算方法中，尚不能完全体现，所以在工程中应采用较大的抗倾覆稳定系数。此外，地基越软其倾覆旋转点离墙趾越远，而计算假定的是墙身绕墙趾转动，这会使稳定系数减小，在高大、重型挡土墙的计算过程中尤为显著。因此，当墙高大于适宜高度时，需提高稳定系数。

4.5.3　挡土墙地基计算

进行挡土墙地基计算时，各类作用（或荷载）效应组合下，作用（或荷载）效应的组合设计值计算式中的作用（或荷载）的分项系数，除被动土压力分项系数 $\gamma_{Q2}=0.3$ 外，其余作用（或荷载）的分项系数均等于 1.0。基底应力分布如图 4.34 所示。

（1）合力偏心距

合力偏心距计算公式为

$$e_0 = \left| \frac{M_d}{N_d} \right| \quad (4-58)$$

式中：e_0——基底合力的偏心距（m）；

M_d——作用于基底形心的弯矩组合设计值（kN·m/m）；

N_d——作用于基底上的垂直力组合设计值（kN/m）。

基底合力的偏心距 e_0，对土质地基不应大于 $B/6$，岩石地基不应大于 $B/4$。对基底合力的偏心距进行限定，是为了防止基础产生过大不均匀沉降和保证基础稳定。

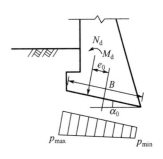

图 4.34　基底应力分布

（2）基底应力验算

基底应力 p 应按式（4-59）计算，位于岩石地基上的挡土墙可按式（4-60）、式（4-61）计算。

$$|e_0| \leq \frac{B}{6} \text{时}, p_{\max} = \frac{N_d}{A}\left(1+\frac{6e_0}{B}\right), p_{\min} = \frac{N_d}{A}\left(1-\frac{6e_0}{B}\right) \quad (4-59)$$

$$e_0 > \frac{B}{6} \text{时}, p_{\max} = \frac{2N_d}{3a_1}, p_{\min} = 0 \quad (4-60)$$

$$a_1 = \frac{B}{2} - e_0 \quad (4-61)$$

式中：$p_{\max}$——基底边缘最大压应力（kPa）；

$p_{\min}$——基底边缘最小压应力（kPa）；

A——基础底面每延米的面积，矩形基础为基础宽度 $B \times 1$（m²）；

B——基础宽度（m），倾斜基底为其斜宽。

基底的最大应力应符合下式要求。

$$p_{\max} \leq f_a \quad (4-62)$$

式中：f_a——经基础宽度和深度修正后的地基承载力特征值（kPa），按式（4-39）计算，当为荷载组合Ⅲ及施工荷载，且 $f_a > 150$ kPa 时，可提高 25%。

若挡土墙基底应力及合力偏心距验算不满足要求，可采取下列措施减小基底应力和合力偏心距。

a. 加宽墙趾及采用扩大基础,以加大承压面积,减小基底应力,调整合力偏心距。

b. 通过换土或人工加固地基的办法来扩散基底应力或提高地基承载力。

c. 调整墙背坡度或断面形式以减小合力偏心距。

4.5.4 挡土墙截面强度验算

挡土墙墙身截面,要按照偏心受压构件验算其受压承载力、偏心距及稳定性,要按照受弯构件验算其弯曲受拉承载力和受剪承载力。

对墙身截面进行强度验算时,应根据经验选取一两个控制截面进行验算,一般可选择墙身的底部、二分之一墙高和截面急剧变化处,如图 4.35 所示。

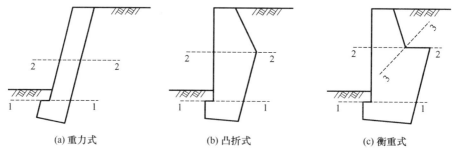

图 4.35 挡土墙计算截面选取位置

1. 受压验算

挡土墙构件轴心或偏心受压时,正截面强度和稳定按式(4-63)、式(4-64)计算。偏心受压构件除验算弯曲平面内的纵向稳定外,尚应按轴心受压构件验算非弯曲平面内的稳定。

计算强度时

$$\gamma_0 N_d \leqslant \alpha_k A f_{cd} \tag{4-63}$$

计算稳定时

$$\gamma_0 N_d \leqslant \psi_k \alpha_k A f_{cd} \tag{4-64}$$

$$\alpha_k = \frac{1 - 256\left(\dfrac{e_0}{B}\right)^8}{1 + 12\left(\dfrac{e_0}{B}\right)^2} \tag{4-65}$$

$$e_0 = \left|\frac{M_0}{N_0}\right| \tag{4-66}$$

$$\psi_k = \frac{1}{1 + a_s \beta_s (\beta_s - 3)\left[1 + 16\left(\dfrac{e_0}{B}\right)^2\right]} \tag{4-67}$$

$$\beta_s = \frac{2H}{B} \tag{4-68}$$

式中:N_d——验算截面上的轴向力组合设计值(kN);

γ_0——重要性系数,按表 4-12 选用;

f_{cd}——轴心抗压强度设计值,按《公路圬工桥涵设计规范(附条文说明)》(JTG D61—2005)取用;

A——挡土墙构件的计算截面面积(m^2);

α_k——轴向力偏心影响系数,按式(4-65)计算;

B——挡土墙计算截面宽度(m);

e_0——轴向力的偏心距(m),按式(4-66)采用。挡土墙墙身或基础为圬工截面时,其轴向力的偏心距 e_0 应符合表 4-15 的规定;

M_0——在某一类作用(或荷载)组合下,作用(或荷载)对计算截面形心的总力矩(kN·m);

N_0——某一类作用(或荷载)组合下,作用于计算截面上的轴向力的合力(kN);

ψ_k——偏心受压构件在弯曲平面内的纵向弯曲系数,按式(4-67)采用。轴心受压构件的纵向弯曲系数,可采用表 4-16 的规定;

H——墙高(m);

a_s——与材料有关的系数,按表 4-17 采用。

表 4-15 圬工结构轴向力合力的容许偏心距 e_0

荷载组合	容许偏心距
Ⅰ、Ⅱ	$0.25B$
Ⅲ	$0.3B$
施工荷载	$0.33B$

注:B 为沿力矩转动方向的矩形计算截面宽度。

表 4-16 轴心受压构件的纵向弯曲系数 ψ_k

2H/B	混凝土构件	砌体砂浆强度等级	
		M10、M7.5、M5	M2.5
≤3	1.00	1.00	1.00
4	0.99	0.99	0.99
6	0.96	0.96	0.96
8	0.93	0.93	0.91
10	0.88	0.88	0.85
12	0.82	0.82	0.79
14	0.76	0.76	0.72
16	0.71	0.71	0.66
18	0.65	0.65	0.60
20	0.60	0.60	0.54
22	0.54	0.54	0.49

续表

2H/B	混凝土构件	砌体砂浆强度等级	
		M10、M7.5、M5	M2.5
24	0.50	0.50	0.44
26	0.46	0.46	0.40
28	0.42	0.42	0.36
30	0.38	0.38	0.33

表 4-17 a_s 取值

圬工名称	浆砌砌体采用以下砂浆强度等级			混凝土
	M10、M7.5、M5	M2.5	M1	
a_s 值	0.002	0.0025	0.004	0.002

混凝土截面在受拉一侧配有不少于截面面积 0.05% 的纵向钢筋时，表 4-15 中的容许规定值可增加 0.05B。当截面配筋率大于表 4-18 的规定时，按钢筋混凝土构件计算，偏心距不受限制。

表 4-18 按钢筋混凝土构件计算的受拉钢筋最小配筋率 (%)

钢筋牌号（种类）	钢筋最小配筋率	
	截面一侧钢筋	全截面钢筋
Q235 钢筋（Ⅰ级）	0.20	0.50
HRB400 钢筋（Ⅱ、Ⅲ级）	0.20	0.50

2. 弯曲受拉验算

挡土墙构件正截面受弯时，应按式 (4-69) 计算构件的弯曲受拉承载力。

$$\gamma_0 M_d \leq W f_{tmd} \tag{4-69}$$

式中：M_d——验算截面上的弯矩组合设计值（kN·m）；

W——验算截面受拉边缘的弹性抵抗矩（m³）；

f_{tmd}——验算截面受拉边缘的弯曲抗拉强度设计值，按《公路圬工桥涵设计规范（附条文说明）》(JTG D61—2005) 取用，建议取通缝强度。

3. 受剪验算

挡土墙构件直接受剪时，应按式 (4-70) 计算构件的受剪承载力。

$$\gamma_0 V_d \leq A f_{vd} + \frac{1}{1.4} \mu_f N_k \tag{4-70}$$

式中：V_d——验算截面上的剪力设计值；

f_{vd}——挡土墙材料抗剪强度设计值，按《公路圬工桥涵设计规范（附条文说明）》(JTG D61—2005) 取用；

μ_f——摩擦系数，可取 0.7；

N_k——与受剪面垂直的压力标准值；

A——受剪截面面积。

4.5.5 钢筋混凝土基础计算

对于钢筋混凝土基础，需要验算其受弯承载力和受剪承载力。由于公路相关规范对钢筋混凝土基础的受弯承载力和受剪承载力没有明确规定，故本书参考《建筑地基基础设计规范》（GB 50007—2011）中的方法。

1. 弯矩和配筋计算

钢筋混凝土基础计算如图 4.36 所示，截面Ⅰ—Ⅰ每延米长度的弯矩设计值可按下式计算。

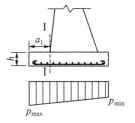

图 4.36 钢筋混凝土基础计算

$$M_\mathrm{I} = \frac{1}{6} a_1^2 \left(2p_{\max} + p_\mathrm{I} - \frac{3G}{A} \right) \quad (4-71)$$

式中：M_I——验算截面上的弯矩设计值；

a_1——验算截面至基底边缘最大反力处的距离；

$p_{\max}$，$p_{\min}$——在某一类作用（或荷载）组合下，基底边缘最大和最小地基反力设计值；

p_I——验算截面上的地基反力设计值；

G——考虑分项系数的基础自重；

A——基础底面积。

基础配筋按照抗弯计算确定，受拉钢筋可按下式计算。

$$A_s = \frac{\gamma_0 M_\mathrm{I}}{0.9 f_{sd} h_0} \quad (4-72)$$

式中：f_{sd}——受拉钢筋的强度设计值；

h_0——验算截面上的有效高度。

受力钢筋最小配筋率不宜小于 0.15%，直径不小于 10mm，间距不应大于 200mm，也不应小于 100mm，其他相关规定可参考《建筑地基基础设计规范》（GB 50007—2011）。

2. 受剪承载力计算

验算截面上的受剪承载力计算公式为

$$\gamma_0 V_s \leqslant 0.7 \beta_{hs} f_{td} A_0 \quad (4-73)$$

$$\beta_{hs} = (800/h_0)^{1/4} \quad (4-74)$$

式中：V_s——在某一类作用（或荷载）组合下，截面上的剪力设计值，等于 a_1 对应的底面积乘以基底平均净反力；

β_{hs}——受剪承载力截面高度影响系数，当 $h_0 < 800$mm 时，取 $h_0 = 800$mm，当 $h_0 > 2000$mm 时，取 $h_0 = 2000$mm；

f_{td}——水泥混凝土的轴心抗拉强度设计值；

A_0——验算截面处的有效截面面积。

例 4 某二级公路挡土墙，如图 4.37 所示，墙高 6m，埋深 1m。经过计算，该挡土墙对基底形心的弯矩组合设计值 $M_d = 120$kN·m/m，垂直力组合设计值 $N_d = 200$kN/m。为

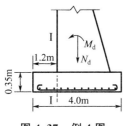

图 4.37 例 4 图

避免基础过高，采用 C20 钢筋混凝土基础，基础宽度 $B=4.0\text{m}$，高度 $h=0.35\text{m}$。请配置基础钢筋（HPB300），并进行受剪验算。

解：
$$e_0=\frac{M_d}{N_d}=\frac{120}{200}=0.6(\text{m})<\frac{B}{6}$$

$$p_{\max}=\frac{N_d}{A}\left(1+\frac{6e_0}{B}\right)=\frac{200}{4\times 1}\left(1+\frac{6\times 0.6}{4}\right)=95(\text{kPa})$$

$$p_{\min}=\frac{N_d}{A}\left(1-\frac{6e_0}{B}\right)=\frac{200}{4\times 1}\left(1-\frac{6\times 0.6}{4}\right)=5(\text{kPa})$$

$$p_I=68\text{kPa}$$

$$M_I=\frac{1}{6}\times 1.2^2\times\left(2\times 95+68-\frac{0.9\times 3\times 20\times 1\times 4\times 1}{4\times 1}\right)=48.96(\text{kN}\cdot\text{m})$$

$$h_0=0.35-0.05=0.30(\text{m})$$

$$A_s=\frac{\gamma_0 M_I}{0.9 f_{sd} h_0}=\frac{1.0\times 48.96}{0.9\times 250\times 1000\times 0.3}\approx 725.3(\text{mm}^2)$$

配置 $9\phi 12$，$A_s=1017.9\text{mm}^2$。

基底平均净反力为

$$p_j=\frac{p_{\max}+p_{\min}}{2}-\frac{G}{A}=\frac{95+5}{2}-\frac{0.9\times 20\times 1\times 4\times 1}{4\times 1}=32(\text{kPa})$$

$$V_s=p_j A_1=32\times(1\times 1.2)=38.4(\text{kN})$$

$$h_0=300\text{mm}<800\text{mm},\ \beta_{hs}=1.0$$

$$\gamma_0 V_s=1.0\times 38.4=38.4(\text{kN})<0.7\times 1.0\times 1.06\times 1000\times 1\times 0.3=222.6(\text{kN})$$

4.5.6 重力式挡土墙验算总结

重力式挡土墙的计算内容和计算要求见表 4-19。

表 4-19 重力式挡土墙的计算内容和计算要求

计算项目		要求	指标
外部稳定	滑动稳定	墙体不产生沿基底的滑移	满足抗滑稳定系数和滑动稳定极限状态设计表达式
	倾覆稳定	墙体不产生绕墙趾的倾覆	满足抗倾覆稳定系数和倾覆稳定极限状态设计表达式
	基底合力的偏心距	不出现因基底不均匀沉降而导致的墙体倾斜	合力偏心距满足要求
	基底应力	不出现因地基承载力不足而导致的过大下沉	基底最大应力不大于地基承载力特征值
	墙身承载力	在施加于挡土墙上的荷载作用下，有良好的工作性能	$\gamma_0 S\leq R$
	基础承载力	满足刚性角要求或不产生剪切或弯拉破坏	刚性角不超过允许值或按照弯矩计算受拉钢筋，剪力设计值不超过允许值

第4章 挡土墙设计

例5 某二级公路浆砌片石衡重式路肩墙,如图4.38所示,砂浆强度等级为M7.5,片石强度等级为MU40。墙高 $H=8\text{m}$,顶宽 $b_1=0.5\text{m}$,上墙高 $H_1=3.2\text{m}$,上墙背俯斜 1:0.33($\alpha_1=18.26°$),衡重台宽 $d_1=0.90\text{m}$,下墙高 $H_2=4.8\text{m}$,下墙背仰斜 1:0.25($\alpha_2=-14.03°$),墙面坡度 1:0.05。路基填料内摩擦角 $\varphi=35°$,填料重度 $\gamma=18\text{kN/m}^3$,下墙 $\delta_2=\varphi/2$。墙身重度 $\gamma_t=22\text{kN/m}^3$,基底摩擦系数 $\mu=0.6$。修正后的岩石地基承载力特征值为800kPa。荷载分布宽度 $b_0=5.5\text{m}$。请验算该挡土墙的稳定性。

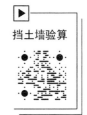

挡土墙验算

解: ① 车辆荷载等代均布土层厚度计算。

墙高8m,$q=12.5\text{kN/m}^2$,那么

$$h_0=\frac{q}{\gamma}=\frac{12.5}{18}\approx 0.694\ (\text{m})$$

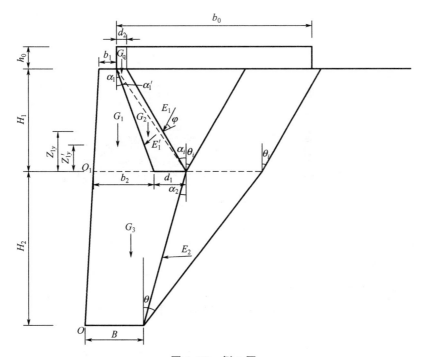

图4.38 例5图

② 上墙土压力计算。

a. 计算破裂面倾角。

假想墙背倾角

$$\tan\alpha_1'=\frac{d_1+H_1\tan\alpha_1}{H_1}=\frac{0.9+3.2\times\tan 18.26°}{3.2}\approx 0.611$$

$$\alpha_1'=31.42°$$

假设第一破裂面交于荷载中间,选用《公路设计手册 路基》(第二版)中的相关公式。

$$\alpha_i=\theta_i=45°-\frac{\varphi}{2}=45°-\frac{35°}{2}=27.5°$$

验核破裂面位置，第一破裂面距离墙顶内缘

$H_1(\tan\theta_i+\tan\alpha'_1)=3.2\times(\tan 27.5°+\tan 31.42°)\approx 3.621(m)<b_0=5.5m$

所以第一破裂面交于荷载中间，与假设相符。

由于 $\alpha_i<\alpha'_1$，因此会出现第二破裂面。

b. 计算第二破裂面土压力 E_1。

$$K=\frac{\tan^2\left(45°-\dfrac{\varphi}{2}\right)}{\cos\left(45°+\dfrac{\varphi}{2}\right)}=\frac{\tan^2\left(45°-\dfrac{35°}{2}\right)}{\cos(45°+\dfrac{35°}{2})}\approx 0.587$$

$$K_1=1+\frac{2h_0}{H_1}=1+\frac{2\times 0.694}{3.2}\approx 1.434$$

$$E_1=\frac{1}{2}\gamma H_1^2 K K_1=\frac{1}{2}\times 18\times 3.2^2\times 0.587\times 1.434\approx 77.58(kN)$$

$$E_{1x}=E_1\cos(\alpha_i+\varphi)=77.58\times\cos(27.5°+35°)\approx 35.82(kN)$$

$$E_{1y}=E_1\sin(\alpha_i+\varphi)=77.58\times\sin(27.5°+35°)\approx 68.81(kN)$$

$$Z_{1y}=\frac{H_1}{3}+\frac{h_0}{3K_1}=\frac{3.2}{3}+\frac{0.694}{3\times 1.434}\approx 1.228(m)$$

$$Z_{1x}=b_2+d_1-Z_{1y}\tan\alpha_i=1.716+0.9-1.228\times\tan 27.5°\approx 1.977(m)$$

c. 上墙实际墙背土压力 E'_1。

$$E'_{1x}=E_{1x}=35.82kN$$

$$E'_{1y}=E'_{1x}\tan\alpha_1=35.82\times 0.33=11.82(kN)$$

假定土压力沿墙背呈直线分布，作用点在上墙的下三分点处，则

$$Z'_{1y}=\frac{H_1}{3}=\frac{3.2}{3}\approx 1.067(m)$$

$$Z'_{1x}=\frac{b_2}{2}-Z'_{1y}\tan\alpha_1=\frac{1.716}{2}-1.067\times 0.33\approx 0.506(m)$$

③ 下墙土压力计算。

a. 计算破裂面倾角。

假设破裂面交于荷载外侧，选用《公路设计手册 路基》（第二版）中的相关公式。

$$\psi=\varphi+\alpha_2+\delta_2=35°-14.03°+17.5°=38.47°<90°$$

$$b'_0=b_0+d+b-H_1\tan\alpha'_1-H_0\tan\theta_i=5.5+0+0-3.2\times 0.611-3.2\times\tan 27.5°$$
$$\approx 1.879(m)$$

$$A=-\frac{2b'_0 h_0}{H_2(H_2+2H_0)}-\tan\alpha_2=-\frac{2\times 1.879\times 0.694}{4.8\times(4.8+2\times 3.2)}+0.25\approx 0.201$$

$$\tan\theta=-\tan\psi+\sqrt{(\cot\varphi+\tan\psi)(\tan\psi+A)}$$
$$=-\tan 38.47°+\sqrt{(\cot 35°+\tan 38.47°)(\tan 38.47°+0.201)}$$
$$\approx 0.6930$$
$$\theta=34.72°$$

核验破裂面位置，堤顶破裂面距墙顶内缘

$H_1(\tan\theta_i+\tan\alpha'_1)+H_2(\tan\theta+\tan\alpha_2)$

$= 3.2 \times (\tan 27.5° + \tan 31.42°) + 4.8 \times (\tan 34.72° - \tan 14.03°) \approx 5.747(\text{m}) > b_0$

所以破裂面交于荷载外侧，与假设相符。

b. 计算土压力 E_2。

$$K = \frac{\cos(\theta+\varphi)}{\sin(\theta+\psi)}(\tan\theta + \tan\alpha_2) = \frac{\cos(34.72°+35°)}{\sin(34.72°+38.47°)}(\tan 34.72° - \tan 14.03°)$$

$$\approx 0.160$$

$$h_2 = \frac{b'_0}{\tan\theta + \tan\alpha_2} = \frac{1.879}{\tan 34.72° - \tan 14.03°} \approx 4.241(\text{m})$$

$$K_1 = 1 + \frac{2H_0}{H_2} + \frac{2h_0 h_2}{H_2^2} = 1 + \frac{2\times 3.2}{4.8} + \frac{2\times 0.694 \times 4.241}{4.8^2} \approx 2.589$$

$$E_2 = \frac{1}{2}\gamma H_2^2 K K_1 = \frac{1}{2} \times 18 \times 4.8^2 \times 0.160 \times 2.589 \approx 85.90(\text{kN})$$

$$E_{2x} = E_2 \cos(\alpha_2 + \delta_2) = 85.90 \times \cos(-14.03° + 17.5°) \approx 85.74(\text{kN})$$

$$E_{2y} = E_2 \sin(\alpha_2 + \delta_2) = 85.90 \times \sin(-14.03° + 17.5°) \approx 5.20(\text{kN})$$

$$Z_{2y} = \frac{H_2}{3} + \frac{H_0}{3K_1} - \frac{h_0 h_2(3h_2 - 4H_2)}{3H_2^2 K_1}$$

$$= \frac{4.8}{3} + \frac{3.2}{3 \times 2.589} - \frac{0.694 \times 4.241 \times (3\times 4.241 - 4\times 4.8)}{3 \times 4.8^2 \times 2.589} \approx 2.119(\text{m})$$

$$Z_{2x} = B - Z_{2y}\tan\alpha_2 = 1.656 + 2.119 \times 0.25 \approx 2.186(\text{m})$$

④ 稳定性验算。

a. 挡土墙自重及重心计算。

Ⅰ. 上墙的自重。

$$G_1 = \frac{1}{2}\gamma_t H_1(b_1 + b_2) = \frac{1}{2} \times 22 \times 3.2 \times (0.5 + 1.716) \approx 78.00(\text{kN})$$

对墙趾的力臂

$$Z_1 = nH_2 + \frac{b_1^2 + b_1 b_2 + b_2^2 + (2b_1 + b_2)nH_1}{3(b_1 + b_2)}$$

$$= 0.05 \times 4.8 + \frac{0.5^2 + 0.5 \times 1.716 + 1.716^2 + (2\times 0.5 + 1.716) \times 0.05 \times 3.2}{3 \times (0.5 + 1.716)}$$

$$\approx 0.915(\text{m})$$

Ⅱ. 第二破裂面与墙背之间土体的自重。

$$d_2 = H_1(\tan\alpha'_1 - \tan\alpha_i) = 3.2 \times (\tan 31.42° - \tan 27.5°) \approx 0.289(\text{m})$$

$$G_2 = \frac{1}{2}\gamma H_1(d_1 + d_2) = \frac{1}{2} \times 18 \times 3.2 \times (0.9 + 0.289) \approx 34.24(\text{kN})$$

对墙趾的力臂

$$Z_2 = n(H_1 + H_2) + b_1 + H_1\tan\alpha_1 + \frac{d_2^2 + d_2 d_1 + d_1^2 - (2d_2 + d_1)H_1\tan\alpha_1}{3(d_2 + d_1)}$$

$$= 0.05 \times 8 + 0.5 + 3.2 \times 0.33 + \frac{0.289^2 + 0.289 \times 0.9 + 0.9^2 - (2\times 0.289 + 0.9) \times 3.2 \times 0.33}{3 \times (0.289 + 0.9)}$$

$$\approx 1.842(\text{m})$$

Ⅲ. 土体上的荷载。

$$G_q = \gamma h_0 d_2 = 18 \times 0.694 \times 0.289 \approx 3.61 (\text{kN})$$

对墙趾的力臂

$$Z_q = n(H_1 + H_2) + b_1 + 0.5 d_2 = 0.05 \times 8 + 0.5 + 0.5 \times 0.289 \approx 1.044 (\text{m})$$

Ⅳ. 下墙的自重。

$$G_3 = \frac{1}{2} \gamma_t H_2 (b_2 + d_1 + B) = \frac{1}{2} \times 22 \times 4.8 \times (1.716 + 0.9 + 1.656) \approx 225.56 (\text{kN})$$

对墙趾的力臂

$$Z_3 = \frac{[B^2 + B(b_2 + d_1) + (b_2 + d_1)^2] + [2(b_2 + d_1) + B] n H_2}{3[B + (b_2 + d_1)]}$$

$$= \frac{[1.656^2 + 1.656 \times (1.716 + 0.9) + (1.716 + 0.9)^2] + [2 \times (1.716 + 0.9) + 1.656] \times 0.05 \times 4.8}{3 \times [1.656 + (1.716 + 0.9)]}$$

$$\approx 1.215 (\text{m})$$

b. 抗滑稳定性验算。

Ⅰ. 抗滑稳定系数。

$$K_c = \frac{(G_1 + G_2 + G_q + G_3 + E_{1y} + E_{2y}) \mu}{E_{1x} + E_{2x}}$$

$$= \frac{(78 + 34.24 + 3.61 + 225.56 + 68.81 + 5.20) \times 0.6}{35.82 + 85.74} \approx 2.05 > 1.3$$

Ⅱ. 滑动稳定方程。

$$(1.1 G + \gamma_{Q1} E_y) \mu - \gamma_{Q1} E_x = [1.1 (G_1 + G_2 + G_q + G_3) + 1.4 (E_{1y} + E_{2y})] \mu - 1.4 (E_{1x} + E_{2x})$$

$$= [1.1 \times (78 + 34.24 + 3.61 + 225.56) + 1.4 \times (68.81 + 5.20)] \times 0.6 - 1.4 \times (35.82 + 85.74)$$

$$\approx 117.32 > 0$$

c. 抗倾覆稳定性验算。

Ⅰ. 抗倾覆稳定系数。

$$K_0 = \frac{G_1 Z_1 + G_2 Z_2 + G_q Z_q + G_3 Z_3 + E_{1y} (Z_{1x} + n H_2) + E_{2y} Z_{2x}}{E_{1x} (Z_{1y} + H_2) + E_{2x} Z_{2y}}$$

$$= \frac{78 \times 0.915 + 34.24 \times 1.842 + 3.61 \times 1.044 + 225.56 \times 1.215 + 68.81 \times (1.977 + 0.05 \times 4.8) + 5.2 \times 2.186}{35.82 \times (1.228 + 4.8) + 85.74 \times 2.119}$$

$$\approx 1.45 < 1.5$$

抗倾覆稳定系数略显不足。

Ⅱ. 倾覆稳定方程。

$$0.8 G Z_G + \gamma_{Q1} (E_y Z_x - E_x Z_y) + \gamma_{Q2} E_p Z_p$$

$$= 0.8 \times (78 \times 0.915 + 34.24 \times 1.842 + 3.61 \times 1.044 + 225.56 \times 1.215) +$$

$$1.4 \times [68.81 \times (1.977 + 0.05 \times 4.8) + 5.2 \times 2.186 - 35.82 \times (1.228 + 4.8) - 85.74 \times 2.119]$$

$$\approx 2.65 > 0$$

⑤ 地基验算。

作用于基底形心的弯矩组合设计值为

$$M_d = G_1 \left(Z_1 - \frac{B}{2}\right) + G_2 \left(Z_2 - \frac{B}{2}\right) + G_q \left(Z_q - \frac{B}{2}\right) + G_3 \left(Z_3 - \frac{B}{2}\right) + E_{1y} \left(Z_{1x} + n H_2 - \frac{B}{2}\right) +$$

$$E_{2y}\left(Z_{2x}-\frac{B}{2}\right)-E_{1x}(Z_{1y}+H_2)-E_{2x}Z_{2y}$$
$$=78\times\left(0.915-\frac{1.656}{2}\right)+34.24\times\left(1.842-\frac{1.656}{2}\right)+3.61\times\left(1.044-\frac{1.656}{2}\right)+$$
$$225.56\times\left(1.215-\frac{1.656}{2}\right)+68.81\times\left(1.977+0.05\times4.8-\frac{1.656}{2}\right)+$$
$$5.20\times\left(2.186-\frac{1.656}{2}\right)-35.82\times(1.228+4.8)-85.74\times2.119\approx-165.39(\text{kN}\cdot\text{m/m})$$

作用于基底上的垂直力组合设计值为
$$N_d=G_1+G_2+G_q+G_3+E_{1y}+E_{2y}=78+34.24+3.61+225.56+68.81+5.20$$
$$=415.42(\text{kN/m})$$

$$e_0=\left|\frac{M_d}{N_d}\right|=\frac{165.39}{415.42}=0.398(\text{m})<\frac{B}{4}$$

$$e_0>\frac{B}{6},\ p_{\max}=\frac{2N_d}{3a_1}=\frac{2\times415.42}{3\times\left(\frac{1.656}{2}-0.398\right)}=644.06(\text{kPa})<f_a$$

⑥ 墙身截面强度验算。

选上墙底面验算。从《公路圬工桥涵设计规范（附条文说明）》（JTG D61—2005）查得，$f_{cd}=0.72\text{MPa}$，$f_{tmd}=0.089\text{MPa}$，$f_{vd}=0.147\text{MPa}$。挡土墙结构重要性系数$\gamma_0=1.0$。

a. 受压验算。

验算截面上的轴向力组合设计值为
$$N_d=\psi_{ZL}(\gamma_G G_1+\gamma_{Q1}E'_{1y})=1.0\times(1.2\times78+1.4\times11.82)\approx110.15(\text{kN})$$

验算截面上的弯矩组合设计值为
$$M_d=\psi_{ZL}[\gamma_G G_1 Z'_1-\gamma_{Q1}(E'_{1x}Z'_{1y}-E'_{1y}Z'_{1x})]$$
$$=1.0\times[1.2\times78\times(0.915-4.8\times0.05-1.716/2)-1.4\times(35.82\times1.067-11.82\times0.506)]\approx-62.26(\text{kN}\cdot\text{m})$$

截面上的偏心距为
$$e_0=\left|\frac{M_d}{N_d}\right|=\frac{62.26}{110.15}\approx0.565(\text{m})>\frac{b_2}{4}$$

$$\alpha_k=\frac{1-256\left(\frac{e_0}{b_2}\right)^8}{1+12\left(\frac{e_0}{b_2}\right)^2}=\frac{1-256\left(\frac{0.565}{1.716}\right)^8}{1+12\left(\frac{0.565}{1.716}\right)^2}\approx0.4200$$

$$\gamma_0 N_d=110.15\text{kN}<\alpha_k A f_{cd}=0.4200\times1.716\times1\times720\approx518.92(\text{kN})$$

b. 弯曲受拉验算。
$$W=\frac{1}{6}\times1.0\times b_2^2=\frac{1}{6}\times1.716^2\approx0.4908(\text{m}^3)$$

$$\gamma_0 M_d=62.26\text{kN}\cdot\text{m}>W f_{tmd}=0.4908\times89\approx43.68(\text{kN}\cdot\text{m})$$

弯曲受拉验算没有通过。

c. 受剪验算。
$$V_d=\gamma_{Q1}E'_{1x}=1.4\times35.82\approx50.15(\text{kN})$$

$$N_k = G_1 + E'_{1y} = 78 + 11.82 = 89.82 (\text{kN})$$

$$\gamma_0 V_d = 50.15 \text{kN} \leqslant A f_{vd} + \frac{1}{1.4} \mu_f N_k = 1.716 \times 1 \times 147 + \frac{1}{1.4} \times 0.7 \times 89.82 \approx 297.16 (\text{kN})$$

4.6 重力式挡土墙设计案例分析

4.6.1 项目概况

某高速公路，设计车速为100km/h，路基宽度为24.5m。拟在K141+376～K141+525段右侧设置挡土墙。

该段公路总体布置图如图4.39所示。

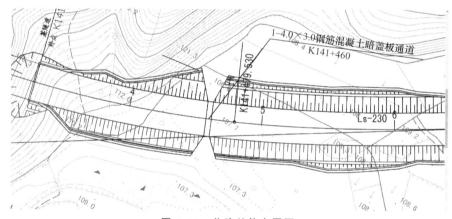

图4.39 公路总体布置图

查阅K141+376～K141+525段的路线纵断面图和路基横断面设计图（如图4.40所示），可得该段右侧路堤边坡高度在12m左右。

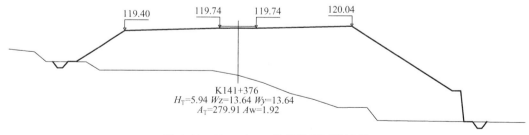

图4.40 K141+376路基横断面设计图

路堤填料采用宕渣，经试验，内摩擦角 $\varphi=35°$，重度 $\gamma=20.5 \text{KN/m}^3$。

由地质勘察报告可知，地基土为含黏性碎石土，修正后的地基承载力特征值 $f_a = 210 \text{kPa}$，直剪固结快剪指标为 $\varphi=20°$、$c=25 \text{kPa}$，重度 $\gamma=19 \text{KN/m}^3$，基底与地基土间的

摩擦系数可取 $\mu=0.5$。

4.6.2 挡土墙形式选择

路堤边坡高度在 12m 左右，若选择路肩墙，则挡土墙高度将在 13m 左右（加上 1m 埋深），超过了重力式挡土墙的适宜墙高范围。此处用地不受限制，所以为了减小墙高，可采用路堤墙。一般土质路堤 8m 范围内，按 1∶1.5 放坡是稳定的。因此，挡土墙顶上路堤边坡高度统一采用 8m。该段地面横坡平缓，为减小挡土墙工程量，宜采用仰斜式挡土墙。

因此，本段挡土墙采用仰斜式路堤墙，墙顶路堤放坡高度为 8m。

4.6.3 绘制挡土墙纵向布置图

1. 绘制墙趾地面线

根据各桩号路基横断面设计图，查出各桩号挡土墙墙面与地面交线的标高，分段连接各桩号地面交线标高点，即为地面线。水平方向绘图比例为 1∶1000，竖直方向绘图比例为 1∶100。墙趾地面线如图 4.41 所示。

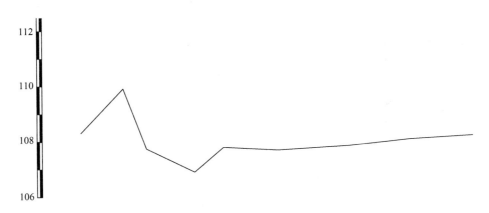

图 4.41 墙趾地面线

2. 绘制墙顶线

根据路线纵断面图或路基横断面设计图，可知路基右侧边缘标高减去 8m，即为挡土墙墙顶标高。用直线连接各桩号挡土墙墙顶标高点，即为墙顶线，如图 4.42 所示。

3. 挡土墙分段

本段没有地质突变等情况，因此沉降缝或伸缩缝合并设置，间距按 10~15m 控制，尽量将缝设在 5m 的整数桩号上，并在图中标注缝的桩号。

按照最小埋深 1m 的要求，确定各段挡土墙基底标高，同段挡土墙的基底标高应一致。绘图时应标注各段挡土墙墙顶标高和基底标高。各段墙顶平均标高减去基底标高，即为该段平均墙高，由此绘制出的挡土墙纵向布置图如图 4.43 所示。

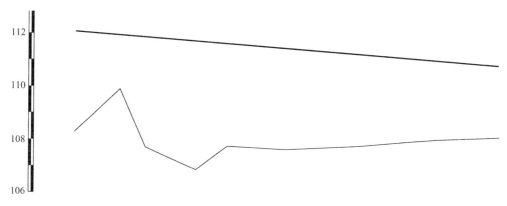

图 4.42 墙顶线

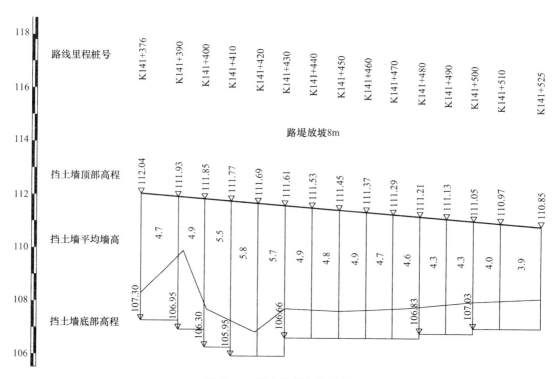

图 4.43 挡土墙纵向布置图

4.6.4 确定挡土墙尺寸

挡土墙设计图表

由图 4.43 可知，K141+376～K141+525 段的挡土墙平均墙高为 3～6m，然后需要确定 3.0m、3.5m、4.0m、4.5m、5.0m、5.5m 和 6.0m 等标准高度挡土墙的尺寸（一定要覆盖实际可能的挡土墙高度）。经过稳定性计算，各墙高具体尺寸见表 4-20。非标准高度挡土墙的尺寸，要在标准高度挡土墙尺寸之间内插确定。

表 4-20　各墙高具体尺寸

挡土墙高度 H/m	墙顶宽 B/m	墙趾尺寸 DL/m	墙趾尺寸 DH/m	挡土墙示意图
3.0	1.20	0.3	0.5	
3.5	1.40	0.3	0.5	
4.0	1.50	0.3	0.5	
4.5	1.60	0.4	0.5	
5.0	1.70	0.4	0.5	
5.5	1.90	0.4	0.5	
6.0	2.00	0.4	0.5	

思考题

1. 什么情况下需要设置挡土墙？
2. 挡土墙的分类方法有哪些？
3. 如何做好挡土墙的防排水措施？
4. 挡土墙基底倾斜的目的是什么？有哪些注意点？
5. 如何确定挡土墙基底埋置深度？
6. 如何选择路堤墙和路肩墙？
7. 挡土墙设计采用什么土压力类型？一般采用什么理论计算？计算步骤有哪些？
8. 第二破裂面什么时候会出现？计算第二破裂面土压力的方法有哪些？
9. 折线形墙背土压力计算有哪些方法？
10. 如何考虑黏性土填料对土压力的影响？
11. 重力式挡土墙的墙背、墙面和墙顶有哪些构造要求？
12. 重力式挡土墙设计时要进行哪些验算？
13. 抗滑稳定性不足时，有哪些处理措施？
14. 抗倾覆稳定性不足时，有哪些处理措施？
15. 挡土墙基底应力及合力偏心距验算不满足要求时，有哪些处理措施？
16. 抗滑稳定方程和抗倾覆稳定方程中的分项系数，为何与表 4-11 中的规定不相符？
17. 已知作用在某挡土墙上的作用力如图 4.44 所示。$E_x = 66.12$kN，$E_y = 4.00$kN，$G_0 = 160.25$kN，$Z_x = 1.97$m，$Z_y = 1.86$m，$Z_0 = 1.54$m，$\alpha_0 = 11.31°$，基底与地基土间的摩擦系数 $\mu = 0.4$，地基承载力特征值 250kPa。试验算该挡土墙的抗倾覆稳定性、抗滑稳定性、合力偏心距及地基承载力。

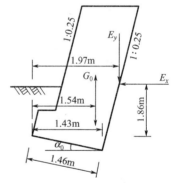

图 4.44　挡土墙上的作用力

第4章在线答题

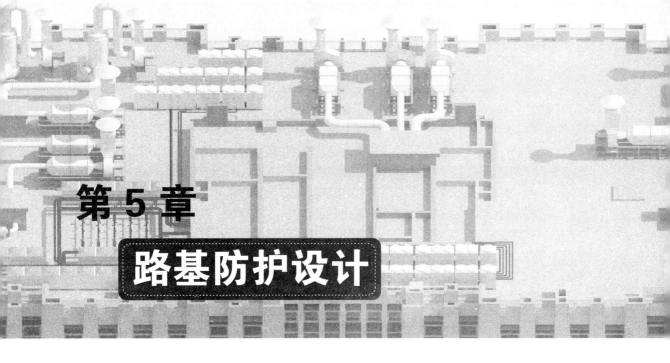

第 5 章 路基防护设计

教学目标

本章主要介绍路基边坡防护设计的内容。本章目标为,了解路基防护工程的目的、要求及种类,间接防护方法;掌握各种坡面防护方法在路堤边坡和路堑边坡中的应用;熟悉沿河路基直接防护的常用方法。

教学要求

能力要求	知识要点	权重
能描述各种防护方法的适用条件 能正确进行防护工程设计	路基防护的目的和要求	10%
	植物防护	30%
	骨架植物防护	20%
	工程防护	30%
	沿河路基防护	10%

第 5 章　路基防护设计

> **引例**
>
> 党的二十大报告指出,要推进美丽中国建设。路基边坡工程是路基工程中的重要内容,其设计得好坏不仅会对路基边坡的强度和稳定性产生重要影响,还会对环境产生一定影响,如精心设计的路基边坡防护工程,不但保证了路基的稳定性,还提供了优美的景观环境,有利于实现公路主体与原自然及社会环境的融合,如图 5.1 和图 5.2 所示。因此,在路基防护设计时一定要尊重自然、保护自然,构建良好的生态文明建设。

图 5.1　拱形骨架植物防护

图 5.2　人字形骨架植物防护

5.1　概述

5.1.1　路基防护的目的和要求

路基在水、风、气温等自然因素的长期作用下,将发生变形和破坏,若不及时加以防治,就会引起严重的病害。为保证路基的稳定性,除做好路基防排水外,还必须做好路基的防护与加固设计。通过路基防护工程,保护路基边坡表面免受雨水冲刷,减缓温差及湿度变化带来的影响,防止和延缓软弱岩土表面的风化、碎裂、剥蚀,从而保护路基边坡的整体稳定性,此外还可起到兼顾路基美化和协调自然环境的作用。一般来说,防护与加固的重点是路基边坡,特别是不良地质与水文路段及沿河路基的边坡。有时,对附近可能危害路基的河流和山坡等也应进行必要的防护,以保证防护与加固工程正常工作。

防护工程是路基工程的一个组成部分,除专门用来支挡路基的结构物外,其他一般防护工程结构承受外力的能力很小,有的则完全不能承受外力的作用。因此,要求路基边坡本身具有基本稳定性，否则不但路基得不到防护，而且连防护工程也会遭到破坏。

随着公路等级的提高，做好路基的防护工作，对于保证汽车的正常行驶和运输，确保行车安全，以及保持公路与自然环境的协调，具有重要意义。因此，根据《公路路基设计规范》（JTG D30—2015）的要求，应根据当地气候、水文、地形、地质条件及筑路材料分布情况，采取工程防护和植物防护相结合的综合措施，防治路基病害，保证路基稳定，并与周围环境景观相协调。路基边坡防护工程应设置在稳定的边坡上，当土质和气候条件适宜时，宜采用植物防护。当植物防护的坡面有可能产生冲刷时，应设置浆砌片石或水泥混凝土骨架。对完整性较好、稳定的弱、微、未风化硬质岩石边坡，可不作防护。当路基稳定性不足时，应设置必要的支挡或加固工程。

防护类型的选择应综合考虑工程性质、水文、地质条件、边坡高度、环境条件、施工条件和工期等因素的影响。在路基稳定性不足和存在不良地质因素的路段，应注意路基边坡防护和支挡加固的综合设计；在地下水较丰富的路段，应做好路基边坡防护与地下排水措施的综合设计；在多雨地区，用砂质土、细粒土等填筑的路堤，应采取坡面防护与坡面截排水的综合措施，防止边坡被冲刷破坏。

5.1.2　防护工程的种类

路基边坡的防护与加固工程，按其作用不同分为坡面防护、沿河路基防护、挡土墙、边坡锚固、土钉支护及抗滑桩六大类。坡面防护用于防护易受自然因素影响而被破坏的土质与岩质边坡。沿河路基防护用于防止水流对路基的冲刷与淘刷。挡土墙、边坡锚固、土钉支护及抗滑桩用于防止路基变形或支挡路基土体，以保证路基的稳定性。

为使概念明确，一般把防止路基边坡冲刷和风化，主要起隔离作用的工程措施称为防护工程，本章主要介绍这类内容。把防止路基或山体因重力作用而坍滑，主要起支撑作用的结构物称为支挡或加固工程，此类内容由其他章节介绍。

5.2　坡面防护设计

5.2.1　坡面防护的类型及适用条件

对受自然因素作用而易产生破坏的边坡坡面，应根据气候条件、岩土性质、边坡高度、边坡坡率、水文地质条件、施工条件、环境保护、水土保持要求等因素，经技术经济比较后选择适宜的防护措施。

按照材料组成和环境效应，坡面防护分为三大类，植物防护、骨架植物防护和工程防护。各种防护类型及适用条件见表5-1。

第5章 路基防护设计

表 5-1　各种防护类型及适用条件

防护类型	亚类	适用条件
植物防护	植草或喷播植草	可用于坡率不陡于1:1的土质边坡防护。当边坡较高时，植草可与土工网、土工网垫结合防护
	铺草皮	可用于坡率不陡于1:1的土质边坡或全风化、强风化的岩石边坡防护
	种植灌木	可用于坡率不陡于1:0.75的土质、软质岩石和全风化岩石边坡防护
	喷混植生	可用于坡率不陡于1:0.75的砂性土、碎石土、粗粒土、巨粒土及风化岩石边坡防护，边坡高度不宜大于10m
骨架植物防护	—	可用于坡率不陡于1:0.75的土质和全风化、强风化的岩石边坡防护
工程防护	喷护	可用于坡率不陡于1:0.5的易风化但未遭强风化的岩石边坡防护，高速公路、一级公路和环境景观要求高的公路不宜采用
	挂网喷护	可用于坡率不陡于1:0.5的易风化、破碎的岩石边坡防护，高速公路、一级公路和环境景观要求高的公路不宜采用
	干砌片石护坡	可用于坡率不陡于1:1.25的土质边坡或岩石边坡防护
	浆砌片石护坡	可用于坡率不陡于1:1的易风化的岩石和土质边坡防护
	护面墙	可用于坡率不陡于1:0.5的土质和易风化剥落的岩石边坡防护

5.2.2　植物防护

植物防护要根据当地土壤、边坡高度及气候条件等进行选择。植物防护宜采用草灌乔结合，选用当地优势群落，以提高植物防护坡面的抗冲刷能力和植物耐久性。

植草最小土层厚度不应小于0.15m，灌木最小土层厚度不应小于0.30m。边坡较高时，植草可与土工网结合，三维植被网防护设计示意图如图 5.3 所示。

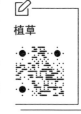
植草

喷混植生常用于坡面不适宜植物生长的边坡防护，是在坡面上铺设或置换一定厚度可适宜植物生长的土壤或混合料（包括有机质、肥料、保水材料、黏合剂、杀虫剂、植物种子等），从而达到绿化的目的。基材喷播厚度与边坡坡度、降雨量、岩体结构、岩性以及植物种类等诸多因素有关，喷播厚度过薄将影响植物生长，在酷暑季节，容易使植物枯死，因此喷混植生的厚度不宜小于0.10m。喷混植生 TBS 植被防护构造图如图 5.4 所示。

喷混植生

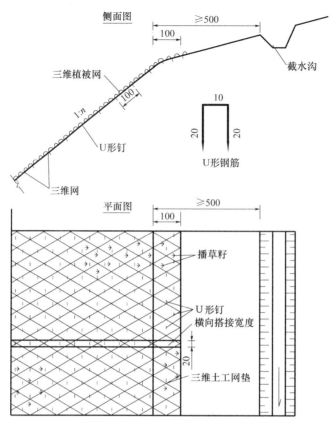

图 5.3　三维植被网防护设计示意图（尺寸：cm）

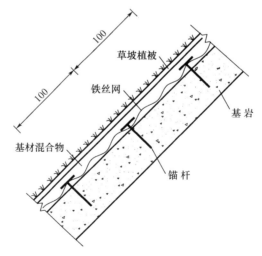

图 5.4　喷混植生 TBS 植被防护构造图（尺寸：cm）

5.2.3　骨架植物防护

骨架植物防护是指对于无法直接采用植物防护的路基边坡，采用浆砌片石或钢筋混凝土在其坡面上形成框架（骨架），并结合铺草皮、三维植被网、土工格栅、喷播植草、栽植苗木等方法形成的一种护坡技术。骨架起固坡、防冲刷的作用。骨架植物防护既能截断坡面水流或减缓水流速度，防止坡面产生冲刷，又能改善环境景观，是公路边坡防护的主要形式之一。

可以采用拱形、人字形或方格形浆砌片石或水泥混凝土骨架，也可采用多边形水泥混凝土空心块，骨架内植草或喷播植草，如图 5.5 所示。多雨地区的骨架宜增设拦水带和排水槽。风化破碎的岩石挖方边坡，可在骨架中增设锚杆。

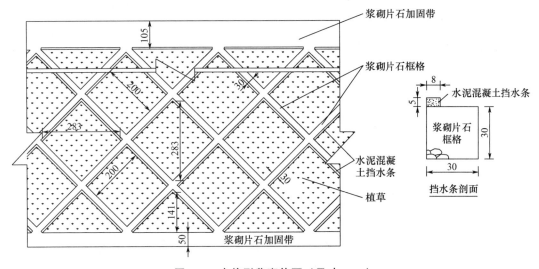

图 5.5 方格形浆砌片石（尺寸：cm）

5.2.4 工程防护

喷护、挂网喷护、砌石护坡和护面墙等称为工程防护。工程防护的主要问题是与周围环境不协调，道路景观差，要尽量少用，尤其是高速公路、一级公路和旅游公路要尽量不用喷护和挂网喷护。

1. 喷护、挂网喷护

喷护材料可采用砂浆或水泥混凝土，喷浆防护厚度不宜小于 50mm，喷射混凝土防护厚度不宜小于 80mm，锚杆挂网喷浆或喷射混凝土的喷护厚度不应小于 100mm，且不应大于 250mm。钢筋保护层厚度不应小于 20mm，铁丝网可采用 15cm×15cm 网格，铁丝直径采用 φ4.06mm。挂网锚喷布置示意图如图 5.6 所示。

喷护和挂网喷护应根据坡体内地下水的分布情况，设置完善的泄水孔，还应设置伸缩缝。为了增强景观效果，喷护和挂网喷护可结合碎落台和边坡平台种植攀缘植物。

2. 砌石护坡

为防止地面径流或河水冲刷，公路填方边坡、沿河路堤浸水部位坡面、土质路堑边坡

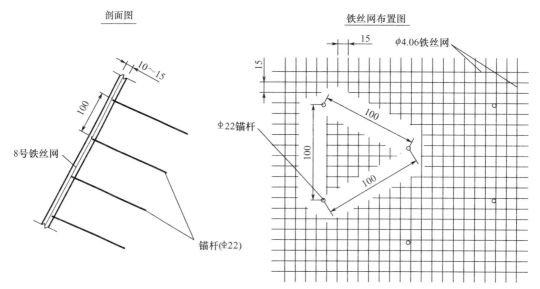

图 5.6 挂网锚喷布置示意图（尺寸：cm）

下部的局部，以及桥涵附近坡面，可采用砌石护坡。砌石护坡可分为干砌和浆砌两种，如图 5.7 所示。

易遭受雨、雪、水流冲刷的较缓土质边坡，风化较重的软质岩石边坡，受水流冲刷较轻的河岸和路基，均可采用干砌片石护坡。这些边坡应符合路基边坡稳定性的要求，坡度需缓于 1∶1.25。干砌片石护坡一般有单层铺砌、双层铺砌和网格内铺石等几种，流速较大时宜采用网格内铺石的防护。单层铺砌厚度为 0.25～0.35m，双层铺砌的上层为 0.25～0.35m，下层为 0.15～0.25m。

砌石护坡应先在片石下面设置 0.1～0.15m 厚的砂砾或碎石垫层，然后由下而上平整地铺砌片石，片石应逐块嵌紧且错缝，并用砂浆勾缝，以防渗水。石砌护脚处应设置墁石基础。在无河水冲刷时，基础的埋置深度一般为铺砌厚度的 1.5 倍，当基础的埋置深度较深时，可将其设计为堆石垛或石墙基础。当受水流冲刷时，基础应埋置在冲刷线下 0.5～1.0m 处，或采用石砌深基础。当不能将基础设置在冲刷线以下时，必须采取适当措施。

当不适宜采用干砌片石护坡或效果不好，水流流速较大（大于 3m/s），波浪作用强，有漂浮物等冲击时，可用浆砌片石护坡。浆砌片石护坡适于坡度缓于 1∶1 的易风化岩石边坡和土质边坡，其厚度不宜小于 0.25m，砂浆强度等级不应低于 M5，用于冲刷防护时，厚度应根据流速大小或波浪大小确定，最小厚度一般不小于 0.35m。浆砌片石护坡较长时，应在每隔 10～15m 处设置伸缩缝，缝宽约 2cm，缝内填塞沥青麻筋或沥青木板等材料。在基底土质有变化处，还应设置沉降缝，也可考虑将伸缩缝与沉降缝合并设置。护坡的中下部应设泄水孔，以排泄护坡背面的积水从而减小渗透压力，泄水孔可采用 10cm×10cm 的矩形或直径为 10cm 的圆形形式，间距为 2～3m，孔后 0.5m 范围内应设置反滤层。近河路基浆砌片石护坡基础的埋置深度，应在冲刷线下 0.5～1.0m，否则应有防止路基被冲刷的措施。

在石料缺乏地区，也可采用水泥混凝土预制块防护。预制块的混凝土强度不应低于

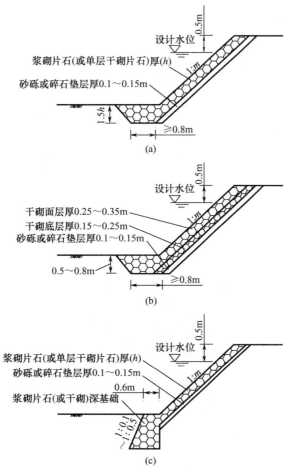

图 5.7 砌石护坡

C15，在严寒地区不应低于 C20。

浆（干）砌片石护坡或水泥混凝土预制块护坡，铺砌层下均应设置砂砾或碎石垫层，厚度不宜小于 100mm。铺砌层下设置的垫层，其主要作用是：

① 防止水流将铺砌层下面边坡上的细颗粒土带出来冲走；

② 增加整个铺砌防护的弹性，将冲击河岸的波浪、流水、流冰等的动压力，以及漂浮物的撞击压力，分布在较大面积上，从而增强对各种冲击力的抵抗作用，使路基不易损坏。

3. 护面墙

护面墙是浆砌片石的坡面覆盖层，紧贴坡面修建，适用于防护易风化或风化严重的软质岩石或较破碎岩石的挖方边坡，以及坡面易受侵蚀的土质边坡，边坡不宜陡于 1：0.5，并应符合极限稳定边坡的要求。单级护坡高度不宜超过 10m，并应设置伸缩缝和泄水孔，如图 5.8 所示。护面墙厚度尺寸的设定可参考表 5-2。

护面墙分为实体式、窗孔式、拱式等类型，应根据边坡地质条件合理选用。其中窗孔式护面墙防护的边坡不应陡于 1：0.75；拱式护面墙适用于边坡下部岩层较完整而上部需防护的路段，边坡应缓于 1：0.5。

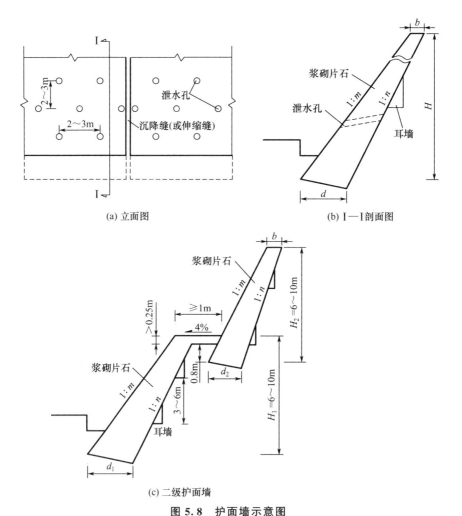

(a) 立面图 (b) I—I 剖面图

(c) 二级护面墙

图 5.8 护面墙示意图

表 5-2 护面墙厚度尺寸的设定

护面墙高度 H/m	路堑边坡	护面墙厚度/m	
		顶宽 b	底宽 d
≤2	1:0.5	0.40	0.40
≤6	陡于 1:0.5	0.40	$0.40+0.10H$
6<H≤10	1:0.5～1:0.75	0.40	$0.40+0.05H$
10<H<15	1:0.75～1:1	0.60	$0.60+0.05H$

护面墙

护面墙基础应设置在稳定的地基上,埋置深度应根据地质条件确定。冰冻地区,基础应埋置在路基冻结深度以下不小于 250mm 处。若为软土地基,可设拱形结构物跨过。护面墙前趾应低于边沟铺砌的底面。

墙体纵向每隔 10～15m 设缝宽 2cm 的伸缩缝一道,缝内用沥青麻筋填塞。墙身上下左右每隔 2～3m 设 10cm×10cm 方形或直径为 10cm 圆形泄水孔,孔后设砂砾反滤层。为增加墙体稳定性,墙背上下每隔 3～6m 设一宽度为 0.5~1.0m 的耳墙。根据边坡基岩或土质的好坏，以高 6~10m 为一级，设宽度不小于 1.0m 的平台。若坡面开挖后形成凹陷，应以石砌圬工填塞平整，称为支补墙。

5.3 沿河路基防护设计

沿河路基受水流冲刷时，应根据河流特性、水流性质、河道地貌、地质等因素，结合路基位置，按表 5-3 经技术经济比较后，选用适宜的防护工程类型或采取导流或改移河道等措施。

表 5-3　冲刷防护工程类型及适用条件

防护类型		适用条件
植物防护		可用于允许流速为 1.2~1.8m/s、水流方向与公路路线近似平行、不受洪水主流冲刷的季节性水流冲刷地段防护。经常浸水或长期浸水的路堤边坡，不宜采用
砌石或混凝土护坡		可用于允许流速为 2~8m/s 的路堤边坡防护
土工织物软体沉排、土工膜袋		可用于允许流速为 2~3m/s 的沿河路基冲刷防护
石笼防护		可用于允许流速为 4~5m/s 的沿河路堤坡脚或河岸防护
浸水挡墙		可用于允许流速为 5~8m/s 的峡谷急流和水流冲刷严重的河段
护坦防护		可用于沿河路基挡土墙或护坡的局部冲刷深度过大、深基础施工不便的路段
抛石防护		可用于经常浸水且水深较大的路基边坡或坡脚以及挡土墙、护坡的基础防护
排桩防护		可用于局部冲刷深度过大的河湾或宽浅性河流的防护
导流	丁坝	可用于宽浅性河段，保护河岸或路基不受水流直接冲蚀而产生破坏
	顺坝	可用于河床断面较窄、基础地质条件较差的河岸或沿河路基防护，以调整流水曲度和改善流态

冲刷防护一般分为直接防护和间接防护两种。直接防护是为了防止水流直接危害河岸或路基，防护的重点是边坡和坡脚，是对河岸或路基予以直接防护和加固，以抵抗水流的冲刷和淘蚀。间接防护则是通过导流等措施，改变水流方向，消除和减缓水流对河岸或路基的直接破坏，同时减轻泥沙淤积和使河岸附近水流减速，起安全保护作用。

1. 直接防护

（1）植物防护

植物防护同坡面防护，但冲刷防护的要求更高。一般情况下，其适用于水流方向较为平顺的河滩边缘，在遭受主流冲刷、水流流速较大时，植物防护难以满足防冲刷要求。

(2) 砌石或混凝土护坡

用于冲刷防护的干（浆）砌片石或混凝土护坡的有关要求与坡面防护的要求相同。砌石或混凝土厚度应根据流速及波浪的大小等因素确定，干砌片石护坡厚度不宜小于 0.25m，浆砌片石护坡厚度不宜小于 0.35m，混凝土护坡厚度不应小于 0.10m。护坡底面应设置反滤层。

(3) 土工织物软体沉排、土工膜袋

土工织物软体沉排是指在土工织物上放置块石或预制混凝土块作为压重的护坡结构，排体材料宜采用聚丙烯编织型土工织物。

土工膜袋是一种双层织物袋，袋中充填流动性混凝土、水泥砂浆或稀释混凝土，凝固后形成高强度和高刚度的硬结板块。采用土工膜袋护坡的路基坡度不得陡于 1∶1。

(4) 石笼防护

石笼是用铁丝编织成框架，内填石料，设在坡脚处，以防急流和大风浪破坏堤岸，也可用来加固河床，防止淘刷。铁丝框架可以是箱形的，也可是圆形的。笼内填石的粒径，最小不小于 4.0cm，一般为 5～20cm，外层应用棱角突出的大石料，内层可用较小石块填充。

石笼内所填石料，应选用重度大、浸水不崩解、坚硬且未分化的石块，石块尺寸应大于石笼的网孔。石笼的网孔尺寸宜为 80mm×100mm 或 100mm×120mm，铁丝直径为 3～4mm。普通石笼使用期为 3～5 年，镀锌石笼使用期为 8～12 年。

石笼的下面应设置碎石、砂砾、卵石垫层或铺设一层土工布，垫层厚度宜为 0.2～0.4m。必要时，应将石笼用钢筋、铁钎固定于基底。相邻石笼应用铁丝连接成整体。

(5) 浸水挡墙

浸水挡墙要进行抗冲刷验算，并要做好浸水挡墙和岸坡的衔接。

(6) 护坦防护

护坦是一种辅助性的防护措施，主要用于沿河路基挡土墙和护坡的基础防护。设置护坦的主要目的是减少局部冲刷深度。

护坦的顶面应埋入计算河床面以下 0.5～1.0m，基底埋置深度和宽度应根据冲刷计算确定。护坦可采用浆砌片石、石笼等修筑。

(7) 抛石防护

抛石防护一般多用于抢修工程。抛石防护的边坡坡度和选用石料粒径应根据水深、流速和波浪等情况确定，石料粒径应大于 300mm，坡度不应陡于所抛石料浸水后的天然休止角（边坡坡率 m_1，一般为 1.5～2.0，m_2 为 1.25～2.0），厚度不应小于所用最小石料粒径的两倍。

抛石防护类似在坡脚处设置护脚，亦称抛石垛，如图 5.9 所示。

2. 间接防护

设置导流建筑物可改变水流方向，彻底解除水流对局部堤岸的损害作用。导流建筑物是桥涵和路基的重要附属工程，由于涉及水流改向，影响范围较大，因此工程费用较高，务必慎重。用于防护堤岸的改河工程，一般限于小型工程，如裁弯取直、挖滩改道、清除孤石等，可在小河的局部段落上进行。

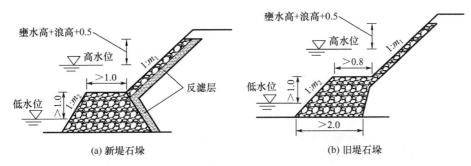

图 5.9 抛石垛（尺寸：m）

设置导流建筑物主要是指设坝，按其与河道的相对位置，一般可分为丁坝、顺坝或格坝。设置导流建筑物时，应根据河道地貌、地质、水流特性、河道演变规律和防护要求等设计导治线，并应避免农田、村庄、公路和下游路基的冲刷加剧。在山区河谷地段，不宜设置挑水导流建筑物。

思考题

1. 路基防护的目的是什么？
2. 植物防护有哪些类型？各适用于什么场合？
3. 工程防护有哪些类型？各有什么特点？
4. 砌石护坡设置垫层的作用是什么？
5. 护面墙与挡土墙有什么区别？
6. 沿河路基防护有哪些类型？各适用于什么场合？

第5章在线答题

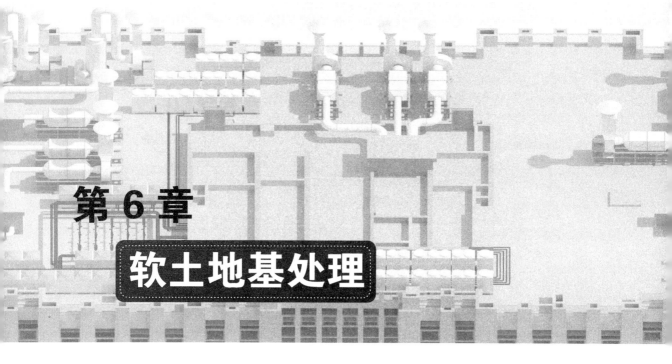

第 6 章

软土地基处理

教学目标

本章介绍工程软土地基处理中最常用的排水固结法、水泥土搅拌法和泡沫混凝土轻质路堤。本章目标为，掌握梯形荷载作用下土中应力的计算，分层总和法计算最终沉降，太沙基一维固结理论和砂井地基固结理论，以及软土地基处理的三种方法；了解考虑前期固结压力的沉降计算方法。

教学要求

能力要求	知识要点	权重
能计算地基最终沉降量 能计算地基任意时刻的固结度 能进行堆载预压法设计 能进行水泥土搅拌法设计 能进行泡沫混凝土轻质路堤设计	土中应力计算	5%
	土基最终沉降量计算	10%
	固结度计算	15%
	排水固结法排水系统	10%
	排水固结法加压系统	15%
	水泥搅拌桩适用范围	5%
	水泥搅拌桩加固机理	5%
	水泥搅拌桩设计与计算	10%
	泡沫混凝土容重、强度	5%
	泡沫混凝土换填厚度	10%
	泡沫混凝土构造与辅助工程	10%

第 6 章　软土地基处理

 引例

我国东南沿海和内陆地区广泛分布有各种软土层。这种土含水量大、压缩性高、强度低、透水性差且不少情况埋藏较深。修筑在软土地基上的道路，如果不预先进行地基处理，在路面设计使用年限内将产生很大的沉降（工后沉降），严重影响道路的正常使用。

所以，应该掌握软土地基常见的处理方法，常见的方法如图 6.1 和图 6.2 所示。

图 6.1　塑料排水板

图 6.2　泡沫混凝土

6.1　土中应力和变形计算基本理论

6.1.1　土中应力计算

对于道路工程而言，作用在土基顶面上的荷载一般都是梯形荷载（路堤自重）。通过图 6.3，介绍半梯形荷载作用下 M 点的应力情况。

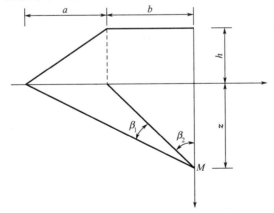

图 6.3　半梯形荷载土中应力计算示意图

M 点的竖向应力计算公式为

$$\sigma_z = \frac{p}{a\pi}[(a+b)(\beta_1+\beta_2) - b\beta_2] \tag{6-1}$$

式中：p——荷载强度，$p=\gamma h$；

γ——路堤填土重度；

h——路堤填土高度。

对于完整梯形荷载作用下的土中应力计算，可由式（6-1）通过应力叠加得到。

例1 图 6.4 所示的路基宽度 24.5m，路堤填土重度 19kN/m³，路堤边坡 1:1.5，请计算图中 M 点的荷载附加应力。

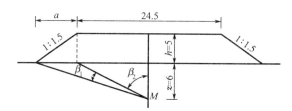

图 6.4 例 1 图（单位：m）

解： 先计算左边一半梯形荷载在 M 点产生的应力。

$a = 1.5h = 1.5 \times 5 = 7.5(\text{m})$

$b = 24.5/2 = 12.25(\text{m})$

$\beta_2 = \arctan(b/z) = \arctan(12.25/6) = 1.115$

$\beta_1 = \arctan[(a+b)/z] - \beta_2 = \arctan(19.75/6) - 1.115 = 0.161$

$p = \gamma h = 19 \times 5 = 95(\text{kPa})$

$\sigma_{z\text{左}} = \dfrac{p}{a\pi}[(a+b)(\beta_1+\beta_2) - b\beta_2] = \dfrac{95}{7.5 \times \pi}[(7.5+12.25) \times (0.161+1.115) - 12.25 \times 1.115] = 46.5(\text{kPa})$

则 M 点的荷载附加应力 σ_z 为

$$\sigma_z = 2\sigma_{z\text{左}} = 2 \times 46.5 = 93(\text{kPa})$$

6.1.2 土体变形计算

1. 土体变形特性指标

土体变形的大小一方面取决于荷载大小和作用方式，另一方面取决于土的性质，即土体变形特性指标。道路工程中进行土基沉降计算时用到的土体变形特性指标主要有压缩系数、压缩模量和压缩指数等。

(1) 压缩系数 a

压缩系数是通过在野外取土，然后在室内进行压缩试验取得的。进行压缩试验的仪器叫压缩仪（固结仪），如图 6.5 所示。试验时，将与自然情况相同的土样置于金属环内，然后放入仪器中，再在活塞上分级加压，土样中的空气与水分随着压力的增大会逐渐排出从而使其产生变形，其变形大小可通过活塞上的量表读出。加压时，应当前一级荷载下土样变形稳定后，再加下一级荷载。

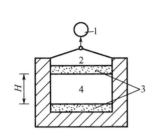

1—百分表；2—加压活塞；3—透水石；4—土样

图 6.5　压缩仪

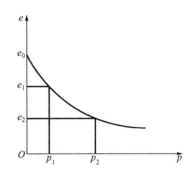

图 6.6　压缩曲线（e—p 曲线）图

设土样压缩前的高度为 H，孔隙比为 e_0，土样底面积为 A，则土粒体积为 $AH/(1+e_0)$。加压后，土样竖向压缩了 ΔH，则其高度变为 $H-\Delta H$，这时孔隙比为 e，土粒体积变为 $A(H-\Delta H)/(1+e)$。假定压缩前后土粒体积不变，则土样压缩后的孔隙比为

$$e = \frac{H-\Delta H}{H}(1+e_0)-1 \tag{6-2}$$

式中：H——土样压缩前的高度；

　　　ΔH——土样的压缩量；

　　　e_0——土样压缩前的孔隙比。

这样就可以得到各级荷载下的孔隙比，根据压力与孔隙比的关系可以绘制出图 6.6 所示的压缩曲线（e—p 曲线）图。

土体压缩性的大小可通过压缩曲线斜率来反映，由此可得压缩系数 a 为

$$a = \frac{e_1-e_2}{p_2-p_1} \tag{6-3}$$

由于压缩曲线并非是直线，因此不同段的压缩系数是不同的。在工程中习惯用 $p_1 = 100\text{kPa}$ 及 $p_2 = 200\text{kPa}$ 对应的压缩系数来评价土体压缩性，记为 a_{1-2}。

（2）压缩模量 E_s

由土体的压缩曲线还可得出另外一个指标——压缩模量 E_s，它的定义是土体在侧限条件下的应力增量与相对压缩增量之比，即

$$E_s = \frac{p_2-p_1}{\dfrac{H_1-H_2}{H_1}} = \frac{\Delta p}{\dfrac{\Delta H}{H_1}} \tag{6-4}$$

因为　　　　　　　　　　　　　$\dfrac{H_1}{1+e_1} = \dfrac{H_2}{1+e_2}$

所以　　　　　$\Delta H = H_1 - H_2 = H_1 \dfrac{e_1-e_2}{1+e_1} \tag{6-5}$

则

$$E_s = \frac{p_2-p_1}{\dfrac{\Delta H}{H_1}} = \frac{p_2-p_1}{\dfrac{e_1-e_2}{1+e_1}} = \frac{1+e_1}{\dfrac{e_1-e_2}{p_2-p_1}} = \frac{1+e_1}{a} \tag{6-6}$$

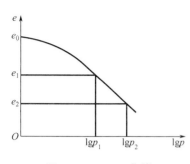

图 6.7 $e - \lg p$ 曲线

式（6-6）同时也反映了压缩模量与压缩系数的关系。

(3) 压缩指数 C_c

实际上，用于土基沉降计算中的压缩系数或压缩模量，不是一个常数值，但是如果绘制 $e-\lg p$ 曲线，就会发现在某一压力之后，$e-\lg p$ 呈现出良好的直线关系，如图 6.7 所示，该直线段的斜率定义为压缩指数 C_c，即

$$C_c = \frac{e_1 - e_2}{\lg p_2 - \lg p_1} = \frac{\Delta e}{\lg \dfrac{p_2}{p_1}} \tag{6-7}$$

采用上述三个指标计算土体的最终沉降量很方便，但是要注意室内试验的土样必须与天然土一样，这就要求取样过程中保证土样不受扰动。

2. 土基最终沉降量计算

(1) 分层总和法

道路工程中计算土基沉降普遍采用分层总和法。该法的实质是将土基分为若干层，每层厚度约为基底宽度的 40%，计算出各分层土的沉降，然后将各分层土的沉降总和加起来就是土基的总沉降。

用分层总和法求出的沉降是土基最终沉降量。计算采用的指标是土在无侧向膨胀下的压缩系数或压缩模量，这些指标均是在压缩试验中试样变形稳定后求得的。所以，分层总和法是在土基侧限条件下，建立起来的计算最终沉降量的方法。

由式（6-5）可推出某土层的沉降（主固结沉降）为

$$s_{ci} = \frac{e_{1i} - e_{2i}}{1 + e_{1i}} H_i \tag{6-8}$$

式中：s_{ci} ——第 i 土层的沉降（主固结沉降）；

e_{1i} ——第 i 土层受压前的孔隙比，由该土层平均自重应力 p_{1i} 从压缩曲线查得；

e_{2i} ——第 i 土层受压后的孔隙比，由该土层平均自重应力 p_{1i} 与平均附加应力 Δp_i 之和从压缩曲线查得；

H_i ——第 i 土层厚度。

若用压缩模量指标计算沉降，则

$$s_{ci} = \frac{e_{1i} - e_{2i}}{1 + e_{1i}} H_i = \frac{a \Delta p_i}{(1 + e_{1i})} H_i = \frac{\Delta p_i}{\dfrac{(1 + e_{1i})}{a}} H_i = \frac{\Delta p_i}{E_{si}} H_i \tag{6-9}$$

式中：E_{si} ——第 i 土层的压缩模量。

土基总沉降 S_c 为

$$S_c = \sum_{i=1}^{n} s_{ci} \tag{6-10}$$

从理论上讲压缩层的厚度为无限，但是附加应力在某一深度以下已经很小，它所引起的土基沉降可忽略不计，因此没有必要以无限深度作为有效压缩层进行计算。公路工程相

关规范规定，对用于计算沉降的压缩层，其底面应在附加应力与有效自重应力之比不大于 0.15 处。

例 2　某路堤如图 6.8 所示，填土重度为 $18kN/m^3$，地基土的部分物理力学指标见表 6-1。请用分层总和法按压缩曲线计算该路堤底面中心处的沉降。

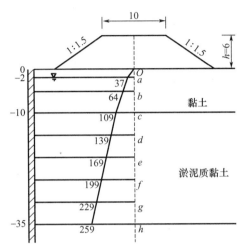

图 6.8　例 2 图

表 6-1　地基土的部分物理力学指标

土名	土层厚/m	重度/(kN/m^3)	不同压力（kPa）下的孔隙比				
			0	50	100	200	300
黏土	2.0	18.5	0.933	0.870	0.833	0.801	0.790
	8.0	19.0					
淤泥质黏土	25.0	16.0	0.932	1.130	0.942	0.875	0.832

解：① 进行分层。

根据地基情况，填土以下 2m 就有地下水，因此第一分层厚度取 2m。地下水以下的黏土层厚 8m，分为 3m 和 5m 两层。第二层淤泥质黏土层厚 25m，以 5m 为一层共分为 5 层（因为填土总宽度为 28m，化为平均荷载时，宽度 19m，而 5m 为一分层已小于 0.4B）。各分层底面均标出符号，见图 6.8。

② 计算自重应力。

a 点 $\sigma_{cz}=18.5\times2=37(kPa)$

b 点 $\sigma_{cz}=37+(19-10)\times3=64(kPa)$

c 点 $\sigma_{cz}=64+(19-10)\times5=109(kPa)$

d 点 $\sigma_{cz}=109+(16-10)\times5=139(kPa)$

e 点 $\sigma_{cz}=139+(16-10)\times5=169(kPa)$

f 点 $\sigma_{cz}=169+(16-10)\times5=199(kPa)$

g 点 $\sigma_{cz}=199+(16-10)\times5=229(kPa)$

h 点 $\sigma_{cz}=229+(16-10)\times5=259(kPa)$

③ 计算附加应力。

按式（6-1）计算各分层点的附加应力，将结果列于表6-2中。根据表6-2应力计算情况，可知 h 点的附加应力是自重应力的13.6%，不大于15%，所以有效压缩层可取地面下35m处。

表6-2 沉降计算表

分层点	深度/m	土层厚度/m	自重应力/kPa	平均自重应力 p_{1i}/kPa	附加应力/kPa	平均附加应力 Δp_i/kPa	平均总应力 p_{2i}/kPa	孔隙比 e_{1i}	孔隙比 e_{2i}	沉降 s_{ci}/cm
O	0		0		108					
		2		18.5		107.7	126.2	0.910	0.825	8.90
a	2		37		107.4					
		3		50.5		104.4	154.9	0.870	0.815	8.82
b	5		64		101.3					
		5		86.5		92.7	179.2	0.843	0.808	9.50
c	10		109		84.0					
		5		124		76.0	200	0.926	0.875	13.24
d	15		139		68.0					
		5		154		62.0	216	0.906	0.868	9.97
e	20		169		56.0					
		5		184		51.6	235.6	0.886	0.860	6.89
f	25		199		47.1					
		5		214		43.8	257.8	0.869	0.850	5.08
g	30		229		40.4					
		5		244		37.9	281.9	0.856	0.840	4.31
h	35		259		35.3					

④ 计算各分层土沉降及总沉降。

根据各分层土的平均自重应力，由表6-1内插出孔隙比 e_{1i}，再根据各分层土的平均总应力内插出孔隙比 e_{2i}。由式（6-8）计算出各分层土的沉降，并将结果列于表6-2中。

则总沉降为 $S_c = \sum_{i=1}^{n} s_{ci} = 66.71 \text{（cm）}$

（2）考虑前期固结压力的沉降计算方法

上述的分层总和法是基于压缩曲线，过程显得过分简化，不能反映土基受力后的复杂情况。因此下面介绍一下考虑较为全面的沉降计算方法。

从土基承受荷载后发生的变形过程来看，土基的最终沉降量可由瞬时沉降 S_d、主固结沉降 S_c 和次固结沉降 S_s 三部分组成，即

$$S = S_d + S_c + S_s \quad \text{或} \quad S = m_s S_c \tag{6-11}$$

$$m_s = 0.123 \gamma^{0.7}(\theta H^{0.2} + vH) + Y \tag{6-12}$$

式中：m_s——沉降系数，与地基条件、荷载强度、加荷速率等因素有关，其值在1.1～1.7范围内，应根据现场沉降监测资料确定，也可按式（6-12）估算。

θ——地基处理类型系数,地基用塑料排水板处理时取 0.95~1.1,用粉体搅拌桩处理时取 0.85,一般预压时取 0.90。

H——路堤中心高度(m)。

γ——填料重度(kN/m³)。

v——加荷速率修正系数,加荷速率在 20~70mm/d 之间时取 0.025;采用分期加载,速率小于 20mm/d 时取 0.005;采用快速加载,速率大于 70mm/d 时取 0.05。

Y——地质因素修正系数,满足软土层不排水抗剪强度小于 25kPa、软土层的厚度大于 5m、硬壳层厚度小于 2.5m 三个条件时,$Y=0$,其他情况 $Y=-0.1$。

瞬时沉降又称为初始沉降或剪切变形沉降,它是伴随着加压即时发生的沉降。一般利用弹性理论公式采用变形模量指标进行计算。

主固结沉降是加压后,随着孔隙水逐渐排出,孔隙体积减小所产生的沉降。次固结沉降是在有效应力保持不变的情况下随时间增加所产生的压缩,这种变形速率不受孔隙水排出的限制,它是土骨架蠕动变形的结果。

在道路工程软土地基处理过程中,式(6-11)计算的总沉降主要用于估算预压期间的补填土石方量,对计算工后沉降没太大意义。

① 主固结沉降计算。

由土的应力与沉降(p—s)曲线(图 6.9)可知,当压力加载到 p_c 时,然后卸载,土体将回弹(ca)。如果再加载,便可得到再加载曲线 ab,曲线变得较陡,超过 c 点后,它的趋势与中途未卸载的 p—s 曲线逐渐一致。这说明土的再加载作用对小于原历史压力 p_c 时有影响。所以,要找出前期固结压力,然后进行土的沉降计算,如果加载压力小于前期固结压力,应使用再压缩曲线的参数。

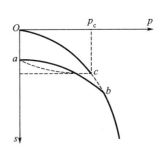

图 6.9 土的应力与沉降曲线

前期固结压力为土在现场地质历史中受过的最大固结压力 p_c。现在土所承受的上覆土层压力为 p_0。当 $p_c=p_0$ 时,土为正常固结土;当 $p_c>p_0$ 时,土为超固结土;当 $p_c<p_0$ 时,土为欠固结土。

由于取样受到各种因素的影响,因此室内试验所得的压缩曲线不能代表现场土的压缩特性。为了预估现场土的沉降,一般是把室内测得的压缩曲线恢复为现场压缩曲线,如图 6.10 和图 6.11 所示,具体方法详见"土力学"课程。

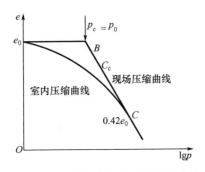

图 6.10 正常固结土的现场压缩曲线

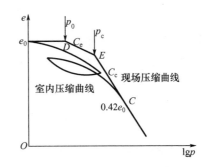

图 6.11 超固结土的现场压缩曲线

对于正常固结土，可通过现场压缩曲线上的压缩指数 C_c 计算沉降，公式如下

$$s_c = \frac{\Delta e}{1+e_0}H = C_c \lg\left(\frac{p_0+\Delta p}{p_0}\right)\frac{H}{1+e_0} \tag{6-13}$$

对于超固结土，仍然可以用式（6-13）来计算沉降，但是 Δe 值应根据应力增量 Δp 大小来决定。若 $\Delta p > p_c - p_0$，则总的孔隙比变化由两部分组成：自重应力 p_0 增加到 p_c 的孔隙比变化 Δe_1 和 p_c 增加到 $p_0 + \Delta p$ 的孔隙比变化 Δe_2，如图 6.12 所示。

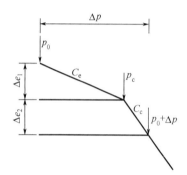

图 6.12 超固结土的孔隙比变化示意图（一）

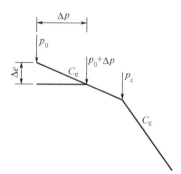

图 6.13 超固结土的孔隙比变化示意图（二）

计算 Δe_1 要用再压缩曲线的斜率 C_e（即回弹指数），则

$$\Delta e_1 = C_e \lg \frac{p_c}{p_0} \tag{6-14}$$

计算 Δe_2 要用现场压缩曲线的斜率 C_c，则

$$\Delta e_2 = C_c \lg \frac{p_0+\Delta p}{p_c} \tag{6-15}$$

所以，沉降为

$$s_c = \frac{\Delta e}{1+e_0}H = \frac{(\Delta e_1 + \Delta e_2)}{1+e_0}H = \frac{H}{1+e_0}\left[C_e \lg \frac{p_c}{p_0} + C_c \lg \frac{p_0+\Delta p}{p_c}\right] \tag{6-16}$$

如果 $\Delta p < p_c - p_0$，如图 6.13 所示，则孔隙比变化 Δe 为

$$\Delta e = C_e \lg \frac{p_0+\Delta p}{p_0} \tag{6-17}$$

对于欠固结土，前期固结压力 p_c 小于当前的自重应力 p_0，所以它的沉降不但包括附加应力引起的沉降，还包括在自重应力作用下土未达稳定的沉降。孔隙比变化 Δe 等于附加应力引起的孔隙比变化 $\Delta e''$ 和在自重应力作用下进一步压缩引起的孔隙比变化 $\Delta e'$ 之和，如图 6.14 所示，即

$$\Delta e = \Delta e' + \Delta e'' = C_c\left[\lg \frac{p_0}{p_c} + \lg \frac{p_0+\Delta p}{p_0}\right] = C_c \lg \frac{p_0+\Delta p}{p_c} \tag{6-18}$$

例 3 某黏土层厚 2.0m，前期固结压力 $p_c = 300\text{kPa}$，由现场压缩曲线得压缩指数 $C_c = 0.5$，回弹指数 $C_e = 0.1$，土层所受的平均自重应力 $p_0 = 100\text{kPa}$，$e_0 = $

0.70，请计算下列条件下黏土层的最终沉降量：① 外荷载在土层中引起的平均竖向附加应力 $\Delta p=400\text{kPa}$；② 外荷载在土层中引起的平均竖向附加应力 $\Delta p=180\text{kPa}$。

解： 前期固结压力 $p_c=300\text{kPa}$，平均自重应力 $p_0=100\text{kPa}<p_c=300\text{kPa}$，属超固结土。

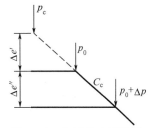

图 6.14 欠固结土的孔隙比变化示意图

① $\Delta p+p_0=400+100=500$（kPa）$>p_c=300\text{kPa}$，土层固结沉降为

$$s_c=\frac{H}{1+e_0}\left[C_e\lg\frac{p_c}{p_0}+C_c\lg\frac{p_0+\Delta p}{p_c}\right]=\frac{2}{1+0.7}\left(0.1\times\lg\frac{300}{100}+0.5\times\lg\frac{100+400}{300}\right)$$
$$\approx 186.6(\text{mm})$$

② $\Delta p+p_0=180+100=280$（kPa）$<p_c=300\text{kPa}$，土层固结沉降为

$$s_c=\frac{H}{1+e_0}\left[C_e\lg\frac{p_0+\Delta p}{p_0}\right]=\frac{2}{1+0.7}\left(0.1\times\lg\frac{100+180}{100}\right)\approx 52.6(\text{mm})$$

② 次固结沉降计算。

从变形—时间半对数图来看，次固结沉降近似地与时间成直线关系，由此可得到次固结沉降计算公式为

$$S_s=\frac{H}{1+e_1}C_a\lg\frac{t_2}{t_1} \qquad (6-19)$$

式中：e_1——主固结沉降结束时的孔隙比；
　　　t_1——主固结沉降结束时的时间；
　　　t_2——计算次固结沉降的时间；
　　　C_a——半对数图上直线部分的斜率，即次压缩系数。

一般来说，次固结沉降可以不用考虑，因它与主固结沉降相比数值较小。

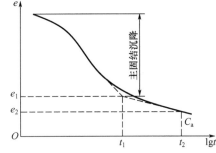

图 6.15 变形—时间半对数图

6.1.3　固结度计算

1. 太沙基一维固结理论

饱和土在外荷载作用下，其孔隙水随时间排出，土孔隙体积相应减小，土粒排列更紧密，从而使土密度增大，土基产生沉降，这种现象叫土的固结。尤其是软土地区的土基在路堤填土荷载作用下，会随着时间产生缓慢的沉降。由于土的固结与时间有关，因此可以预估出不同时期的土基沉降，由此来控制道路运营期的沉降。

土力学介绍了渗水只在竖向上发生的一维固结方程

$$\frac{\partial u}{\partial t}=C_v\frac{\partial^2 u}{\partial z^2} \qquad (6-20)$$

$$C_v=\frac{k(1+e_1)}{a\gamma_w} \qquad (6-21)$$

式中：u——孔隙水压力；

C_v——固结系数；

k——土的渗透系数；

e_1——渗流固结前的孔隙比；

a——压缩系数；

γ_w——水的重度。

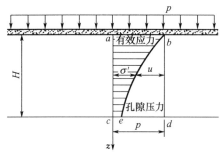

图 6.16 矩形总应力分布，顶面渗水

根据不同的起始条件和边界条件，可求得式（6-20）的解。

（1）矩形总应力分布，顶面渗水（0型）

矩形总应力分布，顶面渗水如图 6.16 所示，其边界条件和初始条件为

$t=0$，$0 \leqslant z \leqslant H$ 时，$u=p$；

$0 \leqslant t \leqslant \infty$，$z=0$ 时，$u=0$；

$0 \leqslant t \leqslant \infty$，$z=H$ 时，$\dfrac{\partial u}{\partial z}=0$；

$t=\infty$，$0 \leqslant z \leqslant H$ 时，$u=0$。

应用傅里叶级数，可求得满足上述边界条件和初始条件的解答，其公式为

$$u = \frac{4p}{\pi} \sum_{m=1}^{\infty} \frac{1}{m} \sin \frac{m\pi z}{2H} e^{-m^2 \frac{\pi^2}{4} T_v} \tag{6-22}$$

$$T_v = \frac{C_v}{H^2} t \tag{6-23}$$

式中：m——奇数正整数（1，3，5，…）；

H——排水最长距离，当土层为单面排水时，H 取土层厚度，当土层为双面排水时，H 取土层厚度一半；

T_v——时间因数；

t——固结历时。

在图 6.16 中的某一深度 z 处，t 时刻的有效应力 σ'_z 与该深度的总应力（即 $t=\infty$ 时的有效应力）之比称为该点的固结度。对于实际工程，更有意义的是土层的平均固结度。

t 时刻土层的平均固结度就是此时土层的有效应力面积与总应力面积的比值，即

$$U_t = \frac{S_{abec}}{S_{abdc}} = \frac{\int_0^H \sigma' dz}{\int_0^H p\, dz} = \frac{\int_0^H \frac{a}{1+e_1} \sigma' dz}{\int_0^H \frac{a}{1+e_1} p\, dz} = \frac{S_t}{S_\infty} \tag{6-24}$$

因此，t 时刻土层的平均固结度也就是该时刻土层的沉降量与最终总沉降量的比值。

将式（6-22）和式（6-23）代入式（6-24）中，可得到

$$U_{0t} = 1 - \frac{8}{\pi^2} \sum_{m=1,3,5\cdots}^{\infty} \frac{1}{m^2} e^{-m^2 \frac{\pi^2}{4} T_v} \approx 1 - \frac{8}{\pi^2} e^{-\frac{\pi^2}{4} T_v} \tag{6-25}$$

（2）三角形总应力分布，顶面渗水（1型和2型）

三角形总应力分布，顶面渗水如图 6.17 所示，总应力（起始孔隙水压力）沿土层深度呈线性分布，根据此时的边界条件，解方程（6-20）可得到对应（1型和2型）的固结

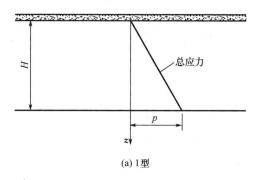
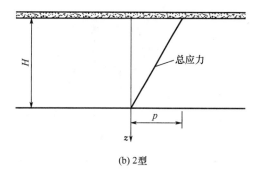

(a) 1型 (b) 2型

图 6.17 三角形总应力分布，顶面渗水

度，为

$$U_{1t} = 1 - \frac{32}{\pi^3}\sum_{m=1,3,5,\cdots}^{\infty}\frac{1}{m^3}e^{-m^2\frac{\pi^2}{4}T_v} \quad (6-26)$$

$$U_{2t} = 1 - 0.59(e^{-\frac{\pi^2}{4}T_v} + 0.37e^{-9\frac{\pi^2}{4}T_v} + \cdots) \quad (6-27)$$

(3) 不同总应力分布的固结度

不同总应力分布情况下土层的固结度，应用不同条件的应力面积叠加后求得。

梯形总应力分布，顶面排水如图 6.18 (a) 所示，其固结度可由 0 型和 1 型叠加求得。总应力面积为

$$A_\infty = \frac{1}{2}(p_a + p_b)H$$

t 时刻土层的有效应力面积由左边的 0 型和右边的 1 型叠加，即

$$A_t = A_0 U_{0t} + A_1 U_{1t} = p_a H U_{0t} + \frac{1}{2}(p_b - p_a)H U_{1t}$$

所以固结度为

$$U_t = \frac{A_t}{A_\infty} = \frac{p_a H U_{0t} + \frac{1}{2}(p_b - p_a)H U_{1t}}{\frac{1}{2}(p_a + p_b)H} = \frac{2p_a U_{0t} + (p_b - p_a)U_{1t}}{p_a + p_b}$$

$$= \frac{2\alpha U_{0t} + (1-\alpha)U_{1t}}{1+\alpha} \quad (6-28)$$

式中：α——排水面处的附加应力与不排水面处的附加应力之比，即 $\alpha = p_a/p_b$；

U_{0t}——0 型固结度，由式 (6-25) 计算；

U_{1t}——1 型固结度，由式 (6-26) 计算。

同理，对于图 6.18 (b) 所示的总应力分布情况，固结度可由 0 型和 2 型叠加求得。

若土层为双面排水，只要总应力呈线性分布，不管总应力分布情况是三角形分布还是梯形分布，其平均固结度公式都与单面排水矩形总应力分布情况下的公式一样，即采用式 (6-25) 计算固结度（土层厚度取一半）。

2. 砂井地基固结理论

采用塑料排水板、砂井加固软土地基，进行堆载设计时，需要采用砂井地基固结理

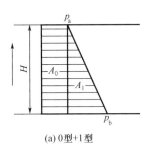
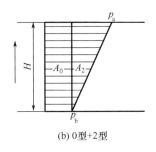

(a) 0型+1型　　　　　　　　　　　(b) 0型+2型

图 6.18　梯形总应力分布，顶面排水

论。通过固结度计算可推算出地基强度增长，从而确定适应地基强度增长的堆载计划。如果已知各级荷载下不同时间的固结度，就可推算出土层各个时间的沉降量。固结度与砂井布置、排水边界条件、固结时间、固结系数等有关。

一般砂井的平面布置有三角形和正方形两种，如图 6.19 所示。在大面积荷载作用下，假定每根砂井为一独立的排水系统。正方形布置时，每根砂井的影响范围为正方形，而三角形布置时，则为正六边形。为简化起见，每根砂井的影响范围以等面积的圆代替，其影响直径为 d_e（砂井有效排水直径）。

$$d_e = \begin{cases} \sqrt{\dfrac{4}{\pi}}d = 1.128d & \text{正方形排列} \\ \sqrt{\dfrac{2\sqrt{3}}{\pi}}d = 1.05d & \text{三角形排列} \end{cases} \qquad (6-29)$$

式中：d——砂井的间距。

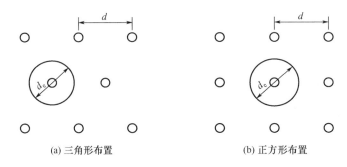

(a) 三角形布置　　　　　　　　　　(b) 正方形布置

图 6.19　砂井的平面布置

现有砂井地基固结理论通常假设荷载是瞬时施加的，因此先进行瞬时加荷条件下固结度的计算，然后根据实际加荷情况进行修正计算。

（1）瞬时加荷条件下砂井地基固结度的计算

土层中的渗流水沿径向和竖向流动，所以砂井地基属于三维固结轴对称问题。若以圆柱坐标表示，设任意点 (r, z) 处的孔隙水压力为 u，则固结微分方程为

$$\frac{\partial u}{\partial t} = C_v \frac{\partial^2 u}{\partial z^2} + C_r \left(\frac{\partial^2 u}{\partial r^2} + \frac{1}{r} \frac{\partial u}{\partial r} \right) \qquad (6-30)$$

$$C_v = \frac{k_v(1+e)}{a\gamma_w} \qquad (6-31)$$

$$C_r = \frac{k_r(1+e)}{a\gamma_w} \tag{6-32}$$

式中：C_v——竖向固结系数；

C_r——径向固结系数；

k_v——竖向渗透系数；

k_r——径向渗透系数。

通过求解，可得到砂井地基总的平均固结度为

$$U_{rv} = 1 - (1-U_r)(1-U_v) \tag{6-33}$$

式中：U_v——地基竖向平均固结度，按式（6-25）、式（6-26）、式（6-27）或式（6-28）计算；

U_r——地基径向平均固结度，按式（6-34）计算。

$$U_r = 1 - e^{-\frac{8T_r}{F_n}} \tag{6-34}$$

$$T_r = \frac{C_r}{d_e^2} t \tag{6-35}$$

$$F_n = \frac{n^2}{n^2-1}\ln(n) - \frac{3n^2-1}{4n^2} \tag{6-36}$$

式中：n——井径比，即砂井有效排水直径 d_e 与砂井的直径 d_w 之比。

将 U_v 和 U_r 代入式（6-33）后，则近似得到 $U_{rv} > 30\%$ 时的砂井地基平均固结度，整理后的公式为

$$U_{rv} = 1 - \frac{8}{\pi^2} e^{-\beta t} \tag{6-37}$$

$$\beta = \frac{8C_r}{F_n d_e^2} + \frac{\pi^2 C_v}{4H^2} \tag{6-38}$$

当砂井间距较密、软土层很厚或 C_r 远大于 C_v 时，竖向固结度对最终结果的影响很小，因此常忽略不计，此时可只用径向固结度作为砂井地基平均固结度。

另外，还要注意有关井阻和涂抹作用对固结度的影响。用底端封闭的套管打砂井时，套管的打入会对周围土体产生扰动，同时套管上下运动还会对井壁产生涂抹作用，这些都会降低土体的径向渗透性。此外，砂井中的砂料对渗流也有阻力，会使水流产生水头损失。所以，当考虑井阻和涂抹作用时，径向固结度要适当进行折减，宜乘以 0.80~0.95 的折减系数。

在实际工程中，往往会遇到软土层较厚，砂井没有打穿整个软土层的情况，如图 6.20 所示。在这种情况下，固结度计算分为两部分：砂井部分土层的平均固结度和砂井以下部分土层的平均固结度。此时整个压缩土层的平均固结度为

$$U = QU_{rv} + (1-Q)U_v' \tag{6-39}$$

$$Q = \frac{H_1}{H_1 + H_2} \tag{6-40}$$

式中：U_{rv}——砂井部分土层的平均固结度；

U_v'——砂井以下部分土层的平均固结度，按太沙基一维固结理论计算；

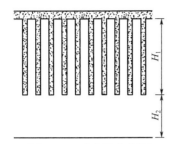

图 6.20 砂井没有打穿整个软土层的情况

H_1——砂井部分土层厚度；

H_2——砂井以下部分土层厚度。

在计算 U'_v 时，排水距离 H' 按式 (6-41) 和式 (6-42) 计算。

$$H' = (1 - \xi \frac{H_1}{H_1 + H_2})(H_1 + H_2) \quad (6-41)$$

$$\xi = 1 - \sqrt{\frac{\pi^2 C_v/(2H)^2}{\pi^2 C_v/(2H)^2 + 8C_r/(F_n d_e^2)}} \quad (6-42)$$

(2) 多级等速加荷条件下砂井地基固结度的计算

以上计算固结度的理论公式都假设荷载是一次瞬间加足的。但在实际工程中，荷载总是分级逐渐施加的。因此，根据上述理论方法求得的固结时间关系或沉降时间关系都必须加以修正。修正的方法有改进的太沙基法和改进的高木俊介法。

① 改进的太沙基法。

对于分级加荷的情况，改进的太沙基法假设内容如下。

a. 每级荷载增量所引起的固结过程是单独进行的，与上一级荷载增量所引起的固结度无关。

b. 总固结度等于各级荷载增量下固结度的叠加。

c. 每一级荷载是在加荷起讫时间的中点一次瞬时施加的。

d. 在每级荷载 Δp_i 加荷起讫时间 t_{i-1} 和 t_i 内，任意时间 t 的固结状态与时间 t 相应的荷载增量（图 6.21 中的 $\Delta p''$）的瞬间作用下经过时间 $\frac{t - t_{i-1}}{2}$ 后的固结状态相同，时间 t 大于 t_i 的固结状态与在加荷期间 ($t_i - t_{i-1}$) 的中点瞬间施加荷载 Δp_i 的情况一样。

改进的太沙基法算得的固结度仅是对本级荷载而言的，因此对总荷载还要按荷载的比例进行修正。

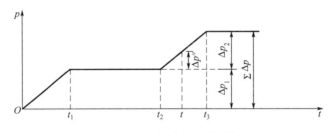

图 6.21 两级等速加荷过程

多级等速加荷的固结度，可归纳为下式

$$U'_t = \sum_{i=1}^{n} U_{t(t - \frac{t_i + t_{i-1}}{2})} \frac{\Delta p_i}{\sum \Delta p_t} \quad (6-43)$$

式中：U_t——瞬时加荷条件下的固结度；

t_{i-1}, t_i——各级等速加荷的起点和终点（d），当 t 在某一级等速加荷的过程中时，取 $t_i = t$；

Δp_i——第 i 级等速加荷的荷载增量，当 t 在某一级等速加荷的过程中时，用该时间的荷载增量（kPa）；

$\sum \Delta p_t$——t 时 n 级荷载的累加（kPa）。

② 改进的高木俊介法。

该法是根据巴伦理论，考虑变速加荷，在辐射向和垂直向排水条件下推导出砂井地基平均固结度的，其特点是不需要求瞬时加荷条件下的地基固结度，而是可直接求得修正后的平均固结度。修正后的平均固结度为

$$U'_t = \sum_{i=1}^{n} \frac{q_i}{\sum \Delta p_t} \left[(t_i - t_{i-1}) - \frac{\alpha}{\beta} e^{-\beta t} (e^{\beta t_i} - e^{\beta t_{i-1}}) \right] \quad (6-44)$$

式中：q_i——第 i 级荷载平均加荷速率（kPa/d）；

α, β——参数，可按表 6-3 取值。

表 6-3　α, β 值

排水固结条件	竖向固结 $U_v > 30\%$	径向固结	竖向和径向固结（砂井贯穿土层）	砂井未贯穿土层时的固结
α	$\dfrac{8}{\pi^2}$	1	$\dfrac{8}{\pi^2}$	$\dfrac{8}{\pi^2} Q$
β	$\dfrac{\pi^2 C_v}{4H^2}$	$\dfrac{8C_r}{F_n d_e^2}$	$\dfrac{8C_r}{F_n d_e^2} + \dfrac{\pi^2 C_v}{4H^2}$	$\dfrac{8C_r}{F_n d_e^2}$

例 4　某 20m 厚淤泥质黏土，$C_r = C_v = 1.8 \times 10^{-3} \text{cm}^2/\text{s}$，采用砂井和堆载预压加固，砂井直径 $d_w = 70\text{mm}$，等边三角形布置，间距 1.4m，深 20m，砂井底部为不透水层。预压荷载分两级施加，第一级 60kPa，10d 内加完，预压 20d；第二级 40kPa，10d 内加完。请计算预压 120d 的固结度。

解：$q_1 = 60/10 = 6$（kPa/d）

$q_2 = 40/10 = 4$（kPa/d）

$d_e = 1.05d = 1.05 \times 1400 = 1470(\text{mm}) = 147(\text{cm})$

$n = d_e/d_w = 1470/70 = 21$

$\alpha = 8/\pi^2 \approx 0.811$

$F_n = \dfrac{n^2}{n^2 - 1} \ln(n) - \dfrac{3n^2 - 1}{4n^2} = \dfrac{21^2}{21^2 - 1} \ln(21) - \dfrac{3 \times 21^2 - 1}{4 \times 21^2} \approx 2.3$

$\beta = \dfrac{8C_r}{F_n d_e^2} + \dfrac{\pi^2 C_v}{4H^2} = \dfrac{8 \times 1.8 \times 10^{-3}}{2.3 \times 147^2} + \dfrac{\pi^2 \times 1.8 \times 10^{-3}}{4 \times 2000^2} \approx 2.908 \times 10^{-7}(\text{s}^{-1}) \approx 0.0251(\text{d}^{-1})$

$U'_t = \sum_{i=1}^{n} \dfrac{q_i}{\sum \Delta p_t} \left[(t_i - t_{i-1}) - \dfrac{\alpha}{\beta} e^{-\beta t} (e^{\beta t_i} - e^{\beta t_{i-1}}) \right]$

$= \dfrac{6}{100} \left[(10 - 0) - \dfrac{0.811}{0.0251} e^{-0.0251 \times 120} \times (e^{0.0251 \times 10} - e^{0.0251 \times 0}) \right] +$

$\quad \dfrac{4}{100} \left[(40 - 30) - \dfrac{0.811}{0.0251} e^{-0.0251 \times 120} \times (e^{0.0251 \times 40} - e^{0.0251 \times 30}) \right] \approx 0.93$

6.2 排水固结法处理软土地基

6.2.1 概述

排水固结法是处理大面积软土地基的有效方法之一。该方法的实质为，先在天然地基中设置竖向排水体（砂井、塑料排水板等），然后利用路堤本身的重量分级逐渐加载预压，使土体中孔隙水排出，土体逐渐固结，地基发生沉降，同时土体强度逐步提高。

按照使用目的，排水固结法可以解决以下两个问题。

① 沉降问题。地基的沉降在加载预压期间已大部分或基本完成，使建筑物在使用期间不会产生不利的沉降。

② 稳定问题。该方法可以加速地基土的抗剪强度增长，从而提高地基承载力和稳定性。

道路工程中，主要关注沉降问题，但在加载预压期间也要考虑稳定问题。

排水固结法由排水系统和加压系统两部分共同组成。

设置排水系统主要在于改变地基原有的排水边界条件，增加孔隙水排出的途径，缩短排水距离。该系统由竖向排水体和水平排水体组成。当软土层较薄，或土的渗透性较好而施工期较长时，可仅在地面铺设一定厚度的排水垫层，然后加载，土层中的孔隙水流入垫层而排出。当工程上遇到深厚、透水性很差的软土层时，可在地基中设置砂井或塑料排水板等竖向排水体，地面连以排水垫层，构成排水系统，加快土体固结。

加压系统是指对地基施加预压荷载，它使土中的水产生压力差而渗流。预压的加载方法有堆载、真空和堆载-真空联合预压三类。

排水系统是一种手段，如果没有加压系统，孔隙中的水就没有压力差，不会自然排出，地基也得不到加固。但是如果只施加固结压力，不缩短土层的排水距离，那么就不能在有限的时间内尽快完成设计要求的沉降量，土的强度也得不到及时提高，各级加载也就不能顺利进行。所以上述两个系统，在设计时总是联系起来综合考虑。

6.2.2 排水固结法的设计与计算

堆载预压法

1. 加固机理

（1）堆载预压法的加固机理

堆载预压法是以路堤本身的重量作为荷载，对地基进行预压的方法。软土地基在此附加荷载作用下，会产生正的超静孔隙水压力。经过一段时间后，超静孔隙水压力逐渐消散，土中的有效应力不断增长，土体得以固结，产生沉降，强度也同时得到提高。

如地基内某点的总应力增量为 $\Delta\sigma$，有效应力增量为 $\Delta\sigma'$，孔隙水压力增量为 Δu，则三者满足以下关系。

$$\Delta\sigma' = \Delta\sigma - \Delta u \qquad (6-45)$$

堆载预压法实质就是通过增加总应力 $\Delta\sigma$ 并使孔隙水压力 Δu 消散从而增加有效应力 $\Delta\sigma'$ 的方法。

下面以地基中某点应力为例来进行分析。加固前地基中某点的应力状态为图 6.22(a) 中的 A 圆，其强度可近似用其平均有效应力 p_1' 对应的 C 点来表示。当进行堆载预压时，土中的超静孔隙水压力消散完毕后，土体主固结完成，相应的有效应力圆移到 B 位置。此时

$$\sigma_3' \approx \sigma_1' + \Delta\sigma_h' \qquad (6-46)$$

$$\sigma_4' \approx \sigma_2' + \Delta\sigma_v' \qquad (6-47)$$

$$p_2' = (\sigma_3' + \sigma_4')/2 = p_1' + (\Delta\sigma_h' + \Delta\sigma_v')/2 \qquad (6-48)$$

B 圆的圆心 p_2' 对应的强度为 D 点，土体的强度由 C 点移到了 D 点，可见土体的强度有所提高。当外荷卸除后，被加固的土体由正常固结状态变成超固结状态，土体强度沿超固结强度包线返回到 E 点，E 点比 C 点具有较高的抗剪强度，因此，经过预压加固后，土体的强度得到了提高。

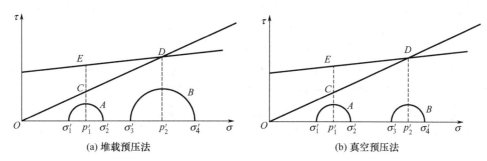

图 6.22　预压法加固地基强度增长示意图

从变形看（图 6.9），预压后卸载再加载，土体将沿再压缩曲线发展，变形会小得多，所以经过预压之后的土基，可以有效控制在使用期间的沉降。

(2) 真空预压法的加固机理

真空预压法示意图如图 6.23 所示，用真空预压法加固软土地基时，在地基上施加的不是实际重物，而是大气。在抽气前，薄膜内外都受大气压力 p_a 作用，土体孔隙中和地下水面以上的气体都处于大气压力状态。抽气时，薄膜内砂垫层中的气体首先被抽出，其压力逐渐下降至 p_n，由此薄膜内外形成一个压力差 $\Delta p = p_a - p_n$，使薄膜紧贴于砂垫层上，这个压力差称为真空度。砂垫层中形成的真空度，通过垂直排水通道逐渐向下延伸并向其四周的土体传递与扩展，引起土中孔隙水压力的降低，形成负的超静孔隙水压力，从而使土体孔隙中的气体和水由土体向垂直排水通道渗流，最后由垂直排水通道汇至地表砂垫层中被抽走。

从太沙基的有效应力原理来看，真空预压法加固的整个过程是在总应力没有增加，即 $\Delta\sigma = 0$ 的情况下发生的。加固中降低的孔隙水压力就等于增加

真空预压法

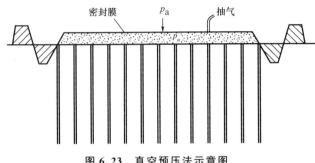

图 6.23 真空预压法示意图

的有效应力，即

$$\Delta\sigma' = \Delta\sigma - \Delta u = -\Delta u \quad (6-49)$$

土体就是在该有效应力作用下得到加固的。

从以上分析可以看出，垂直排水通道在真空预压法中，不仅起着垂直排水、减小排水距离、加速土体固结的作用，还起着传递真空度的作用。"预压荷载"是通过垂直排水通道向土体施加的。

从有效应力路径分析来看，加固前地基中原有应力状态为图 6.22(b) 中的 A 圆，加固中地基增加的有效应力为 $\Delta\sigma'$，由于孔隙水压力是一个球应力，在各个方向上增加的 $\Delta\sigma'$ 都相等，因此

$$\sigma_3' = \sigma_1' + \Delta\sigma' \quad (6-50)$$

$$\sigma_4' = \sigma_2' + \Delta\sigma' \quad (6-51)$$

$$p_2' = (\sigma_3' + \sigma_4')/2 = p_1' + \Delta\sigma' \quad (6-52)$$

有效应力圆移到 B 位置，但应力圆半径没有变化。加固结束，荷载卸除后，地基土的强度沿超固结强度包线返回到 E 点，E 点比 C 点具有较高的抗剪强度。

（3）堆载预压法与真空预压法加固机理的区别

堆载预压法和真空预压法虽然都是通过孔隙水压力减小而使有效应力增加，但它们的加固机理并不相同，由此引起的地基变形、强度增长的特性也不尽相同。

① 堆载预压法中，土体的总应力是增加的，而真空预压法中总应力是保持不变的。

② 堆载预压法中，土体孔隙水压力增量是正值，而真空预压法中孔隙水压力增量是负值。

③ 堆载预压法中，通过增加总应力和孔隙水压力的消散来增加有效应力。真空预压法中，通过负超静孔隙水压力来实现有效应力的增加，随着负超静孔隙水压力绝对值的增加，有效应力即增加，一旦负超静孔隙水压力发生"消散"，有效应力即随之降低。

④ 堆载预压法中，土体加固后形成的有效应力与上部施加的荷载大小有关，而且在垂直和水平方向上大小一般是不同的。真空预压法中，土体有效应力的增加具有最大值，理论上最大为一个大气压，实际上一般都低于此值，因为有效应力的增加依赖于负超静孔隙水压力，所以土体加固过程中的有效应力增加值在各个方向上都相同。

⑤ 堆载预压过程中，一方面土体抗剪强度增加，另一方面剪应力也在增加，当剪应力达到土体抗剪强度时，土体将会发生破坏，所以堆载过程中需控制加荷速率。真空预压过程中，各个方向有效应力增量相同，剪应力不增加，不会引起土体剪切破坏，所以不必控制加荷速率，可连续抽真空至最大真空度，缩短预压时间。

⑥ 堆载预压过程中，预压区周围土产生向外的侧向变形。真空预压过程中，预压区周围土产生指向预压区的侧向变形。

⑦ 堆载预压法中，有效影响深度较大，其取决于附加应力的大小和分布。真空预压法中，真空度往下传递有一定衰减（实测真空度沿深度的衰减为 0.8～2.0 kPa/m）。

(4) 堆载-真空联合预压法的加固机理

堆载-真空联合预压法是利用堆载预压和真空预压两种荷载的同时作用,促使土体中孔隙水加速排出,降低孔隙水压力,增加有效应力,加强土体固结,形成两种荷载作用叠加的方法。同时,抽真空引起的负超静孔隙水压力和堆载引起的正超静孔隙水压力可以产生部分抵消,使土体能快速堆载,不致产生过高的超静孔隙水压力,可以保证土体稳定。

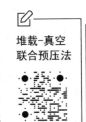

堆载-真空联合预压法

堆载-真空联合预压法中两者的加固效果可以叠加,符合有效应力原理,并经工程试验验证。当采用堆载-真空联合预压法时,既能通过抽真空降低孔隙水压力,又能通过堆载增加总应力。开始时抽真空使孔隙水压力降低有效应力增大,经7~10d后在土体保持稳定情况下进行堆载,使土体产生正超静孔隙水压力,并与抽真空产生的负超静孔隙水压力叠加。正负超静孔隙水压力的叠加,转化的有效应力为消散的正负超静孔隙水压力绝对值之和。

现以瞬间加荷为例,对土中任一点的应力转化加以说明。设某点位于地面下 h,地下水位假定与地面齐平,堆载引起的总应力增量为 $\Delta\sigma_1$,土体的有效重度为 γ',水重度为 γ_w,大气压力为 p_a,抽真空使该点大气压力降至 p_n,历时 t 的固结度为 U_t,不同时间该点的总应力和有效应力见表 6-4。

表 6-4 不同时间该点的总应力和有效应力

情况	总应力 σ	有效应力 σ'	孔隙水压力 u
$t=0$ (未抽真空未堆载)	σ_0	$\gamma'h$	$\gamma_w h + p_a$
$0<t\leqslant\infty$ (既抽真空又堆载)	$\sigma_0 + \Delta\sigma_1$	$\gamma'h + [(p_a - p_n) + \Delta\sigma_1]U_t$	$\gamma_w h + p_a - (p_a - p_n)U_t + \Delta\sigma_1(1-U_t)$
$t\to\infty$ (既抽真空又堆载)	$\sigma_0 + \Delta\sigma_1$	$\gamma'h + [(p_a - p_n) + \Delta\sigma_1]$	$\gamma_w h + p_n$

(5) 适用范围

对于在持续荷载作用下体积会发生很大压缩,强度明显增长的土,排水固结法特别适用。对于超固结土,只有当土层的有效上覆压力与预压荷载所产生的应力水平之和明显大于土的前期固结压力时,土层才会发生明显的压缩。而对处理泥炭土、有机质土和其他次固结变形占很大比例的土,只有当主固结变形与次固结变形相比所占比例较大时其才有明显效果。

真空预压法适用于对地基性质很差、土源紧张、工期紧张的软土进行处理,软土的渗透系数应小于 1×10^{-5} cm/s。当存在粉土、砂土等透水、透气层时,加固区周边应采取确保膜下真空压力满足设计要求的密封措施,比如打设黏性土密封层、开挖换填、垂直铺设密封膜穿过透水、透气层等。对塑性指数大于 25 且含水量大于 85% 的淤泥,应通过现场试验确定其适用性。加固土层上覆有厚度大于 5m 的回填土或承载力较高的黏性土层时,不宜采用真空预压法。

真空预压法与堆载预压法相比，具有加荷速度快，无须堆载材料，加荷中不会出现地基失稳现象等优点，因此它相对来说施工工期短，费用少，但是它能施加的最大压力只有 95kPa 左右，如果要再高，则必须与堆载预压法联合使用。

采用堆载预压法或真空预压法都要求具有足够的预压期。道路工程中，一般桥头软土地基采用复合地基处理，其造价较高。如果遇到大面积的软土地基处理，则采用造价相对较低的堆载预压法或真空预压法。

2. 排水系统

（1）水平排水体

水平排水体即在地基表面铺设的与竖向排水体相连的排水垫层，应具有良好的透水性和连续性。垫层材料可为砂、碎石或砂砾，厚度宜为 0.5m，材料中小于 5mm 的颗粒含泥量不宜大于 5%，渗透系数不宜小于 $1×10^{-3}$ cm/s。

塑料排水板

（2）竖向排水体

施工中常用的竖向排水体有普通砂井、袋装砂井和塑料排水板等，一般优先使用塑料排水板。

我国的塑料排水板属于复合结构型，它由带有沟槽或凸缘的芯板和包在芯板外面的滤膜组合而成。芯板具有凹凸截面形状，起连续排水作用，应采用聚乙烯或聚丙烯新料制成，不得采用再生塑料，其滤膜应采用高强度和良好渗透性及反滤性的热轧或热熔无纺布。塑料排水板应选用可测深式。采用真空预压法处理地基时，宜选用 150mm 宽的大通水量塑料排水板。

塑料排水板性能指标，主要包括纵向通水量、复合体抗拉强度、滤膜抗拉强度、滤膜渗透系数、滤膜等效孔径等，塑料排水板各项指标要求见表 6-5。

表 6-5　塑料排水板各项指标要求

项目		型号规格				条件
		SPB-A	SPB-B	SPB-C	SPB-D	
打设深度/m		≤15	≤25	≤35	≤50	
纵向通水量/(cm³/s)		≥15	≥25	≥40	≥55	侧压力 350kPa
滤膜渗透系数/(cm/s)		≥5×10⁻⁴				试件在水中浸泡 24h
滤膜等效孔径/mm		<0.075				以 O_{95} 计
塑料排水板抗拉强度/(kN/10cm)		≥1.0	≥1.3	≥1.5	≥1.8	延伸率 10% 时
滤膜抗拉强度/(N/cm)	干态	≥15	≥25	≥30	≥37	延伸率 10% 时
	湿态	≥10	≥20	≥25	≥32	延伸率 15% 时，试件在水中浸泡 24h
宽度/mm		(1±0.02)b				b 为塑料排水板设计宽度
厚度/mm		≥3.5	≥4.0	≥4.5	≥5.0	

塑料排水板的纵向通水量对地基加固效果影响很大,使用之前应进行测定,导致纵向通水量减小的因素有以下几个方面。

① 芯板的过水断面过小。
② 侧压力增大,使滤膜嵌入芯板槽内,过水断面减小从而导致通水量减小。
③ 施工或地基变形引起的塑料排水板弯曲、扭、折等都会导致通水量减小。
④ 细颗粒可能堵塞滤膜的部分孔隙。

因此,应要求滤膜具有足够的抗拉强度和良好的韧性,防止在土压力作用下过多地嵌入芯板槽内。滤膜还应具有良好的反滤性,防止孔隙填塞。

塑料排水板的作用机理和设计计算方法同砂井,设计计算时只要把塑料排水板换算成圆柱体即可,其当量换算直径可按式(6-53)计算。

$$d_\mathrm{p} = \alpha \frac{2(b+\delta)}{\pi} \tag{6-53}$$

式中:d_p——塑料排水板当量换算直径(mm);
   b——塑料排水板宽度(mm),一般取100mm;
   δ——塑料排水板厚度(mm);
   α——换算系数,在0.75~1.0之间取用。

竖向排水体可按正方形或三角形布置,横向布置宽度至路基坡脚外1m,且不少于两排。间距应满足设计对固结度的要求,塑料排水板的间距宜在1.0~2.0m内,井径比n宜在15~22之间。

竖向排水体的打设深度应根据工后沉降要求及稳定性计算确定。当软土层厚度小于20m时,宜打穿软土层。当软土层较厚但间有砂层或砂透镜体时,应尽可能打至砂层或砂透镜体。当采用真空预压法时,竖向排水体不应与有水源或大气补给的透水层或透气层相连通。

塑料排水板端头应沿水流方向弯折50cm,如图6.24所示。

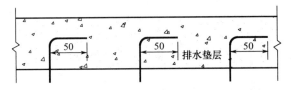

图6.24 塑料排水板弯折大样图(单位:cm)

3. 堆载预压

(1) 荷载大小

堆载预压分为等载预压、超载预压和欠载预压。预压荷载等于路堤设计荷载的,称为等载预压。预压荷载超过路堤设计荷载的,称为超载预压,为了减少预压时间或严格控制沉降,应采用超载预压,超载高度一般为填高的20%~40%。预压荷载小于路堤设计荷载的,称为欠载预压。

(2) 加荷速率和分级

加荷速率(即填筑速率)应根据地基土的强度确定。当天然地基土的强度满足预压荷载下地基稳定性要求时,可一次性加载,否则应分级逐渐加载,待前期预压荷载下地基土的强度增长满足下一级荷载下地基稳定性要求时方可加载。

① 加荷速率。

$$q_i = \frac{\Delta p_i}{\Delta T_i} \quad (6-54)$$

式中：q_i——第 i 级荷载加荷速率，初步设计时可取 $1 \sim 2$ kPa/d；

Δp_i——第 i 级荷载增量；

ΔT_i——第 i 级荷载历时。

② 分级荷载。

饱和软黏土地基的第 1 级预压荷载 p_1 可近似按式 (6-55) 计算。

$$p_1 = \frac{5.52\tau_{f0}}{K} \quad (6-55)$$

式中：τ_{f0}——天然地基不排水抗剪强度，成层土可采用加权平均值；

K——安全系数，建议取 $1.3 \sim 1.5$。

在 p_1 作用下，达到固结度 U_{t_1} 时，土的抗剪强度 τ_{f1} 为

$$\tau_{f1} = \tau_{f0} + p_1 U_{t_1} \tan\varphi_{cu} \quad (6-56)$$

式中：φ_{cu}——天然地基三轴固结不排水内摩擦角；

U_{t_1}——第 1 级预压荷载 p_1 作用下，t_1 时刻地基的平均固结度，可事先拟定。

接下来计算第 2 级容许施加的预压荷载 p_2。

$$p_2 = \frac{5.52\tau_{f1}}{K} \quad (6-57)$$

如果第 2 级预压荷载 p_2 尚未达到预压荷载 p_n，可按上述原理重复计算第 i 级荷载。计算第 i 级荷载的通用公式为

$$p_i = \frac{5.52\tau_{f(i-1)}}{K} \quad (6-58)$$

$$\tau_{f(i-1)} = \tau_{f0} + p_{i-1} U_{t_{(i-1)}} \tan\varphi_{cu} \quad (6-59)$$

$$\tau_{fi} = \tau_{f0} + p_i U_{t_i} \tan\varphi_{cu} \quad (6-60)$$

式中：p_i——第 i 级荷载累计值（$p_i = \sum_{j=1}^{i} \Delta p_j$）；

$\tau_{f(i-1)}$——施加第 i 级荷载前的地基土强度；

τ_{fi}——施加第 i 级荷载后的地基土强度；

U_{t_i}——预压荷载 p_i 作用下，t_i 时刻地基的平均固结度。

上述加荷速率和分级荷载的计算仅供施工参考，实际施工时应根据日变形量控制加荷速率的大小，即施工期间按路堤中心线地面沉降速率每昼夜应不大于 $10 \sim 15$ mm、坡脚水平位移速率每昼夜应不大于 5 mm 的要求控制填筑。若超过此限值，应立即停止施工，直至满足上述指标要求后方可继续施工。

（3）预压时间

道路路基的顶部铺筑路面结构。如果路面结构铺筑完成后，路基再发生较大沉降，那么路面就会开裂，影响正常使用。而路基如果在路面结构施工之前就发生沉降，那么只要补填土方再将其压实就可，即使路基中出现裂缝，也比较容易修补。所以路基从路面竣工

之日至路面设计使用年限末产生的沉降，即工后沉降不能太大，要对其进行控制。预压期越长，工后沉降越小，因此预压时间要根据计算的工后沉降确定。另外，为了弥补理论计算的不足，预压时间也要根据现场沉降观测数据来确定。

因此，预压时间应采用双标准控制，内容如下：推算工后沉降小于容许工后沉降，即式（6-61）；连续 2 个月观测沉降量，要求每月不超过 5mm。一般要求预压期不宜少于 6 个月。预压期内，要及时补填土方，一般一个月至少补填一次，每次补方的厚度不宜超过一层填筑压实厚度。

$$S_p = S_0 - S_{cp} \leqslant [S] \tag{6-61}$$

式中：S_p——工后沉降（m）；

S_0——路面设计使用年限内地基发生的总沉降（m）；

S_{cp}——路基路面施工（预压）期沉降（m）；

$[S]$——地基容许工后沉降，见表 6-6。

表 6-6 地基容许工后沉降　　　　　　　　　　单位：m

公路等级	工程位置		
	桥台与路堤相邻处	涵洞、箱涵、通道处	一般路段
高速公路、一级公路	≤0.10	≤0.20	≤0.30
作为干线公路的二级公路	≤0.20	≤0.30	≤0.50

① 欠载预压工后沉降计算。

欠载预压的经济效果是最好的，其加荷过程如图 6.25 所示。A 点表示加荷完成，B 点表示预压完成开始路面施工，D 点表示路面施工完成，L 点表示路面设计使用年限末。预压荷载 p_1 为预压土方自重，路面结构荷载 p_2 为路面结构自重。工后沉降就是时间 $t_L \sim t_D$ 内发生的沉降，其计算过程较为简单。

工后沉降 S_p 为

$$S_p = S_{cd}(U_{t_L} - U_{t_D}) \tag{6-62}$$

式中：S_{cd}——路堤设计荷载 p_d（$p_d = p_1 + p_2$）作用下，地基发生的最终主固结沉降；

U_{t_L}——t_L 时刻的固结度，时间起算点为 O，采用式（6-44）计算；

U_{t_D}——t_D 时刻的固结度，时间起算点为 O，采用式（6-44）计算。

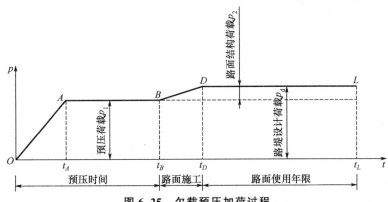

图 6.25 欠载预压加荷过程

例5 某一级公路，路基宽度24.5m，路基设计填土高度3.5m，采用沥青混凝土路面结构，厚度73cm，路面设计使用年限15年。填土重度20kN/m³，路面重度24kN/m³。路堤底下为20m厚淤泥质黏土（压缩层就取这一层），压缩模量$E_s=2.0$MPa，竖向固结系数$C_v=0.0018$cm²/s，压缩系数$a=1.2$MPa^{-1}，初始孔隙比$e_1=1.2$。拟采用欠载预压，预压高度为3.5−0.73=2.77（m）。加载计划为90d堆载到2.77m，然后预压180d，预压结束后铺筑路面结构，路面施工时间30d。请计算工后沉降。

解： 预压荷载 $p_1=20\times2.77=55.4$（kPa）

加荷速率 $q_1=55.4/90\approx0.616$（kPa/d）

路面结构荷载 $p_2=24\times0.73=17.52$（kPa）

加荷速率 $q_2=17.52/30=0.584$（kPa/d）

$p_d=p_1+p_2=55.4+17.52=72.92$（kPa）

路堤设计荷载 p_d 引起的最终主固结沉降 S_{cd} 为（用压缩模量法近似计算，有条件建议采用压缩曲线）

$$S_{cd}=\frac{(72.92+51.70)/2}{2.0\times1000}\times20\approx0.623\text{(m)}$$

$t_A=90$d

$t_B=180+90=270$(d)

$t_D=300$d

$t_L=300+15\times365=5775$(d)

$\alpha=8/\pi^2\approx0.811$

$\beta=\dfrac{\pi^2 C_v}{4H^2}=\dfrac{\pi^2\times0.0018}{4\times2000^2}\approx1.110\times10^{-9}\text{(s}^{-1})\approx9.593\times10^{-5}\text{(d}^{-1})$

$$U_{t_D}=\sum_{i=1}^{n}\frac{q_i}{\sum\Delta p_t}\left[(t_i-t_{i-1})-\frac{\alpha}{\beta}e^{-\beta t}(e^{\beta t_i}-e^{\beta t_{i-1}})\right]$$

$$=\frac{0.616}{72.92}\left[(90-0)-\frac{0.811}{9.593\times10^{-5}}e^{-9.593\times10^{-5}\times300}\times(e^{9.593\times10^{-5}\times90}-e^{9.593\times10^{-5}\times0})\right]+$$

$$\frac{0.584}{72.92}\left[(300-270)-\frac{0.811}{9.593\times10^{-5}}e^{-9.593\times10^{-5}\times300}\times(e^{9.593\times10^{-5}\times300}-e^{9.593\times10^{-5}\times270})\right]$$

$$\approx0.204$$

$$U_{t_L}=\sum_{i=1}^{n}\frac{q_i}{\sum\Delta p_t}\left[(t_i-t_{i-1})-\frac{\alpha}{\beta}e^{-\beta t}(e^{\beta t_i}-e^{\beta t_{i-1}})\right]$$

$$=\frac{0.616}{72.92}\left[(90-0)-\frac{0.811}{9.593\times10^{-5}}e^{-9.593\times10^{-5}\times5775}\times(e^{9.593\times10^{-5}\times90}-e^{9.593\times10^{-5}\times0})\right]+$$

$$\frac{0.584}{72.92}\left[(300-270)-\frac{0.811}{9.593\times10^{-5}}e^{-9.593\times10^{-5}\times5775}\times(e^{9.593\times10^{-5}\times300}-e^{9.593\times10^{-5}\times270})\right]$$

$$\approx0.530$$

则工后沉降为

$$S_p=S_{cd}(U_{t_L}-U_{t_D})=0.623\times(0.530-0.204)\approx0.203\text{(m)}$$

② 超载预压工后沉降计算。

如果软土层很厚，则需要采用超载预压，其加荷过程如图6.26所示。A点表示预压荷载施加完成，B 点表示预压完成开始卸载，即挖除多余的填土，挖到路槽底标高为止，C 点表示卸载完成开始施工路面结构，D 点表示路面施工完成，L 点表示路面设计使用年限末。

为了简化计算，可以忽略与路面结构重量相等的荷载的卸载和再加载过程，同时假定卸载在 t_B 瞬时完成，即在 t_B 时刻仅仅卸除超过路堤设计荷载的那部分荷载，以后保持荷载不变，简化后的加荷过程如图 6.27 所示，A' 点表示达到路堤设计荷载。

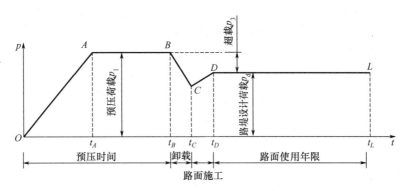

图 6.26 超载预压加荷过程

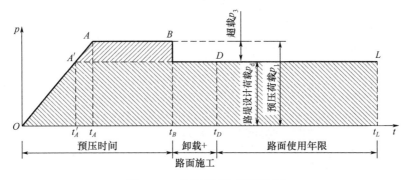

图 6.27 超载预压加荷简化图

超载预压工后沉降的计算，分成独立的两部分，路堤设计荷载 p_d（$p_d = p_1 - p_3$）和超载 p_3。

路堤设计荷载 p_d 产生的工后沉降 S_{p_d} 为

$$S_{p_d} = S_{cd}(U_{t_L} - U_{t_D}) \tag{6-63}$$

式中：S_{cd}——p_d 荷载单独作用下，地基发生的最终主固结沉降（m）；

U_{t_L}——p_d 荷载单独作用下，t_L 时刻的固结度，时间起算点为 O；

U_{t_D}——p_d 荷载单独作用下，t_D 时刻的固结度，时间起算点为 O。

路堤设计荷载 p_d 产生的工后沉降计算较为简单，而超载 p_3 产生的工后沉降计算较为复杂。

超载 p_3 引起的工后沉降可认为是在 $A'A$ 段内施加的超载引起的沉降 S'_{p_3} 和在 B 点卸除超载 p_3 时引起的回弹 S''_{p_3} 叠加的结果。

S'_{p_3} 的计算公式为

$$S'_{p_3} = S'_{c3}(U'_{t_L} - U'_{t_D}) \tag{6-64}$$

式中：S'_{c3}——p_3 荷载单独作用下，地基发生的最终主固结沉降（m）；

U'_{t_L}——p_3 荷载单独作用下，t_L 时刻的固结度，时间起算点为 t_A'；

U'_{t_D}——p_3 荷载单独作用下，t_D 时刻的固结度，时间起算点为 t_A'。

S''_{p_3} 的计算较为复杂，因为存在一个回弹模量如何取值的问题。如果预压时间很长，预压期完成时，孔压已基本消散，超载 p_3 也基本全部转移到土颗粒上，那么卸载时就要用回弹模量或回弹系数来计算回弹值。相反，如果加载后很快就卸载，这时还用回弹模量计算回弹量，其结果就远小于沉降量。实际上由于荷载很快卸除，孔压来不及消散，沉降也来不及发生，因此用压缩系数来计算回弹量才符合实际。

通常预压时间为几个月，并不是很短，也不是很长，可用下述方法计算回弹量 S''_{c3}。计算在 t_B 时刻超载 p_3 已经达到的固结度 U'_{t_B}，这表示在超载 p_3 作用下转化为有效应力的部分是 $U'_{t_B}p_3$，如果将这部分荷载卸除，计算回弹量，应采用回弹模量或回弹系数。孔隙水承担的部分荷载是 $(1-U'_{t_B})p_3$，这部分荷载不引起沉降。但是在 S'_{c3} 的计算中已经包含了这部分荷载引起的沉降，因此在计算回弹量时，应用与回弹系数相对的压缩系数，才能将其消除。

由上可知，荷载卸除后的最终回弹量 S''_{c3} 为

$$S''_{c3}=\frac{1}{1+e_1}[a(1-U'_{t_B})+a'U'_{t_B}]p_3H \tag{6-65}$$

式中：a——土层压缩系数；

a'——土层回弹系数，无资料时可近似取为 $0.3\sim0.5a$；

H——土层厚度。

工后发生的回弹量 S''_{p_3} 为

$$S''_{p_3}=S''_{c3}(U''_{t_L}-U''_{t_D}) \tag{6-66}$$

式中：U''_{t_L}——t_L 时刻的固结度，时间起算点为 t_B；

U''_{t_D}——t_D 时刻的固结度，时间起算点为 t_B。

则超载 p_3 引起的工后沉降 S_{p_3} 为

$$S_{p_3}=S'_{p_3}-S''_{p_3} \tag{6-67}$$

路堤设计荷载与超载引起的总工后沉降为

$$S_p=S_{p_d}+S_{p_3} \tag{6-68}$$

例 6 条件同例 5，采用超载预压，堆载预压高度 4.4m。加载计划为 120d 堆载到 4.4m，然后预压 180d，预压结束后挖除多余土方（挖至路槽底），最后进行路面结构施工，路面施工时间 30d。请计算工后沉降。

解：预压荷载 $p_1=4.4\times20=88(\text{kPa})$

路堤设计荷载 $p_d=2.77\times20+0.73\times24=72.92(\text{kPa})$

加荷速率 $q_1=88/120\approx0.733(\text{kPa/d})$

超载 $p_3=4.4\times20-72.92=15.08(\text{kPa})$

$t_A'=72.92/0.733\approx99.5(\text{d})$

$t_A=120\text{d}$

$t_B=120+180=300(\text{d})$

$t_D=330\text{d}$

$t_L=330+15\times365=5805(\text{d})$

路堤设计荷载 p_d 引起的最终主固结沉降 S_{cd} 为

$$S_{cd} = \frac{(72.92+51.70)/2}{2.0 \times 1000} \times 20 \approx 0.623 \text{(m)}$$

$$U_{t_D} = \sum_{i=1}^{n} \frac{q_i}{\sum \Delta p_t} \left[(t_i - t_{i-1}) - \frac{\alpha}{\beta} e^{-\beta t} (e^{\beta t_i} - e^{\beta t_{i-1}}) \right]$$

$$= \frac{0.733}{72.92} \left[(99.5-0) - \frac{0.811}{9.593 \times 10^{-5}} e^{-9.593 \times 10^{-5} \times 330} \times (e^{9.593 \times 10^{-5} \times 99.5} - e^{9.593 \times 10^{-5} \times 0}) \right]$$

$$\approx 0.211$$

$$U_{t_L} = \sum_{i=1}^{n} \frac{q_i}{\sum \Delta p_t} \left[(t_i - t_{i-1}) - \frac{\alpha}{\beta} e^{-\beta t} (e^{\beta t_i} - e^{\beta t_{i-1}}) \right]$$

$$= \frac{0.733}{72.92} \left[(99.5-0) - \frac{0.811}{9.593 \times 10^{-5}} e^{-9.593 \times 10^{-5} \times 5805} \times (e^{9.593 \times 10^{-5} \times 99.5} - e^{9.593 \times 10^{-5} \times 0}) \right]$$

$$\approx 0.533$$

路堤设计荷载 p_d 引起的工后沉降 S_{p_d} 为

$$S_{p_d} = S_{cd}(U_{t_L} - U_{t_D}) = 0.623 \times (0.533 - 0.211) \approx 0.201 \text{(m)}$$

$$S'_{c3} = \frac{(15.08+9.55)/2}{2.0 \times 1000} \times 20 \approx 0.123 \text{(m)}$$

$$U'_{t_D} = \sum_{i=1}^{n} \frac{q_i}{\sum \Delta p_t} \left[(t_i - t_{i-1}) - \frac{\alpha}{\beta} e^{-\beta t} (e^{\beta t_i} - e^{\beta t_{i-1}}) \right]$$

$$= \frac{0.733}{15.08} \left[(120-99.5-0) - \frac{0.811}{9.593 \times 10^{-5}} e^{-9.593 \times 10^{-5} \times (330-99.5)} \times (e^{9.593 \times 10^{-5} \times (120-99.5)} - e^{9.593 \times 10^{-5} \times 0}) \right] \approx 0.205$$

$$U'_{t_L} = \sum_{i=1}^{n} \frac{q_i}{\sum \Delta p_t} \left[(t_i - t_{i-1}) - \frac{\alpha}{\beta} e^{-\beta t} (e^{\beta t_i} - e^{\beta t_{i-1}}) \right]$$

$$= \frac{0.733}{15.08} \left[\begin{array}{l} (120-99.5-0) - \dfrac{0.811}{9.593 \times 10^{-5}} e^{-9.593 \times 10^{-5} \times (5805-99.5)} \times \\ (e^{9.593 \times 10^{-5} \times (120-99.5)} - e^{9.593 \times 10^{-5} \times 0}) \end{array} \right] \approx 0.529$$

$$S'_{p_3} = S'_{c3}(U'_{t_L} - U'_{t_D}) = 0.123 \times (0.529 - 0.205) \approx 0.040 \text{(m)}$$

$$U'_{t_B} = \sum_{i=1}^{n} \frac{q_i}{\sum \Delta p_t} \left[(t_i - t_{i-1}) - \frac{\alpha}{\beta} e^{-\beta t} (e^{\beta t_i} - e^{\beta t_{i-1}}) \right]$$

$$= \frac{0.733}{15.08} \left[\begin{array}{l} (120-99.5-0) - \dfrac{0.811}{9.593 \times 10^{-5}} e^{-9.593 \times 10^{-5} \times (300-99.5)} \\ \times (e^{9.593 \times 10^{-5} \times (120-99.5)} - e^{9.593 \times 10^{-5} \times 0}) \end{array} \right] \approx 0.203$$

$$a' = 0.4a = 0.4 \times 1.2 = 0.48 \text{ (MPa}^{-1})$$

$$S''_{c3} = \frac{1}{1+e_1}[a(1-U'_{t_B}) + a'U'_{t_B}]p_3 H = \frac{1}{1+1.2}[1.2 \times (1-0.203) + 0.48 \times 0.203] \times$$

$$15.08 \times 20 \times 0.001 \approx 0.144 \text{(m)}$$

瞬时卸载,所以采用瞬时加荷的固结度公式计算。

$$U''_{t_D} = 1 - \frac{8}{\pi^2} e^{-\frac{\pi^2}{4} T_{vD}} = 1 - \frac{8}{\pi^2} e^{-\frac{\pi^2}{4} \times \frac{0.0018 \times (330-300) \times 24 \times 3600}{2000^2}} \approx 0.192$$

$$U''_{t_L} = 1 - \frac{8}{\pi^2} e^{-\frac{\pi^2}{4} T_{vL}} = 1 - \frac{8}{\pi^2} e^{-\frac{\pi^2}{4} \times \frac{0.0018 \times (5805-300) \times 24 \times 3600}{2000^2}} \approx 0.522$$

$$S''_{p_3} = S''_{c3}(U''_{t_L} - U''_{t_D}) = 0.144 \times (0.522 - 0.192) \approx 0.048 \text{(m)}$$

$$S_{p_3} = S'_{p_3} - S''_{p_3} = 0.040 - 0.048 = -0.008 \text{(m)}$$

则工后沉降为

$$S_p = S_{p_d} + S_{p_3} = 0.201 - 0.008 = 0.193 \text{(m)}$$

③ 等载预压工后沉降计算。

等载预压加荷过程如图 6.28 所示。A 点表示加荷完成，B 点表示预压完成开始卸载，即挖除多余的填土，挖到路槽底标高为止，C 点表示卸载完成开始施工路面结构，D 点表示路面施工完成，L 点表示路面设计使用年限末。等载预压的卸载量等于再加载量，过程较短，为简化计算，可忽略这一过程，在图 6.28 中将 B 点和 D 点直接相连，也就是说 A 点以后，荷载就不再变化。这样，工后沉降的计算非常简单，不再赘述。

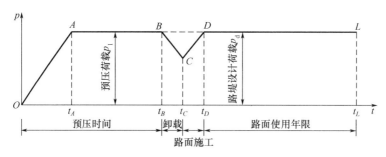

图 6.28 等载预压加荷过程

4. 真空预压

真空预压需要注意以下几个问题。

① 设计前要特别查明透水层的位置及范围和地下水状况等，它往往决定垂直排水通道的打设深度，以及真空预压是否适用或在预压过程中是否需要附加密封措施。当表层存在良好透气层或在处理范围内有充足水源补给的透水层时，应采取有效措施隔断透气层或透水层。

② 膜内真空度。真空预压效果与密封膜内所能达到的真空度大小关系极大。膜下真空负压应保持稳定，不小于 70kPa，且应均匀分布。真空预压结束后竖向排水体范围内土层的平均固结度应大于 90%。

③ 真空预压必须设置竖向排水体，优先采用塑料排水板。

④ 预压区面积和形状。真空预压效果与预压区面积大小及长宽比有关。面积越大，加固效果越明显。预压区越接近正方形，效果越好。真空预压区边缘应超出工程需要的加固区轮廓，每边增加量不得小于 3m。

⑤ 沉降计算。与堆载预压不同，真空预压按单向压缩分层总和法计算所得的固结沉降应乘以一个小于 1 的经验系数，该经验系数可取 0.6～0.9。瞬时沉降和次固结沉降可忽略不计。

⑥ 固结度的计算。真空预压是瞬时加荷，所以按瞬时加荷有关公式计算。

⑦ 当预压荷载大于 80kPa，需要在抽真空的同时再堆载，此时采用真空-堆载联合预压法。在堆载中应做到以下几点。

  a. 对真空密封膜上下进行保护，防止堆载刺破。

  b. 当地基固结度达 30%～50%后开始堆载效果较好。

  c. 施加每级荷载前，均应进行固结度、强度增长和稳定性验算，满足要求后方可施加下一级荷载。

6.2.3 沉降与水平位移观测

1. 观测项目

软土地基路堤施工中，应根据观测目的按表 6-7 选择确定观测项目。

表 6-7 沉降与水平位移观测项目

观测项目	观测仪器设备	观测目的
地表沉降	沉降板、水准仪	观测地表沉降，控制加荷速率。预测沉降趋势，确定预压卸载时间。提供施工期间沉降增加土方量的计算依据
地表水平位移	水平位移桩、测距仪、经纬仪、钢尺	观测地表水平位移兼地表隆起情况，用于路堤施工过程中的稳定性控制
地基深层水平位移	测斜管、测斜仪	观测地基深层土体水平位移，推定土体剪切破坏的位置，掌握潜在滑动面的发展变化，评价地基稳定性，用于路堤施工过程中的稳定性控制

2. 布置位置

地表沉降观测断面在一般路段每隔 100m 布设一处；在预压高度达到极限高度的路段，宜每隔 50m 布设一处；在跨度大于 30m 的结构物两端相邻路堤段应各布设一处，跨度小于 30m 时可仅在一端布设。在地基条件差、地形变化大的部位应加密设置观测断面。

沉降板应设置于路中心，与结构物相邻路堤段宜在两侧路肩及边坡坡脚位置增设沉降板。

在预压高度达到极限高度的路段应设置地表水平位移观测断面。一般路段宜每隔 50m 布设一处；跨度大于 30m 的结构物两端相邻路堤段应各布设一处，跨度小于 30m 可仅在一端布设。填挖交界处、沿河路段等易发生失稳的部位应设置观测断面。

水平位移桩宜设置于路堤坡脚外 10m 范围内的位置，每侧宜布置 3～4 个点。沉降与水平观测点宜设置于同一横断面上。

在桥头高路堤等重要部位及沿河、临河等凌空面大且稳定性差的路段宜设置测斜管，以便对地基深层水平位移进行观测。

沉降板与位移桩设置如图 6.29 所示。

3. 观测频率

沉降观测在施工期间应每填一层观测一次。路堤填高达到极限高度之后应每天观测一次。临时中断施工或加载间隙期，可 3d 观测一次。在预压期间，第一个月内应每 3d 观测一次，第二个月至第三个月宜每 7d 观测一次，从第四个月起至预压期末可每半个月观测一次。而稳定观测在路堤填高达到极限高度后第一个月内，应每天进行一次；临时中断施工或加载间隙期，可每 3d 进行一次；间隙期超过一个月后，可每月观测一次。

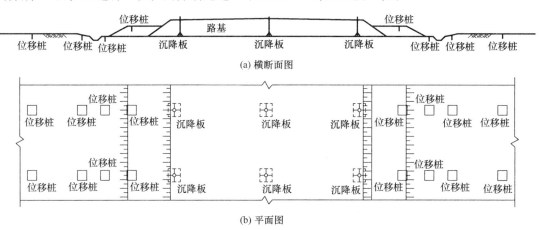

图 6.29 沉降板与位移桩设置

6.2.4 案例分析

1. 工程概况

某一级公路，路基宽度 24.5m，位于软土地基。以 K0+650～K0+790 段为例进行说明，该段地质纵断面如图 6.30 所示，地面以下 0.9m 为地下水位，各层地基土物理力学指标见表 6-8，该段平均填高 4.0m，路堤填料重度 20kN/m³。路面采用沥青混凝土，设计使用年限 15 年。

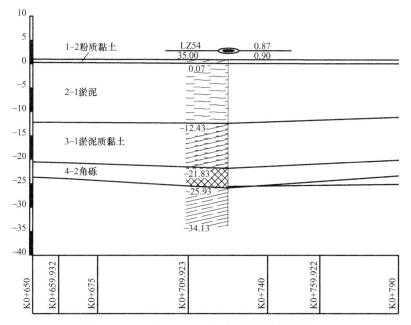

图 6.30 K0+650～K0+790 段地质纵断面

表 6-8　各层地基土物理力学指标

土层序号	土层名称	天然孔隙比	压缩系数 /MPa^{-1}	十字板剪切强度 /kPa	压缩模量 /MPa	固快 C /kPa	固快 ϕ /°	渗透系数 Kv / (cm/s)	渗透系数 Kr / (cm/s)
1-2	粉质黏土	0.89	0.49	34.6	4.31	18	10	2.0E-06	8.5E-07
2-1	淤泥	1.50	1.17	13.2	2.09	10	5	4.0E-7	3.6E-07
3-1	淤泥质黏土	1.29	0.97	17.8	2.54	13	7	4.3E-07	4.6E-07

2. 判断是否需要进行软土地基处理

该段 1-2 层厚度 0.8m，2-1 层平均厚度 12.5m，3-1 层平均厚度 9.4m。3-1 层以下为低压缩性土层，因此有效压缩层取到 3-1 层底。

a. 用式（6-1）计算各层分界点的路堤荷载附加应力。

1-2 层顶附加应力 $\sigma_1 = 80$ kPa

1-2 层底附加应力 $\sigma_2 = 79.99$ kPa

2-1 层底附加应力 $\sigma_3 = 68.38$ kPa

3-1 层底附加应力 $\sigma_4 = 53.44$ kPa

b. 用压缩模量法即式（6-9）计算各层沉降。

$$S_c = \sum_{i=1}^{3} \frac{\Delta p_i}{E_{si}} H_i = \frac{(80+79.99)/2}{4.31} \times 0.8 \times 0.001 + \frac{(79.99+68.38)/2}{2.09} \times 12.5 \times 0.001 + \frac{(68.38+53.44)/2}{2.54} \times 9.4 \times 0.001 \approx 0.68 (\text{m})$$

用压缩模量法计算沉降，误差较大，有条件最好用式（6-8）计算沉降。

c. 先按瞬时加荷，不进行预压，初步估算工后沉降（施工期暂不考虑）。

$$C_{v1} = \frac{k_{v1}(1+e_{01})}{a_1 \gamma_w} = \frac{2.0 \times 10^{-6} \times (1+0.89) \times 100}{0.49 \times 10 \times 0.001} \approx 0.077 (\text{cm}^2/\text{s})$$

$$C_{v2} = \frac{k_{v2}(1+e_{02})}{a_2 \gamma_w} = \frac{4.0 \times 10^{-7} \times (1+1.50) \times 100}{1.17 \times 10 \times 0.001} \approx 0.0085 (\text{cm}^2/\text{s})$$

$$C_{v3} = \frac{k_{v3}(1+e_{03})}{a_3 \gamma_w} = \frac{4.3 \times 10^{-7} \times (1+1.29) \times 100}{0.97 \times 10 \times 0.001} \approx 0.010 (\text{cm}^2/\text{s})$$

竖向等效固结系数

$$C_v = \frac{0.8+12.5+9.4}{\frac{0.8}{0.077}+\frac{12.5}{0.0085}+\frac{9.4}{0.010}} \approx 0.0094 (\text{cm}^2/\text{s})$$

$$T_v = \frac{C_v t}{H^2} = \frac{0.0094 \times 15 \times 365 \times 24 \times 3600}{2270^2} \approx 0.863$$

$$U_{t=15年} = 1 - \frac{8}{\pi^2} e^{-\frac{\pi^2}{4} T_v} = 1 - \frac{8}{\pi^2} e^{-\frac{\pi^2}{4} \times 0.863} \approx 0.90$$

所以 15 年内的工后沉降为

$$S_p = S_c U_{t=15} - 0 = 0.68 \times 0.90 \approx 0.61 (m) > [S] = 0.3m$$

因此需要进行软土地基处理。

3. 软土地基处理方案

软土地基处理方案为，不打排水板，只进行等载预压，3个月堆载到设计标高（加荷速率为 $80/90 \approx 0.89 kPa/d$），再预压9个月，看看工后沉降是否满足要求。

a. 计算预压期的固结度 $U_{t=1年}$。

$$\alpha = \frac{8}{\pi^2} \approx 0.811$$

$$\beta = \frac{\pi^2 C_v}{4H^2} = \frac{\pi^2 \times 0.0094}{4 \times 2270^2} \approx 4.501 \times 10^{-9} (s^{-1}) \approx 0.0003889 (d^{-1})$$

$$U_{t=1年} = \sum_{i=1}^{n} \frac{q_i}{\sum \Delta p_t} \left[(t_i - t_{i-1}) - \frac{\alpha}{\beta} e^{-\beta t} (e^{\beta t_i} - e^{\beta t_{i-1}}) \right]$$

$$= \frac{0.89}{80} \times \left[(90 - 0) - \frac{0.811}{0.0003889} e^{-0.0003889 \times 365} (e^{0.0003889 \times 90} - e^0) \right] \approx 0.28$$

b. 再计算预压期加路面设计使用年限的固结度 $U_{t=16年}$。

$$U_{t=16年} = \sum_{i=1}^{n} \frac{q_i}{\sum \Delta p_t} \left[(t_i - t_{i-1}) - \frac{\alpha}{\beta} e^{-\beta t} (e^{\beta t_i} - e^{\beta t_{i-1}}) \right]$$

$$= \frac{0.89}{80} \times \left[(90 - 0) - \frac{0.811}{0.0003889} e^{-0.0003889 \times 365 \times 16} (e^{0.0003889 \times 90} - e^0) \right] \approx 0.92$$

工后沉降为

$$S_p = S_c (U_{t=16} - U_{t=1}) = 0.68 \times (0.92 - 0.28) \approx 0.44 (m) > [S] = 0.3m$$

所以，仅仅等载预压一年无法满足工后沉降要求。如果要满足工后沉降要求，通过上述相同的方法计算，需要等载预压4年，这显然是不现实的。

本案例的工后沉降不大，所以超载预压，不打排水板，也能满足要求。但为了让设计更丰富，本案例采用等载预压加打设塑料排水板方案。堆载高度按 4.0m（堆载高度 4.0m 实际上属于欠载预压，因为路面结构比土重，所以应根据路面结构与路基总重确定堆载高度，本例为简单起见，把堆载 4.0m 认为是等载预压）确定。

排水板采用 SPB-B 型，宽度 $b=100mm$，厚度 $\delta=4mm$，其当量换算直径为

$$d_p = \alpha \frac{2(b+\delta)}{\pi} = 1.0 \times \frac{2 \times (100+4)}{\pi} \approx 66.21 (mm)$$

排水板打穿软土层，长度为 22.7m。排水板间距 1.5m，三角形布置，影响直径 d_e 为

$$d_e = 1.05 \times 1.5 = 1.575 (m)$$

$$n = d_e / d_w = 1575 / 66.21 \approx 23.8$$

$$\alpha = 8/\pi^2 \approx 0.811$$

$$F_n = \frac{n^2}{n^2-1} \ln(n) - \frac{3n^2-1}{4n^2} = \frac{23.8^2}{23.8^2-1} \ln(23.8) - \frac{3 \times 23.8^2-1}{4 \times 23.8^2} \approx 2.4$$

$$C_{r1} = \frac{k_{r1}(1+e_{01})}{a_1 \gamma_w} = \frac{8.5 \times 10^{-7} \times (1+0.89) \times 100}{0.49 \times 10 \times 0.001} \approx 0.033 (cm^2/s)$$

$$C_{r2} = \frac{k_{r2}(1+e_{02})}{a_2 \gamma_w} = \frac{3.6 \times 10^{-7} \times (1+1.5) \times 100}{1.17 \times 10 \times 0.001} \approx 0.0077 (cm^2/s)$$

$$C_{r3}=\frac{k_{r3}(1+e_{03})}{a_3\gamma_w}=\frac{4.6\times10^{-7}\times(1+1.29)\times100}{0.97\times10\times0.001}\approx0.011(\text{cm}^2/\text{s})$$

按加权平均取径向等效固结系数

$$C_r=\frac{0.8\times0.033+12.5\times0.0077+9.4\times0.011}{0.8+12.5+9.4}\approx0.010(\text{cm}^2/\text{s})$$

$$\beta=\frac{8C_r}{F_n d_e^2}+\frac{\pi^2 C_v}{4H^2}=\frac{8\times0.010}{2.4\times157.5^2}+\frac{\pi^2\times0.0094}{4\times2270^2}\approx1.348\times10^{-6}(\text{s}^{-1})\approx0.1165(\text{d}^{-1})$$

4. 加荷方案

① 第 1 级荷载。

τ_{f0} 取加权平均值，即

$$\tau_{f0}=\frac{0.8\times34.6+12.5\times13.2+9.4\times17.8}{0.8+12.5+9.4}\approx15.86(\text{kPa})$$

因此，第 1 级容许施加的荷载为

$$p_1'=\frac{5.52\tau_{f0}}{K}\approx\frac{5.52\times15.86}{1.3}\approx67.34(\text{kPa})$$

$$h_1=\frac{p_1'}{\gamma}=\frac{67.34}{20}=3.367\approx3.4(\text{m})$$

所以第 1 级荷载可以堆至 3.4m 高，60d 堆完，然后间隔 30d 再堆下级荷载。

加荷速率为

$$q_1=\frac{p_1}{\Delta T_1}\approx\frac{3.4\times20}{60}\approx1.133(\text{kPa/d})$$

② 确定第 1 级荷载作用后的固结度（$t=90$d）。

$$U_{t=90\text{d}}=\sum_{i=1}^{n}\frac{q_i}{\sum\Delta p_t}\left[(t_i-t_{i-1})-\frac{\alpha}{\beta}e^{-\beta t}(e^{\beta t_i}-e^{\beta t_{i-1}})\right]$$

$$=\frac{1.133}{68}\times\left[(60-0)-\frac{0.811}{0.1165}e^{-0.1165\times90}(e^{0.1165\times60}-e^0)\right]\approx0.996$$

③ 确定第 1 级荷载作用后的抗剪强度。

内摩擦角取各层加权平均值。

$$\varphi_{cu}=\frac{0.8\times10°+12.5\times5°+9.4\times7°}{0.8+12.5+9.4}\approx6.0°$$

$$\tau_{f1}=\tau_{f0}+p_1 U_{t=90\text{d}}\tan\varphi_{cu}=15.86+68\times0.996\times\tan6°\approx22.98(\text{kPa})$$

④ 第 2 级荷载。

第 2 级容许施加的荷载为

$$p_2'=\frac{5.52\tau_{f1}}{K}=\frac{5.52\times22.98}{1.3}\approx97.58(\text{kPa})$$

$$h_2'=\frac{p_2'}{\gamma}=\frac{97.58}{20}\approx4.88(\text{m})$$

也就是第 2 级荷载可以加到 4.88m，而堆载高度为 4.0m，所以剩下的 4.0－3.4=0.6（m）可以一次性填完，即 $h_2=4.0$m，填筑时间 10d，则加荷速率为

$$q_2=\frac{\Delta p_2}{\Delta T_2}=\frac{0.6\times20}{10}=1.2(\text{kPa/d})$$

$$p_2 = p_1 + \Delta p_2 = 68 + 0.6 \times 20 = 80 \text{(kPa)}$$

加载计划如图 6.31 所示。

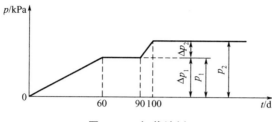

图 6.31 加载计划

5. 工后沉降计算

堆载到设计高度后，再预压 180d，堆载加预压总时间为 280d。

$$U_{t=280\text{d}} = \sum_{i=1}^{n} \frac{q_i}{\sum \Delta p_t} \left[(t_i - t_{i-1}) - \frac{\alpha}{\beta} e^{-\beta t} (e^{\beta t_i} - e^{\beta t_{i-1}}) \right]$$

$$= \frac{1.133}{80} \times \left[(60 - 0) - \frac{0.811}{0.1165} e^{-0.1165 \times 280} (e^{0.1165 \times 60} - e^0) \right] +$$

$$\frac{1.2}{80} \times \left[(100 - 90) - \frac{0.811}{0.1165} e^{-0.1165 \times 280} (e^{0.1165 \times 100} - e^{0.1165 \times 90}) \right] \approx 0.9998$$

假定预压结束后，马上进行路面结构施工，则从堆载开始到路面设计使用年限末的总时间为

$$280 + 15 \times 365 = 5755 \text{ (d)}$$

$$U_{t=5755\text{d}} = \sum_{i=1}^{n} \frac{q_i}{\sum \Delta p_t} \left[(t_i - t_{i-1}) - \frac{\alpha}{\beta} e^{-\beta t} (e^{\beta t_i} - e^{\beta t_{i-1}}) \right]$$

$$= \frac{1.133}{80} \times \left[(60 - 0) - \frac{0.811}{0.1165} e^{-0.1165 \times 5755} (e^{0.1165 \times 60} - e^0) \right] +$$

$$\frac{1.2}{80} \times \left[(100 - 90) - \frac{0.811}{0.1165} e^{-0.1165 \times 5755} (e^{0.1165 \times 100} - e^{0.1165 \times 90}) \right] \approx 0.9998$$

则工后沉降为

$$S_p = (U_{t=5755\text{d}} - U_{t=280\text{d}}) S_c = (0.9998 - 0.9998) \times 0.68 = 0.0 \text{(m)}$$

本案例的理论计算表明，地基土在预压 3 个月左右后，固结度已接近 100%，所以工后沉降几乎没有。但是本案例的计算，一方面未考虑井阻和涂抹作用，另一方面理论计算结果本身有很多不确定性，比如渗透系数的取值是否合理等。所以该理论计算结果仅可作为施工参考，施工中要根据变形观测情况确定加载计划和预压期。

6. 设计出图

经过计算分析后，接下来就是设计出图。一般软土地基处理的图表有软土地基处理设计表、软土地基处理工程数量表、软土地基处理平面图、软土地基处理纵断面图（整平标高、预压标高、排水板深度等）、软土地基处理横断面图、排水板布置详图、仪器观测图、场地整平横断面图及土方数量、堆载横断面图及土方数量、卸载横断面图及卸载土方数量等。绘制这些图表时相对简单，本书不再叙述。

6.3 水泥土搅拌法处理软土地基

6.3.1 概述

1. 定义

水泥土搅拌法是加固饱和软黏土地基的一种成熟方法,它将水泥等材料作为固化剂,通过特制的深层搅拌机械,在地基中就地将软土和固化剂强制搅拌,利用软土和固化剂之间的一系列物理化学反应,使软土硬结成具有整体性、水稳定性和一定强度的优质地基。水泥土搅拌法分为浆液搅拌法和粉体喷搅法。

搅拌桩施工机械

浆液搅拌法是使用水泥浆作为固化剂的水泥土搅拌法,简称湿法,形成的桩叫作深层搅拌桩。

粉体喷搅法是使用干水泥粉作为固化剂的水泥土搅拌法,简称干法,形成的桩叫作粉喷桩。

2. 适用范围

水泥土搅拌法最适于加固饱和软黏土。《公路路基设计规范》(JTG D30—2015) 规定深层拌和法可用于加固十字板抗剪强度不小于 10kPa 的软土地基。一般路堤填土高度不宜超过 6m。

软土含水量大于 40% 或含水比 (w/w_L) 大于 1 时宜用粉喷桩;含水量小于 40% 或含水比小于 1 时宜用深层搅拌桩。

当土的塑性指数大于 25 时,应特别注意水泥土搅拌法的可行性。因为塑性指数大于 25 后,土的黏性很强,极易在水泥土搅拌机的搅拌头上形成一个大泥团,将严重影响水泥和土粒的均匀搅拌,也就无法提高土的强度。

当地下水或土样的 pH 小于 4 时,土样呈酸性,将严重影响水泥水化反应的进行,水泥水化的不完善将阻碍水泥与土粒的物理化学反应,当然也就无法用水泥土搅拌法加固土。要想加固这种土可在固化剂中掺加水泥用量 5% 的石灰,可使水泥周围的环境变成碱性,将有利于水泥水化反应的进行。

根据室内试验的结果,一般认为用水泥作固化剂,对含有高岭石、多水高岭石、蒙脱石等黏土矿物的软土加固效果较好;而对含有伊利石、氯化物和水铝石英矿物的黏性土以及有机质含量高(超过 10%)、pH 较低的黏性土加固效果较差。

含有大孤石或障碍物较多且不易清除的杂填土、硬塑及坚硬黏性土、密实砂土以及成桩质量受地下水渗流影响的土层、欠固结的淤泥和淤泥质土、生活垃圾为主的杂填土等不宜采用水泥土搅拌法。

水泥土搅拌法的加固深度取决于施工机械的效率。道路工程中,一般规定粉体喷搅法加固深度不宜大于12m，浆液搅拌法加固深度不宜大于20m。

水泥搅拌桩成型

3. 特点

水泥土搅拌法加固软土地基具有以下优点。

① 最大限度地利用了原土。

② 搅拌时无振动、无噪声和无污染（除国产粉喷桩机有一定的粉尘污染），可在密集建筑群中进行施工，对周围原有建筑物及地下管沟影响很小。

③ 根据上部结构的需要，可灵活地采用柱状、壁状、格栅状和块状等加固形式。

④ 与钢筋混凝土桩基相比，可节约钢材并降低造价。

水泥搅拌桩与混凝土桩相比，桩身水泥土质量受土质及施工因素影响极大。其最大隐患是断桩或局部桩身强度不足，如搅拌不匀、喷浆不足、水下养护强度不足、局部土质含水量过大、土中含有机质及过于黏硬等均可造成局部隐患，这些隐患常使搅拌桩体失效。

虽然水泥土搅拌法加固效果好，但是粉喷桩却存在深部成桩效果差，桩身存在极薄弱层，抗水平力差，当存在临空面时易引起边坡失稳及地面开裂，施工后粉喷桩会突然下沉等缺点。这些问题曾造成工程界对粉喷桩技术及其处理效果产生怀疑，许多地区甚至限制使用粉喷桩。

4. 工程地质勘察的要求

对拟采用水泥土搅拌法的工程，除了常规的工程地质勘察要求外，还应特别注意以下几点。

① 填土层的厚度和组成，特别是大块物质（石块和树根）的尺寸和含量。大块石对水泥土搅拌法施工速度有很大影响，所以必须清除大块石等障碍物后再施工。

② 土的含水量。当水泥土配比相同时，其强度随土的天然含水量的降低而增大。试验表明，当土的含水量在50%~85%之间变化时，含水量每降低10%，水泥土强度可提高30%。

③ 有机质含量。有机质含量较高会阻碍水泥水化反应，影响水泥土的强度增长。应从提高置换率和增加水泥掺量的角度保证水泥土达到一定的强度。

④ 水质分析。对地下水的pH及硫酸盐含量等进行分析，以判断其对水泥侵蚀性的影响。

⑤ 塑性指数的大小。

6.3.2 加固原理

1. 加固原理

水泥土搅拌法加固的基本原理是水泥土的物理化学反应过程。在水泥土中，水泥的掺量很小（7%~20%），水泥的水解和水化反应完全是在有一定活性的介质——土的围绕下进行的。土质条件对水泥土的影响主要有两个方面：一是土的物理力学性质对水泥土搅拌均匀的影响，二是土的物理化学性质对水泥土强度增长的影响。水泥土硬化速度缓慢且作用复杂，其强度增长过程比混凝土缓慢很多。

(1) 水泥的水解和水化反应

水泥中的熟料矿物如硅酸三钙、硅酸二钙、铝酸三钙、铁铝酸四钙等,与软土中的水发生水解和水化反应,生成氢氧化钙、水化硅酸钙、水化铝酸钙等水化产物。

(2) 离子交换作用

土粒表面的钠离子或钾离子,与水泥水化生成的钙离子进行交换,使较小的土粒形成较大的土团粒,从而使土的强度提高。

(3) 团粒化作用

水泥水化生成的凝胶粒子比表面积比原水泥颗粒大 1000 倍,因而产生很大的表面能,有强烈的吸附活性,能使较大的土团粒进一步结合起来,形成水泥土的团粒结构,并封闭各土团之间的空隙,形成坚固的联结。

(4) 火山灰反应

黏土矿物中的二氧化硅及三氧化二铝与水泥水化产物氢氧化钙发生火山灰反应,生成水化硅酸钙和铝酸钙。

(5) 碳酸化作用

水泥水化产物氢氧化钙与空气中的二氧化碳发生碳酸化作用,生成碳酸钙。这种反应也能增加水泥土强度,但增长速度慢,幅度也不大。

水泥水化产物氢氧化钙在生成后随即被土质吸收,进行离子交换。在此状态下,如果氢氧化钙还处于过饱和状态,则水化硅酸钙等水化产物将继续生成,且氢氧化钙与土中的活性氧化硅、氧化铝发生火山灰反应生成水化产物。在这种情况下,水泥土可以得到较高的强度。如果水泥土液相已不再为氢氧化钙所饱和,则土质将吸收生成水化硅酸钙所需的氢氧化钙,使水化硅酸钙大大减少,会导致水泥土抗压强度低下。

从水泥土的加固机理分析,水泥土的强度主要源于水泥水化产物的胶凝作用,其中水化硅酸钙贡献最大。另外,对于深层搅拌技术来说,由于机械的切削搅拌作用,实际上不可避免会留有一些未被粉碎的大小土团,并被水泥浆包裹,土团内没有水泥,因此强度较低。所以,水泥和土之间的强制搅拌越充分,土被粉碎得越小,水泥在土中分布越均匀,水泥土的结构强度离散性就越小,其宏观强度也就越高。

2. 水泥土抗压强度的影响因素

水泥土的无侧限抗压强度一般为 0.5~4.0MPa,影响水泥土抗压强度的因素很多,主要有水泥掺入比、龄期、水泥强度等级、土质、外掺剂、养护方法和搅拌均匀程度等。

(1) 水泥掺入比 a_w

水泥土抗压强度随水泥掺量的增加而增加。当 $a_w < 5\%$ 时,水泥与土的反应弱,水泥土固化程度低,强度离散性大。当 $a_w > 5\%$ 时,增加的单位水泥掺入比所引起的强度增量在不同龄期是不同的,在 0~90d 范围内,龄期越大这种增量越高。经大量的验算分析,水泥土抗压强度与水泥掺入比呈幂函数关系,见式 (6-69)。

$$\frac{q_{u1}}{q_{u2}} = \left(\frac{a_{w1}}{a_{w2}}\right)^{1.6} \tag{6-69}$$

式中:q_{u1}——水泥掺入比 a_{w1} 的水泥土抗压强度;

q_{u2}——水泥掺入比 a_{w2} 的水泥土抗压强度。

水泥掺入比宜采用 12%~20%。

（2）龄期

水泥土抗压强度随龄期的增长而增加，一般龄期超过 28d 后仍有明显增长，当龄期超过 3 个月后，水泥土的强度增长才开始减缓。90d 的抗压强度为 28d 的 1.43～1.8 倍，180d 的抗压强度为 90d 的 1.25 倍，而 180d 后水泥土抗压强度增长仍未停止。同样，电子显微镜的观察结果表明，水泥和土的火山灰反应约需 3 个月才能充分完成，因此，水泥土选用 3 个月龄期强度作为设计强度较为适宜。

水泥土抗压强度与龄期的关系，可参考式（6-70）。

$$q_{ut} = q_{u28} \times 0.2414 t^{0.4197} \tag{6-70}$$

式中：q_{ut}——龄期 t 时的无侧限抗压强度；

t——龄期（d）；

q_{u28}——28d 龄期的无侧限抗压强度。

式（6-70）的适用范围是 $t = 7 \sim 90 d$。

（3）水泥强度等级

水泥土抗压强度随水泥强度等级的提高而增加，有试验表明，当水泥标号从 32.5 级提高到 42.5 级时，水泥土抗压强度可以提高 30%～50%。

（4）土质

① 含水量。

水泥土抗压强度随土中含水量的增加而降低，当土中含水量为 50%～85% 时，含水量每降低 10%，强度就增加 30%。浆液搅拌法施工的土体最佳含水量为 1.0～1.12 倍的液限。

② 有机质、pH。

土中有机质含量和土的 pH 与水泥土抗压强度之间有很强的相关性。有机质使土体具有较大的水溶性、塑性、膨胀性和低渗透性，并使土具有酸性，这些性质将阻碍水化反应，减少水化产物的生成量，导致水泥土抗压强度降低。土中有机质含量越高，pH 越低，水泥土抗压强度也就越低。

pH 低于 4 时，掺入水泥用量 5% 的石灰，可使 pH 大于 12。

因此，对高含水量或富含有机质的软黏土，应选用合适的水泥及外掺剂，常用的外掺剂有石灰、粉煤灰、石膏等。

③ 土的颗粒级配。

土的颗粒级配对水泥土抗压强度也有很大影响，如砂性土的抗压强度大于黏性土，通常随着黏粒含量的增加，加固相同土体需要的水泥用量也增加。

④ 土矿物成分。

一般认为用水泥作固化剂，对含有高岭石、多水高岭石、蒙脱石等黏土矿物的软土加固效果较好；而对含有伊利石、氯化物和水铝石英矿物的黏性土加固效果较差。

⑤ 硫酸盐。

海水侵入地区，地下水含有大量硫酸盐，会使水泥土产生结晶膨胀从而降低水泥土抗压强度，因此宜选用抗硫酸盐水泥。但是，也有研究认为，若使用得当，可以利用这一膨胀势来增强地基处理效果。经有关单位试验研究，我国大部分沿海工程遇到的海水基本对水泥土抗压强度没有影响，所以一般可不考虑海水的侵蚀作用。

(5) 外掺剂

选择合适的外掺剂，可提高水泥土抗压强度和节约水泥。

掺加粉煤灰的水泥土，其抗压强度一般都比不掺粉煤灰的有所增长，但掺量不宜超过土重的 12%～15%，否则对提高抗压强度不利。

(6) 养护方法

养护方法对水泥土抗压强度的影响主要表现在养护环境的湿度和温度上。

国内外试验资料表明，养护方法对短龄期水泥土抗压强度影响很大，随着时间增加，不同养护方法下的水泥土无侧限抗压强度趋于一致，说明养护方法对水泥土后期抗压强度的影响较小。

(7) 搅拌均匀程度

搅拌均匀程度对水泥土抗压强度影响很大。塑性指数越大，土体黏性越强，搅拌均匀的难度越大，对黏性土、含水量过低、土质坚硬的土体，也不易搅拌均匀。

在实际工程中，往往由于局部桩段搅拌不均匀，造成该段桩身强度降低，甚至出现断桩，从而引发工程事故。根据统计，采用相同的配合比，搅拌后的桩身强度约为室内试验的 1/5～1/3。

6.3.3 水泥土常用参数经验值

在地基处理方案比较阶段，可参考以下概念和经验。

① 任何土类均可采用水泥作为固化剂进行加固，只是加固效果不同。砂性土的加固效果优于黏性土，含有砂粒的黏土固化后，其抗压强度又会大于粉质黏土和淤泥质粉质黏土。并且随着水泥掺量增加、龄期增长，水泥土抗压强度也会提高。

② 与天然土相比，在常用水泥掺量范围内的水泥土，其重度增加小，含水量降低少，但抗渗性大大改善。

③ 天然软土掺加 10%～15% 的 32.5 级普通硅酸盐水泥后，90d 标准龄期无侧限抗压强度可达 0.80～2.0MPa。更长龄期强度试验表明，水泥土抗压强度还有一定的增长，尚未发现强度降低现象。

④ 可通过式 (6-70) 由短龄期水泥土抗压强度推算 90d 标准龄期水泥土抗压强度。

⑤ 水泥土抗拉强度约为抗压强度的 1/15～1/10，水泥土变形模量约为抗压强度的 120～150 倍，压缩模量约在 60～100MPa 范围内。

⑥ 现场水泥土桩取样试块抗压强度约为室内水泥土抗压强度的 1/5～1/3。

6.3.4 设计与计算

1. 平面布置

水泥搅拌桩可采用正方形或三角形布置，相邻桩的净距不应大于 4 倍桩径。横向布置时，最外侧桩距离坡脚不宜小于 1.0m。

2. 处理深度

水泥搅拌桩的长度应根据上部结构对承载力的要求和变形要求确定，其宜穿透软土层，到达承载力相对较高的土层，进入持力层 0.5m。为提高抗滑稳定性而设置的桩体，其桩长应超过危险滑弧以下 2m。

粉体喷搅法加固深度不宜大于 12m，浆液搅拌法加固深度不宜大于 20m。

3. 桩径

桩径应依设计要求及设备条件确定，不宜小于 0.5m，常用桩径为 0.5~0.7m。

4. 固化剂

当水泥土桩体强度要求大于 1.0MPa 时，应选用 42.5 级及以上的普通硅酸盐水泥；当水泥土桩体强度要求小于 1.0MPa 时，可选用 32.5 级水泥。地下水有腐蚀性时应采用抗腐蚀水泥。水泥掺量根据拟加固场地的室内试验及单桩承载力确定，掺量宜为被加固湿土质量的 12%~20%。浆液搅拌法水泥浆的水灰比可选用 0.45~0.55。

5. 垫层

桩顶应设置 0.3~0.5m 厚垫层，垫层有利于桩间土发挥作用。垫层可采用灰土、级配碎石及砂砾等，不应含植物残体、垃圾等杂质，垫层最大粒径不大于 30mm。垫层应宽出最外侧桩 1.0m。

垫层宜采用加筋垫层，加筋材料可选用钢塑土工格栅或整体式钢丝土工格栅，应满足延伸率不大于 5% 时，其抗拉强度不小于 85kN/m 的要求。

6. 单桩承载力特征值

单桩承载力特征值 R_a 应通过现场载荷试验确定，初步设计时可按式（6-71）估算，并应同时满足式（6-72）的要求。

$$R_a = u_p \sum_{i=1}^{n} q_{si} l_i + \alpha q_p A_p \qquad (6-71)$$

$$R_a \leqslant \eta f_{cu} A_p \qquad (6-72)$$

式中：f_{cu}——与桩身水泥土配合比相同的室内加固土试块（边长 70.7mm 或 50mm 的立方体），在标准养护条件下 90d 龄期的抗压强度平均值（kPa）；

η——桩身强度折减系数，粉体喷搅法可取 0.20~0.30，浆液搅拌法可取 0.25~0.33；

u_p——桩的周长（m）；

n——桩长范围内划分的土层数；

q_{si}——桩周第 i 层土的侧阻力特征值，对淤泥可取 4~7kPa，对淤泥质土可取 6~12kPa，对软塑状态的黏性土可取 10~15kPa，对可塑状态的黏性土可取 12~18kPa；

l_i——桩长范围内第 i 层土的厚度（m）；

q_p——桩端地基土未经修正的承载力特征值（kPa），可按现行《建筑地基基础设计规范》（GB 50007—2011）的有关规定确定；

A_p——桩的截面积（m²）；

α——桩端天然地基土的承载力折减系数，可取 0.4~0.6，承载力高时取低值。

当桩径取 0.5m 时，R_a 不宜大于 150kN。

桩身强度折减系数 η 是一个与工程经验及拟建工程性质密切相关的参数。工程经验包括对施工队伍素质、施工质量、室内强度试验与实际加固强度比值以及对实际工程加固效果等情况的掌握。拟建工程性质包括工程地质条件、上部结构对地基的要求以及工程的重要性等。

桩端天然地基土的承载力折减系数 α 与施工时桩端施工质量及桩端土质等条件有关。当桩端为较硬土层时取高值。如果桩底施工质量不好，水泥土桩没能真正支承在硬土层上，桩端地基承载力不能充分发挥，这时取 $\alpha=0.4$。反之，当桩底施工质量可靠时取 $\alpha=0.6$，通常取 $\alpha=0.5$。

7. 复合地基承载力特征值

复合地基承载力特征值应通过现场单桩复合地基或多桩复合地基载荷试验确定，初步设计时可按式（6-73）估算。

$$f_{spk}=m\frac{R_a}{A_p}+\beta(1-m)f_{sk} \tag{6-73}$$

$$m=\frac{d^2}{d_e^2} \tag{6-74}$$

式中：m——桩土面积置换率；

　　　d——桩身平均直径（m）；

　　　f_{sk}——桩间土承载力特征值（kPa），可取天然地基土承载力特征值，当桩间土为成层土时，建议按厚度加权平均或取桩顶 $3d$ 范围内的土的承载力；

　　　d_e——一根桩分担的处理地基面积的等效圆直径（m），按式（6-29）计算；

　　　β——桩间土承载力折减系数，当桩端土未经修正的承载力特征值大于桩周土的承载力特征值的平均值时，可取 $0.1\sim0.4$，差值大时取低值；当桩端土未经修正的承载力特征值小于或等于桩周土的承载力特征值的平均值时，可取 $0.5\sim0.9$，差值大时或设垫层时取高值。

8. 沉降计算

搅拌桩复合地基的沉降计算包括加固区沉降 S_1 和加固区下卧层沉降 S_2。

（1）加固区沉降 S_1

加固区沉降 S_1 宜采用复合压缩模量法计算，见式（6-75）。

$$S_1=\frac{p+p_b}{2E_{ps}}h \tag{6-75}$$

$$E_{ps}=mE_p+(1-m)E_s \tag{6-76}$$

$$E_p=83.4q_u \text{ 或}(100\sim120)f_{cu} \tag{6-77}$$

式中：p——加固区顶面附加应力（kPa）；

　　　p_b——加固区底面附加应力（kPa），按式（6-78）或式（6-79）计算；

　　　h——加固区厚度（m）；

　　　E_p——桩体压缩模量（kPa），应实测，无法实测按式（6-77）计算；

　　　E_s——桩间土压缩模量（kPa）；

　　　q_u——室内水泥土配合比试验圆试模条件下的无侧限抗压强度（MPa）。

大量的设计计算及实测表明，S_1 仅在 $10\sim50\text{mm}$ 之间，因此对于一般的工程，可直接取 $S_1=10\sim30\text{mm}$ 以简化计算。

(2) 加固区下卧层沉降 S_2

加固区下卧层沉降 S_2 采用分层总和法计算。计算作用在下卧层顶面的附加应力有两个方法，压力扩散法和等效实体法。

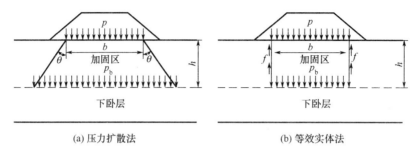

图 6.32　下卧层顶面压力计算图

① 压力扩散法。

压力扩散法如图 6.32 (a) 所示，作用在下卧层顶面的附加应力 p_b 为

$$p_b = \frac{pbl}{(b+2h\tan\theta)(l+2h\tan\theta)} \tag{6-78}$$

式中：p——加固区顶面附加应力（kPa）；

b、l——分别为加固区范围内路堤荷载作用的等效宽度（m）和长度（m）；

h——加固区厚度（m）；

θ——地基压力扩散线与垂直线的夹角（°），可按表 6-9 选用。

表 6-9　地基压力扩散线与垂直线的夹角

E_{s1}/E_{s2}	h/b	
	0.25	0.50
3	6°	23°
5	10°	25°
10	20°	30°

注：1. E_{s1} 为上层土压缩模量；E_{s2} 为下层土压缩模量。
　　2. $h/b<0.25$ 时取 $\theta=0°$，必要时宜由试验确定；$h/b>0.5$ 时 θ 值不变。

② 等效实体法。

等效实体法如图 6.32 (b) 所示，作用在下卧层顶面的附加应力 p_b 为

$$p_b = \frac{pbl-(2b+2l)hf}{bl} \tag{6-79}$$

式中：f——桩侧摩阻力，可取桩土极限摩阻力的一半。

这里特别指出，无论采用哪一种计算方法，其前提条件都是水泥搅拌桩桩端必须进入较好土层。对于深厚淤泥、淤泥质土等软土中的搅拌桩，当桩未能穿透软土层而呈"悬浮"状态时，计算结果将明显偏小，处于不安全状态。其原因是软土与桩身模量相差数百倍以上，桩土难以共同工作，单桩向下刺入，而群桩则呈实体基础的受力状态，使得桩端附加应力增加。因此，在深厚淤泥、淤泥质土中的"悬浮桩"应按桩基础的计算方法计算

沉降。

上述计算的 S_1 和 S_2 均是最终沉降，如要计算工后沉降则需要计算固结度。复合地基固结度的计算难度很大，建议按天然地基土固结度计算公式进行大致估计。复合地基的预压期不宜小于 3 个月，应根据预压期的变形观测资料进行工后沉降预测和分析。

例 7 某一级公路，路基宽度 24.5m，某段约 60m 长，填土高度 5.0m，路堤填料重度 20kN/m³，地质情况如图 6.33 所示。拟采用水泥搅拌桩处理地基，请进行设计并计算地基承载力和沉降。

水泥搅拌桩计算

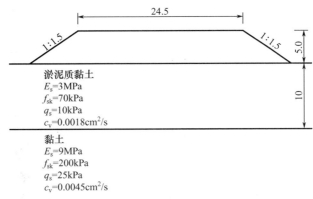

图 6.33 地质情况

解： ① 设计水泥搅拌桩。

由图 6.33 可知，软土层厚度 10.0m，搅拌桩应打穿该软土层，故桩长 10.0m。桩径 0.5m，间距 1.2m，三角形布置。

$$m = \frac{d^2}{d_e^2} = \frac{0.5^2}{(1.05 \times 1.2)^2} \approx 0.157$$

② 确定水泥土 90d 龄期抗压强度。

路堤传给地基的压力为 $20 \times 5 = 100$ (kPa)，代入式 (6-73) 中反算出 R_a。

$$R_a = \frac{[f_{spk} - \beta(1-m)f_{sk}]A_p}{m} = \frac{[100 - 0.3 \times (1-0.157) \times 70] \times 0.25 \times \pi \times 0.5^2}{0.157} \approx 103 \text{(kN)}$$

$$f_{cu} = \frac{R_a}{\eta A_p} = \frac{103}{0.3 \times 0.25 \times \pi \times 0.5^2} \approx 1749 \text{(kPa)}$$

取 $f_{cu} = 1.8\text{MPa}$。

③ 计算单桩承载力特征值。

$$R_a = u_p \sum_{i=1}^{n} q_{si} l_i + \alpha q_p A_p = \pi \times 0.5 \times 10 \times 10 + 0.5 \times 200 \times 0.25 \times \pi \times 0.5^2$$
$$\approx 176.7 \text{ (kN)}$$

$$R_a = \eta f_{cu} A_p = 0.3 \times 1800 \times 0.25 \times \pi \times 0.5^2 \approx 106 \text{(kN)}$$

因此，单桩承载力特征值 R_a 取 106kN。

④ 计算复合地基承载力特征值。

$$f_{spk} = m \frac{R_a}{A_p} + \beta(1-m)f_{sk} = 0.157 \times \frac{106}{0.25 \times \pi \times 0.5^2} + 0.3 \times (1-0.157) \times 70$$
$$\approx 102.5 \text{(kPa)} > 100 \text{kPa}$$

⑤ 计算沉降。

采用等效实体法计算下卧层顶面的附加应力。

$b = 24.5 + 5 \times 1.5 = 32 \text{(m)}$

$l = 60 \text{m}$

$p_b = \dfrac{pbl - (2b + 2l)hf}{bl} = \dfrac{100 \times 32 \times 60 - (2 \times 32 + 2 \times 60) \times 10 \times 10}{32 \times 60} \approx 90.4 \text{(kPa)}$

$E_p = 110 f_{cu} = 110 \times 1.8 = 198 \text{(MPa)}$

$E_{ps} = mE_p + (1-m)E_s = 0.157 \times 198 + (1-0.157) \times 3 \approx 33.6 \text{(MPa)}$

$S_1 = \dfrac{p + p_b}{2E_{ps}} h = \dfrac{100 + 90.4}{2 \times 33.6 \times 10^3} \times 10 \approx 0.028 \text{(m)}$

下卧层压缩层厚度取 $z_n = b(2.5 - 0.4\ln b) = 32 \times (2.5 - 0.4 \times \ln 32) \approx 36 \text{(m)}$，将其分成三层，每层厚度 12m，小于 $0.4b \approx 13\text{m}$。

采用分层总和法计算 $S_2 = 0.279\text{m}$

总沉降 $S = S_1 + S_2 = 0.028 + 0.279 = 0.307$ （m）$\approx 0.3\text{m}$

6.4 泡沫混凝土轻质路堤设计

6.4.1 概述

1. 定义

泡沫混凝土应用

泡沫混凝土是指采用机械方式将发泡剂制作成泡沫，再将泡沫混入水泥基浆以及由外加剂和集料组成的混合料中，按一定比例混合搅拌均匀后，浇筑凝固成型的含有大量封闭气孔的轻质混凝土，泡沫混凝土施工过程如图 6.34 所示。

泡沫混凝土技术比较成熟，已经是一种常规的路堤修筑材料。

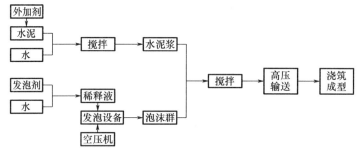

图 6.34 泡沫混凝土施工过程

泡沫混凝土已经大量应用于软土地基路堤、桥台台背、道路加宽、陡峭路堤、地下结构顶减荷回填、塌方快速抢修等工程，本书仅介绍在软土地基处理中的应用。

2. 特性

（1）轻质性

泡沫混凝土内含有大量的微小气泡群，其重度不但比一般的土体小得多，而且通过调整这些气泡和固化剂的含量，可以按需要将重度在 $5\sim16\text{kN/m}^3$ 内进行调整。

（2）强度的可调节性

和重度的可调节性原理一样，通过改变各种成分的配合比，可以使泡沫混凝土的强度在 $0.3\sim2.0\text{MPa}$ 的范围内进行调整。

（3）高流动性

泡沫混凝土具有良好的流动性，可通过管道泵送，其最大输送距离可达 1500m，最大泵送高度可达 30m。

（4）固化后的自立性

由于使用水泥作为固化剂，泡沫混凝土通常在浇筑 5h 后就会开始固化，固化后可以自立，可进行垂直填土，而且对挡土结构物几乎没有推挤力。

（5）良好的施工性

由于其具有良好的流动性和固化后的自立性，不需振捣和碾压作业，就可远距离或在小空间内施工。此外，泡沫混凝土中混有大量的气泡群，使得成品体积可达到材料体积的 3 倍以上，提高了施工材料的运送效率。

（6）耐久性

泡沫混凝土属于水泥类材料，与高分子材料相比，其耐久性、耐热性及抗油污能力更强。

（7）隔热性

泡沫混凝土含有大量的气泡（气泡体积占比可达 40%～70%），导热系数小，具有良好的隔热性。

3. 性能指标

（1）容重

泡沫混凝土的容重有搅拌后的湿润容重、硬化后的湿润容重等。在空气中养生的情况下认为养生后容重没有增加，所以搅拌后的湿润容重和硬化后的湿润容重几乎没有区别，泡沫混凝土设计可采用搅拌后的湿润容重。

施工过程中，湿容重因环境变化会产生细微变化。湿容重越小，气泡含有量越多，在同等体积条件下，湿容重变化率就越大，反之，湿容重变化率就越小。同时，湿容重越小，抗压强度也就越低，因此湿容重和强度有一定的关系。湿容重等级划分情况见表 6-10。

表 6-10 湿容重等级划分情况

湿容重等级	湿容重 $\gamma/(\text{kN/m}^3)$	
	标准值	允许偏差范围
W3	3.0	$2.5<\gamma\leqslant3.5$
W4	4.0	$3.5<\gamma\leqslant4.5$

续表

湿容重等级	湿容重 γ/ (kN/m³)	
	标准值	允许偏差范围
W5	5.0	4.5<γ≤5.5
W6	6.0	5.5<γ≤6.5
W7	7.0	6.5<γ≤7.5
W8	8.0	7.5<γ≤8.5
W9	9.0	8.5<γ≤9.5
W10	10.0	9.5<γ≤10.5
W11	11.0	10.5<γ≤11.5
W12	12.0	11.5<γ≤12.5
W13	13.0	12.5<γ≤13.5
W14	14.0	13.5<γ≤14.5
W15	15.0	14.5<γ≤15.5

《公路工程泡沫混凝土应用技术规范》(DB33/T 996—2015) 采用干容重划分干容重等级，见表 6-11。

表 6-11 干容重

干容重等级	干容重 γ_d/ (kN/m³)		湿容重的变化范围/ (kN/m³)
	标准值	变化范围	
A03	3.0	γ_d≤3.5	3.0~4.7
A04	4.0	3.5<γ_d≤4.5	3.9~5.9
A05	5.0	4.5<γ_d≤5.5	4.8~7.1
A06	6.0	5.5<γ_d≤6.5	5.8~8.1
A07	7.0	6.5<γ_d≤7.5	6.9~9.4
A08	8.0	7.5<γ_d≤8.5	8.0~10.7
A09	9.0	8.5<γ_d≤9.5	9.0~11.4

（2）抗压强度

泡沫混凝土抗压强度等级按 10cm×10cm×10cm 立方体单轴抗压强度标准值进行划分，采用符号 CF 表示，抗压强度等级见表 6-12。

表 6-12 抗压强度等级

泡沫混凝土抗压强度等级	抗压强度 q_u/MPa	
	标准值	样本最小值不小于
CF0.4	0.40	0.36
CF0.6	0.60	0.54
CF0.8	0.80	0.72

续表

泡沫混凝土抗压强度等级	抗压强度 q_u/MPa	
	标准值	样本最小值不小于
CF1.0	1.00	0.90
CF1.5	1.50	1.35
CF2.0	2.00	1.80
CF4.0	4.00	3.60

(3) 流动度

泡沫混凝土的流动度应为（180±20）mm。

(4) 微（表）观特性

泡沫混凝土要求材质气孔大小均匀、细密，试块表观气孔直径应小于1.0mm。

(5) 吸水率

泡沫混凝土具有大量气泡，所以具有一定的吸水性，其吸水率按表6-13分为7个等级，采用符号WM表示。

表6-13 泡沫混凝土吸水率

等级	WM5	WM10	WM15	WM20	WM25	WM30	WM35
吸水率 w/（%）	$w\leqslant 5$	$5<w\leqslant 10$	$10<w\leqslant 15$	$15<w\leqslant 20$	$20<w\leqslant 25$	$25<w\leqslant 30$	$30<w\leqslant 35$

在浸水情况下，使用泡沫混凝土时一定要考虑浸水对容重的影响。虽然泡沫混凝土含有大量气泡，但气泡是分散独立的，气泡膜是胶质物质，并具有强韧性、不通水性能，因此，泡沫混凝土吸水量是有限的。

6.4.2 泡沫混凝土路堤性能设计

泡沫混凝土的施工最小湿重度不应小于5kN/m³，施工最大湿重度不宜大于11kN/m³，流动度宜为170～190mm，且无侧限抗压强度应符合表6-14的规定。因工程需要或环境条件制约，需明确泡沫混凝土的抗冻性指标时，可通过试验确定。

表6-14 泡沫混凝土无侧限抗压强度指标

路基部位		无侧限抗压强度/MPa	
		高速公路、一级公路	二级及二级以下公路
路床	轻、中等及重交通	≥0.8	≥0.6
	特重、极重交通	≥1.0	
上路堤、下路堤		≥0.6	≥0.5
地基土置换		≥0.4	

泡沫混凝土路堤整体强度与稳定性都较好，但是收缩裂缝较多。因此，对于特重、极重交通高速公路及一级公路路床部位的泡沫混凝土，为了提高耐久性，减少收缩裂缝，宜采用掺砂配合比，流动度宜为 150~170mm，砂与水泥的质量比宜控制在 0.5~2.0。吸水率等级宜取 WM10~WM20。

6.4.3 泡沫混凝土路堤设计计算

1. 确定湿容重

泡沫混凝土作为轻质材料，湿容重等级宜采用 W3~W10。计算泡沫混凝土自重时，地下水位以上取设计湿容重，地下水位以下取 1.1~1.3 倍的设计湿容重。

2. 强度验算

泡沫混凝土无侧限抗压强度按表 6-14 取用，并按式（6-80）~式（6-84）进行验算。

① 满足路基填料最小强度要求的抗压强度 q_{u1}。

$$q_{u1}=\frac{F_s(100\times \mathrm{CBR})}{3.5} \tag{6-80}$$

式中：q_{u1}——用作路基时的抗压强度（kPa）；

F_s——安全系数，取 3；

CBR——加载承载比（%）。

② 填筑体顶部支撑路面和抵抗交通荷载应力的抗压强度 q_{u2}。

$$q_{u2}=F_s(q_{u21}+q_{u22}) \tag{6-81}$$

$$q_{u22}=\frac{P(1+i)}{(B+2z\tan\theta)+(L+2z\tan\theta)} \tag{6-82}$$

式中：q_{u2}——支撑路面和抵抗交通荷载应力的抗压强度（kPa）；

F_s——安全系数，取 3；

q_{u21}——路面荷载产生的应力（kPa）；

q_{u22}——交通荷载产生的应力（kPa），按式（6-82）计算；

P——车轮荷载（kN）；

B——车轮带宽度（m）；

L——车轮接地长度（m）；

z——从路表到泡沫混凝土顶面的距离（m）；

θ——荷载扩散角（°），取 45°；

i——冲击系数，取 0.3。

③ 填筑体支撑自身稳定的抗压强度 q_{u3}。

$$q_{u3}=F_s(0.5\gamma H_c+W) \tag{6-83}$$

式中：q_{u3}——支撑自身稳定的抗压强度（kPa）；

F_s——安全系数，取 3；

γ——泡沫混凝土湿容重（kN/m³）；

H_c——支撑自身稳定的高度（m）；

W——铺筑荷载及填筑体上部的均布荷载（kPa）。

④ 填筑体支撑施工荷载的抗压强度 q_{u4}。

$$q_{u4}=q_{u41}+q_{u42} \tag{6-84}$$

式中：q_{u4}——支撑施工荷载的抗压强度（kPa）；

q_{u41}——车辆荷载产生的应力（kPa）；

q_{u42}——人的体重产生的荷载（kPa）。

对填筑体各部位进行强度验算时，将①～③项按长期荷载考虑，安全系数取3，④项为临时荷载，安全系数取1。

当泡沫混凝土的无侧限抗压强度低于填筑体要求的必要强度时，必须更换材料或改变配合比，以达到设计要求的强度。

3. 换填厚度计算

软土地基采用泡沫混凝土有两种做法，一是先填普通土进行预压，然后二次开挖换填泡沫混凝土，二是直接浇筑泡沫混凝土。

可见，只有第一种做法才需要确定换填泡沫混凝土厚度。这种做法本质上属于超载预压，可按前述计算超载预压工后沉降的方法，确定换填厚度。也可采用下列两种比较简便的方法，直接确定换填厚度，然后计算工后沉降（超载预压）。

① 按工后沉降为0确定换填厚度。

设堆载预压高度为 H，填土重度为 γ_2，准备开挖换填时固结度为 U_{t_D}，则此时可认为已经转化作用在土基上的荷载为

$$\sigma'=\gamma_2 H U_{t_D} \tag{6-85}$$

这时泡沫混凝土的换填厚度为 h_1，换算厚度计算简化图如图6.35所示，整个路堤作用在土基顶面的荷载为

$$p=\gamma_a h_a+\gamma_1 h_1+\gamma_2 h_2 \tag{6-86}$$

式中：γ_a——路面结构重度（kN/m³）；

h_a——路面厚度（m）；

h_1——泡沫混凝土换填厚度（m）；

h_2——底部常规填土厚度（m）。

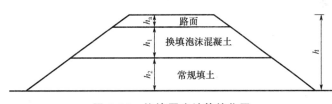

图6.35 换填厚度计算简化图

如果 $p=\sigma'$，则理论上工后沉降为0，可推出换填厚度 h_1 为

$$h_1=\frac{\gamma_2 H U_{t_D}-\gamma_a h_a-\gamma_2 h+\gamma_2 h_a}{\gamma_1-\gamma_2} \tag{6-87}$$

式中：h——路基设计填土高度（m）。

② 按容许工后沉降 $[S]$ 确定换填厚度。

按工后沉降为0确定换填厚度，可能要求太高，接下来按容许工后沉降，近似计算换填厚度。

设堆载预压作用下的工后沉降为 S_p，容许工后沉降为 $[S]$，假定工后沉降与荷载成正比，为了满足工后沉降，则

$$p = \gamma_a h_a + \gamma_1 h_1 + \gamma_2 h_2 = \frac{[S]}{S_p} \gamma_2 H \qquad (6-88)$$

可推出换填厚度 h_1 为

$$h_1 = \frac{\frac{[S]}{S_p} \gamma_2 H - \gamma_a h_a - \gamma_2 h + \gamma_2 h_a}{\gamma_1 - \gamma_2} \qquad (6-89)$$

泡沫混凝土如果用在其他场合，可能还要进行稳定性、抗浮等验算，本书不再介绍。

例 8 条件同例 5，采用先堆载预压，然后二次开挖换填泡沫混凝土的方法处理软土地基。加载计划为 120d 堆载到 4.4m，预压 180d。请按容许工后沉降 $[S]=0.1$m 计算泡沫混凝土换填厚度。

解：泡沫混凝土抗压强度等级采用 CF0.8，湿容量等级采用 W6，湿容重取 6.5kN/m³。预压结束时的固结度 U_{t_D} 为

$$\begin{aligned}
U_{t_D} &= \sum_{i=1}^{n} \frac{q_i}{\sum \Delta p_t} \left[(t_i - t_{i-1}) - \frac{\alpha}{\beta} e^{-\beta t} (e^{\beta t_i} - e^{\beta t_{i-1}}) \right] \\
&= \frac{0.733}{88} \left[(120-0) - \frac{0.811}{9.593 \times 10^{-5}} e^{-9.593 \times 10^{-5} \times 300} \times (e^{9.593 \times 10^{-5} \times 120} - e^{9.593 \times 10^{-5} \times 0}) \right] \\
&\approx 0.207
\end{aligned}$$

路面设计使用年限末的固结度为

$$\begin{aligned}
U_{t_L} &= \sum_{i=1}^{n} \frac{q_i}{\sum \Delta p_t} \left[(t_i - t_{i-1}) - \frac{\alpha}{\beta} e^{-\beta t} (e^{\beta t_i} - e^{\beta t_{i-1}}) \right] \\
&= \frac{0.733}{88} \left[(120-0) - \frac{0.811}{9.593 \times 10^{-5}} e^{-9.593 \times 10^{-5} \times 5775} \times (e^{9.593 \times 10^{-5} \times 120} - e^{9.593 \times 10^{-5} \times 0}) \right] \\
&\approx 0.531
\end{aligned}$$

$$S_p = S_c (U_{t_L} - U_{t_D}) = 0.735 \times (0.531 - 0.207) \approx 0.238 \text{(m)}$$

$$h_1 = \frac{\frac{[S]}{S_p} \gamma_2 H - \gamma_a h_a - \gamma_2 h + \gamma_2 h_a}{\gamma_1 - \gamma_2}$$

$$= \frac{\frac{0.1}{0.238} \times 20 \times 4.4 - 24 \times 0.73 - 20 \times 3.5 + 20 \times 0.73}{6.5 - 20} = 2.66 \text{(m)}$$

6.4.4 泡沫混凝土路堤构造和辅助工程设计

1. 路基横断面形式

裸露的泡沫混凝土易发生碳化变质，导致强度大幅度降低和风化剥落，所以泡沫混凝土不得裸露。路基横断面可采用设置支挡结构的直立式路堤或包边护坡的斜坡式路堤。二次开挖换填横断面如图 6.36 所示。横断面台阶宽度不宜小于 1.0m，软弱地基应适当加大台阶宽度。

2. 填筑厚度

泡沫混凝土用于填筑路基时，最小设计填筑厚度不宜小于 1.0m。填筑厚度太薄会引

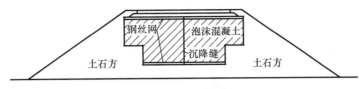

图 6.36　二次开挖换填横断面

起路面断裂，所以要控制最小设计填筑厚度，极限情况也要在 0.5m 以上。同时，最大设计填筑厚度也不宜超过 6.0m。泡沫混凝土宜分层浇筑，单层浇筑厚度宜为 0.3～0.8m。

3. 纵横向衔接

当填筑厚度大于 3.0m 时，与常规填土路基的纵向、横向衔接宜设置台阶式过渡，沿路基纵向台阶宽度不宜小于 2.0m，沿路基横向台阶宽度不宜小于 1.0m。

泡沫混凝土用于软土地区桥头背部路堤浇筑时，路堤纵向宜采用台阶式过渡结构，且纵向过渡分级长度 $L_i \geqslant 10.0$m，如图 6.37 所示。

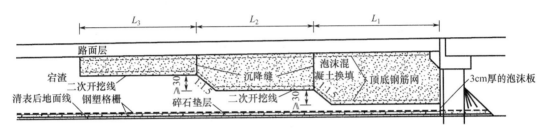

图 6.37　泡沫混凝土纵向台阶式填筑形式

4. 底层设计

泡沫混凝土底层设计要结合路堤工程的地形、地貌和水文环境，满足路堤排水系统和盲沟的设置要求，底层下方宜设置厚度不小于 30cm 的级配砂砾或碎石垫层，以满足基底防排水的需要，同时可兼做调平层。底部上方 40～60cm 的范围内应设置一层钢丝网。

5. 顶层设计

为控制裂缝反射到路面，填筑体顶层宜设置一层钢丝网（如图 6.38 所示）和土工膜，钢丝网和土工膜应延伸至一般路堤侧不小于 2.0m。钢丝网宜水平放置在顶部下方 30～50cm 的范围内。土工膜采用普通高密度聚乙烯土工膜（GH-1 型），厚度不宜小于 0.5mm，设置在钢丝网上面。当泡沫混凝土路堤高度大于 1.0m 时，宜在泡沫混凝土顶面以下 0.5m 位置处再加设一层钢丝网。

为了满足路面纵坡与横坡的设置要求，顶层设计必须分区段进行，填筑区之间采用竹胶板等材料隔断，并以此作为填筑泡沫混凝土的模板，如图 6.39 所示。不同区段顶面高程不同，同一区段顶面高程相同。相邻区段高差不宜超过 20cm，形成的台阶应在施工中予以削坡处理，台阶部位可利用路面底基层进行纵横坡调节。各个区段路面结构层最小厚度不得小于 0.6m。其分区设计示意图如图 6.40 所示。

泡沫混凝土顶面位于上路床范围时，应设置厚度 15～20cm 的 C15 混凝土保护层，该保护层可作为路床顶纵横向坡度的找平。

泡沫混凝土顶面位于上路床下方时，顶面宜采用 50cm 厚的砂砾层或粒径不大于 10cm 的宕渣作为保护垫层，且该垫层的压实不应采用振动碾压。

图 6.38 钢丝网

图 6.39 泡沫混凝土分区填筑

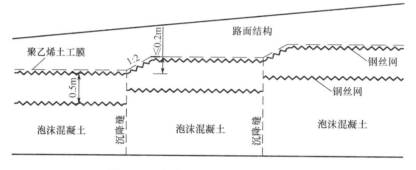

图 6.40 泡沫混凝土分区设计示意图

6. 钢丝网

泡沫混凝土设计厚度超过 6m 时，宜每隔 2m 高度水平铺设一层钢丝网。

泡沫混凝土顶部、底部及其他部位钢丝网设置应符合下列规定。

① 焊接钢丝网的钢丝直径为 $\phi 3.0 \sim \phi 6.0$ mm，边长为 50mm×50mm 或 100mm×100mm。

② 钢丝网搭接时，相邻两块钢丝网间的重叠宽度应为 20～30cm，并采用镀锌钢丝绑扎连接。

7. 沉降缝

大体积泡沫混凝土填筑时，宜适当设置沉降变形缝。泡沫混凝土单体长度宜为 10～15m，长度超过 15m 应设置沉降缝。沉降缝设置要求如下。

① 沉降缝采用上下直立相通的预留沉降缝，可采用 20～30mm 厚的聚苯乙烯板或 10～20mm 厚的涂沥青木板、木夹板或沥青麻絮填塞。

② 当结构物截面形态发生变化时，应在形态突变处增设沉降缝。

③ 地基处理方式变化位置宜在断面突变处增设沉降缝。

8. 面板

当泡沫混凝土采用直立式时，需要在泡沫混凝土外侧设置面板。面板由基础、挡板、拉筋及立柱等设施组成，起施工外模、外侧面装饰及使用阶段保护的作用，如图 6.41 所示。

面板应符合下列规定。

① 面板应安全、美观、环保、生态、耐久、经济。

② 面板可采用混凝土预制面板、景观砌块、轻质砖、空心砖等。

③ 面板基础混凝土强度等级应不低于 C20。

④ 面板和基础应设置沉降缝，设缝位置应与泡沫混凝土填筑体沉降缝一致。

图 6.41 面板

⑤ 面板可通过拉筋与立柱焊接固定，拉筋可采用 HPB300 钢筋，直径不宜小于 6.0mm，立柱可采用等边角钢，边宽不宜小于 50mm。

⑥ 面板之间勾缝砂浆强度等级应不低于 M7.5。

⑦ 面板基础应验算地基承载力。

面板采用预制时，面板设计应符合下列规定。

① 单块面板尺寸以方便预制、搬运和砌筑为原则，一般为 900mm×300mm×40mm（长度×宽度×厚度）。在一些有景观要求的道路，可采用其他装饰类砌块。

② 面板采用混凝土实心板时，其厚度宜为 4～6cm，混凝土强度等级应不低于 C25，并需配置钢丝网，钢丝直径不宜小于 1.0mm。

面板防护适用于路堤高度小于 3m。如果路堤高度超过 3m，应采用钢筋混凝土挡土墙。

思考题

1. 土的哪些指标可用于沉降计算？
2. 分层总和法计算沉降的步骤是什么？
3. 如何考虑前期固结压力对沉降计算的影响？
4. 堆载预压法与真空预压法的加固机理是什么？两者之间有什么不同？
5. 排水固结法中排水系统的组成是什么？
6. 堆载预压分为几种？怎么定义的？
7. 堆载预压中，如何进行路堤填筑设计？
8. 堆载预压中，如何确定预压时间？
9. 工后沉降的定义是什么？如何计算？
10. 水泥土搅拌法的适用范围是什么？
11. 水泥土搅拌法的加固机理是什么？
12. 影响水泥土抗压强度的因素有哪些？
13. 水泥搅拌桩复合地基有哪些设计规定？
14. 水泥搅拌桩为何取 90d 龄期的抗压强度作为设计值？
15. 泡沫混凝土有哪些特点？
16. 如何确定泡沫混凝土的容重和强度等级？
17. 如何确定泡沫混凝土的换填厚度？
18. 泡沫混凝土轻质路堤设计有哪些构造方面的要求？

第6章在线答题

第 7 章
沥青路面设计与计算理论

教学目标

本章介绍沥青路面设计内容。本章目标为，掌握沥青路面的分类与特点，轴载换算的具体方法，沥青路面各结构层和功能层的名称及布置要求，路面各结构层的性能要求、规格与厚度规定，路面各结构层的材料性质要求，以及设计参数的确定方法；重点掌握各路面结构组合的力学特点、损坏类型及设计任务；了解设计参数的试验方法，轴载换算原理，路面结构组合需考虑的因素，弹性层状体系理论。

教学要求

能力要求	知识要点	权重
能描述沥青路面的分类与特点 能进行轴载换算 能进行沥青路面结构组合设计 能描述各种基层沥青路面的特征 能合理选用路面结构层材料参数 能描述沥青路面结构的设计理论	沥青路面分类与特点	5%
	交通荷载计算	10%
	沥青路面结构组合设计	20%
	各结构层基本性能要求	10%
	各类基层沥青路面特点	20%
	结构层材料参数及试验方法	20%
	结构层材料性质要求	10%
	沥青路面结构的设计理论	5%

第 7 章 沥青路面设计与计算理论

引例

目前，中国绝大部分路面是沥青路面，所以提高沥青路面设计质量，对于保证工程安全、可靠、经济具有非常重要的作用。

提高沥青路面设计质量的关键，在于掌握沥青路面设计的基本原理和基本方法。常见的沥青路面如图 7.1 所示。

图 7.1 沥青路面

7.1 沥青路面分类与特点

沥青路面是铺筑沥青面层的路面，是我国主要的道路路面结构，具有良好的路用性能。

7.1.1 沥青路面分类

1. 根据面层材料类型分类

根据面层沥青混合料类型的不同，可将沥青路面分为连续级配沥青混合料路面、沥青玛蹄脂碎石混合料路面、开级配沥青混合料路面、厂拌热再生沥青混合料路面、上拌下贯沥青碎石路面和沥青表面处治路面等。

（1）连续级配沥青混合料路面

连续级配沥青混合料是按连续密实级配原理组成的，其级配优良（集料由粗到细连续分布），典型类型为密实式沥青混凝土混合料（设计空隙率为 3%～5%），用 AC 表示。密实式沥青混凝土混合料透水性小，可适用于铺筑各个层次的面层以承受各种不同的交通荷载。

密实式沥青混凝土混合料根据关键筛孔通过率的不同，可分为粗型（C型）和细型（F型）。细型具有透水性小、和易性好、造价相对较低等优点，但由于粗集料用量少，表面构造深度较小，因此，在重交通及以上荷载等级

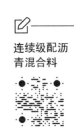

连续级配沥青混合料

以及高温多雨地区，道路表面层应优先选用粗型。

（2）沥青玛蹄脂碎石混合料路面

沥青玛蹄脂碎石混合料

间断级配的粗集料按照内摩擦角最大的原则，形成相互嵌挤的矿料骨架，然后按照空隙率较小的原则，以沥青玛蹄脂（沥青、填料、细集料、稳定剂）填充骨架的空隙，形成一种骨架密实结构的沥青混合料，称为沥青玛蹄脂碎石混合料（空隙率为3％～4％），用SMA表示。

SMA具有良好的抗车辙性能、抗疲劳开裂性能和耐久性，并具有较好的抗滑和降噪的性能，但工程造价较高，适合极重、特重和重交通荷载等级及对抗滑有特殊要求的表面层。

（3）开级配沥青混合料路面

开级配沥青混合料

开级配沥青混合料路面是指用大孔隙的沥青混合料［矿料级配主要由粗集料嵌挤组成，细集料及填料较少，设计空隙率为18％以上，其典型类型为排水式沥青磨耗层（设计空隙率为18％～25％），以OGFC表示］铺筑的面层。其能迅速从内部排除路表雨水，减少溅水和水雾，并具有抗滑、抗车辙及降噪的功能，适用于多雨地区和具有降噪需求的道路表面层，一般用于重或中等交通荷载等级的高速公路。

（4）厂拌热再生沥青混合料路面

厂拌热再生沥青混合料是将翻挖后的旧沥青混合料运回拌和厂，再集中破碎，根据路面不同层次的质量要求，重新进行配合比设计，将旧沥青混合料、再生剂、新沥青材料、新集料等按一定比例在拌和机中重新拌和成新的混合料，从而获得优良的再生沥青混凝土。厂拌热再生沥青混合料，适用于各种交通荷载等级的表面层、中面层和下面层，但是在拌和中要注意旧沥青混合料的添加比例，以及新旧沥青混合料公称最大粒径是否匹配。

（5）上拌下贯沥青碎石路面

上拌下贯沥青碎石路面的做法是先用碎石铺一层并压实，然后在上面喷一层沥青（热沥青或乳化沥青），撒一层细集料，碾压成型（可以开放交通）后，再在上面铺一层沥青混合料。上拌下贯沥青碎石适用于中等、轻交通荷载等级的面层。

（6）沥青表面处治路面

沥青表面处治路面是用沥青和集料按层铺法或拌和法施工，制成的厚度不大于30mm的一种薄层面层。沥青表面处治路面按浇洒沥青和撒布集料的遍数不同，分为单层式、双层式、三层式。单层表面处治是将热沥青直接浇洒在洁净干燥的基层上，然后撒布嵌缝料，最后压实成型，厚度为1～1.5cm。双层表面处治则需浇洒两次沥青、两次碎石，厚度为1.5～2.5cm。三层表面处治则需浇洒三次沥青、三次碎石，厚度为2.5～3.0cm。浇洒的沥青可采用石油沥青或乳化沥青。沥青表面处治采用集料的最大粒径应与处治层厚度相等，因为荷载主要由集料承担，沥青结合料只起集料稳定作用，多层撒布集料和浇洒沥青的目的是将集料之间填充嵌挤紧密。施工中，第一次撒布的集料粒径较大，以后应逐层减小粒径。

沥青表面处治路面的使用寿命不如上拌下贯沥青碎石路面，设计时一般不考虑其承重强度。其作用主要是对非沥青承重层起保护和防磨耗作用，而对旧沥青路面则是一种日常维护的常用措施，适用于中等、轻交通荷载等级的表面层。

第 7 章　沥青路面设计与计算理论

2. 根据基层材料类型分类

路面类型按基层材料性质的不同，分为无机结合料稳定类基层沥青路面、粒料类基层沥青路面、沥青结合料类基层沥青路面和水泥混凝土基层沥青路面四类。

（1）无机结合料稳定类基层沥青路面

无机结合料稳定类基层采用水泥稳定碎石、石灰粉煤灰稳定碎石或贫混凝土等材料。其底基层可以选用粒料，如级配碎石或级配砾石等，也可以选用无机结合料稳定粒料（砾石、未筛分碎石、天然砂砾等）或稳定土。

（2）粒料类基层沥青路面

粒料类基层选用优质集料级配碎石或级配砾石。其底基层可以选用质量较差的级配碎石、级配砾石、天然砂砾或填隙碎石，也可以选用水泥、石灰粉煤灰或石灰稳定碎（砾）石或稳定土。

（3）沥青结合料类基层沥青路面

沥青结合料类基层选用热拌沥青混合料（包括密级配沥青混合料和半开级配沥青碎石）或沥青贯入碎石。其底基层可以选用粒料、无机结合料稳定粒料或开级配沥青碎石（设排水层时）。不设底基层，直接在路基顶面铺设很厚的热拌沥青混合料基层，这种结构称为全厚式沥青路面。

（4）水泥混凝土基层沥青路面

其也称为复合式路面，即以热拌沥青混合料做面层，以水泥混凝土（设传力杆水泥混凝土或连续配筋混凝土）做基层。水泥混凝土基层沥青路面综合沥青混合料和水泥混凝土两种材料的特点和长处，具有使用性能良好和寿命长的优点。

沥青混凝土摊铺

7.1.2　沥青路面特点

世界各国高等级公路大多采用沥青路面，是因为它具有以下良好性能。
① 具有足够的力学强度，能承受车辆荷载施加到路面上的各种作用。
② 具有一定的弹性和塑性变形能力，能承受应变而不被破坏。
③ 与汽车轮胎的附着力好，可保证行车安全。
④ 具有高度的减振性，可使汽车快速行驶，平稳而低噪声。
⑤ 不扬尘，且容易清扫和冲洗。
⑥ 维修工作比较简单，便于分期修建且沥青路面可再生利用。
⑦ 采用机械化施工，施工速度快，施工后即可开放交通。
但是沥青路面也存在高温稳定性和低温抗裂性不足的问题。

沥青混凝土碾压

7.2　交通荷载分析

交通荷载是路面结构分析和设计中最重要的内容之一，同时也最难准确计算。

7.2.1 车辆轴型

各种类型的车辆,最终都是通过车轴上的轮胎将荷载传给路面,因此,对于路面结构设计而言,车辆的轴型和轴重就非常重要。

车辆的轴型根据轴组和轮组共分为七类,见表 7-1。

表 7-1 轴型分类

编号	轴型说明	编号	轴型说明
1	单轴(每侧单轮胎)	5	双联轴(每侧双轮胎)
2	单轴(每侧双轮胎)	6	三联轴(每侧单轮胎)
3	双联轴(每侧单轮胎)	7	三联轴(每侧双轮胎)
4	双联轴(每侧各一单轮胎、双轮胎)		

7.2.2 车辆类型

车辆分类方法中,车辆类型越多,对交通组成特性的量度越精确,同时也将使得数据的收集和分析过于烦琐,工程应用难度较大。目前车辆的分类方法是,先按车辆的整体构造(整体车、半挂车、全挂车)进行区分,再对每一种车按其轴型进行细分,将对路面结构破坏作用相近的车辆归为一类,从而提高路面结构设计结果的可靠性。

在车辆分类中,对比例很小的车辆不做单独划分,将其与相近车辆合并。11 型车辆是我国公路网的一个主要车型,其轴重小,路面结构设计时不予考虑,但是为了明确交通整体组成,需要确定其比例,故将 11 型车辆划为一类。我国客车、12 型和 15 型车辆所占比例较大,所以各自划为一类。17 型车辆较少,但考虑到其具有三联轴,故也划为一类。对于半挂车,我国 122 型比例很小,将其与 125 型归为一类。155 型和 127 型为轴数相同的半挂车,两种车辆对路面结构的破坏作用类似,且 155 型车辆比例小,所以二者归为一类。

车辆类型

我国车辆的一个特点是双前轴整体车或半挂车较多,分析表明双前轴车辆对路面的破坏作用,大于轴组组成相近的单前轴车辆,所以把双前轴整体车和半挂车分别划分为两个类型。对于全挂车,其只能在非高速公路上行驶,主要为 1522 型和 1222 型,且数量很少,所以没有必要对其进行细分,可归为一类。

综合上述分析,车辆类型共分为 11 类,见表 7-2。

表 7-2 车辆类型分类

车型编号	说明	主要车型及图示	其他车型
1 类	2 轴 4 轮车辆	11 型车	

续表

车型编号	说明	主要车型及图示		其他车型
2类	2轴6轮及以上客车	12型客车	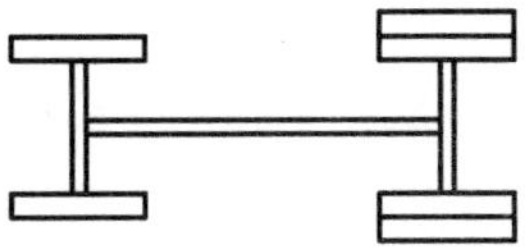	15型客车
3类	2轴6轮整体式货车	12型货车	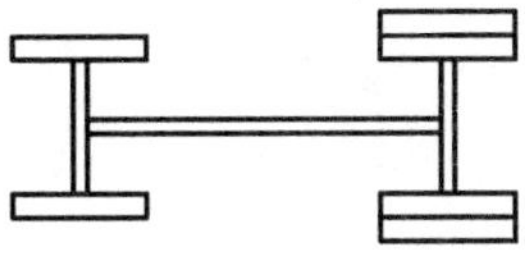	
4类	3轴整体式货车（非双前轴）	15型	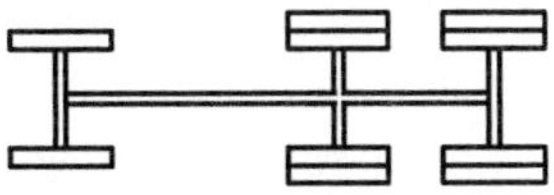	
5类	4轴及以上整体式货车（非双前轴）	17型	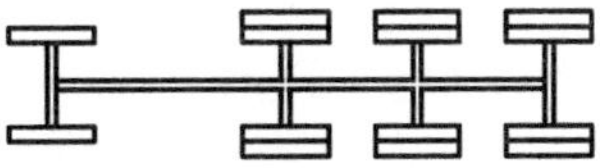	
6类	双前轴整体式货车	112型 115型	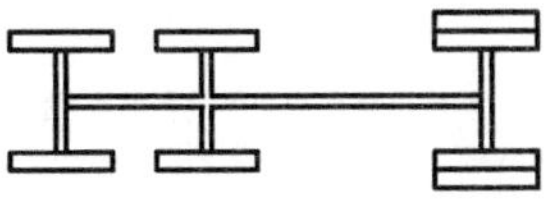	117型
7类	4轴及以下半挂货车（非双前轴）	125型	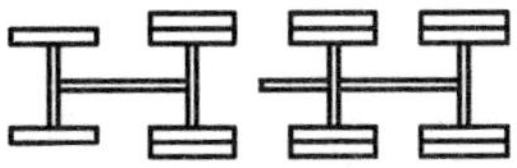	122型
8类	5轴半挂货车（非双前轴）	127型 155型	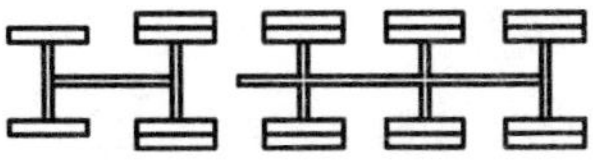	
9类	6轴及以上半挂货车（非双前轴）	157型	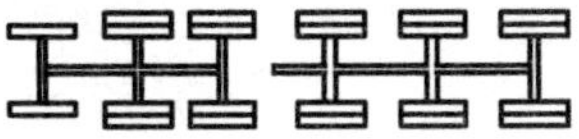	
10类	双前轴半挂式货车	1127型	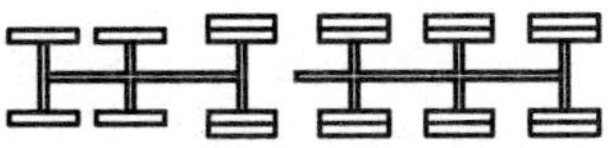	1122型 1125型 1155型 1157型
11类	全挂货车	1522型 1222型	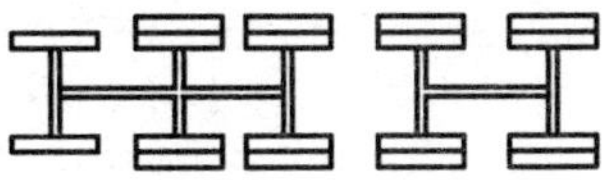	

7.2.3 交通数据调查

1. 交通量及增长率

方向系数示意

公路初期交通量和其他参数可参照可行性研究报告等有关交通量预测资料,结合当地交通观测站的观测和统计资料,或通过实地设立站点进行观测和统计。交通量的年平均增长率可依据公路等级和功能以及地区经济和交通发展情况等,通过调查分析确定。

2. 方向系数

方向系数是指某一个行驶方向 2~11 类车辆数量在双向 2~11 类车辆数量中所占的比例。方向系数宜根据不同方向上实测交通量数据确定,无实测数据时可在 0.5~0.6 范围内选取。

车道系数示意

3. 车道系数

车道系数是指某一个车道的车辆数量在该方向车辆数量中所占的比例。

车道系数可按三个水平确定,改建设计应采用水平一,新建路面设计可采用水平二或水平三。

① 水平一,根据现场交通量观测资料统计设计方向不同车道上车辆的数量,确定车道系数。

② 水平二,采用当地的经验值。

③ 水平三,采用表 7-3 推荐值。

表 7-3 车道系数

单向车道数	1	2	3	≥4
高速公路	—	0.70~0.85	0.45~0.60	0.40~0.50
其他等级公路	1.00	0.50~0.75	0.50~0.75	—

注:交通受非机动车和行人影响严重时取低值,反之取高值。

4. 车辆类型分布系数

车辆类型分布系数是指各类型车辆数量在 2~11 类所有车辆数量中所占的比例。

车辆类型分布系数可按三个水平确定,改建设计应采用水平一,新建路面设计可采用水平二或水平三。

① 水平一,根据交通观测资料分析 2~11 类车型所占的百分比,得到车辆类型分布系数。

② 水平二,根据交通历史数据或经验数据按表 7-4 确定公路 TTC(货车类型分布系数)分类,采用该 TTC 分类车辆类型分布系数当地经验值。

③ 水平三,根据交通历史数据或经验数据按表 7-4 确定公路 TTC 分类,采用表 7-5 确定车辆类型分布系数。

表 7-4 公路 TTC 分类标准（%）

TTC 分类	整体式货车比例	半挂式货车比例
TTC1	<40	>50
TTC2	<40	<50
TTC3	40~70	>20
TTC4	40~70	<20
TTC5	>70	—

表 7-5 车辆类型分布系数（%）

车辆类型	2 类	3 类	4 类	5 类	6 类	7 类	8 类	9 类	10 类	11 类
TTC1	6.4	15.3	1.4	0.0	11.9	3.1	16.3	20.4	25.2	0.0
TTC2	22.0	23.3	2.7	0.0	8.3	7.5	17.1	8.5	10.6	0.0
TTC3	17.8	33.1	3.4	0.0	12.5	4.4	9.1	10.6	8.5	0.7
TTC4	28.9	43.9	5.5	0.0	9.4	2.0	4.6	3.4	2.3	0.1
TTC5	9.9	42.3	14.8	0.0	22.7	2.0	2.3	3.2	2.5	0.2

5. 平均轴数

平均轴数指 2~11 类车辆中，每一种车型各种类型轴的数量的平均值。平均轴数宜根据实测交通量数据确定。

6. 轴重分布系数

轴重分布系数指在指定车型和轴型的情况下，轴重位于一定轴重区间的轴数在该轴型总轴数中所占的百分比。轴重分布系数从整体上可以精确地描述某轴型的重量分布情况。为了确定轴重分布系数，首先需要对各轴型选择合适的轴重间隔，轴重间隔选择得越小，对轴重分布的描述就越精确，但同时也越烦琐。对于单轴单轮、单轴双轮、双联轴、三联轴的轴重间隔可分别取 2.5kN、4.5kN、9.0kN 和 13.5kN，这样既保证分析的精度，又便于应用。

7.2.4 车辆当量设计轴载换算

1. 设计轴载

路面结构分析和设计中，不仅要考虑轴载大小，还要考虑轴载的作用次数。而道路上行驶的车辆具有不同轴重、不同轴型，不同轴重、不同轴型的作用次数无法直接使用或比较。因此，必须要把不同轴重、不同轴型的作用次数，按照一定的原则（当量破坏原则）转化为某种标准轴载的作用次数。这种标准轴载，也称为设计轴载，我国规定其为轴重为 100kN 的单轴—双轮组轴载。设计轴载参数见表 7-6。

表 7-6 设计轴载参数

设计轴载/kN	轮胎接地压强/MPa	单轮接地当量圆直径/mm	两轮中心距/mm
100	0.70	213.0	319.5

在路面工程中，为便于计算，可将轮胎与路面的接触面形状简化为圆形，接触压力也假定为均匀分布。

2. 当量设计轴载换算公式推导

假设设计轴载 P_s 作用了 N_{fs} 次而导致路面结构破坏，则其作用一次产生的损伤为

$$D_s = 1/N_{fs} \tag{7-1}$$

在同一个路面结构，某轴载 P_i 作用了 N_{fi} 次而导致路面结构产生同样类型破坏，则其作用一次产生的损伤为

$$D_i = 1/N_{fi} \tag{7-2}$$

如果轴载 P_i 作用了 N_i 次，路面结构达到某种程度损伤（损伤＝$N_i D_i$），那么达到同样程度损伤（即损伤等效原则），设计轴载 P_s 作用了多少次呢？

设设计轴载 P_s 作用了 N_s 次路面结构达到同样程度损伤，即

$$N_s D_s = N_i D_i \tag{7-3}$$

那么，可得到

$$N_s = N_i \frac{D_i}{D_s} = N_i \frac{N_{fs}}{N_{fi}} = N_i \, \mathrm{EALF}_i \tag{7-4}$$

$$\mathrm{EALF}_i = \frac{N_{fs}}{N_{fi}} \tag{7-5}$$

式中：EALF_i——轴载 P_i 的当量设计轴载换算系数。

使用寿命 N_f 是路面结构、材料相关参数以及轴载作用下路面结构产生的应力或应变等效应 R 的函数，R 计算公式为

$$R = p \bar{\phi} \tag{7-6}$$

式中：p——作用压力；

$\bar{\phi}$——系数，由弹性层状体系理论计算得到。

对于同一个路面结构，材料相关参数都一样，因此，式（7-5）结合式（7-6）可表示为

$$\mathrm{EALF}_i = \frac{N_{fs}}{N_{fi}} = \left(\frac{R_i}{R_s}\right)^b = \left(\frac{p_i \bar{\phi}_i}{p_s \bar{\phi}_s}\right)^b \tag{7-7}$$

式中：R_i、R_s——轴载 P_i 和设计轴载 P_s 产生的效应；

p_i、p_s——轴载 P_i 和设计轴载 P_s 的作用压力；

b——通过试验确定的参数。

若轴载 P_i 也是单轴—双轮组，则 $\bar{\phi}_i = \bar{\phi}_s$，式（7-7）为

$$\mathrm{EALF}_i = \frac{N_{fs}}{N_{fi}} = \left(\frac{R_i}{R_s}\right)^b = \left(\frac{p_i \bar{\phi}_i}{p_s \bar{\phi}_s}\right)^b = \left(\frac{P_i}{P_s}\right)^b \tag{7-8}$$

若轴载 P_i 是单轴—单轮组，则 $\bar{\phi}_i \neq \bar{\phi}_s$，式（7-7）为

$$\text{EALF}_i = \frac{N_{\text{fs}}}{N_{\text{fi}}} = \left(\frac{R_i}{R_s}\right)^b = \left(\frac{p_i \overline{\phi}_i}{p_s \overline{\phi}_s}\right)^b = \left(\frac{2P_i \overline{\phi}_i}{P_s \overline{\phi}_s}\right)^b = c_2 \left(\frac{P_i}{P_s}\right)^b \quad (7-9)$$

$$c_2 = k \left(\frac{\overline{\phi}_i}{\overline{\phi}_s}\right)^b \quad (7-10)$$

式中：c_2——轮组系数，对于双轮组 $c_2=1$。

当轴载 P_i 是多联轴（双联轴或三联轴）时，情况比较复杂。为便于理解，引入并联轴参考轴载的概念，双联轴参考轴载由两根设计轴载组成，三联轴参考轴载由三根设计轴载组成。由前述推导，轴载为 P_i 的多联轴相对于其参考轴载的换算系数为

$$k_i = c_2 \left(\frac{P_i}{P_{\text{br}}}\right)^b \quad (7-11)$$

$$P_{\text{br}} = n \times 100 \quad (7-12)$$

式中：P_{br}——多联轴参考轴载的轴重；

n——多联轴的轴数。

而并联轴参考轴载对于设计轴载的换算系数为

$$c_1 = \sum_{i=1}^{n} \left(\frac{R_{\text{b}i}}{R_s}\right)^b \quad (7-13)$$

式中：$R_{\text{b}i}$——并联轴参考轴载中，每根轴载引起的效应；

c_1——轴组系数，对于单轴 $c_1=1$。

综合上述分析，可得到一般的当量设计轴载换算公式为

$$\text{EALF}_i = c_1 c_2 \left(\frac{P_i}{n \times P_s}\right)^b = c_1 c_2 \left(\frac{P_i}{n \times 100}\right)^b \quad (7-14)$$

3. 车辆的当量设计轴载换算系数

前面推导了某轴载的当量设计轴载换算系数的公式，而要获得某类车辆的当量设计轴载换算系数，需要知道车辆轴型组成、轴重数据等资料，这需要大量的调查统计数据。为工程应用方便，各类车辆当量设计轴载换算系数可按下列三个水平确定，高速公路和一级公路的改建设计应采用水平一，其他情况可采用水平二或水平三。

① 水平一，采用称重设备连续采集设计车道上车辆类型、轴型组成和轴重数据，按下列步骤分析各类车辆当量换算系数。

a. 分别统计 2～11 类车辆单轴单胎、单轴双胎、双联轴和三联轴的数量，除以各类车辆总量，按式（7-15）计算各类车辆中不同轴型平均轴数。

$$\text{NAPT}_{mi} = \frac{\text{NA}_{mi}}{\text{NT}_m} \quad (7-15)$$

式中：NAPT_{mi}——m 类车辆中 i 种轴型的平均轴数；

NA_{mi}——m 类车辆中 i 种轴型总数；

NT_m——m 类车辆总数；

i——分别为单轴单胎、单轴双胎、双联轴和三联轴；

m——表 7-2 所列 2～11 类车。

b. 按式（7-16）计算 2～11 类车辆不同轴型在不同轴重区间所占的百分比，得到不同轴型的轴重分布系数，即轴载谱。确定轴载谱时，单轴单胎、单轴双胎、双联轴和三联

轴应分别间隔 2.5kN、4.5kN、9.0kN 和 13.5kN 划分轴重区间。

$$\mathrm{ALDF}_{mij} = \frac{\mathrm{ND}_{mij}}{\mathrm{NA}_{mi}} \quad (7-16)$$

式中：ALDF_{mij}——m 类车辆中 i 种轴型在 j 级轴重区间的轴重分布系数；

ND_{mij}——m 类车辆中 i 种轴型在 j 级轴重区间的数量；

NA_{mi}——m 类车辆中 i 种轴型的数量。

c. 按式（7-17）计算 2~11 类车辆各种轴型在不同轴重区间的当量设计轴载换算系数，计算时取各轴重区间中点值作为该轴重区间代表轴重。按式（7-18）计算各类车辆当量设计轴载换算系数。

$$\mathrm{EALF}_{mij} = c_1 c_2 \left(\frac{P_{mij}}{P_s}\right)^b \quad (7-17)$$

式中：P_s——设计轴载（kN）。

P_{mij}——m 类车辆中 i 种轴型在 j 级轴重区间的单轴轴载（kN），对双联轴和三联轴，为平均分配到每根单轴的轴载。

b——换算指数。分析沥青混合料层疲劳和沥青混合料层永久变形时，$b=4$；分析路基永久变形时，$b=5$；分析无机结合料稳定层疲劳时，$b=13$。

c_1——轴组系数，前后轴间距大于 3m 时，分别按单个轴计算；轴间距小于 3m 时，按表 7-7 取值。

c_2——轮组系数，双轮组为 1.0，单轮时取 4.5。

表 7-7 轴组系数取值

设计指标	轴型	c_1 取值
沥青混合料层层底拉应变、沥青混合料层永久变形量	双联轴	2.1
	三联轴	3.2
路基顶面竖向压应变	双联轴	4.2
	三联轴	8.7
无机结合料稳定层层底拉应力	双联轴	2.6
	三联轴	3.8

$$\mathrm{EALF}_m = \sum_i \left[\mathrm{NAPT}_{mi} \sum_j (\mathrm{EALF}_{mij} \times \mathrm{ALDF}_{mij})\right] \quad (7-18)$$

式中：EALF_m——m 类车辆的当量设计轴载换算系数；

NAPT_{mi}——m 类车辆中 i 种轴型的平均轴数；

ALDF_{mij}——m 类车辆中 i 种轴型在 j 级轴重区间的轴重分布系数；

EALF_{mij}——m 类车辆中 i 种轴型在 j 级轴重区间当量设计轴载换算系数，根据式（7-17）计算确定。

② 水平二和水平三，按式（7-19）确定各类车辆的当量设计轴载换算系数。式（7-19）中非满载车和满载车的比例和当量设计轴载换算系数，水平二时取当地经验值，水平三时取表 7-8 和表 7-9 所列全国经验值。

$$\mathrm{EALF}_m = \mathrm{EALF}_{ml} \times \mathrm{PER}_{ml} + \mathrm{EALF}_{mh} \times \mathrm{PER}_{mh} \quad (7-19)$$

式中：$EALF_{ml}$ ——m 类车辆中非满载车的当量设计轴载换算系数；
$EALF_{mh}$ ——m 类车辆中满载车的当量设计轴载换算系数；
PER_{ml} ——m 类车辆中非满载车所占的百分比；
PER_{mh} ——m 类车辆中满载车所占的百分比。

表 7-8 2~11 类车辆非满载车与满载车比例

车型	非满载比例	满载比例
2 类	0.80~0.90	0.10~0.20
3 类	0.85~0.95	0.05~0.15
4 类	0.60~0.70	0.30~0.40
5 类	0.70~0.80	0.20~0.30
6 类	0.50~0.60	0.40~0.50
7 类	0.65~0.75	0.25~0.35
8 类	0.40~0.50	0.50~0.60
9 类	0.55~0.65	0.35~0.45
10 类	0.50~0.60	0.40~0.50
11 类	0.60~0.70	0.30~0.40

表 7-9 2~11 类车辆当量设计轴载换算系数

车型	沥青混合料层层底拉应变、沥青混合料层永久变形量		无机结合料稳定层层底拉应力		路基顶面竖向压应变	
	非满载车	满载车	非满载车	满载车	非满载车	满载车
2 类	0.8	2.8	0.5	35.5	0.6	2.9
3 类	0.4	4.1	1.3	314.2	0.4	5.6
4 类	0.7	4.2	0.3	137.6	0.9	8.8
5 类	0.6	6.3	0.6	72.9	0.7	12.4
6 类	1.3	7.9	10.2	1505.7	1.6	17.1
7 类	1.4	6.0	7.8	553.0	1.9	11.7
8 类	1.4	6.7	16.4	713.5	1.8	12.5
9 类	1.5	5.1	0.7	204.3	2.8	12.5
10 类	2.4	7.0	37.8	426.8	3.7	13.3
11 类	1.5	12.1	2.5	985.4	1.6	20.8

7.2.5 当量设计轴载累计作用次数

根据前面确定的车辆的当量设计轴载换算系数，按式（7-20）确定初始年设计车道

日平均当量轴次 N_1。

$$N_1 = \text{AADTT} \times \text{DDF} \times \text{LDF} \times \sum_{m=2}^{11}(\text{VCDF}_m \times \text{EALF}_m) \qquad (7-20)$$

式中：AADTT——2轴6轮及以上车辆的双向年平均日交通量（辆/d）；
　　　DDF——方向系数；
　　　LDF——车道系数；
　　　m——车辆类型编号；
　　　VCDF_m——m 类车辆类型分布系数；
　　　EALF_m——m 类车辆的当量设计轴载换算系数。

应根据初始年设计车道日平均当量轴次 N_1、设计使用年限等，按式（7-21）计算设计车道上的当量设计轴载累计作用次数 N_e。

$$N_e = \frac{[(1+\gamma)^t - 1] \times 365}{\gamma} N_1 \qquad (7-21)$$

式中：N_e——设计使用年限内设计车道上的当量设计轴载累计作用次数（次）；
　　　t——设计使用年限（年）；
　　　γ——设计使用年限内交通量的年平均增长率；
　　　N_1——初始年设计车道日平均当量轴次（次/d）。

新建路面结构设计使用年限不应低于表 7-10 的规定，并根据公路等级、经济、交通荷载等级等因素综合确定。改建路面结构设计可根据工程实际情况选取适宜的设计使用年限。

表 7-10　新建路面结构设计使用年限

公路等级	设计使用年限/年	公路等级	设计使用年限/年
高速公路、一级公路	15	三级公路	10
二级公路	12	四级公路	8

7.2.6　设计交通荷载等级

沥青路面结构采用多项设计指标，不同设计指标分别采用不同的轴载换算参数，从而对应不同的当量设计轴载累计作用次数。如采用当量设计轴载累计作用次数划分设计交通荷载等级，需针对各设计指标分别提出划分标准，应用不便。因此，以设计使用年限内设计车道累计的大型客车和货车交通量划分设计交通荷载等级，见表 7-11。

表 7-11　设计交通荷载等级

设计交通荷载等级	极重	特重	重	中等	轻
设计使用年限内设计车道累计的大型客车和货车交通量（×10⁶，辆）	≥50.0	50.0~19.0	19.0~8.0	8.0~4.0	<4.0

注：大型客车和货车为表 7-2 所列的 2~11 类车。

7.3 沥青路面结构组合设计

7.3.1 结构组合设计概念

路面结构组合设计是在综合当地交通荷载、气候环境、现有材料、地质地理以及施工水平等要素基础上，选择合理的路面结构类型，并将路面构造物的各个组成部分以及路面结构的各个层次进行组合，使其满足规定使用性能的要求。

7.3.2 结构组合设计一般规定

① 路面结构组合设计应针对各种路面结构组合的力学特性、功能特性及其长期性能衰变规律和损坏特点，遵循路基路面综合设计的理念，保证路面结构的安全、耐久和全寿命周期经济合理。

② 路面结构可由面层、基层、底基层和必要的功能层组合而成。面层采用不同的材料分层铺筑时，可分为表面层、中面层和下面层。

③ 在设计使用年限内，路面应不发生由于疲劳导致的结构破坏，面层可进行表面功能修复。

④ 沥青结合料类材料层间应设置黏层，在沥青结合料类材料层与其他材料层间应设置封层，宜设置透层。

⑤ 应采取路面结构的防水、排水措施，阻止降水渗入路面结构层。

沥青路面结构组成

7.3.3 结构组合需考虑的因素

1. 公路等级和交通荷载等级

公路等级高或交通荷载等级重的路面结构需选用较多的结构层次及较强和较厚的结构层；反之，公路等级低或交通荷载等级轻的路面结构可选用较少的结构层次及较弱和较薄的结构层。

2. 路面结构典型破坏形式

路面结构是一种由多个层次、各层由不同类型和性质的材料组成的层状复合结构。不同的组合方案和材料类型，具有不同的结构特性，从而表现出不同的结构性损坏。沥青路面的结构性损坏可归纳为裂缝、永久变形和水损坏三大类。

沥青路面的裂缝可以细分为疲劳开裂（沥青结合料类结构层疲劳开裂、无机结合料稳定类结构层疲劳开裂）、低温缩裂和反射裂缝三类。一般来说，疲劳开裂往往表现为沿轮迹带的龟状裂缝，为自下而上的疲劳裂缝，如图 7.2 所示。疲劳开裂有时也可能表现为沿轮迹带外侧局部深度的纵向裂缝（纵向开裂另外两种主要原因为，分幅摊铺接茬处未处理好和路基不均匀沉降），为行车荷载作用下表层沥青混合料疲劳产生的自上而下的裂缝，如图7.3所示。低温缩裂多发生在低温季节，当沥青面层产生的拉应力（拉应变）超过其在该温度下的抗拉强度（抗拉应变）时，沥青面层即发生断裂，如图7.4所示。反射裂缝是无机结合料稳定类基层先于沥青面层开裂，在基层开裂处的面层底部产生应力集中而导致面层底部开裂，如图7.5所示。低温缩裂和反射裂缝往往表现为横向裂缝，是我国无机结合料稳定类基层沥青路面横向开裂的主要原因。

图7.2　龟状裂缝

图7.3　纵向裂缝

图7.4　低温缩裂

图7.5　反射裂缝

沥青路面的永久变形主要由路基、粒料类结构层、沥青结合料类结构层三部分的永久变形组成，如图7.6和图7.7所示。

图7.6　路基和粒料类结构层永久变形

图7.7　沥青面层永久变形

沥青路面的水损坏主要表现为沥青剥落，基层、底基层或路床顶面冲刷、唧泥等。水损坏往往伴随裂缝出现，并加剧裂缝的破坏。

因此，沥青路面设计时应主要针对以下 6 类损坏。
① 沥青结合料类结构层的疲劳开裂。
② 无机结合料稳定类结构层的疲劳开裂。
③ 沥青混合料层的永久变形。
④ 路基和粒料类结构层的永久变形。
⑤ 沥青面层的低温缩裂。
⑥ 沥青面层的反射裂缝。
沥青路面主要损坏类型见表 7-12。

表 7-12 沥青路面主要损坏类型

结构类型	粒料类基层沥青路面、底基层采用粒料的沥青结合料类基层沥青路面			无机结合料稳定类基层沥青路面、底基层采用无机结合料稳定材料的沥青结合料类基层沥青路面	
沥青混合料层厚度/mm	≥150	150~50	≤50	≥150	<150
主要损坏类型	沥青混合料层永久变形、沥青混合料层疲劳开裂	沥青混合料层疲劳开裂、沥青混合料层永久变形	车辙	车辙、基层疲劳开裂、面层反射裂缝	基层疲劳开裂、面层反射裂缝
季冻地区	面层低温开裂				

在路面结构组合设计过程中，以对应的结构性损坏作为设计的控制指标，并充分重视结构性损坏的防治措施。

3. 路基状况

路基路面综合设计要求路基具有足够的承载能力和合适的干湿状态，使路面结构组合与路基承载能力、湿度条件和土质类型相适应。

对于较弱的路基，应首先采取改善路基的措施，以满足规定的最低强度要求。对于较强的路基，可以相应减少路面结构层的强度或厚度。总之，应充分考虑路基路面综合设计的理念，在路基强度改善和路面结构层强度、厚度变化方面寻求技术经济平衡，以获得合理的路面结构组合。

在季节性冰冻地区，需考虑路基防冻胀的措施；在多雨潮湿地区，需考虑路基排水措施。

4. 路面排水

路面结构组合设计时，应充分重视路面结构的防水与排水措施。除了应考虑采取路表排水和减少渗入水的措施外，还需考虑各种疏导和排除渗入水以及增加结构层抗冲刷能力的措施，具体内容如下。
① 路肩结构应含透水层，便于横向排除路面结构内的渗入水。
② 设置内部排水系统（排水层排水系统或边缘纵向排水沟系统）。
③ 上层有渗入水而下层为不透水层时，下层应选用密水性能好及抗冲刷能力强的材料。

5. 结构层间总体协调性

路面结构组合设计时，各个结构层的力学特性及其组成材料性质除应分别满足各自的强度及功能要求外，还应合理处理各相邻结构层间的相互作用，使得路面各结构层的性能得以相互协调与平衡，避免出现由于个别层的性能指标过于薄弱，而使整个路面结构的使用寿命降低，或者由于个别层的性能指标过高而造成浪费。

此外，合理的路面结构组合设计还应充分考虑各结构层间的结合条件和要求。应注重加强层间结合，按要求设置黏层、透层与封层，确保各结构层间处于连接状态，共同参与结构受力。

总之，结构层间的协调设计主要考虑以下方面。

① 上下层的刚度（模量）比，是否引起上层底面产生过大的拉应力。对于无机结合料稳定类基层沥青路面，基层与沥青面层的模量比宜在 1.5～3 倍之间，基层与底基层的模量比不宜大于 3.0 倍，底基层与土基的模量比宜在 2.5～12.5 倍之间。

② 无机结合料稳定类基层或底基层的温缩和干缩裂缝，是否引起上层的反射裂缝及下层的冲刷。

③ 粒料类结构层的上层和下层集料粒径和级配，是否引起水或细粒土的渗漏。

④ 面层的透水性，是否引起渗入水的积滞和下层表面的冲刷。

⑤ 层间结合或分离措施，对结构应力状况的不同影响。

7.3.4 路基与路面结构层设计

1. 路基

路基应稳定、密实和均匀，具有足够的承载能力，交通荷载等级对路基顶面回弹模量的要求，见表 7-13。

表 7-13 路基顶面回弹模量

交通荷载等级	极重	特重	重	中等、轻
回弹模量/MPa	≥70	≥60	≥50	≥40

（1）一般设计原则

为达到路基的基本性能要求，在路面结构组合设计时，对路基的要求应遵循以下原则。

① 按照交通荷载等级，结合当地的气候、水文、土质和施工水平，选择合适的路基顶面回弹模量设计值。若条件允许，应尽量选择高于表 7-13 要求的值。

② 对于承载力较低不能满足路基顶面回弹模量要求的路基，应采取改善措施，比如设置粒料层或无机结合料稳定层，称为路基改善层，归入路基，不应作为路面结构层。

③ 新建公路路床应处于干燥或中湿状态，并应采取措施防止地表水或地下水的侵入。当路基湿度状态为中湿或潮湿时，宜采用粒料类底基层或设置粒料类路基改善层。

④ 多雨地区土质路堑和强风化岩石路段，应加强填挖交界处及路堑段的排水设计，改善路基水文状况。

⑤ 岩石或填石路基顶面由于平整度差，容易引起基层或底基层结构产生应力集中而发生局部断裂，因此应设置整平层，厚度宜为 200～300mm。整平层可采用未筛分碎石和

石屑或低剂量水泥稳定粒料。

(2) 路基改善措施

① 充分压实路堤填土和路堑上路床土，压实度应满足规范要求。

② 对软弱地基进行加固处理（各种固结排水、强夯压实）或换填优质填料，工后沉降需满足要求，并在路床顶铺设粒料层，以减少不均匀沉降对路面结构的影响。

③ 当地下水位较高时，应尽可能提高路基设计标高和加深边沟。在设计标高受限制，无法提升路基高度时，应选用粗粒土或低剂量无机结合料稳定细粒土作路床或上路床填料。当路基工作区底面接近或低于地下水位时，除采用上述更换填料措施外，还应采用设置排水渗沟等措施降低地下水位。

④ 水文地质条件不良的土质路堑，应采取地下排水措施，拦截流向路基的地下水。

⑤ 在季节性冰冻地区，当冰冻线深度达到路基的易冰冻土层内时，选用不易冻胀土（粒料或各种稳定土）置换冰冻线深度范围内的易冰冻土，被置换层也可称作防冻层，归入路面结构层。

⑥ 选用优质填料（粗粒土、低膨胀土、不易冻胀土等），合理安排填筑顺序（将土质较差的细粒土放在路基的下层，上层用优质填料填筑），以避免或减轻膨胀（或冻胀）和收缩引起的不均匀变形。

⑦ 液限大于 50% 的高液限黏土及含有机质细粒土（CBR<5%）不能用作高速公路和一级公路的路床填料或二级和二级以下公路的上路床填料。液限大于 50% 的高液限粉土及塑性指数大于 16 或膨胀率大于 3% 的低液限黏土（CBR<8%）不能用作高速公路和一级公路的上路床填料。因条件限制而必须采用上述土作填料时，应掺加水泥、粉煤灰或石灰等结合料进行改善。

2. 基层和底基层

(1) 基层类型与性能要求

基层材料通常采用无机结合料稳定类、粒料类、沥青结合料类和水泥混凝土四类。底基层材料通常仅采用无机结合料稳定类和粒料类两类。各类基层和底基层材料应根据公路技术等级、交通荷载等级、当地的自然条件、施工技术水平等因素综合确定。

基层和底基层材料的适用交通荷载等级和层位见表 7-14。

表 7-14 基层和底基层材料的适用交通荷载等级和层位

类型	材料类型	适用交通荷载等级和层位
无机结合料稳定类	水泥稳定级配碎石或砾石、水泥粉煤灰稳定级配碎石或砾石、石灰粉煤灰稳定级配碎石或砾石	各交通荷载等级的基层和底基层
	水泥稳定未筛分碎石或砾石、石灰粉煤灰稳定未筛分碎石或砾石、石灰稳定未筛分碎石或砾石	轻交通荷载等级的基层、各交通荷载等级的底基层
	水泥稳定土、石灰稳定土、石灰粉煤灰稳定土	轻交通荷载等级的基层、各交通荷载等级的底基层

续表

类型	材料类型	适用交通荷载等级和层位
粒料类	级配碎石	重及重以下交通荷载等级的基层、各交通荷载等级的底基层
	级配砾石、未筛分碎石、天然砂砾、填隙碎石	中等和轻交通荷载等级的基层、各交通荷载等级的底基层
沥青结合料类	密级配沥青碎石、半开级配沥青碎石、开级配沥青碎石	极重、特重和重交通荷载等级的基层
	沥青贯入碎石	重及重以下交通荷载等级的基层
水泥混凝土	水泥混凝土或贫混凝土	极重、特重交通荷载等级的基层

　　基层和底基层应具有足够的承载能力、抗疲劳开裂性能、足够的耐久性和水稳定性。沥青结合料类和粒料类基层还应具有足够的抗永久变形能力。基层是沥青路面结构的主要承重结构，对基层的使用性能主要是结构性方面的要求。底基层位于基层与路基之间，对其使用性能更侧重于功能性方面的要求。

　　基层是沥青路面结构组合中的必要组成部分，而底基层可根据需要选择设置，下列情况可针对性地设置底基层。

　　① 增强基层的承载能力和匹配基层的施工厚度。特重和重交通荷载等级，对基层的承载能力要求很高，设置材料性质和规格要求低于基层的底基层，可以较经济的增加基层的承载能力。此外，通过计算得到的基层厚度，按一层施工太厚，按两层施工太薄，那么可通过设置一个模量较低的底基层，协调基层的设计厚度。

　　② 协调基层与路基之间的受力。基层与路基之间通常存在较大的模量比，因此在基层底面会产生较大的拉应力，而路基却未能充分发挥其应有的承载能力。此时，设置底基层作为基层与路基之间的模量过渡区，可以降低基层底面的拉应力，从而增强基层结构的耐久性，使基层和路基的受力状态更为协调。

　　③ 作为排水和隔水功能层。在多雨地区或水文状况不良的路段，设置粒料类底基层或大空隙无机结合料稳定类底基层，一方面可排除渗入路面结构内的路表水，防止它们下渗入路基或积滞在路面结构内，另一方面，可隔断通过毛细作用上升并积聚在路面结构中的地下水，防止基层强度弱化和承载能力下降。

　　④ 作为季节性冰冻地区的防冻层。在季节性冰冻地区，增加路面结构的总厚度作为防冻层，使冰冻线深度达不到路基的易冰冻土层，以减轻冰冻对路基的危害。

　　⑤ 改善基层作业环境。在路基平整度较差的情况下，设置粒料类底基层或低剂量无机结合料稳定类底基层，可以为基层施工机具提供相对平整和坚实的工作平台。

　　(2) 基层与底基层材料规格与厚度

　　不同材料基层和底基层厚度宜符合表 7-15 的规定。

表 7-15 不同材料基层和底基层厚度

材料种类	集料公称最大粒径/mm	厚度/mm、不小于	适宜厚度/mm
密级配沥青碎石 半开级配沥青碎石 开级配沥青碎石	19.0	50	50～80
	26.5	80	80～120
	31.5	100	100～150
	37.5	120	120～150
沥青贯入碎石	—	40	40～80
贫混凝土	31.5	120	120～240
无机结合料稳定类	19.0、26.5、31.5、37.5	150	150～200
	53.0	180	180～200
级配碎石 级配砾石 未筛分碎石、天然砂砾	26.5、31.5、37.5	100	100～200
	53.0	120	120～200
填隙碎石	37.5	75	75～120
	53.0	100	100～120
	63.0	120	—

无机结合料稳定类材料，最大压实厚度不宜超过 200mm，在采用大功率振动压路机和轮胎压路机碾压时可适当增厚至 250mm。

无论何种类型的基层和底基层结构，当设计层厚超过适宜层厚时，须分层铺筑，或调整其他结构层厚度重新进行厚度设计，以使基层厚度满足要求。

3. 面层

（1）面层类型与使用性能要求

面层一般为单层或多层（双层、三层）。双层结构分为表面层、下面层。三层结构分为表面层、中面层和下面层。对抗滑、排水或降噪有特殊要求的表面层可采用开级配沥青混合料。

面层的使用性能要求主要包括功能性和结构性两方面。面层直接承受车轮的碾压，并经受温度和湿度变化对其性质产生的影响，同时面层的使用性能也影响到行车舒适性、安全性及运行效率。因此，对沥青面层的要求包括以下方面。

① 对表面层材料的要求侧重于功能性方面，要求其具有足够的平整度、抗滑性能、耐磨光性能和低噪声等。密级配沥青混合料作为表面层时，要求具有低透水性能。

② 对面层材料结构性方面的要求，主要为具有足够的抗车辙、抗疲劳开裂、抗低温开裂、抗反射裂缝和抗水损坏性能等。

面层材料类型宜按表 7-16 选用。

表 7-16 面层材料的交通荷载等级和层位

材料类型	适用交通荷载等级和层位
连续级配沥青混合料	各交通荷载等级的表面层、中面层和下面层
沥青玛蹄脂碎石混合料	极重、特重和重交通荷载等级的表面层、对抗滑有特殊要求的表面层
厂拌热再生沥青混合料	各交通荷载等级的表面层、中面层和下面层
上拌下贯沥青碎石	中等、轻交通荷载等级的面层
沥青表面处治	中等、轻交通荷载等级的表面层

(2) 面层结构组合设计原则

热拌沥青混合料类型主要依据交通荷载等级、结构层位和工程造价等进行选择。一般来说，用作中、下面层的沥青混合料，主要是连续级配沥青混合料。在特重和重交通荷载等级的道路上，为提高面层的抗剪切变形能力，也可选用大粒径的沥青玛蹄脂碎石混合料作为中面层。

对于轻或中等交通荷载等级的三级和四级公路，为减少工程造价，可以选用沥青表面处治作为表面层。

面层层数的选择，主要考虑公路等级、交通荷载等级及工程造价。一般来说，高速公路通常采用 3~4 层；一级公路采用 2~3 层，重交通或特重交通荷载等级时，建议采用 3 层；二级公路通常采用 2 层；三级及三级以下公路通常采用 1 层，也可采用 2 层。

(3) 面层材料规格与厚度

沥青面层厚度，依据公路等级、交通荷载等级、基层类型、气候条件和使用经验，经技术经济论证选定。各类沥青混合料公称最大粒径的选择，主要考虑交通荷载等级和结构层位。通常来说，沥青混合料的抗剪切变形能力随粒径的增大而增加，因此，交通荷载越重，沥青混合料公称最大粒径越大。但是，沥青混合料的均匀性和平整度随粒径的增大而下降，所以粒径较大的沥青混合料不适合作表面层，而中、下面层可以选择较大粒径的沥青混合料。《公路沥青路面设计规范》(JTG D50—2017) 规定，表面层沥青混合料公称最大粒径不宜大于 16.0mm，中面层和下面层沥青混合料公称最大粒径不宜小于 16.0mm。一般表面层可采用 AC-13 或 AC-16，中、下面层可采用 AC-20 或 AC-25。

沥青结合料应采用道路石油沥青或其加工产品，沥青类型应根据公路等级、气候条件、交通荷载等级、结构层位和施工条件等确定。极重、特重和重交通荷载等级公路，气候条件严酷地区公路，以及连续长陡纵坡路段，中面层和表面层宜采取优化混合料级配、选用改性沥青或添加外掺剂等措施。开级配沥青混合料表面层宜采用高黏沥青或橡胶沥青，并采用适量消石灰或水泥代替矿粉。

为保证沥青混合料的压实，减少施工离析，结构层厚度应与公称最大粒径相匹配。规范规定，连续级配沥青混合料和沥青玛蹄脂碎石混合料的结构层厚度不宜小于集料公称最大粒径的 2.5 倍，开级配沥青混合料的结构层厚度不宜小于集料公称最大粒径的 2.0 倍。同时，为了保证压实度沿层厚分布的均匀性，故压实层厚度不宜太大。不同粒径沥青混合料层厚须符合表 7-17 的规定。

表 7-17　不同粒径沥青混合料层厚

沥青混合料类型	以下集料公称最大粒径沥青混合料的层厚/mm，不小于					
	4.75	9.5	13.2	16.0	19.0	26.5
连续级配沥青混合料	15	25	35	40	50	75
沥青玛蹄脂碎石混合料	—	30	40	50	60	—
开级配沥青混合料	—	20	25	30	—	—

沥青贯入碎石层的厚度为 40～80mm，乳化沥青贯入式路面的厚度不宜超过 50mm。上拌下贯沥青碎石路面的拌和层厚度不宜小于 25mm。

沥青面层厚度和混合料类型选择，可以参照以下步骤进行。

① 按公路等级、交通荷载等级、基层类型以及当地经验，确定面层总厚度和层数。

② 按交通荷载特点和使用要求，选择表面层混合料类型和公称最大粒径，并按照要求选择与公称最大粒径匹配的表面层厚度。

③ 根据剩余层数和厚度，结合交通荷载特点，选择各结构层的混合料类型和公称最大粒径，并确定与公称最大粒径匹配的各结构层厚度。

4. 功能层

路面结构组合设计中所用到的功能层主要包括防冻层、排水层、封层、透层、黏层、应力吸收层和超薄磨耗层。

（1）防冻层和排水层

防冻层是路面结构中按防冻要求所设置的功能层，排水层是排除路面结构内部水的功能层，它们一般设置在路基和基层（底基层）之间。

季节性冻土地区路面厚度不满足防冻要求时，应增设防冻层，防冻层宜采用粗砂、砂砾和碎石等粒料类材料。

地下水位高、排水不良的路段，有裂隙水、泉眼等水文条件不良的岩石挖方路段，基层和底基层为非粒料类材料时，可在基层（底基层）与路床间设置粒料排水层，起排水作用。一方面避免潮湿路基或裂隙水、地下毛细水等影响路面湿度状况，另一方面可及时排除路面内部水，避免下渗影响路基。粒料排水层应与路基边缘或边沟下渗沟相连接，厚度不宜小于 150mm。

（2）封层与透层

封层是路面结构中用以阻止路表水下渗的功能层，也可在面层施工前保护基层以免被施工车辆破坏。透层是用于非沥青类材料层上，能透入表面一定深度，增强非沥青类材料层与沥青混合料层整体性的功能层。

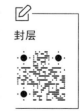

封层

无机结合料稳定类或冷再生类结构层与沥青结合料类结构层之间应设置封层，封层可采用单层沥青表面处治或稀浆封层等。当设置改性沥青应力吸收层时，可不再设封层。

封层采用单层沥青表面处治时，沥青结合料可采用改性沥青、道路石油沥青或乳化沥青。

粒料类基层和无机结合料稳定类基层顶面宜设置透层，透层沥青应具有良好的渗透性，可采用稀释沥青和乳化沥青等。

透层

应力吸收层

超薄磨耗层

（3）黏层

黏层是路面结构中起黏结作用的功能层，一般设置在沥青层之间，可提高沥青层之间的黏结力和路面结构的整体受力性能。

极重、特重和重交通荷载等级路面对层间黏结强度要求更高，因此黏层宜采用改性乳化沥青、道路石油沥青或改性沥青。中等和轻交通荷载等级路面的黏层可选用乳化沥青。水泥混凝土板与沥青层之间由于材料属性差异，较难形成有效黏结，因此黏层宜采用改性沥青。

（4）应力吸收层

应力吸收层在路面结构中起应力消解作用，应具有良好的弹性和韧性。其主要用于水泥混凝土基层或无机结合料稳定类基层与沥青面层之间，可以有效防止由于基层收缩裂缝引起的面层反射裂缝，另外，其也具有一定的加强层间黏结和防水的作用。应力吸收层的沥青结合料需具有良好的延展能力和黏结强度，工程上多采用橡胶沥青。

（5）超薄磨耗层

超薄磨耗层厚度一般为 5~15mm，铺设于表面层，应具有耐久性、抗滑、抗裂、抗水损坏和表面平整等性能，仅起到表面行驶与磨耗功能，通常可不参与路面结构整体受力分析。

7.3.5 路肩

路肩是位于行车道外侧至路基边缘，具有一定宽度的带状部分（包括硬路肩和土路肩）。硬路肩是指与行车道外侧相邻并铺以具有一定强度路面结构的路肩部分，土路肩是指与行车道（或硬路肩）外侧相邻的具有一定强度的土质路肩部分。

路肩为行车道路面结构提供侧向支撑，也供车辆临时或紧急停靠，并在路面改建或维修时作为便道使用。因此，路肩路面结构应具有足够的承载能力，路肩结构组合和材料选择应与行车道路面相协调，不应影响路面结构中水的排出。

极重、特重和重交通荷载等级公路及冻土地区的公路，硬路肩路面结构应与行车道路面相同。三级和四级公路硬路肩可采用沥青结合料类或粒料类材料。

7.3.6 路面排水

1. 路面排水基本要求

通过各种裂缝渗入路面结构内的路表水，会浸湿路面结构和路基，降低其强度和抗变形能力，并冲刷基层、底基层顶面或路基顶面，产生唧泥（浆）病害。为避免或降低这些渗入水的不利影响，在多雨地区（年降水量 600mm 以上），对极重、特重或重交通荷载等级公路、路基为低透水性细粒土（渗透系数小于 30m/d）的路面结构，可考虑设置内部排水系统，以便将渗入水迅速排出路面结构。

路面结构内部排水系统，分为排水层排水系统和边缘排水系统两类。

2. 路面排水层排水系统

路面内部排水层结构主要由多空隙的粒料类、沥青稳定碎石或水泥稳定碎石组成。路面内部排水层通常设置在基层与路基之间,也可根据需要设置在面层与基层之间。

① 粒料排水层可由不含或含少量细集料(通过2.36mm筛孔)的开级配碎石或砾石组成,渗透系数不应低于300m/d,粒料排水层碾压后难稳定,抗变形能力较低。

② 当路面结构的强度和刚度要求较高时,应采用沥青稳定碎石或水泥稳定碎石排水层,渗透系数不低于300m/d。

③ 排水层厚度在100mm左右,即可保证排水需要,过厚会降低路面结构的强度和刚度,过薄不易保证施工质量。

④ 排水层下应设置隔离层,以阻止排水层内的水下渗到路基内,同时也可防止排水层材料与路基土混杂,并为排水层的施工提供坚实的工作面。隔离层为密级配粒料组成的不透水层,渗透系数应小于4.5m/d,同时,其级配组成应满足均匀性及上下两个界面处的隔离要求。隔离层也可采用无纺土工织物,但主要应用于排水层的施工工作面得到充分保证的情况下。土工织物的性质指标,应能满足阻挡土粒、不渗透、防堵塞和耐久的要求。

3. 路面边缘排水系统

路面边缘排水系统由纵向排水沟及带孔排水管或复合土工排水板以及横向出水管、端墙和边沟组成。基层由耐冲刷的密级配沥青碎石或贫混凝土组成(底基层为粒料)时,或者需要改善现有路面排水状况时,可以采用这类排水系统,它可以排除通过面层裂缝或路面与路基的接缝渗入结构内部的路表水。

7.3.7 路面结构组合方案

由不同类型材料组成的结构层,可以采用不同方案组合成适应不同交通荷载等级,具有不同力学特性的沥青路面结构。面层材料主要为沥青结合料类。基层材料的类型有无机结合料稳定类、粒料类、沥青结合料类和水泥混凝土四类。底基层材料的类型,主要有粒料类和无机结合料稳定类两类。

我国沥青路面结构组合方案,主要根据基层材料的性质分为无机结合料稳定类基层沥青路面、沥青结合料类基层沥青路面、粒料类基层沥青路面和水泥混凝土基层沥青路面四类。其又可按底基层材料类型分为无机结合料稳定类底基层、粒料类底基层和无底基层三类。

这四类结构组合方案中,对路基的考虑是相同的。当路基顶面回弹模量不满足设计要求时,应增设改善层,并计算其厚度。

1. 无机结合料稳定类基层沥青路面

(1) 特点

无机结合料稳定类基层刚度较大,沥青面层的底面基本上处于受压或低拉应力状态,因而,在基层产生疲劳开裂破坏之前,沥青面层不易出现自下而上的疲劳开裂破坏。如果加大沥青面层厚度,则可延缓反射裂缝的出现,但也会出现过量永久变形。

无机结合料稳定类基层的应力扩散作用,使得传到路基顶面或底基层顶面的压应力很小。因此,路基和粒料类底基层由于荷载重复作用而产生的永久变形累积量不大,在路表的车辙总量中仅占很小的比例。

无机结合料稳定类基层具有较大的强度,因此,具有较高的承载能力,能承受较重的交通荷载。但是，这类材料容易产生温缩和干缩裂缝，从而引发沥青面层出现反射裂缝。同时，路表水沿反射裂缝下渗，会冲刷基层顶面，产生唧泥（浆）。这类基层依靠自身的弯拉强度来抵御行车荷载作用，因此增加这类基层的强度可以提高路面结构的承载能力。但是，如果强度过高，会由于结合料含量增大而引起收缩裂缝数量和缝隙宽度增加，从而加剧沥青面层反射裂缝的严重程度。

因此，选用无机结合料稳定类材料作为基层和底基层时，一方面要保证足够的结合料用量，以满足对承载能力和耐冲刷的要求，另一方面，也要控制结合料用量不致产生严重的收缩裂缝。通常在路面结构组合设计中，可采取下列一种或多种措施减少基层收缩开裂和路面反射裂缝。

① 选用抗裂性好的无机结合料稳定类基层（比如细料少、结合料剂量合适的骨架密实型水泥稳定碎石）。

② 增加沥青面层厚度或采用多层改性沥青混合料，提高沥青混合料抗裂能力，改善无机结合料稳定类基层的受力状况，进而延缓面层反射裂缝的扩展速率。

③ 在无机结合料稳定类基层上设置沥青碎石层（开级配或半开级配）或级配碎石层，通过大孔隙消解反射裂缝的扩展能力，并降低渗入水对基层的冲刷。

④ 在无机结合料稳定类基层上设置改性沥青应力吸收层或敷设土工合成材料。在设置过程中，应注意应力吸收层或土工合成材料与上部沥青面层之间的开裂匹配，以免出现裂缝越过应力吸收层或土工合成材料向沥青面层扩展的情况。

⑤ 对于结合料用量较大的基层，可采用锯切横向缩缝的措施，以控制收缩裂缝出现的位置。

（2）损坏类型和结构设计的任务

这类路面结构的损坏类型主要为无机结合料稳定类基层或底基层的疲劳开裂以及沥青面层的反射裂缝和永久变形。

这类路面结构设计的主要任务如下。

① 控制无机结合料稳定类基层或底基层底面的拉应力，防止出现疲劳开裂。

② 采取措施防止反射裂缝的出现。

③ 采取措施减轻渗入水引发的冲刷、唧泥等水损坏。

④ 控制沥青面层的永久变形量。

（3）结构组合方案

无机结合料稳定类基层沥青路面结构组合方案可参考表 7-18，厚度组合可按照表 7-19 和表 7-20 选用，也可根据当地经验确定。

表 7-18 无机结合料稳定类基层沥青路面结构组合方案

结构组合类型		无机结合料稳定类基层沥青路面	
面层	表面层	密级配沥青混合料、沥青玛蹄脂碎石混合料、开级配沥青磨耗层、沥青表面处治	
	中、下面层	密级配沥青混合料或无	
基层		水泥稳定碎石或砾石、水泥（或石灰）粉煤灰稳定碎石或砾石	
底基层		水泥、石灰粉煤灰或石灰稳定粒料或土	级配碎石、级配砾石

表 7-19 无机结合料稳定类基层（粒料类底基层）路面厚度范围　　单位：mm

交通荷载等级	极重、特重	重	中等	轻
面层	250～150	250～150	200～100	150～20
基层（无机结合料稳定类）	600～350	550～300	500～250	450～150
底基层（粒料类）	200～150			

表 7-20 无机结合料稳定类基层（无机结合料稳定类底基层）路面厚度范围

单位：mm

交通荷载等级	极重、特重	重	中等	轻
面层	250～120	250～100	200～100	150～20
基层（无机结合料稳定类）	500～250	450～200	400～150	500～200
底基层（无机结合料稳定类）	200～150			—

2. 沥青结合料类基层沥青路面

（1）特点

通常，沥青结合料类基层具有较高的强度和刚度，因此适合于重及重以上交通荷载等级的公路。大粒径密级配沥青混合料（碎石集料公称最大粒径不小于 26.5mm）具有较高的抗永久变形能力，但由于细料和沥青含量较低，抗疲劳能力有所下降。开级配或半开级配沥青碎石基层，可以利用空隙率较大的特点，横向或向下排除渗入路面结构内的路表水。

沥青贯入碎石基层的强度和刚度相对较低，适用于中等或轻交通荷载等级公路。

底基层通常采用粒料类，但粒料类底基层和路基产生的永久变形量在路表的车辙总量中会占较大比重，结构设计时须考虑这部分的永久变形量。

采用无机结合料稳定类底基层时，由于刚度较大，沥青结合料类基层底面拉应力以及路基顶面的压应力会降低，因此有利于增加沥青面层的疲劳寿命和减少路基的永久变形量。但无机结合料稳定类底基层产生的干缩和温缩裂缝有可能影响到沥青面层，使之产生反射裂缝，因此可以考虑选用能防止反射裂缝出现的半开级配沥青碎石基层，但渗入水仍有可能浸湿路基和冲刷路床顶面，产生唧泥病害。

对于开级配沥青碎石排水层，下面必须设置密级配粒料或土工织物隔离层，以阻止自由水下渗和防止路基细粒土混入排水层内。

（2）损坏类型和结构设计的任务

沥青结合料类基层沥青路面的损坏类型主要为沥青混合料层疲劳开裂和永久变形。

这类路面结构设计的主要任务如下。

① 控制沥青混合料层的疲劳开裂。

② 控制沥青混合料层、粒料底基层和路基的永久变形。

（3）结构组合方案

沥青结合料类基层沥青路面结构组合方案可参考表 7-21，厚度组合可按照表 7-22、表 7-23 和表 7-24 选用，也可根据当地经验确定。

表 7-21 沥青结合料类基层沥青路面结构组合方案

结构组合类型		沥青结合料类基层沥青路面	
面层	表面层	密级配沥青混合料、沥青玛蹄脂碎石混合料、开级配沥青磨耗层、沥青表面处治	
	中、下面层	密级配沥青混合料或无	
基层	沥青混合料	沥青混合料、沥青贯入碎石	
底基层		级配碎石、级配砾石	水泥或石灰粉煤灰稳定碎石

表 7-22 沥青结合料类基层（粒料类底基层）路面厚度范围　　单位：mm

交通荷载等级	重	中等	轻
面层	150～120	120～100	80～40
基层（沥青结合料类）	250～200	220～180	200～120
底基层（粒料类）	400～300	400～300	350～250

表 7-23 沥青结合料类基层（无机结合料稳定类底基层）路面厚度范围　单位：mm

交通荷载等级	极重、特重	重	中等	轻
面层	120～100	120～100	100～80	80～40
基层（沥青结合料类）	180～120	150～100	150～100	100～80
底基层（无机结合料稳定类）	600～300	600～300	550～250	450～200

表 7-24 沥青结合料类基层（粒料类+无机结合料稳定类底基层）路面厚度范围

单位：mm

交通荷载等级	极重、特重	重	中等	轻
面层	120～100	120～100	100～80	80～40
基层（沥青结合料类）	240～160	180～120	160～100	100～80
底基层（粒料类）	200～150	200～150	200～150	200～150
底基层（无机结合料稳定类）	400～200	400～200	350～200	250～150

3. 粒料类基层沥青路面

（1）特点

粒料类基层的承载能力取决于粒料的抗剪强度和抗变形能力，而粒料的类型、级配组成、细料含量和塑性指数、压实度以及湿度状态，都会影响粒料的抗剪强度和抗变形能力。因此，选用优质集料、良好级配、足够压实度的粒料，并限制其细粒含量和塑性指数，可保证基层具有足够的承载能力。

在车辆荷载重复作用下，粒料层会出现由压密变形和剪切变形引起的永久（塑性）变形积累，在沥青面层较薄的情况下，这些变形是路面车辙和路表不平整的主要原因。

粒料类基层沥青路面的承载能力不是很高，不宜用于特重交通荷载等级的公路。

底基层采用水泥或石灰粉煤灰稳定碎石（砾石）或土时，由于这类材料的刚度可以降低传到路基顶面的压应力，并使粒料类基层底面不出现拉应力，因此粒料类基层的抗剪切变形能力得以提高。但无机结合料稳定类底基层底面,在底基层与路基模量相差比较大时,会产生较大的拉应力。在重复荷载作用下,底基层的模量会衰变,并出现疲劳开裂。裂缝的进一步发展会使底基层碎裂成类似于粒料的状况,其有效模量也会降低到粒料的水平。如果设计时对这类底基层选用了模量较高的材料,则路面结构在底基层碎裂后会迅速产生破坏。因此,需要控制这类底基层的模量,即结合料剂量,保证它与路基模量比在合适的范围内。

粒料类基层刚度不大,沥青面层的底面会出现较大的拉应力,并在重复荷载作用下产生疲劳开裂。面层开裂后,水的渗入会降低粒料类基层和底基层的模量和抗变形能力,使路面结构产生较大的永久变形,并在无机结合料稳定类底基层开裂情况下产生唧泥。沥青面层较厚时,面层在重复荷载作用下会产生较大的永久变形。

(2) 损坏类型和结构设计的任务

粒料类基层沥青路面的损坏类型主要为路面结构的永久变形和沥青面层的疲劳开裂。这类路面结构设计的主要任务如下。

① 控制沥青面层的疲劳开裂,控制沥青面层的拉应变。

② 控制无机结合料稳定类底基层的疲劳开裂。

③ 控制沥青面层、粒料类基层和路基的永久变形,避免出现过量的车辙和路表不平整的现象。一方面要限制粒料类基层和路基的应力水平,防止出现剪切破坏和产生过量的永久变形积累,另一方面要控制沥青面层的永久变形积累。

(3) 结构组合方案

粒料类基层沥青路面结构组合方案可参考表7-25,厚度组合可按照表7-26选用,也可根据当地经验确定。

表7-25 粒料类基层沥青路面结构组合方案

结构组合类型		粒料类基层沥青路面
面层	表面层	密级配沥青混合料、沥青玛蹄脂碎石混合料、开级配沥青磨耗层、沥青表面处治
	中、下面层	密级配沥青混合料或无
基层		级配碎石、级配砾石
底基层		级配碎石(砾石)、天然砂砾、填隙碎石 水泥、石灰粉煤灰或石灰稳定粒料或土

表7-26 粒料类基层(粒料类底基层)路面厚度范围   单位:mm

交通荷载等级	重	中等	轻
面层	350~200	300~150	200~100
基层(粒料类)	450~350	400~300	350~250
底基层(粒料类)	200~150		

4. 水泥混凝土基层沥青路面

(1) 特点

水泥混凝土基层主要包括水泥混凝土和贫混凝土两类,水泥混凝土基层的强度、刚度和抗冲刷性能良好，适合于极重、特重交通荷载等级的公路。为控制收缩裂缝出现的位置和缝隙宽度，混凝土基层必须锯切横缝和纵缝。水泥混凝土基层沥青路面综合沥青混合料和水泥混凝土两种材料的特点和长处，具有使用性能良好和寿命长的优点。

这类路面结构，设计关注的重点是沥青面层的反射裂缝。为了防止反射裂缝的产生，水泥混凝土板的横缝内必须设置传力杆，以减少接缝两侧的挠度差，从而降低沥青面层承受的竖向剪应力。同时，还可在水泥混凝土基层与沥青面层之间加设沥青碎石或橡胶沥青应力吸收层，以缓解沥青面层内由于水泥混凝土板的竖向和水平位移而产生的应力集中。基层如果采用连续配筋混凝土，由于裂缝间距和缝隙宽度小，不会使沥青面层产生反射裂缝。此外，另一个关注重点则是沥青面层与水泥混凝土基层之间的结合问题，应采取措施予以加强。

下基层可以选用沥青结合料类（沥青混凝土、密级配或半开级配沥青碎石）、粒料类（级配碎石）、无机结合料稳定类材料（贫混凝土、水泥或石灰粉煤灰稳定碎石）。采用无机结合料稳定类下基层时，可以增加路面结构的承载能力，但也会使水泥混凝土基层产生较大的温度翘曲应力。采用沥青结合料类下基层，或在无机结合料稳定类下基层上增设沥青混凝土夹层，则可降低水泥混凝土基层的温度翘曲应力。

底基层主要选用粒料类材料（级配碎石、级配砾石）。采用设传力杆的水泥混凝土上基层和无机结合料稳定类下基层时，底基层可以设置开级配沥青碎石排水层和密级配碎石隔离层，以排除渗入路面结构内的自由水，避免唧泥病害的产生。

（2）损坏类型和结构设计的任务

水泥混凝土基层沥青路面的损坏类型主要为沥青面层的反射裂缝和永久变形，以及路表水沿反射裂缝下渗，冲刷基层，进而引发断板、断角和唧泥等水泥混凝土板块病害。结构设计的主要任务如下。

① 控制沥青面层的反射裂缝。

② 控制水泥混凝土板块综合（荷载和温度）疲劳应力，连续配筋混凝土还需要通过配筋率来控制板块裂缝间距、缝隙宽度和钢筋应力。

③ 控制沥青面层与水泥混凝土基层之间的剪切变形以及沥青面层的永久变形。

（3）结构组合方案

水泥混凝土基层沥青路面结构组合方案可参考表 7-27。

表 7-27　水泥混凝土基层沥青路面结构组合方案

结构组合类型		水泥混凝土基层沥青路面	
面层	表面层	密级配沥青混合料、沥青玛蹄脂碎石混合料、开级配沥青磨耗层	
	中、下面层	密级配沥青混合料或无	
基层	上基层	沥青碎石或橡胶沥青应力吸收层或缺失	连续配筋水泥混凝土
		设传力杆的水泥混凝土	
	下基层	沥青混凝土、沥青碎石　　级配碎石	贫混凝土、水泥或石灰粉煤灰稳定碎石
	底基层	级配碎石、级配砾石	

7.4 材料性质要求和设计参数

在行车荷载反复作用下，路面材料经受严峻的考验，所以路面材料要具有优良的力学性能。路面材料的各项力学性能指标是材料选择的参数，同时也是路面结构设计与分析的重要参数。

7.4.1 总体要求

1. 材料性质总体要求

路面材料应根据公路等级、交通荷载等级、气候条件、各结构层功能要求和当地材料特性等，在技术经济论证基础上进行设计并确定材料设计参数。

2. 材料设计参数

路面结构层材料设计参数的确定可分为下列三个水平。

① 水平一，通过室内试验实测确定。

② 水平二，利用已有经验关系式确定。根据预估方程和材料简单试验预估材料力学参数，不需要直接进行下列模量和强度试验，目前只有沥青混合料动态压缩模量有相应的经验关系式。

③ 水平三，参照典型数值确定。

高速公路和一级公路的施工图设计阶段宜采用水平一，其他设计阶段可采用水平二或水平三，二级及二级以下公路可采用水平二或水平三。

7.4.2 路基

路基顶面回弹模量的确定详见第 2 章。路基顶面回弹模量应符合表 7-13 的规定。不满足要求时，应采取改变填料、设置粒料类或无机结合料稳定类路基改善层，或采用石灰或水泥处理等措施提高路基顶面回弹模量。

7.4.3 粒料类材料

1. 性质要求

基层、底基层级配碎石的 CBR 值应符合表 7-28 的有关规定。

表 7-28 级配碎石 CBR 值

结构层	公路等级	极重、特重交通	重交通	中等、轻交通
基层	高速公路、一级公路	≥200	≥180	≥160
	二级及二级以下公路	≥160	≥140	≥120

续表

结构层	公路等级	极重、特重交通	重交通	中等、轻交通
底基层	高速公路、一级公路	≥120	≥100	≥80
	二级及二级以下公路	≥100	≥80	≥60

级配砾石或天然砂砾用于基层时，CBR 值不应小于 80。级配砾石或天然砂砾用于底基层时，对极重、特重和重交通荷载等级，CBR 值不应小于 80；对中等交通荷载等级，CBR 值不应小于 60；对轻交通荷载等级，CBR 值不应小于 40。

高速公路和一级公路基层粒料公称最大粒径不宜大于 26.5mm；底基层采用级配碎石或级配砂砾时，公称最大粒径不宜大于 31.5mm；底基层采用天然砂砾时，公称最大粒径不宜大于 53.0mm。二级及二级以下公路的基层、底基层粒料公称最大粒径不宜大于 53.0mm。

填隙碎石公称最大粒径宜为层厚的 1/2～2/3。填隙碎石用于基层时，骨料公称最大粒径不应超过 53.0mm；用于底基层时，骨料公称最大粒径不应超过 63.0mm。

粒料层除具有足够的承载能力（CBR、模量等）和良好的抗永久变形能力外，还需要具有一定的疏水能力，以发挥其排水功能，所以需要控制其 0.075mm 以下的细料含量，规定级配碎石和级配砂砾中通过 0.075mm 筛孔的颗粒含量不宜大于 5%，不满足要求时，可用天然砂替代部分细集料。

防冻层所用砂砾、碎石材料的公称最大粒径不应超过 53.0mm。

对于级配碎石材料，基层压实度应不小于 99%，底基层压实度应不小于 97%。

2. 结构验算参数：回弹模量

粒料类材料回弹模量是沥青路面结构设计与分析的重要参数，其显著特点是随应力状态而变化。

（1）粒料类材料回弹模量应力依赖性

粒料类材料回弹模量受应力水平影响很大，具有明显的应力依赖性，而且不同粒料类型其依赖性和特点也不同。表 7-29 归纳了影响级配碎石模量的因素及变化趋势。

表 7-29 影响级配碎石模量的因素及变化趋势

影响因素	影响趋势	影响因素	影响趋势
粗集料比例	比例越大，模量越高	使用期间含水量	含水量越大，模量越低
密度	密度越大，模量越高	龄期	模量不变
碾压含水量	提高到最大值，然后降低	温度	模量不变
应力水平	应力水平越大，模量越高	荷载作用速率	模量不变

对于级配碎石材料，应力水平提高，其模量增加。这种特点使其在刚度较大的下层上时，具有较大的回弹模量，从而具有足够的抵抗应力和变形的能力，最终使得其作为上基层，不仅具有防止无机结合料稳定类基层沥青路面出现反射裂缝的作用，同时也具有较好的抗疲劳能力。

回弹模量与应力状态的关系式为

$$M_R = k_1 p_a \left(\frac{\theta}{p_a}\right)^{k_2} \left(\frac{\tau_{oct}}{p_a} + 1\right)^{k_3} \quad (7-22)$$

式中：M_R——回弹模量（MPa）；

θ——体应力（MPa），$\theta = \sigma_1 + \sigma_2 + \sigma_3$；

τ_{oct}——八面体剪应力（MPa），$\tau_{oct} = \frac{1}{3}\sqrt{(\sigma_1-\sigma_2)^2 + (\sigma_2-\sigma_3)^2 + (\sigma_3-\sigma_1)^2}$；

k_i——回归系数，$k_1 \geq 0$，$k_2 \geq 0$，$k_3 \leq 0$；

p_a——参考气压（MPa）。

(2) 粒料类材料回弹模量确定方法

① 水平一，采用重复加载三轴压缩试验测定，取回弹模量试验结果的均值。

室内重复加载三轴压缩试验的测试和研究，与路基土回弹模量试验方法类似。粒料类材料与路基土在路面结构中的应力不同，因此加载序列也不同，详见表 7-30。

表 7-30 加载序列

加载序列号	围压应力 σ_3 /kPa	接触应力 $0.2\sigma_3$ /kPa	循环偏应力 σ_d /kPa	最大轴向应力 σ_{max} /kPa	荷载作用次数
0-预载	105	21	210	231	1000
1	20	4	10	14	100
2	20	4	20	24	100
3	20	4	40	44	100
4	20	4	60	64	100
5	20	4	80	84	100
6	40	8	20	28	100
7	40	8	40	48	100
8	40	8	80	88	100
9	40	8	120	128	100
10	40	8	160	168	100
11	70	14	35	49	100
12	70	14	70	84	100
13	70	14	140	154	100
14	70	14	210	224	100
15	70	14	280	294	100
16	105	21	50	71	100
17	105	21	105	126	100
18	105	21	210	231	100

续表

加载序列号	围压应力 σ_3 /kPa	接触应力 $0.2\sigma_3$ /kPa	循环偏应力 σ_d /kPa	最大轴向应力 σ_{max}/kPa	荷载作用次数
19	105	21	315	336	100
20	105	21	420	441	100
21	140	28	70	98	100
22	140	28	140	168	100
23	140	28	280	308	100
24	140	28	420	448	100
25	140	28	560	588	100

粒料类材料回弹模量应取最佳含水率和压实度要求相应的干密度条件下的试验值。施工完成后，粒料层湿度逐渐降低，最终达到湿度平衡状态。因此，结构验算时，粒料类材料回弹模量应为试验值乘以湿度调整系数，湿度调整系数可在1.6~2.0范围内选取。

最大粒径大于19mm粒料类材料的试件尺寸为：直径×高度=φ150mm×300mm，制备试件时应筛除粒径大于26.5mm的颗粒。最大粒径小于19mm粒料类材料的试件尺寸为：直径×高度=φ100mm×200mm。

试验前应打开所有连接试件的排水管阀门，连通围压供给管和三轴室，对试件施加105.0kPa的预载围压。对试件至少施加1000次、最大轴向应力为231.0kPa的半正矢脉冲荷载，加载时间为0.1s，恢复时长为0.9s。当试件垂直永久变形达到试件高度的5%时，应停止预载，分析试件变形过大原因，必要时应重新制备试件测试。当预载期间试件垂直永久变形再次达到5%时，应停止试验，并记录说明。

按表7-30的加载序列1，将最大轴向应力调整为14.0kPa，围压调整为20.0kPa。在相应的轴向循环应力水平下，对试件施加100次半正矢脉冲荷载，加载时间为0.1s，恢复时间为0.9s，记录最后5次循环的回弹变形平均值。完成加载序列1之后，按加载序列2至加载序列25依次改变应力水平进行以上测试，并记录每个加载序列最后5次循环的回弹变形平均值。试验过程中，当试件垂直永久变形达到试件高度的5%时，应停止试验并记录结果。

加载示意图如图7.8所示，应按每个加载序列最后5次循环的回弹变形平均值计算回弹模量，即

$$M_R = \frac{\sigma_d}{\varepsilon_r} \quad (7-23)$$

式中：M_R——某序列回弹模量；

σ_d——某序列循环偏应力；

ε_r——某序列最后5次循环的回弹变形平均值。

根据各加载序列的回弹模量，采用非线性拟合技术，确定式（7-22）中的 k_1、k_2 和 k_3。

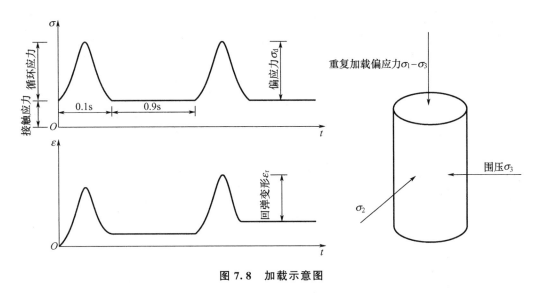

图 7.8 加载示意图

② 水平三，按粒料类型和层位参照表 7-31 确定粒料回弹模量取值。

表 7-31 粒料回弹模量取值范围　　　　　　　　　单位：MPa

材料类型和层位	最佳含水率和压实度要求相应的干密度条件下	经湿度调整后
级配碎石基层	200~400	300~700
级配碎石底基层	180~250	190~440
级配砾石基层	150~300	250~600
级配砾石底基层	150~220	160~380
未筛分碎石层	180~220	200~400
天然砂砾层	105~135	130~240

注：1. 材料性能好、级配好或压实度大时取高值，反之取低值。
　　2. 结构验算时，应取经湿度调整后的模量。

7.4.4 无机结合料稳定类材料

1. 性质要求

无机结合料稳定类材料用于高速公路、一级公路基层时，公称最大粒径不宜大于 31.5mm；用于高速公路和一级公路底基层或二级及二级以下公路基层时，公称最大粒径不宜大于 37.5mm；用于二级及二级以下公路底基层时，公称最大粒径不宜大于 53.0mm。

对于水泥稳定类材料，过多增加水泥剂量，会使无机结合料稳定类材料收缩开裂，进而导致路面反射裂缝增多，所以水泥剂量宜为 3.0%~6.0%。

贫混凝土集料公称最大粒径不宜大于31.5mm，水泥用量不得少于170kg/m³，28d弯拉强度标准值宜控制在2.0~2.5MPa范围内。

无机结合料稳定类材料7d无侧限抗压强度代表值应符合表7-32的要求。

表7-32 无机结合料稳定类材料7d无侧限抗压强度代表值　　　单位：MPa

材料	结构层	公路等级	极重、特重交通	重交通	中等、轻交通
水泥稳定类	基层	高速公路、一级公路	5.0~7.0	4.0~6.0	3.0~5.0
		二级及二级以下公路	4.0~6.0	3.0~5.0	2.0~4.0
	底基层	高速公路、一级公路	3.0~5.0	2.5~4.5	2.0~4.0
		二级及二级以下公路	2.5~4.5	2.0~4.0	1.0~3.0
水泥粉煤灰稳定类	基层	高速公路、一级公路	4.0~5.0	3.5~4.5	3.0~4.0
		二级及二级以下公路	3.5~4.5	3.0~4.0	2.5~3.5
	底基层	高速公路、一级公路	2.5~3.5	2.0~3.0	1.5~2.5
		二级及二级以下公路	2.0~3.0	1.5~2.5	1.0~2.0
石灰粉煤灰稳定类	基层	高速公路、一级公路	≥1.1	≥1.0	≥0.9
		二级及二级以下公路	≥0.9	≥0.8	≥0.7
	底基层	高速公路、一级公路	≥0.8	≥0.7	≥0.6
		二级及二级以下公路	≥0.7	≥0.6	≥0.5
石灰稳定类	基层	二级及二级以下公路	—	—	≥0.8[a]
	底基层	高速公路、一级公路	—	—	≥0.8
		二级及二级以下公路	—	—	0.5~0.7[b]

注：[a] 在低塑性土（塑性指数小于7）地区，石灰稳定砂砾和碎石的7d龄期无侧限抗压强度应大于0.5MPa（100g平衡锥测液限）。

[b] 低限用于塑性指数小于7的黏土，高限用于塑性指数大于或等于7的黏土。

需要特别指出，无机结合料稳定类材料7d无侧限抗压强度是施工质量控制指标，并不是沥青路面的设计指标。沥青路面设计使用的强度指标是，水泥稳定类90d弯拉强度和石灰稳定类、石灰粉煤灰稳定类180d弯拉强度。因此，要搞清楚7d龄期无侧限抗压强度与90d或180d龄期弯拉强度的关系。经统计分析，对于水泥稳定类材料，7d龄期无侧限抗压强度与90d龄期弯拉强度比值为3.6；对于石灰粉煤灰稳定类材料，7d龄期无侧限抗压强度与180d龄期弯拉强度比值为1.0左右。

无机结合料稳定类材料的压实标准，见表7-33和表7-34。压实度评价的标准密度为室内重型击实试验确定的干密度。

表 7-33 基层材料压实标准　　　　　　　　　　　　　　单位:%

公路等级		水泥稳定类材料	石灰粉煤灰稳定类材料	水泥粉煤灰稳定类材料	石灰稳定类材料
高速公路和一级公路		≥98	≥98	≥98	—
二级及二级以下公路	稳定中、粗粒材料	≥97	≥97	≥97	≥97
	稳定细料材料	≥95	≥95	≥95	≥95

表 7-34 底基层材料压实标准　　　　　　　　　　　　　　单位:%

公路等级		水泥稳定类材料	石灰粉煤灰稳定类材料	水泥粉煤灰稳定类材料	石灰稳定类材料
高速公路和一级公路	稳定中、粗粒材料	≥97	≥97	≥97	≥97
	稳定细料材料	≥95	≥95	≥95	≥95
二级及二级以下公路	稳定中、粗粒材料	≥95	≥95	≥95	≥95
	稳定细料材料	≥93	≥93	≥93	≥93

高速公路和一级公路在极重、特重交通荷载等级下,基层和底基层的压实标准可提高1%~2%。

2. 结构验算参数：弯拉强度和弹性模量

无机结合料稳定类基层沥青路面结构,需要进行基层疲劳开裂验算,为了与建立疲劳损坏预估模型中的强度相一致,应采用弯拉强度作为设计指标。

(1) 水平一

弹性模量采用侧面法单轴压缩试验测定。弯拉强度和弹性模量的测定应符合《公路工程无机结合料稳定材料试验规程》(JTG E51—2009)中 T 0851 的有关规定。测试时水泥稳定类、水泥粉煤灰稳定类材料试件的龄期应为 90d,石灰稳定类、石灰粉煤灰稳定类材料试件的龄期应为 180d。弯拉强度和弹性模量应取用测试数据的平均值。

① 弹性模量测试方法。

试验可采用 3 种试件规格：直径×高度 = ϕ100mm×150mm、直径×高度 = ϕ150mm×150mm 或直径×高度 = ϕ150mm×300mm。

侧面法单轴压缩加载图如图 7.9 所示。试验压力机以 1mm/min 的加载速率连续均匀施加荷载,直至试件破坏。加载过程中,位移传感器通过夹具安置于试件侧面中部,沿圆周以 120°偏移角安装(即每两个传感器相距 120°),并与试件端面垂直,通过计算后可得到试件的单轴压缩弹性模量。试件应变 ε 应取 3 个位移传感器测得的试件变形量平均值计算。试验过程中应记录荷载—应变曲线,如图 7.10 所示。当荷载—应变曲线起点不在原点位置或曲线起始有轻微振荡时,应修正曲线起点使 (ε_3, $0.3F_r$) 点与修正后的 (0,0) 点连线在曲线上为直线。

根据荷载—应变曲线得到最大荷载和对应 0.3 倍最大荷载时压应变，按式（7-24）计算弹性模量。

$$E = \frac{1.2F_r}{\pi \cdot D^2 \cdot \varepsilon_3} \tag{7-24}$$

式中：E——弹性模量（MPa）；

F_r——最大荷载（N）；

D——试件直径（mm）；

ε_3——加载达到 $0.3F_r$ 时试件纵向压应变，$\varepsilon_3 = \Delta l / L$。

与其他试验方法相比，该法消除了端面效应的不利影响，具有测量精度高、再现性好、测试简单等特点。

图 7.9 侧面法单轴压缩加载图

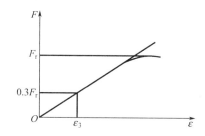

图 7.10 荷载—应变曲线

② 弯拉强度测试方法。

无机结合料稳定类材料的弯拉强度采用压力机或万能试验机对梁式构件进行三分点加压测定。

弯拉强度试验装置图如图 7.11 所示。根据试验要求，在梁跨中安放位移传感器，测量破坏极限荷载时的跨中位移。对试件进行均匀、连续加载，加载速率为 50mm/min，直至试件破坏。记录破坏极限荷载，按式（7-25）计算弯拉强度。

$$R_s = \frac{PL}{b^2 h} \tag{7-25}$$

式中：R_s——弯拉强度（MPa）；

P——破坏极限荷载（N）；

L——跨距，也就是两支点之间的距离（mm）；

b——试件宽度（mm）；

h——试件高度（mm）。

（2）水平三

参照表 7-35 确定弯拉强度和弹性模量。

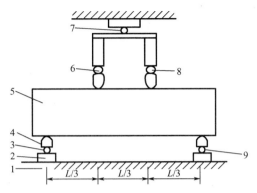

1—机台；2—活动支座；3、8—两个钢球；4—活动船形垫块；
5—试件；6、7、9——一个钢球

图 7.11　弯拉强度试验装置图

表 7-35　无机结合料稳定类材料的弯拉强度和弹性模量取值范围　　单位：MPa

材料	弯拉强度	弹性模量
水泥稳定粒料、水泥粉煤灰稳定粒料、石灰粉煤灰稳定粒料	1.5~2.0	18000~28000
	0.9~1.5	14000~20000
水泥稳定土、水泥粉煤灰稳定土、石灰粉煤灰稳定土	0.6~1.0	5000~7000
石灰土	0.3~0.7	3000~5000

注：结合料用量高、材料性能好、级配好或压实度大时取高值，反之取低值。

（3）结构验算时，弹性模量确定原则

室内试验的试件得到均匀拌合和压实，并在恒温恒湿的条件下进行养生。而现场路面结构层材料的胶结强度及均匀性远不及室内试件，在野外温度和湿度变化影响下，结构层内难免会产生内应力，出现微裂缝。因此，无机结合料稳定类结构层的弹性模量值要比室内试验的低。综合有关单位通过 FWD 弯沉盆反算得出的无机结合料稳定类结构层模量值与相同材料的室内试验模量值，建议模量调整系数取 0.5，即结构验算时，室内试验的弹性模量值或表 7-35 中的弹性模量值应乘以模量调整系数 0.5。

7.4.5　沥青结合料类材料

1. 性质要求

（1）基本规定

表面层沥青混合料公称最大粒径不宜大于 16.0mm，中面层和下面层沥青混合料公称最大粒径不宜小于 16.0mm，基层沥青碎石公称最大粒径不宜小于 26.5mm。

（2）低温抗裂性

季节性冻土地区高速公路和一级公路表面层沥青低温性能宜满足下列指标要求。

① 分析连续 10 年年最低气温平均值，作为路面低温设计温度。路面低温设计温度提

高10℃的试验条件下，沥青弯曲梁流变试验蠕变劲度S_t不宜大于300MPa，且蠕变曲线斜率m不宜大于0.30。

② 当蠕变劲度S_t在300~600MPa范围内，且蠕变曲线斜率m大于0.30时，增加沥青直接拉伸试验，其断裂应变不宜小于1%。

③ 以上都不满足时，采用弯曲梁流变试验和直接拉伸试验确定沥青临界开裂温度，临界开裂温度不宜高于路面低温设计温度。

二级及二级以上公路公称最大粒径不大于19.0mm的沥青混合料，宜在温度为−10℃、加载速率为50mm/min条件下进行小梁弯曲试验。沥青混合料的破坏应变宜符合表7-36的规定。

表7-36 沥青混合料低温弯曲试验破坏应变技术要求

气候条件与技术指标	相应于下列气候分区所要求的破坏应变（$\mu\varepsilon$）								试验方法
年极端最低气温（℃）及气候分区	<−37.0		−37.0~−21.5			−21.5~−9.0		>−9.0	
	1. 冬严寒区		2. 冬寒区			3. 冬冷区		4. 冬温区	
	1-1	2-1	1-2	2-2	3-2	1-3	2-3	1-4	2-4
普通沥青混合料，不小于	2600		2300			2000			T 0715
改性沥青混合料，不小于	3000		2800			2500			

注：气候分区的确定应符合现行《公路沥青路面施工技术规范》（JTG F 40—2004）的有关规定。

（3）高温稳定性

高速公路和一级公路沥青混合料应在规定的试验条件下进行车辙试验，并应符合表7-37的要求。二级公路可参照执行。

表7-37 沥青混合料车辙试验动稳定度技术要求（次/毫米）

气候条件与技术指标	相应于以下气候分区所要求的动稳定度技术要求								试验方法
七月平均最高气温（℃）及气候分区	>30				20~30			<20	
	1. 夏炎热区				2. 夏热区			3. 夏凉区	
	1-1	1-2	1-3	1-4	2-1	2-2	2-3	2-4	3-2
普通沥青混合料，不小于	800	1000			600	800			600
改性沥青混合料，不小于	2800	3200			2000	2400			1800
SMA混合料，不小于 普通沥青	1500								T 0719
SMA混合料，不小于 改性沥青	3000								
OGFC混合料，不小于	1500（中等、轻交通荷载等级）、3000（重及以上交通荷载等级）								

注：1. 气候分区的确定应符合现行《公路沥青路面施工技术规范》（JTG F 40—2004）的有关规定。

2. 当其他月份的平均最高气温高于七月时，可使用该月平均最高气温。

3. 在特殊情况下，对钢桥面铺装、重载车特别多或纵坡较大的长距离上坡路段、厂矿专用道路，可酌情提高动稳定度要求。

4. 对炎热地区或特重及以上交通荷载等级公路，可根据气候条件和交通状况适当提高试验温度或增加试验荷载。

车辙试验是一种模拟车辆轮胎在路面上滚动形成车辙的试验方法，是世界上大多数国家评价沥青混合料高温性能的通用试验。

我国车辙试验中的试件是采用标准方法成型的沥青混合料板块试件，见图7.12，试件厚度可根据集料粒径大小及工程需要进行选择。对于公称最大粒径不大于19.0mm的沥青混合料，宜采用长×宽×厚=300mm×300mm×50mm的板块；对于公称最大粒径不小于26.5mm的沥青混合料，宜采用长×宽×厚=300mm×300mm×(80～100)mm的板块。

通常试验温度为60℃，轮压为0.7MPa，规定试验轮以42±1次/分钟的频率，沿着试件表面同一轨迹往返行走，时间约1h或最大变形达到25mm时为止。记录试件表面在试验轮反复作用下产生的车辙深度，如图7.13所示。对于炎热地区或特重及特重以上交通荷载等级公路，可根据气候条件和交通状况适当提高试验温度或增加试验荷载。

车辙试验的评价指标为动稳定度DS，定义为试件产生1mm车辙时试验轮的行车次数，动稳定度由式（7-26）计算。

$$DS = \frac{(t_2 - t_1)N}{d_2 - d_1} C_1 C_2 \tag{7-26}$$

式中：DS——沥青混合料动稳定度（次/毫米）；

t_1、t_2——试验时间，通常为45min和60min；

d_1、d_2——与试验时间t_1、t_2对应的试件表面变形量（mm）；

N——试验轮往返行走速度，通常为42次/分钟；

C_1——试验机类型系数，曲柄连杆驱动加载轮往返运动方式为1.0；

C_2——试件系数，实验室制备宽300mm的试件为1.0。

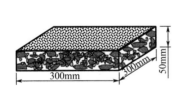
图7.12 车辙试件

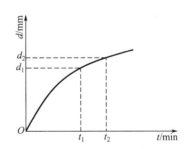
图7.13 车辙深度与试验轮行车次数关系

《公路沥青路面设计规范》（JTG D50—2017）增加了一项高温性能指标：单轴贯入强度。即按单轴贯入强度试验测试沥青混合料的贯入强度（抗剪强度），供沥青混合料配合比设计或施工后检验高温稳定性使用。单轴贯入强度试验适用于室内成型的沥青混合料试件和现场取芯沥青混合料试件的贯入强度测试，试验标准温度为60℃，也可以根据需要采用其他温度，适用于直径100mm或150mm、高100mm的沥青混合料圆柱体试件，也可以根据需要采用其他高度的圆柱体试件。一组试验的平行试件宜为5～6个。

贯入压头材质为Q235不锈钢，其洛氏硬度HRC应在10～30之间。压头上部为长×

宽×厚＝50mm×50mm×10mm 的薄板形，下部为圆柱体，对直径 150mm 试件，圆柱体直径×高＝φ42mm×50mm，对直径 100mm 试件，圆柱体直径×高＝φ28.5mm×50mm，如图 7.14 所示。

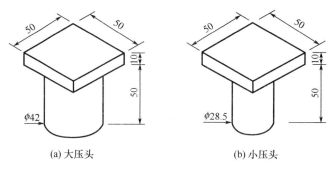

图 7.14 贯入试验压头示意图（单位：mm）

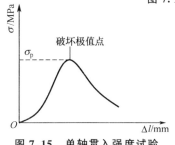

图 7.15 单轴贯入强度试验典型应力—变形图

采用万能材料试验机或其他适宜设备，以 1mm/min 的加载速率将压头贯入沥青混合料试件中，记录压力和位移，当压力值降为应力极值点 90% 时，停止试验。取破坏极值点强度作为试件贯入强度，如图 7.15 所示。读取最大贯入荷载 P，准确到 1N，按式（7-27）计算标准高度沥青混合料的贯入强度。

$$R_\tau = f_\tau \sigma_p = f_\tau \frac{P}{A} \tag{7-27}$$

式中：R_τ——贯入强度（MPa）。

σ_p——贯入应力（MPa）。

P——试件破坏时的极限荷载（N）。

A——压头横截面面积（mm²）。

f_τ——贯入应力系数，对直径 150mm 试件，$f_\tau = 0.35$；对直径 100mm 试件，$f_\tau = 0.34$。

对高度不为 100mm 的试件，应根据下列情况对贯入应力系数进行修正。

① 对直径为 150mm 的试件，按式（7-28）计算贯入应力系数，此时试件高度应满足：$38mm \leqslant h < 100mm$。

$$f_\tau = 0.0023h + 0.12 \tag{7-28}$$

② 对直径为 100mm 的试件，按式（7-29）计算贯入应力系数，此时试件高度应满足：$38mm \leqslant h < 100mm$。

$$f_\tau = 0.0012h + 0.22 \tag{7-29}$$

③ 按式（7-27）计算非标准高度试件的贯入强度。

对现场取芯的试件，其计算的贯入强度应再乘以修正系数 1.15。

无机结合料稳定类基层沥青路面、底基层采用无机结合料稳定类材料的沥青结合料类基层沥青路面和水泥混凝土基层沥青路面的沥青混合料贯入强度，宜满足式（7-30）的要求。

$$R_{\tau s} \geqslant \left(\frac{0.31 \lg N_{e5} - 0.68}{\lg[R_a] - 1.31 \lg T_d - \lg \psi_s + 2.50} \right)^{1.86} \quad (7-30)$$

$$\psi_s = (0.52 h_a^{-0.003} - 317.59 h_b^{-1.32}) E_b^{0.1} \quad (7-31)$$

$$R_{\tau s} = \sum_{i=1}^{n} w_{is} R_{\tau i} \quad (7-32)$$

式中：$[R_a]$——沥青混合料层容许永久变形量（mm），根据公路等级，参照表 8-3 确定。

N_{e5}——设计使用年限内或通车至首次针对车辙维修的期限内，月平均气温大于 0℃ 的月份，设计车道当量设计轴载累计作用次数。

T_d——设计气温（℃），为所在地区月平均气温大于 0℃ 的各月份气温平均值。

ψ_s——路面结构系数，根据式（7-31）计算。

h_a——沥青混合料层的厚度（mm）。

h_b——无机结合料稳定层或水泥混凝土层的厚度（mm）。

E_b——无机结合料稳定层或水泥混凝土层的模量（MPa）。

$R_{\tau s}$——各沥青混合料层的综合贯入强度，根据式（7-32）确定。

$R_{\tau i}$——第 i 层沥青混合料的贯入强度（MPa），根据沥青混合料单轴贯入强度试验方法确定，普通沥青混合料一般为 0.4～0.7MPa，改性沥青混合料一般为 0.7～1.2MPa。

n——沥青混合料层的层数。

w_{is}——第 i 层沥青混合料的权重，为第 i 层厚度中点剪应力与各层厚度中点剪应力之和的比重 $\left(w_{is} = \dfrac{\tau_i}{\sum_{i=1}^{n} \tau_i} \right)$。沥青混合料层为 1 层时，$w_1$ 取 1.0；沥青混合料层为 2 层时，自上而下，w_1 可取 0.48，w_2 可取 0.52；沥青混合料层为 3 层时，自上而下，w_1、w_2 和 w_3 可分别取 0.35、0.42 和 0.23。

粒料类基层沥青路面和底基层采用粒料的沥青结合料类基层沥青路面，沥青混合料贯入强度宜满足式（7-33）的要求。

$$R_{\tau g} \geqslant \left(\frac{0.35 \lg N_{e5} - 1.16}{\lg[R_a] - 1.62 \lg T_d - \lg \psi_g + 2.76} \right)^{1.38} \quad (7-33)$$

$$\psi_g = 20.16 h_a^{-0.642} + 820916 h_b^{-2.84} \quad (7-34)$$

$$R_{\tau g} = \sum_{i=1}^{n} w_{ig} R_{\tau i} \quad (7-35)$$

式中：ψ_g——路面结构系数，根据式（7-34）计算。

$R_{\tau g}$——路面各层沥青混合料的综合贯入强度，根据式（7-35）确定。

w_{ig}——第 i 层沥青混合料的权重，为第 i 层厚度中点剪应力与各层厚度中点剪应力之和的比重 $\left(w_{ig} = \dfrac{\tau_i}{\sum_{i=1}^{n} \tau_i} \right)$。沥青混合料层为 1 层时，$w_1$ 取 1.0；沥青混合料层为 2 层时，自上而下，w_1 可取 0.44，w_2 可取 0.56；沥青混合料层为 3

层时,自上而下,w_1、w_2 和 w_3 可分别取 0.27、0.36 和 0.37。

（4）水稳定性

沥青混合料应测试浸水马歇尔试验残留稳定度和冻融劈裂试验残留强度比检验水稳定性。两项指标应符合表 7-38 的规定。水稳定性不满足要求时,可采取掺入消石灰、水泥或抗剥落剂,或更换集料等措施。

表 7-38 沥青混合料水稳定性技术要求

沥青混合料类型		相应于以下年降雨量（mm）的技术要求（%）		试验方法
		≥500	<500	
浸水马歇尔试验残留稳定度/（%）				
普通沥青混合料,不小于		80	75	T 0709
改性沥青混合料,不小于		85	80	
SMA 混合料,不小于	普通沥青	75		
	改性沥青	80		
冻融劈裂试验残留强度比（%）				
普通沥青混合料,不小于		75	70	T 0729
改性沥青混合料,不小于		80	75	
SMA 混合料,不小于	普通沥青	75		
	改性沥青	80		

2. 结构验算参数：动态压缩模量

沥青路面结构验算时,沥青层的模量采用动态压缩模量,可反映模量对温度和加载时间的依赖性。温度可反映不同地区的气候条件,加载时间可反映行车速度和沥青混合料结构层的厚度。

加载时间在试验中以加载频率表征。根据车辆荷载沿路面深度方向的扩散,对特定的行车速度,越靠近路表加载时间越短,对应频率越高,反之加载时间越长,频率越低。因此,沥青面层试验频率采用 10Hz,层位较深的沥青稳定碎石基层试验频率采用 5Hz。试验温度采用 20℃,路面结构验算时,不同设计指标不同地区温度条件的影响以温度调整系数或等效温度表征。

动态压缩模量的确定,分三个水平。

（1）水平一

沥青混合料动态压缩模量的测定应符合现行《公路工程沥青及沥青混合料试验规程》（JTG E20—2011）T 0738 的有关规定,取平均值,试验温度选用 20℃,面层沥青混合料加载频率采用 10Hz,基层沥青混合料加载频率采用 5Hz。

试验采用钻机从旋转压实仪成型的直径 150mm、高 170mm 试件中钻取直径为 100mm、高为 150mm 的圆柱体试件。将位移传感器安置于侧面中部,沿圆周等间距安放 3 个,并与试件端面垂直,调节位移传感器,使其测量范围可以测量试件中部的压缩变形。

首先施加试验荷载,以 5% 的接触荷载对试件进行预压,持续 10s,使试件与上下加载板接触良好。再用25Hz的偏移正弦波或半正矢波轴向压应力进行200个循环预处理。然后对试件施加偏移正弦波或半正矢波轴向压应力试验荷载,在设定温度下从25～0.1Hz由高频至低频按规定的重复加载次数进行试验。在任意两个试验频率下的间隔时间为2min,间隔时间也可适当延长,但不应超过30min。试验采集最后5个波形的荷载及变形曲线,记录并计算试验施加荷载、试件轴向可恢复变形、动态模量及相位角,动态压缩模量加载模式如图7.16所示。

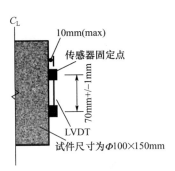 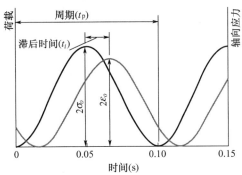

图 7.16 动态压缩模量加载模式

动态压缩模量按式 (7-36) 计算。

$$|E^*| = \frac{\sigma_0}{\varepsilon_0} \tag{7-36}$$

式中:$|E^*|$——沥青混合料动态模量(MPa);

σ_0——轴向应力幅值(MPa),取最后5次循环中轴向应力幅值的平均值;

ε_0——轴向应变幅值(mm/mm),取最后5次循环中轴向应变幅值的平均值。

相位角按式 (7-37) 计算。

$$\varphi = \frac{t_i}{t_p} \times 360 \tag{7-37}$$

式中:φ——相位角(°);

t_i——最后5次加载循环中变形峰值与荷载峰值的平均滞后时间(s);

t_p——最后5次加载循环的平均加载周期(s)。

(2) 水平二

采用式 (7-38) 计算确定沥青混合料动态压缩模量,适用于采用道路石油沥青和常规级配的沥青混合料。

$$\lg E_a = 4.59 - 0.02f + 2.58G^* - 0.14P_a - 0.041V - 0.03\text{VCA}_{\text{DRC}} - 2.65 \times$$
$$1.1^{\lg f} G^* f^{-0.06} - 0.05 \times 1.52^{\lg f} \text{VCA}_{\text{DRC}} \cdot f^{-0.21} + 0.0031f \cdot P_a + 0.0024V$$
$$\tag{7-38}$$

式中:E_a——沥青混合料动态压缩模量(MPa);

f——试验频率(Hz);

G^*——60℃、10rad/s下沥青动态剪切复数模量(kPa);

P_a——沥青混合料的油石比(%);

V——压实沥青混合料的空隙率(%);

VCA_{DRC}——捣实状态下粗集料的松装间隙率(%)。

（3）水平三

参照表 7-39 确定沥青混合料动态压缩模量。

表 7-39 常用沥青混合料 20℃条件下动态压缩模量取值范围 单位：MPa

沥青混合料类型	沥青种类			
	70号道路石油沥青	90号道路石油沥青	110号道路石油沥青	SBS改性沥青
SMA-10、SMA-13、SMA-16	—	—	—	7500~12000
AC-10、AC-13	8000~12000	7500~11500	7000~10500	8500~12500
AC-16、AC-20、AC-25	9000~13500	8500~13000	7500~12000	9000~13500
ATB-25	7000~11000	—	—	—

注：1. ATB-25 为 5Hz 条件下动态压缩模量，其他沥青混合料为 10Hz 条件下动态压缩模量。
2. 沥青黏度大、级配好或空隙率小时取高值，反之取低值。

7.4.6 泊松比

各类材料的泊松比应按表 7-40 确定。

表 7-40 泊松比取值

材料类别	路基	粒料	无机结合料	密级配沥青混合料	开级配沥青混合料、半开级配沥青混合料
泊松比	0.40	0.35	0.25	0.25	0.40

7.5 沥青路面结构计算理论*

沥青路面是层状结构，因此沥青路面计算较为理想的力学模型应当是弹性层状体系理论。目前，弹性层状体系理论的研究已经非常完善，有很多计算程序可以使用，比如壳牌公司的 BISAR 程序。从工程应用的角度出发，目前的研究成果已基本满足了工程实际需要，此外还有黏弹性理论研究成果等。

现行沥青路面设计规范就是采用双圆均布垂直荷载作用下的弹性层状连续体系理论。

7.5.1 弹性层状体系的理论分析

1. 路基路面结构体系的力学模型

路基路面结构体系有如下一些特点。

① 作用在路面上的荷载为汽车荷载，它对路面不仅有垂直荷载作用，还有单向水平荷载作用，而且这种荷载还是多次重复的随机动荷载。同时，汽车轮胎的印迹近似椭圆形，因此在印迹上压力的分布并不均匀。

② 路基路面材料性质复杂。除水泥混凝土路面材料比较接近线弹性体外，其他路基路面材料往往具有弹性、黏性和塑性等力学特性，有的材料还具有各向不均匀性的特点，如高温下的沥青混合料、粒料类材料和路基土等。

③ 路基路面结构除承受汽车荷载外，还要反复经受环境因素（主要是水温状况）的影响。环境因素的作用，会使路基路面结构的力学性能和使用性能发生较大变化。

为路基路面结构体系建立力学模型，是运用科学原理来解决实际工程问题的一种有效方法。但如果试图建立一个包罗万象的力学模型来分析路基路面结构，势必出现过于复杂甚至无法求解的局面，而根据经验确定路基路面结构，又过于简单化，具有很大局限性。因此，建立力学模型时必须要采用某些假设，抓住主要矛盾，忽略次要因素，使力学模型得以简化，从而获得理论解答。力学模型建立得越完善，其理论解就越接近实际，但是理论与实际仍然存在一定的差距。通过各种实验手段对理论结果加以修正，可缩小差距，从而取得理论与实际的统一。实践证明，这种理论加修正的方法是解决工程问题行之有效的方法。

当前发展比较完善的弹性层状体系理论，它与路基路面结构体系的真实情况还有很大的差异。如果采用非线性弹性力学、塑性力学、黏弹性力学等来分析路基路面结构问题，则在力学和数学上还有很多难以克服的难题，甚至无法求解，即使求得理论解，又因参数过多，而不能在实际中得以应用。因此，为了简化计算，一般将沥青路面结构的力学模型归结为弹性层状体系，如图 7.17 所示。

图 7.17 中，1～$(n-1)$ 层相当于各路面结构层，h_1、h_2、…h_{n-1} 为各层厚度，E_1、E_2、…E_{n-1} 及 μ_1、μ_2、…μ_{n-1} 为各层弹性模量及泊松比。第 n 层相当于路基，E_n 和 μ_n 分别是其弹性模量和泊松比。荷载 p 表示单位面积上的垂直荷载，R 为荷载圆半径。

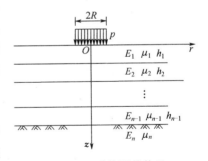

图 7.17 弹性层状体系

2. 基本假定

在推导方程时，如果精确考虑各方面的因素，则导出的方程将会非常复杂，甚至无法求解。因此，通常应按照研究对象的性质及求解问题的范围，作出若干基本假定，从而省略一些暂时不需要考虑的因素，使得方程易于求解。弹性层状体系基本假定如下。

① 各层都是由均质、各向同性的理想弹性材料组成，这种材料的力学性能服从虎克定律。

② 连续性假定，即认为物质充满物体的整个空间，没有任何空隙。

③ 自然应力状态等于零，即施加外荷载之前，假定存在于物体内的初应力为零。

④ 微小形变和微小位移假设，即物体受力后，各点位移量远远小于物体原来尺寸，且形变和转角都远小于1，这样就可以用变形前的尺寸代替变形后的尺寸，不致引起显著误差。

⑤ 假定土基在水平方向和其下方的垂直方向均为无限扩展，其上各层厚度均为有限，但各层水平方向仍为无限扩展。

⑥ 路表面作用着轴对称圆形均布垂直荷载，同时下层深度无限处及水平无限远处的应力和应变都趋于零。

⑦ 层间接触面假定完全连续。

3. 基本方程

根据弹性层状体系理论，对于轴对称空间体，其几何方程为

$$\varepsilon_r = \frac{\partial u}{\partial r}; \quad \varepsilon_\theta = \frac{u}{r}; \quad \varepsilon_z = \frac{\partial w}{\partial z}; \quad \gamma_{zr} = \frac{\partial u}{\partial z} + \frac{\partial w}{\partial r} \tag{7-39}$$

物理方程为

$$\begin{cases} \varepsilon_r = \dfrac{1}{E}[\sigma_r - \mu(\sigma_\theta + \sigma_z)] \\ \varepsilon_\theta = \dfrac{1}{E}[\sigma_\theta - \mu(\sigma_r + \sigma_z)] \\ \varepsilon_z = \dfrac{1}{E}[\sigma_z - \mu(\sigma_r + \sigma_\theta)] \\ \gamma_{zr} = \dfrac{2(1+\mu)}{E}\tau_{zr} \end{cases} \tag{7-40}$$

静平衡微分方程为

$$\begin{cases} \dfrac{\partial \sigma_r}{\partial r} + \dfrac{\partial \tau_{zr}}{\partial z} + \dfrac{\sigma_r - \sigma_\theta}{r} = 0 \\ \dfrac{\partial \tau_{zr}}{\partial r} + \dfrac{\partial \sigma_z}{\partial z} + \dfrac{\tau_{zr}}{r} = 0 \end{cases} \tag{7-41}$$

从上面的几何方程、物理方程和平衡方程可以看出，总共有 10 个未知量，4 个为应力分量，4 个为形变分量，2 个为位移分量。方程数也为 10 个，几何方程 4 个，物理方程 4 个，平衡方程 2 个。显然，方程数等于未知量数，故从数学观点而言，问题可解。

但是，这些方程中虽有代数方程，但大多数是微分方程。直接求解这些方程，具有较大难度。

4. 相容方程

连续体内任意点的位移取决于位移分量，在同一点的形变取决于形变分量。由几何方程可知，当已知位移分量时，形变分量也就可以唯一确定。因此，形变分量之间必须存在某种关系。也就是说，变形前后的物体为连续体，不能发生某些部分互相脱离的情况。

从而可以推导出形变相容方程为

$$\begin{cases} \dfrac{1}{r}\dfrac{\partial \varepsilon_r}{\partial r} - \dfrac{\partial^2 \varepsilon_\theta}{\partial r^2} - \dfrac{2}{r}\dfrac{\partial \varepsilon_\theta}{\partial r} = 0 \\ \dfrac{\partial^2 \varepsilon_\theta}{\partial z^2} + \dfrac{1}{r}\dfrac{\partial \varepsilon_z}{\partial r} = \dfrac{1}{r}\dfrac{\partial \gamma_{zr}}{\partial z} \\ \dfrac{\partial^2 \varepsilon_z}{\partial r^2} + \dfrac{\partial^2 \varepsilon_r}{\partial z^2} = \dfrac{\partial^2 \gamma_{zr}}{\partial z \partial r} \\ \dfrac{\partial^2 \varepsilon_\theta}{\partial z \partial r} + \dfrac{1}{r}\dfrac{\partial \varepsilon_z}{\partial z} - \dfrac{1}{r}\dfrac{\partial \varepsilon_r}{\partial z} = 0 \end{cases} \tag{7-42}$$

将物理方程（7-40）代入式（7-42）中，可得到用应力表示的相容方程。

$$\begin{cases} (1+\mu)\left[\nabla^2 \sigma_r - \dfrac{2}{r^2}(\sigma_r - \sigma_\theta)\right] + \dfrac{\partial^2 \Theta}{\partial r^2} = 0 \\ (1+\mu)\left[\nabla^2 \sigma_\theta + \dfrac{2}{r^2}(\sigma_r - \sigma_\theta)\right] + \dfrac{1}{r}\dfrac{\partial \Theta}{\partial r} = 0 \\ (1+\mu)\nabla^2 \sigma_z + \dfrac{\partial^2 \Theta}{\partial z^2} = 0 \\ (1+\mu)\left(\nabla^2 \tau_{zr} - \dfrac{\tau_{zr}}{r^2}\right) + \dfrac{\partial^2 \Theta}{\partial r \partial z} = 0 \end{cases} \quad (7-43)$$

式中：Θ——第一应力不变量，$\Theta = \sigma_1 + \sigma_2 + \sigma_3 = \sigma_r + \sigma_\theta + \sigma_z$；

∇^2——轴对称空间课题拉普拉斯算子，$\nabla^2 = \dfrac{\partial^2}{\partial r^2} + \dfrac{1}{r}\dfrac{\partial}{\partial r} + \dfrac{\partial^2}{\partial z^2}$。

式 (7-41) 与式 (7-43) 就是按应力求解问题时，应力应满足的方程。

5. 位移函数法

位移函数法是求解弹性层状体系轴对称空间课题的经典解法，该方法简单实用。

设位移函数 $\varphi = \varphi(r, z)$，位移分量与位移函数的关系表达式为

$$\begin{cases} u = -\dfrac{1+\mu}{E}\dfrac{\partial^2 \phi}{\partial r \partial z} \\ w = \dfrac{1+\mu}{E}\left[2(1-\mu)\nabla^2 \phi - \dfrac{\partial^2 \phi}{\partial z^2}\right] \end{cases} \quad (7-44)$$

将式 (7-44) 先代入几何方程，再将结果代入物理方程，则得到用位移函数表示的应力分量方程。

$$\begin{cases} \sigma_r = \dfrac{\partial}{\partial z}\left(\mu \nabla^2 \phi - \dfrac{\partial^2 \phi}{\partial r^2}\right) \\ \sigma_\theta = \dfrac{\partial}{\partial z}\left(\mu \nabla^2 \phi - \dfrac{1}{r}\dfrac{\partial \phi}{\partial r}\right) \\ \sigma_z = \dfrac{\partial}{\partial z}\left[(2-\mu)\nabla^2 \phi - \dfrac{\partial^2 \phi}{\partial z^2}\right] \\ \tau_{zr} = \dfrac{\partial}{\partial r}\left[(1-\mu)\nabla^2 \phi - \dfrac{\partial^2 \phi}{\partial z^2}\right] \end{cases} \quad (7-45)$$

将式 (7-45) 代入式 (7-41) 和式 (7-43) 中，除了第一个平衡方程恒等于零外，其余方程全部转化为重调和方程。

$$\nabla^4 \varphi = \nabla^2 \nabla^2 \varphi = 0 \quad (7-46)$$

这就是说，如果位移函数 φ 是重调和方程的解，则能满足平衡方程和相容方程，并可由式 (7-44) 和式 (7-45) 求得位移分量和应力分量，形变分量由物理方程得到。

重调和方程的求解，一般采用亨格尔积分变换理论。

根据亨格尔积分变换理论，对重调和方程施加零阶亨格尔积分变换，则可得

$$\begin{aligned} \int_0^\infty r \nabla^4 \varphi(r,z) J_0(\xi r) \mathrm{d}r &= \int_0^\infty r \nabla^2 [\nabla^2 \varphi(r,z)] J_0(\xi r) \mathrm{d}r \\ &= \left(\dfrac{\mathrm{d}^2}{\mathrm{d}z^2} - \xi^2\right)\int_0^\infty r \nabla^2 \varphi(r,z) J_0(\xi r) \mathrm{d}r = \left(\dfrac{\mathrm{d}^2}{\mathrm{d}z^2} - \xi^2\right)^2 \int_0^\infty r \varphi(r,z) J_0(\xi r) \mathrm{d}r \quad (7-47) \\ &= \left(\dfrac{\mathrm{d}^2}{\mathrm{d}z^2} - \xi^2\right)^2 \overline{\varphi}(\xi, z) \end{aligned}$$

式中：$\bar{\varphi}(\xi, z)$——$\varphi(r, z)$ 的零阶亨格尔积分变换式。

$$\bar{\varphi}(\xi, z) = \int_0^\infty r\varphi(r,z) J_0(\xi r) dr。$$

因为 $\varphi = \varphi(r, z)$，满足 $\nabla^4 \varphi = 0$，所以

$$\left(\frac{d^2}{dz^2} - \xi^2\right)^2 \bar{\varphi}(\xi, z) = 0 \tag{7-48}$$

通过上述亨格尔积分变换，将重调和方程式（7-46）转化为常积分方程式（7-48），可以使求解难度大大降低。式（7-48）的解为

$$\bar{\varphi}(\xi, z) = (A_\xi + B_\xi z) e^{-\xi z} + (C_\xi + D_\xi z) e^{\xi z} \tag{7-49}$$

根据亨格尔积分变换的反演公式，可得到位移函数 $\varphi(r, z)$ 的表达式为

$$\varphi(r, z) = \int_0^\infty \xi [(A_\xi + B_\xi z) e^{-\xi z} + (C_\xi + D_\xi z) e^{\xi z}] J_0(\xi r) d\xi \tag{7-50}$$

式中： ξ——积分参变量；

A_ξ、B_ξ、C_ξ、D_ξ——与 ξ 有关的积分常数，其值由边界条件和层间结合条件来确定。

所以，求解弹性层状体系课题，归根结底是求解各积分常数。通过一系列推导，可得应力和位移分量的解为

$$\begin{cases}
\sigma_r = -\int_0^\infty \xi\{[A - (1 + 2\mu - \xi z)B] e^{-\xi z} - [C + (1 + 2\mu + \xi z)D] e^{\xi z}\} J_0(\xi r) d\xi + \dfrac{U}{r} \\
\sigma_\theta = 2\mu \int_0^\infty \xi(B e^{-\xi z} + D e^{\xi z}) J_0(\xi r) d\xi - \dfrac{U}{r} \\
\sigma_z = \int_0^\infty \xi\{[A + (1 - 2\mu + \xi z)B] e^{-\xi z} - [C - (1 - 2\mu - \xi z)D] e^{\xi z}\} J_0(\xi r) d\xi \\
\tau_{zr} = \int_0^\infty \xi\{[A - (2\mu - \xi z)B] e^{-\xi z} + [C + (2\mu + \xi z)D] e^{\xi z}\} J_1(\xi r) d\xi \\
u = -\dfrac{1+\mu}{E} U \\
w = -\dfrac{1+\mu}{E} \int_0^\infty \{[A + (2 - 4\mu + \xi z)B] e^{-\xi z} + [C - (2 - 4\mu - \xi z)D] e^{\xi z}\} J_0(\xi r) d\xi
\end{cases} \tag{7-51}$$

式中：$A = \xi^3 A_\xi, B = \xi^2 B_\xi, C = \xi^3 C_\xi, D = \xi^2 D_\xi$；

$$U = \int_0^\infty \{[A - (1 - \xi z)B] e^{-\xi z} - [C + (1 + \xi z)D] e^{\xi z}\} J_1(\xi r) d\xi。$$

上述应力和位移分量的一般解，适用于任何类型的弹性层状体系轴对称空间课题。对于解决某一具体轴对称空间课题，只要根据其边界条件和层间结合条件求得各个积分常数，就能获得该课题应力和位移分量的全部精确解，再根据物理方程或几何方程求得形变分量。

6. 积分常数计算

对于弹性层状体系的解析解，目前常用线性代数矩阵法，该法计算简洁，程序短小，不受层间接触条件限制，通用性强，但计算时间长，实用性差。

本书介绍系数递推法。该法由哈尔滨工业大学郭大智教授提出，主要利用带状矩阵的特性，求得系数 A_i、B_i、C_i 和 D_i 的递推关系。

设 n 层弹性体系表面作用的圆形轴对称荷载为 $p(r)$，各层厚度、弹性模量和泊松比分别为 h_i、E_i 和 μ_i（$i = 1, 2, \cdots, n-1$），最下层为弹性半空间体，其弹性模量和泊松比分别用 E_n 和 μ_n 表示。

柱面坐标系设置在多层弹性体系表面上，坐标原点在荷载圆中心处，如图 7.17 所示，根据假设，表面边界条件可写成

$$\begin{cases} \sigma_{z(1)}|_{z=0} = -p(r) \\ \tau_{zr(1)}|_{z=0} = 0 \end{cases} \tag{7-52}$$

式 (7-51) 中，令 $z=0$，则得到

$$\begin{cases} \sigma_{z(1)}|_{z=0} = \int_0^\infty \xi\{[A_1+(1-2\mu_1)]-[C_1-(1-2\mu_1)D_1]\}J_0(\xi r)\mathrm{d}\xi = -p(r) \\ \tau_{zr(1)}|_{z=0} = \int_0^\infty \xi[(A_1-2\mu_1 B_1)+(C_1+2\mu_1 D_1)]J_1(\xi r)\mathrm{d}\xi = 0 \end{cases}$$

$$\tag{7-53}$$

对式 (7-53) 施加亨格尔积分变换，则可得到

$$\begin{cases} A_1+(1-2\mu_1)-C_1+(1-2\mu_1)D_1 = -\bar{p}(\xi) \\ A_1-2\mu_1 B_1+C_1+2\mu_1 D_1 = 0 \end{cases} \tag{7-54}$$

式中：$\bar{p}(\xi)$——荷载 $p(r)$ 的零阶亨格尔积分变换。

若各层为连续接触，则层间连续接触条件可表示为

$$\begin{cases} \sigma_{z(k)}|_{z=H_k} = \sigma_{z(k+1)}|_{z=H_k} \\ \tau_{zr(k)}|_{z=H_k} = \tau_{zr(k+1)}|_{z=H_k} \\ u_{(k)}|_{z=H_k} = u_{(k+)}|_{z=H_k} \\ w_{(k)}|_{z=H_k} = w_{(k+)}|_{z=H_k} \end{cases} \tag{7-55}$$

式中：k——路面结构层层次，$k=1, 2, \cdots, n-1$；

H_k——各层接触面深度，第 k 底面或第 $k+1$ 层顶面到原点的竖直距离。

此外，根据基本假定，当结构层水平无限远和深度无限深时，所有应力、位移分量均趋于零，即

$$\lim_{r\to\infty}[\sigma_r,\sigma_\theta,\sigma_z,\tau_{zr},u,w]=0 \tag{7-56}$$

$$\lim_{z\to\infty}[\sigma_r,\sigma_\theta,\sigma_z,\tau_{zr},u,w]=0 \tag{7-57}$$

当 $r\to\infty$ 时，$J_0(\xi r)$ 和 $J_1(\xi r)$ 都趋于零，所有应力、位移都能满足式 (7-56) 的要求。欲使式 (7-57) 的条件得到满足，只有 $C_n=D_n=0$，即路基无限深度处，应力、位移分量趋于零。

综合上述分析，n 层弹性体系总共有 $n-1$ 个接触面，每个接触面有 4 个层间连续接触条件，所有接触面上共有 $4(n-1)$ 个接触条件，表面 2 个边界条件，路基无限深度处，应力、位移分量趋于零的条件（即 $C_n=D_n=0$），那么总共有 $4n$ 个方程。

每层有 4 个未知量（A_i，B_i，C_i，D_i），共有 $4n$ 个未知量，其中包括 $C_n=D_n=0$。如果不考虑 C_n 和 D_n，则有 $4n-2$ 个方程和 $4n-2$ 个未知量，所以该方程组可解。

对式 (7-55) 施加亨格尔积分变换，可得到

$$\begin{aligned} &[A_k+(1-2\mu_k+\xi H_k)B_k]\mathrm{e}^{-2\xi H_k}-C_k+(1-2\mu_k+\xi H_k)D_k = \\ &[A_{k+1}+(1-2\mu_{k+1}+\xi H_k)B_{k+1}]\mathrm{e}^{-2\xi H_k}-C_{k+1}+(1-2\mu_{k+1}+\xi H_k)D_{k+1} \end{aligned} \tag{7-58}$$

$$\begin{aligned} &[A_k-(2\mu_k-\xi H_k)B_k]\mathrm{e}^{-2\xi H_k}+C_k+(2\mu_k+\xi H_k)D_k = \\ &[A_{k+1}-(2\mu_{k+1}-\xi H_k)B_{k+1}]\mathrm{e}^{-2\xi H_k}+C_{k+1}+(2\mu_{k+1}+\xi H_k)D_{k+1} \end{aligned} \tag{7-59}$$

$$m_k\{[A_k-(1-\xi H_k)B_k]e^{-2\xi H_k}-C_k-(1+\xi H_k)D_k\}=$$
$$[A_{k+1}-(1-\xi H_k)B_{k+1}]e^{-2\xi H_k}-C_{k+1}-(1+\xi H_k)D_{k+1} \quad (7-60)$$

$$m_k\{[A_k+(2-4\mu_k+\xi H_k)B_k]e^{-2\xi H_k}+C_k-(2-4\mu_k-\xi H_k)D_k\}=$$
$$[A_{k+1}+(2-4\mu_{k+1}+\xi H_k)B_{k+1}]e^{-2\xi H_k}+C_{k+1}-(2-4\mu_{k+1}-\xi H_k)D_{k+1} \quad (7-61)$$

式中：$H_k=\sum\limits_{j=1}^{k}h_j$；

$m_k=\dfrac{(1+\mu_k)}{(1+\mu_{k+1})}\dfrac{E_{k+1}}{E_k}$；

$k=1, 2, \cdots, n-1$。

对式（7-58）～式（7-61）四个式子作一定的加减运算，并令 $i=k+1$，可得到相邻层系数的递推关系，表示公式为

$$\begin{bmatrix} A_i \\ B_i \\ C_i \\ D_i \end{bmatrix} = [P_{i-1}] \begin{bmatrix} A_{i-1} \\ B_{i-1} \\ C_{i-1} \\ D_{i-1} \end{bmatrix} \quad (7-62)$$

$[P_{i-1}]$ 称为结构参数矩阵，它是厚度、弹性模量和泊松比的函数，该矩阵具体表达式为

$$[P_{i-1}]=\begin{bmatrix} P_{i-1}^{11} & P_{i-1}^{12} & P_{i-1}^{13}e^{2\xi H_{i-1}} & P_{i-1}^{14}e^{2\xi H_{i-1}} \\ P_{i-1}^{21} & P_{i-1}^{22} & P_{i-1}^{23}e^{2\xi H_{i-1}} & P_{i-1}^{24}e^{2\xi H_{i-1}} \\ P_{i-1}^{31}e^{-2\xi H_{i-1}} & P_{i-1}^{32}e^{-2\xi H_{i-1}} & P_{i-1}^{33} & P_{i-1}^{34} \\ P_{i-1}^{41}e^{-2\xi H_{i-1}} & P_{i-1}^{42}e^{-2\xi H_{i-1}} & P_{i-1}^{43} & P_{i-1}^{44} \end{bmatrix} \quad (7-63)$$

式中：

$P_{i-1}^{11}=1-M_{i-1}$；

$P_{i-1}^{12}=0.5[(1-M_{i-1})(1-4\mu_{i-1}+2\xi H_{i-1})-L_{i-1}(1-4\mu_i+2\xi H_{i-1})]$；

$P_{i-1}^{13}=(1-4\mu_i+2\xi H_{i-1})M_{i-1}$；

$P_{i-1}^{14}=0.5[(1-L_{i-1})-(1-4\mu_{i-1}-2\xi H_{i-1})(1-4\mu_i+2\xi H_{i-1})M_{i-1}]$；

$P_{i-1}^{21}=0$；

$P_{i-1}^{22}=L_{i-1}$；

$P_{i-1}^{23}=-2M_{i-1}$；

$P_{i-1}^{24}=(1-4\mu_{i-1}-2\xi H_{i-1})M_{i-1}$；

$P_{i-1}^{31}=(1-4\mu_i-2\xi H_{i-1})M_{i-1}$；

$P_{i-1}^{32}=0.5[(1-4\mu_{i-1}+2\xi H_{i-1})(1-4\mu_i-2\xi H_{i-1})M_{i-1}-(1-L_{i-1})]$；

$P_{i-1}^{33}=P_{i-1}^{11}$；

$P_{i-1}^{34}=0.5[(1-4\mu_i-2\xi H_{i-1})L_{i-1}-(1-4\mu_{i-1}-2\xi H_{i-1})(1-M_{i-1})]$；

$P_{i-1}^{41}=-P_{i-1}^{23}$；

$$P_{i-1}^{42} = (1 - 4\mu_{i-1} + 2\xi H_{i-1})M_{i-1};$$

$$P_{i-1}^{43} = 0;$$

$$P_{i-1}^{44} = P_{i-1}^{33};$$

$$L_{i-1} = \frac{1 + (3 - 4\mu_{i-1})m_{i-1}}{4(1 - \mu_i)};$$

$$M_{i-1} = \frac{1 - m_{i-1}}{4(1 - \mu_i)}。$$

利用式（7-62），可建立第 i 层系数与第 1 层系数的关系，表示公式为

$$\begin{bmatrix} A_i \\ B_i \\ C_i \\ D_i \end{bmatrix} = [P_{i-1}] \begin{bmatrix} A_{i-1} \\ B_{i-1} \\ C_{i-1} \\ D_{i-1} \end{bmatrix} = [P_{i-1}][P_{i-2}] \begin{bmatrix} A_{i-2} \\ B_{i-2} \\ C_{i-2} \\ D_{i-2} \end{bmatrix}$$

$$= [P_{i-1}][P_{i-2}]\cdots[P_1] \begin{bmatrix} A_1 \\ B_1 \\ C_1 \\ D_1 \end{bmatrix} = [R_{i-1}] \begin{bmatrix} A_1 \\ B_1 \\ C_1 \\ D_1 \end{bmatrix} \tag{7-64}$$

式中：$[R_{i-1}]$——传递矩阵。

$$[R_{i-1}] = \begin{bmatrix} R_{i-1}^{11} & R_{i-1}^{12} & R_{i-1}^{13} & R_{i-1}^{14} \\ R_{i-1}^{21} & R_{i-1}^{22} & R_{i-1}^{23} & R_{i-1}^{24} \\ R_{i-1}^{31} & R_{i-1}^{32} & R_{i-1}^{33} & R_{i-1}^{34} \\ R_{i-1}^{41} & R_{i-1}^{42} & R_{i-1}^{43} & R_{i-1}^{44} \end{bmatrix}$$

$$= \begin{bmatrix} P_{i-1}^{11} & P_{i-1}^{12} & P_{i-1}^{13} e^{2\xi H_{i-1}} & P_{i-1}^{14} e^{2\xi H_{i-1}} \\ P_{i-1}^{21} & P_{i-1}^{22} & P_{i-1}^{23} e^{2\xi H_{i-1}} & P_{i-1}^{24} e^{2\xi H_{i-1}} \\ P_{i-1}^{31} e^{-2\xi H_{i-1}} & P_{i-1}^{32} e^{-2\xi H_{i-1}} & P_{i-1}^{33} & P_{i-1}^{34} \\ P_{i-1}^{41} e^{-2\xi H_{i-1}} & P_{i-1}^{42} e^{-2\xi H_{i-1}} & P_{i-1}^{43} & P_{i-1}^{44} \end{bmatrix} [R_{i-2}]$$

$$\tag{7-65}$$

当 $i = n$ 时，由式（7-64）和 $C_n = D_n = 0$，可得到

$$\begin{cases} R_{n-1}^{31} e^{-2\xi h_1} A_1 + R_{n-1}^{32} e^{-2\xi h_1} B_1 + R_{n-1}^{33} C_1 + R_{n-1}^{34} D_1 = 0 \\ R_{n-1}^{41} e^{-2\xi h_1} A_1 + R_{n-1}^{42} e^{-2\xi h_1} B_1 + R_{n-1}^{43} C_1 + R_{n-1}^{44} D_1 = 0 \end{cases} \tag{7-66}$$

联立式（7-54）和式（7-66），可解出 A_1，B_1，C_1，D_1。

$$A_1 = -\frac{\overline{p}(\xi)}{\Delta_c} \{ 2\mu_1 (R_{n-1}^{33} R_{n-1}^{44} - R_{n-1}^{34} R_{n-1}^{43}) - [2\mu_1 (R_{n-1}^{32} R_{n-1}^{43} - R_{n-1}^{33} R_{n-1}^{42}) -$$

$$(R_{n-1}^{32} R_{n-1}^{44} - R_{n-1}^{34} R_{n-1}^{42})] e^{-2\xi h_1} \} \tag{7-67}$$

$$B_1 = -\frac{\overline{p}(\xi)}{\Delta_c} \{ (R_{n-1}^{33} R_{n-1}^{44} - R_{n-1}^{34} R_{n-1}^{43}) + [2\mu_1 (R_{n-1}^{31} R_{n-1}^{42} - R_{n-1}^{32} R_{n-1}^{41}) -$$

$$(R_{n-1}^{31} R_{n-1}^{44} - R_{n-1}^{34} R_{n-1}^{41})] e^{-2\xi h_1} \} \tag{7-68}$$

$$C_1 = \frac{\bar{p}(\xi)e^{-2\xi h_1}}{\Delta_c}[2\mu_1(R^{31}_{n-1}R^{44}_{n-1} - R^{34}_{n-1}R^{41}_{n-1}) + (R^{32}_{n-1}R^{44}_{n-1} - R^{34}_{n-1}R^{42}_{n-1}) +$$
$$2\mu_1(R^{31}_{n-1}R^{42}_{n-1} - R^{32}_{n-1}R^{41}_{n-1})e^{-2\xi h_1}] \tag{7-69}$$

$$D_1 = -\frac{\bar{p}(\xi)e^{-2\xi h_1}}{\Delta_c}[2\mu_1(R^{31}_{n-1}R^{43}_{n-1} - R^{33}_{n-1}R^{41}_{n-1}) + (R^{32}_{n-1}R^{43}_{n-1} - R^{33}_{n-1}R^{42}_{n-1}) +$$
$$(R^{31}_{n-1}R^{42}_{n-1} - R^{32}_{n-1}R^{41}_{n-1})e^{-2\xi h_1}] \tag{7-70}$$

式中：

$$\Delta_c = (R^{33}_{n-1}R^{44}_{n-1} - R^{34}_{n-1}R^{43}_{n-1}) + \{2(R^{32}_{n-1}R^{44}_{n-1} - R^{34}_{n-1}R^{42}_{n-1}) + 0.5[1-(1-4\mu_1)^2]$$
$$(R^{31}_{n-1}R^{43}_{n-1} - R^{33}_{n-1}R^{41}_{n-1}) - (1-4\mu_1)[(R^{31}_{n-1}R^{44}_{n-1} - R^{34}_{n-1}R^{41}_{n-1}) + (R^{32}_{n-1}R^{43}_{n-1} -$$
$$R^{33}_{n-1}R^{42}_{n-1})]\}e^{-2\xi h_1} + (R^{31}_{n-1}R^{42}_{n-1} - R^{32}_{n-1}R^{41}_{n-1})e^{-4\xi h_1}。$$

当 $i>1$ 时，可将求得的 A_1，B_1，C_1，D_1 代入式（7-64）中，则可求得 A_i，B_i，C_i，D_i，再将其代入式（7-51）中，就可得到应力和位移分量的全部解答。如果只求第1层（即 $i=1$）的应力和位移分量，则将式（7-67）～式（7-70）直接代入式（7-51）中即可求出解答。

以上求出的解答适用于单圆荷载作用，而规范中的荷载为双圆荷载。在计算双圆荷载作用下的应力和位移分量时，由于两圆产生的应力和位移分量作用方向大部分不一致，仅垂直方向相同。因此需要进行坐标变换来解决双圆叠加问题，本书不再赘述，感兴趣的同学可以参考相关文献。

7.5.2 沥青路面结构的黏弹性分析

沥青路面设计理论近二十年来迅速发展的主要标志一是弹性层状体系理论和计算方法的深入研究，并将其成果应用到路面结构设计中去，二是对路面结构进行深入研究，进一步揭示了其物理力学性质，为路面结构设计提供了强度标准和参数。

沥青混合料在高温季节呈黏弹性体，在荷载作用下具有明显的应变滞后与应力松弛现象。因此，考虑温度和时间两大因素，对沥青路面高温季节的稳定性进行验算极为重要。运用黏弹性理论，可以建立更加完善的验算方法，就能从理论上进一步阐明路基路面结构体系的力学性能。

1. 黏弹性的概念

自然界中有两种常见材料，弹性固体和黏性流体。弹性固体具有确定的形状，在静载作用下发生的变形与时间无关，卸除外力后能完全恢复原状。黏性流体没有确定的形状，或取决于容器，外力作用下变形随时间而发展，产生不可逆的流动。

实际上，许多材料（如沥青、岩石和土壤等地质材料）常同时具有弹性和黏性两种不同机理的变形，综合地体现弹性固体和黏性流体两者特性，材料的这种性质称为黏弹性。

如果材料性能表现为线弹性和理想黏性特性的组合，则这种性质称为线黏弹性。如果以虎克体（线弹性体）和牛顿液体（理想流体）为两端来构成材料谱系，则介于这两者之间的材料均属于线黏弹性材料。

一切固体都会或多或少地流变，如在一定条件下，沥青等材料会发生流动与变形。在有关条件中，最重要的是温度和时间。

2. 蠕变和应力松弛

为了描述材料的黏弹性,首先研究最简单的应力、应变随时间变化的现象:蠕变和应力松弛。

(1) 蠕变

在一定的应力作用下,弹性固体的应变为定值,不随时间而变。而理想黏性流体,应变则以等应变率随时间增加。

材料在恒定应力作用下,应变随时间增加的现象称为蠕变,又称为徐变。不同材料或同一材料在不同条件下有着不同程度的蠕变,如图 7.18 所示,有些材料(如金属)在高温下发生显著的蠕变现象,它可分为瞬时蠕变、稳态蠕变和加速蠕变三个阶段。

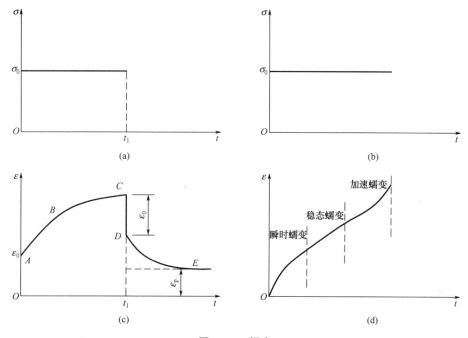

图 7.18 蠕变

若在某一时刻卸去荷载,弹性固体将恢复原样,如果不考虑惯性,则应变瞬时为零。对于黏弹性材料,在 $t=t_1$ 时刻除去外力,则在瞬时弹性变形恢复(CD)后,有逐渐恢复的过程(DE)。这种蠕变的恢复现象,有时又称为滞弹性恢复或延滞恢复。最后,有留存于物体中不可恢复的应变(ε_p)。

(2) 应力松弛

当应变恒定时,应力随时间减小的现象称为应力松弛,它与蠕变现象相对应。图 7.19 表示一般应力松弛过程,开始时应力衰减很快,而后逐渐降低并趋于某一恒定值。从流变机理来看,黏性流动使其应力经过足够长时间后衰减至零。因此,可以说,在一定应变条件下,应力经过足够长时间后趋于零的材料为流体,而经过相当长时间后应力衰减至某一定值的材料,其为固体。

多数工程材料,都具有应力松弛的能力。对于某些工程结构,应力松弛有利于结构的安全。比如,冬季降温时,沥青路面由于收缩变形而产生温度应力,而沥青混合料具备的应力松弛能力可以使其温度应力逐渐衰减,从而保证路面应力不至于超过材料容许值而发生断裂。因此，与水泥混凝土路面不同，沥青路面可以不必设接缝。

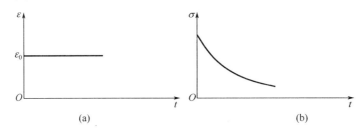

图 7.19　应力松弛

3. 常用的流变模型

材料的黏弹性性质，可采用模型理论来表示和描述。这些力学模型是由离散的弹性元件和黏性元件按不同连接方式组合而成的。

（1）基本元件

① 理想弹性元件。

弹性元件用弹簧表示，如图 7.20（a）所示，服从虎克定律

$$\sigma = E\varepsilon \tag{7-71}$$

理想弹性元件的应力、应变关系不随时间变化，呈现出瞬时弹性变形和瞬时恢复。显然，理想弹性材料不产生蠕变和应力松弛。当输入交变应力时，相应的应变也不会产生滞后现象。

图 7.20　基本元件

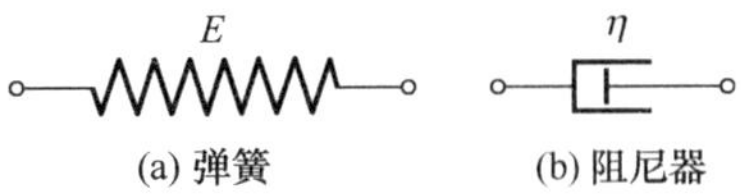

② 黏性元件。

黏性元件用阻尼器（或黏壶）表示，它代表牛顿液体，如图 7.20（b）所示，服从牛顿黏性定律

$$\sigma = \eta\dot{\varepsilon} \tag{7-72}$$

式中：η——与黏性有关的常数（Pa·s）；

$\dot{\varepsilon}$——应变对时间的微分。

对黏性元件来说，σ 和 $\dot{\varepsilon}$ 具有一一对应的关系，但 σ 与 ε 并无直接的关系。

若对黏性元件作用 $\sigma=\sigma_0 H(t)$ [$H(t)$ 为阶梯函数]，则式（7-72）可写为

$$\dot{\varepsilon} = \frac{\sigma_0 H(t)}{\eta} \tag{7-73}$$

对式（7-73）作拉普拉斯积分变换，并根据以下公式

$$\begin{aligned} &L[f'(t)] = s\bar{f}(s) - f(0) \\ &\varepsilon(0) = 0 \end{aligned} \tag{7-74}$$

式中：$\bar{f}(s)$ ——函数 $f(t)$ 的拉普拉斯积分变换，即 $\bar{f}(s)=L[f(t)]$。

则有

$$s\bar{\varepsilon}(s) = \frac{\sigma_0}{\eta s}$$

即

$$\bar{\varepsilon}(s) = \frac{\sigma_0}{\eta s^2} \tag{7-75}$$

对上式施加拉普拉斯反变换，并根据以下公式

$$L^{-1}\left(\frac{1}{s^2}\right)=t \tag{7-76}$$

则可得到

$$\varepsilon=\frac{\sigma_0}{\eta}t \tag{7-77}$$

上式表明，当 $t<0$ 时，阻尼器处于静止状态，只有当 $t>0$ 时，才开始产生变形。因此，阻尼器与弹簧不同，它不具有瞬时应变，其应变响应呈稳态流动。

在 $\varepsilon=\varepsilon_0 H(t)$ 条件下，根据 $H'(t)=\delta(t)$ [$\delta(t)$ 为脉冲函数]，则由式 (7-72) 可得

$$\sigma=\eta\varepsilon_0\delta(t) \tag{7-78}$$

因此，阻尼器受阶跃应变作用时，应力先为无限大而后瞬时为零。由于不可能产生无穷大的应力，因此实际上不能瞬时使黏性元件产生有限应变。

(2) 麦克斯韦模型

麦克斯韦模型是由一个弹性元件和一个黏性元件串联而成的力学模型，如图 7.21 所示。这一模型的连接方式类似于电工学中的串联电路，在黏弹性理论中也把这种连接方式称为串联。麦克斯韦模型，又称为松弛模型，它是一种基本模型。

在应力 σ 作用下，麦克斯韦模型的本构方程可根据应力相等的原则来建立。若弹簧的应变为 ε_1，阻尼器的应变为 ε_2，则麦克斯韦模型的总应变 ε 为两者之和，即

$$\varepsilon=\varepsilon_1+\varepsilon_2 \tag{7-79}$$

对上式求导，并根据 $\dot{\varepsilon}_1=\dot{\sigma}/E$ 和 $\dot{\varepsilon}_2=\sigma/\eta$，可得到

$$\sigma+p_1\dot{\sigma}=q_1\dot{\varepsilon} \tag{7-80}$$

式中：$p_1=\dfrac{\eta}{E}$，$q_1=\eta$。

上式即为麦克斯韦模型的本构方程，可利用该方程分析蠕变、恢复和应力松弛等现象。

① 蠕变。

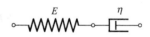

图 7.21 麦克斯韦模型

在常应力 $\sigma=\sigma_0 H(t)$ 作用下，当 $t>0$ 时，$\sigma=\sigma_0$，$\dot{\sigma}=0$，所以式 (7-80) 可改为

$$\dot{\varepsilon}=\sigma_0/q_1 \tag{7-81}$$

对上式施加拉普拉斯积分变换，则可得到

$$s\bar{\varepsilon}(s)-\varepsilon(0)=\frac{\sigma_0}{q_1 s} \tag{7-82}$$

将 $\varepsilon(0)=\sigma_0/E$ 代入上式，则有

$$\bar{\varepsilon}(s)=\frac{\sigma_0}{Es}+\frac{\sigma_0}{\eta s^2} \tag{7-83}$$

对上式施加拉普拉斯反变换，并根据 $L^{-1}(1/s)=1$，可得

$$\varepsilon=\frac{\sigma_0}{E}\left(1+\frac{E}{\eta}t\right) \tag{7-84}$$

上述结果可用图 7.22 中 $0<t<t_1$ 区间内的直线表示，图中的虚线表明，如果 t_1 之后继续

施加常应力 σ_0，则蠕变也会继续发展，直至无穷大。同时该式也表明，该模型具有瞬时应变。

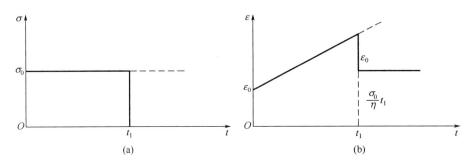

图 7.22 麦克斯韦模型应力、应变关系（蠕变）

② 恢复。

若在 t_1 时卸载，相当于在物体上叠加大小相等、方向相反的荷载 $-\sigma_0$，并用 $t-t_1$ 代替 t，则可得到

$$-\frac{\sigma_0}{E}\left[1+\frac{E}{\eta}(t-t_1)\right]$$

根据叠加原理，将上式与式（7-84）右端相加，则可得卸载后的变形为

$$\varepsilon=\frac{\sigma_0}{\eta}t_1 \tag{7-85}$$

由此可见，麦克斯韦模型在卸载后，瞬时弹性变形 $\frac{\sigma_0}{E}$ 立即恢复，而蠕变 $\frac{\sigma_0}{\eta}t_1$ 不能恢复，成为永久变形。

③ 应力松弛。

在 $\varepsilon=\varepsilon_0 H(t)$ 作用下，当 $t>0$ 时，$\dot{\varepsilon}=0$，因而式（7-80）可变为

$$\sigma+p_1\dot{\sigma}=0 \tag{7-86}$$

对上式施加拉普拉斯积分变换，则可得

$$\bar{\sigma}(s)+p_1[s\bar{\sigma}(s)-\sigma(0)]=0 \tag{7-87}$$

根据 $\sigma(0)=E\varepsilon_0$ 和 $p_1=\eta/E$，则上式可整理为

$$\bar{\sigma}(s)=\frac{E\varepsilon_0}{s+\dfrac{E}{\eta}} \tag{7-88}$$

对上式施加拉普拉斯反变换，则可得到

$$\sigma=E\varepsilon_0 \lim_{s\to -\frac{E}{\eta}} e^{st}=E\varepsilon_0 e^{-\frac{E}{\eta}t}=E\varepsilon_0 e^{-\frac{t}{\tau_k}} \tag{7-89}$$

式中：τ_k——松弛时间，$\tau_k=\dfrac{\eta}{E}$。

若将 $E=q_1/p_1$ 和 $\tau_k=p_1$，代入式（7-89）中，则可得

$$\sigma=\frac{q_1}{p_1}\varepsilon_0 e^{-\frac{t}{p_1}} \tag{7-90}$$

上述两式为描述麦克斯韦模型应力松弛现象（如图 7.23 所示）的表达式。图 7.23 表明，在常应变 ε_0 作用下，首先产生瞬时应力 $E\varepsilon_0$，随后应力不断减小，直至衰减至零。

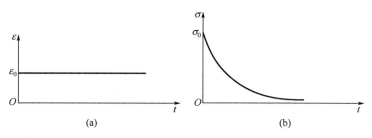

图 7.23 麦克斯韦尔模型应力、应变关系（松弛）

以上内容详细介绍了推导过程，让感兴趣的读者了解结果是怎么得来的。推导过程主要采用拉普拉斯积分变换理论，这部分知识本科阶段没有学习过，所以大家只需知道这样一个过程，不用深究。接下来讨论其他模型时，同样需要采用拉普拉斯积分变换理论，将不再详细讨论过程，直接给出结果。

（3）开尔文模型

在模型理论中，有两种基本模型。麦克斯韦尔模型已经介绍，这里介绍另一种基本模型，即开尔文模型。

开尔文模型由弹簧和阻尼器并联而成，如图 7.24 所示。并联连接方式下，两元件的应变相等，总应力等于两元件的应力和，其本构方程为

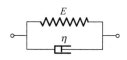

图 7.24 开尔文模型

$$\sigma = q_0 \varepsilon + q_1 \dot{\varepsilon} \quad (7-91)$$

式中：$q_0 = E$；$q_1 = \eta$。

① 蠕变。

在常应力 $\sigma = \sigma_0 H(t)$ 作用下，可得到

$$\varepsilon = \frac{\sigma_0}{E}(1 - e^{-\frac{t}{\tau_d}}) \quad (7-92)$$

式中：τ_d——延迟时间，$\tau_d = \frac{\eta}{E}$。

由式（7-92）可知，当 $t \to 0^+$ 时，$\varepsilon = 0$，这是因为阻尼器不可能发生瞬时变形。

在应力不变的条件下，应变 ε 随时间变化曲线如图 7.25 所示。开尔文模型的应变特点是，开始时为零，然后经过较长时间才能达到极限值 σ_0/E。

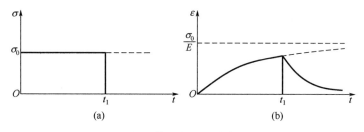

图 7.25 开尔文模型应力、应变关系（蠕变）

如果在开尔文模型中没有并联的阻尼器，而只有弹性元件，则应变 ε 可瞬时达到 σ_0/E。但是，由于阻尼器的存在，使得应变推迟产生，因此开尔文模型又称为延迟弹性模型。

② 恢复。

如果在 t_1 时刻卸载，则可得到

$$\varepsilon = \frac{\sigma_0}{E}(1-e^{-\frac{t_1}{\tau_d}})e^{-\frac{t-t_1}{\tau_d}} \tag{7-93}$$

卸载后，应变 ε 随时间 t 增加而逐渐减小，当 $t\to\infty$ 时，则 $\varepsilon(\infty)=0$。这种卸载后可以逐渐消失的形变，本质上属于弹性变形，这种性质称为弹性后效。

③ 应力松弛。

在 $\varepsilon=\varepsilon_0 H(t)$ 作用下，可得到

$$\sigma = [E+\eta\delta(t)]\varepsilon_0 \tag{7-94}$$

上式中，$E\varepsilon_0$ 表示弹簧所受的应力，$\eta\delta(t)\varepsilon_0$ 表示 $t=0$ 时有无限大的应力脉冲。因而 $t=0$ 时，突加应变 ε_0 对开尔文模型毫无意义。

对上述两个基本模型的分析可见，麦克斯韦模型虽能体现应力松弛现象，却不能表示蠕变，它只有稳态流动，而开尔文模型可描述蠕变过程，却不能表示应力松弛现象。同时，这两个基本模型反映的应力松弛或蠕变过程都是时间的一个指数函数，对于大多数聚合物材料来说，其流变过程较为缓慢。因此，为了更好地描述实际材料的黏弹性，常采用多个基本元件和基本模型组合成其他复杂模型。

（4）伯格斯模型

由一个麦克斯韦模型和一个开尔文模型串联而成的四元件模型，通常称为伯格斯模型，如图 7.26 所示。

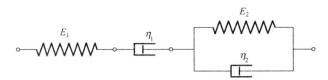

图 7.26 伯格斯模型

伯格斯模型由于元件增多，因此应力与应变的关系有更多的特色，这种模型代表某些复杂黏弹性材料的流变性质。

伯格斯模型本构方程为

$$\sigma + p_1\dot{\sigma} + p_2\ddot{\sigma} = q_1\dot{\varepsilon} + q_2\ddot{\varepsilon} \tag{7-95}$$

式中：$p_1 = \frac{\eta_1}{E_1} + \frac{\eta_1+\eta_2}{E_2}$；$p_2 = \frac{\eta_1\eta_2}{E_1 E_2}$；$q_1 = \eta_1$；$q_2 = \frac{\eta_1\eta_2}{E_2}$。

① 蠕变。

在常应力 $\sigma=\sigma_0 H(t)$ 作用下，可得到

$$\varepsilon = \frac{\sigma_0}{E_1} + \frac{\sigma_0}{\eta_1}t + \frac{\sigma_0}{E_2}(1-e^{-\frac{t}{\tau_{d_2}}}) \tag{7-96}$$

显然，伯格斯模型的蠕变方程为麦克斯韦模型和开尔文模型的蠕变方程之和。即使 σ_0 很小，应变 ε 也会无限增加，所以伯格斯模型本质上是液体模型。蠕变曲线如图 7.27 所示。

② 恢复。

如果在 t_1 时刻卸载，则可得到

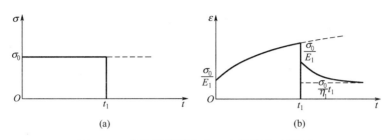

图 7.27 伯格斯模型应力、应变关系（蠕变）

$$\varepsilon = \frac{\sigma_0}{q_1}t + \frac{p_1 q_1 q_2 - p_2 q_1^2 - q_2^2}{q_1^2 q_2}\sigma_0(1-e^{-\frac{q_2}{q_1}t_1})e^{-\frac{q_2}{q_1}(t-t_1)} \tag{7-97}$$

同理，伯格斯模型的恢复方程也为麦克斯韦尔模型和开尔文模型的恢复方程之和。从图 7.27 中可以看出，伯格斯模型在卸载后瞬时弹性变形 σ_0/E_1 立即恢复，而蠕变 $\sigma_0 t_1/\eta_1$ 不能恢复，成为永久变形。

③ 应力松弛。

在 $\varepsilon = \varepsilon_0 H(t)$ 作用下，可得到

$$\sigma = \frac{E_1 \varepsilon_0}{\alpha - \beta}\left[\left(\frac{1}{\tau_{d_2}} - \beta\right)e^{-\beta t} - \left(\frac{1}{\tau_{d_2}} - \alpha\right)e^{-\alpha t}\right] \tag{7-98}$$

式中：$\alpha = \dfrac{p_1 + \sqrt{p_1^2 - 4p_2}}{2p_2}$；$\beta = \dfrac{p_1 - \sqrt{p_1^2 - 4p_2}}{2p_2}$。

从上式可以看出，当 $t=0$ 时，伯格斯模型产生瞬时应力 $E_1 \varepsilon_0$，随后应力逐渐衰减，直至时间无限增加时应力完全松弛，残留应力趋于零，如图 7.28 所示。

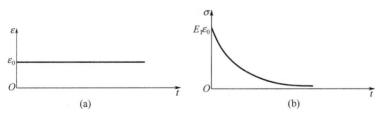

图 7.28 伯格斯模型应力、应变关系（松弛）

从上述三种模型分析中，可以得到如下几点结论。

① 黏弹性模型的微分型本构方程，其最高阶数等于黏性元件的个数。

② 如果模型中串联有单个弹性元件，则模型具有瞬时弹性。

③ 如果模型中只串联有黏性元件，则本构方程中仅包含应变 ε 对时间 t 的导数，模型在无限大时刻的变形只产生黏性流动，变形可无限发展，且应力能完全松弛。

④ 黏弹性模型可分为固体模型和液体模型，并以 ε 的系数 q_0 作为判别条件：q_0 为零黏弹性模型为液体模型；q_0 不为零黏弹性模型为固体模型。

⑤ 在构造复杂模型时，可将麦克斯韦尔模型和开尔文模型作为基本元件来处理。如果元件采用串联方式，则各元件的应力相等，应变为各元件应变之和。如果元件采用并联方式，则各元件的应变相等，应力为各元件应力之和。

思考题

1. 简述面层各类沥青混合料的特点。
2. 简述沥青路面的优缺点。
3. 为什么要进行车辆轴载换算？换算的基本原理是什么？难度在哪里？
4. 沥青路面结构会产生哪些破坏形式？其原因是什么？
5. 沥青路面结构由哪些层次组成？各结构层可以用哪些材料？这些材料适用于哪些场合？
6. 沥青路面各结构层有哪些性能要求？设计上有哪些具体规定？
7. 各种沥青路面结构组合有哪些力学特点？可能发生哪些破坏，需要采取哪些针对性的设计指标？
8. 无机结合料稳定类基层为什么容易出现开裂？减少基层收缩开裂和路面反射裂缝的措施有哪些？
9. 为什么要规定各结构层的最小厚度和最大厚度？
10. 沥青路面验算时，需要结构层的哪些参数？这些参数怎么确定？
11. 沥青混合料的路用性能有哪些要求？用什么试验确定？
12. 沥青表面层、中面层和下面层，一般采用什么类型的沥青混合料？
13. 弹性层状体系的基本假定有哪些？

第7章在线答题

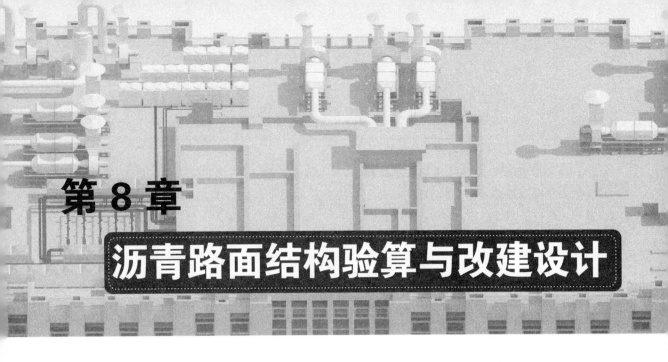

第 8 章
沥青路面结构验算与改建设计

教学目标

本章介绍沥青路面结构验算与改建设计内容。本章目标为,掌握沥青路面结构的设计指标和设计标准,不同组合沥青路面结构设计指标的选择方法,沥青路面结构验算方法,沥青路面结构改建方案内容,改建路面结构验算方法;了解既有路面调查与分析内容。

教学要求

能力要求	知识要点	权重
能描述沥青路面结构的设计指标和设计标准 能正确选择不同组合沥青路面结构的设计指标 能进行沥青路面结构验算 能描述既有路面调查与分析内容 能正确选择既有路面处治方案 能正确选择改建路面加铺方案 能进行改建路面结构验算	沥青路面结构的设计指标和设计标准	5%
	不同组合沥青路面结构的破坏形式	5%
	温度调整系数与等效温度	10%
	沥青混合料层疲劳开裂验算	5%
	无机结合料稳定层疲劳开裂验算	10%
	沥青混合料层永久变形量验算	10%
	路基顶面竖向压应变验算	5%
	沥青面层低温开裂指数验算	5%
	防冻厚度验算	5%
	设计路面结构的验收弯沉值	10%
	既有路面调查与分析	10%
	既有路面结构层与加铺层设计参数	5%
	改建方案	5%
	改建路面结构验算	10%

引例

沥青路面结构的设计指标在《公路沥青路面设计规范》(JTG D50—2017)中进行了彻底的调整,新规范取消了使用几十年的路表弯沉设计指标。新的设计指标与沥青路面的损坏类型对应起来,更为科学合理。党的二十大报告指出,实践没有止境,理论创新也没有止境。新规范是基于中国现阶段经济、社会、自然环境、研究成果及工程实践,并吸纳国外研究成果和工程经验建立的,是改革开放以来我国路面设计经验的全面总结。任何规范都是地域和历史阶段的产物,沥青路面设计规范需要在实践中不断地完善和修订。

我国前期修建了大量的沥青路面,很多都到了改建时期,因此更需要掌握改建路面的设计方法。

8.1 沥青路面结构验算

8.1.1 设计指标与标准

设计指标主要是从力学响应的角度提出的控制指标,应能涵盖路面结构的主要病害类型。设计标准是指路面结构根据设计指标的破坏过程和破坏机理所能达到的极限状态。路面结构设计中,结构组合若满足了设计指标的极限状态,就能保证路面结构在设计使用年限内正常工作,不致出现破坏。

1. 设计指标

沥青路面结构在车轮荷载作用下,应力、应变分布十分复杂,理论计算和大量的试验表明,沥青路面有以下受力特点。

① 对于水泥混凝土层和无机结合料稳定层,由于板体结构效应,极限拉应力一般出现在底部,使其产生初始裂缝并进一步发展成断裂裂缝,从而诱发其上的相邻沥青层出现反射裂缝。这两类材料层之上的相邻沥青层处于受压或低拉应力状态,因此,沥青层不易出现疲劳开裂。

② 对于沥青结合料类基层沥青路面(未设无机结合料稳定类底基层),沥青结合料类基层底部会承受主要的拉应力。对于粒料类基层沥青路面,粒料层不承受拉应力,而沥青面层会承受较大的拉应力。因此,这两类路面结构的极限状态主要出现在沥青混合料层底部,使其形成初始裂缝并逐步扩展,最终导致沥青面层形成断裂裂缝。

③ 对于沥青混合料层、粒料层及路基,在车轮荷载作用下,其会产生不可恢复的永久变形。由于水泥混凝土层或无机结合料稳定层的扩散荷载作用,它们以下的层次,永久变形可忽略不计。

设计指标的选取应当与沥青路面结构的主要力学响应相对应,并用于控制其主要病害。路面结构在车轮荷载作用下，结构层的极限拉应力（拉应变）一般发生在层底，当某一结构层的拉应力（一般为第一主应力）达到并超过该层材料的疲劳强度时，首先在轮载下方出现初始裂缝，随着车轮反复作用，初始裂缝逐步延伸，并在垂直方向上扩展，导致路面表面出现各种裂缝。对于沥青路面结构，即使每一次车轮荷载作用产生的永久变形量很小，但多次重复作用累积起来的永久变形量也会很大，足以影响车辆的正常行驶。因此，我国沥青路面设计选用沥青混合料层层底拉应变、无机结合料稳定层层底拉应力、沥青混合料层永久变形量以及路基顶面竖向压应变作为设计指标，以此来控制沥青混合料层疲劳开裂、无机结合料稳定层疲劳开裂、沥青混合料层永久变形和路基永久变形。

对于季节性冻土地区，为了防止路面结构的低温开裂和冻融病害，还要把沥青面层的低温开裂指数以及路面结构的防冻厚度作为重要的设计指标。低温开裂指数 CI 是沥青路面竣工验收时 100m 调查单元内横向裂缝条数，贯穿全幅的裂缝按 1 条计，未贯穿且长度超过一个车道宽度的裂缝按 0.5 条计，不超过一个车道宽度的裂缝不计入。

各类沥青路面破坏形式与设计指标

不同的路面结构组合，具有不同的破坏形式，应该采用针对性的设计指标。

① 无机结合料稳定类基层沥青路面，主要破坏形式是，基层（底基层）疲劳开裂、沥青面层反射裂缝和沥青面层永久变形，因此设计指标采用无机结合料稳定层层底拉应力和沥青混合料层永久变形量。

② 沥青结合料类基层沥青路面（粒料类底基层），主要破坏形式是，沥青混合料层疲劳开裂、沥青混合料层永久变形和路基永久变形，因此设计指标采用沥青混合料层层底拉应变、沥青混合料层永久变形量和路基顶面竖向压应变。

③ 沥青结合料类基层沥青路面（无机结合料稳定类底基层），主要破坏形式是，沥青混合料层反射裂缝、沥青混合料层永久变形和底基层疲劳开裂，因此设计指标采用沥青混合料层永久变形量和无机结合料稳定层层底拉应力。

④ 粒料类基层沥青路面（粒料类底基层），主要破坏形式是，沥青面层疲劳开裂、沥青面层永久变形和路基永久变形，因此设计指标采用沥青混合料层层底拉应变、沥青混合料层永久变形量和路基顶面竖向压应变。

⑤ 粒料类基层沥青路面（无机结合料稳定类底基层），主要破坏形式是，沥青面层疲劳开裂、沥青面层永久变形和底基层疲劳开裂，因此设计指标采用沥青混合料层层底拉应变、沥青混合料层永久变形量和无机结合料稳定层层底拉应力。

⑥ 水泥混凝土基层沥青路面，主要破坏形式是，沥青面层永久变形（车辙和推移）、沥青面层反射裂缝和水泥混凝土综合疲劳裂缝（温度和荷载），因此设计指标采用沥青混合料层永久变形量、水泥混凝土层温度应力和荷载应力。

目前，反射裂缝尚无设计指标与之对应，只能采取一些构造措施加以控制。

不同结构组合路面的设计指标，详见表 8-1。

表 8-1 不同结构组合路面的设计指标

基层类型	底基层类型	设计指标[a]
无机结合料稳定类	粒料类	无机结合料稳定层层底拉应力、沥青混合料层永久变形量
	无机结合料稳定类	

续表

基层类型	底基层类型	设计指标[a]
沥青结合料类	粒料类	沥青混合料层层底拉应变、沥青混合料层永久变形量、路基顶面竖向压应变
	无机结合料稳定类	沥青混合料层永久变形量、无机结合料稳定层层底拉应力
粒料类[b]	粒料类	沥青混合料层层底拉应变、沥青混合料层永久变形量、路基顶面竖向压应变
	无机结合料稳定类	沥青混合料层层底拉应变、沥青混合料层永久变形量、无机结合料稳定层层底拉应力
水泥混凝土[c]	—	沥青混合料层永久变形量

注：[a] 季节性冻土地区应增加沥青面层低温开裂验算和防冻厚度验算。
[b] 在沥青混合料层与无机结合料稳定层间设置粒料层时，应验算沥青混合料层疲劳开裂寿命。
[c] 水泥混凝土基层应按现行《公路水泥混凝土路面设计规范》(JTG D40—2011) 设计。

路面结构验算时，选择单轴双轮 100kN 作为设计轴载，采用双圆均布垂直荷载作用下的弹性层状连续体系理论，各设计指标应选用表 8-2 规定的竖向位置处的力学响应，并应按图 8.1 所示计算点位置，选取 A、B、C 和 D 四点位置计算的最大力学响应量。

表 8-2 各设计指标对应的力学响应及其竖向位置

设计指标	力学响应	竖向位置
沥青混合料层层底拉应变	沿行车方向的水平拉应变	沥青混合料层层底
无机结合料稳定层层底拉应力	沿行车方向的水平拉应力	无机结合料稳定层层底
沥青混合料层永久变形量	竖向压应力	沥青混合料层各分层顶面
路基顶面竖向压应变	竖向压应变	路基顶面

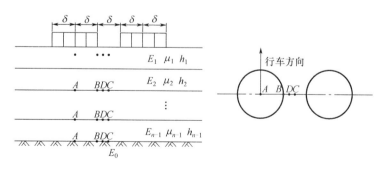

图 8.1 力学响应计算点位置图示

各计算点位置力学响应量的计算公式，7.5 节已做了详细介绍，但是要计算出结果难度较大，因为需要用到一些特殊函数、积分变换及特殊函数的广义积分，只具备本科高等数学知识远远不够。因此，理解 7.5 节公式的推导过程即可。而且目前已经有许多现成的弹性层状体系力学计算软件可用，自己动手去编程计算已无必要。

还有一点需要特别指出，我国 2017 年之前的各版本规范一直采用路表弯沉作为主要设计指标。此设计指标适用于荷载轻、交通量小、等级低、结构单一的路面，当路面结构总厚度不大，其刚度占路基和路面总刚度比重不大时，采用路表弯沉作为设计指标，可以单一地反映路基和路面总刚度及其适应交通荷载的能力，以控制路基和路面的竖向位移量。但是，随着路面结构厚度增加、路面结构组合和材料类型多样化，路基刚度占路基和路面总刚度的比重急剧下降，这时再采用路表弯沉作为设计指标，将无法包容和充分反映各种路面结构的不同组合情况，可能得出矛盾或不协调的设计结果。比如，对于不同类型的路面结构，路表弯沉值大的路面结构，其承载能力或寿命不一定比路表弯沉值小的路面结构差。而且路表弯沉也无法与某种结构损坏类型产生特定的关联。所以，JTG D50—2017 取消了路表弯沉设计指标。

路表弯沉已经不是设计指标，但是对于同一种或同一段路面结构，路表弯沉指标仍能反映该结构的承载能力，其测定结果具有可比性。因此，对于新建路面，可以将路面结构的弯沉值作为验收指标，对于改建路面，可以将路面结构实测的弯沉值作为评定路面结构状况或使用性能的一项指标，作为改建设计的依据。

2. 设计标准

（1）疲劳开裂寿命

沥青路面在车轮反复多次作用下，沥青面层和基层的层底拉应力超过疲劳极限，形成初始裂缝并逐渐扩展直至断裂的过程，称为疲劳断裂损伤。因此，规范规定以沥青混合料层层底拉应变和无机结合料稳定层层底拉应力为设计指标，以沥青混合料层和无机结合料稳定层的疲劳开裂寿命为设计标准。基于沥青混合料层层底拉应变计算的沥青混合料层疲劳开裂寿命不应小于基于沥青混合料层层底拉应变换算得到的设计年限内当量设计轴载累计作用次数。基于无机结合料稳定层层底拉应力计算的无机结合料稳定层疲劳开裂寿命不应小于基于无机结合料稳定层层底拉应力换算得到的设计年限内当量设计轴载累计作用次数。

（2）永久变形量

对于沥青路面结构，即使每一次车轮荷载作用产生的残余变形量很小，但多次重复作用累积起来的残余变形量总和也会很大。因此，从控制沥青路面结构永久变形的角度出发，规范要求设计年限内当量设计轴载累计作用次数计算的沥青混合料层永久变形量不应大于表 8-3 所列容许永久变形量。

表 8-3　沥青混合料层容许永久变形量　　　　　　单位：mm

基层类型	沥青混合料层容许永久变形量	
	高速、一级公路	二级、三级公路
无机结合料稳定类基层、水泥混凝土基层和底基层为无机结合料稳定类材料的沥青结合料类基层	15	20
其他基层	10	15

路面车辙包括沥青混合料层永久变形、其他结构层和路基的永久变形。而表 8-3 所列的设计指标，都是沥青混合料层永久变形量。对无机结合料稳定类基层、水泥混凝土基

层和底基层为无机结合料稳定类材料的沥青结合料类基层沥青路面，无机结合料稳定层、水泥混凝土层和路基可认为不产生永久变形，路面车辙主要由沥青混合料层永久变形产生，因此沥青混合料层的容许永久变形量与路面容许车辙深度相同。对其他结构，包括粒料类基层和底基层为粒料的沥青结合料类基层沥青路面，路面车辙除包括沥青混合料层永久变形量外，还有粒料层和路基的永久变形量，因此，这些结构的沥青混合料层容许永久变形量小于路面容许车辙深度，在表 8-3 中就要将其定得小一点。

同时路基顶面竖向压应变不应大于设计年限内当量设计轴载累计作用次数计算获得的容许竖向压应变。

(3) 低温开裂

对于季节性冻土地区的路面结构，沥青面层低温开裂指数不宜大于表 8-4 所列数值。

表 8-4 低温开裂指数

公路等级	高速、一级公路	二级公路	三级、四级公路
低温开裂指数 CI，不大于	3	5	7

(4) 抗滑性

高速公路、一级公路以及山岭重丘区二级和三级公路的路面在交工验收时，其抗滑技术指标应满足表 8-5 的技术要求。

表 8-5 抗滑技术要求

年平均降雨量/mm	交工检测指标值	
	横向力系数 SFC_{60} [a]	构造深度 TD[b]/mm
>1000	≥54	≥0.55
500~1000	≥50	≥0.50
250~500	≥45	≥0.45

注：[a] 横向力系数 SFC_{60}——用横向力系数测试车，在 60km/h±1km/h 车速下测定。
[b] 构造深度 TD——用铺砂法测定。

8.1.2 路面结构验算方法

1. 温度调整系数与等效温度

(1) 基本原理*

沥青路面结构完全处于自然环境中，大气温度、太阳辐射和天空辐射在年内和日内发生着周期性的变化，因此沥青面层温度也相应地在年内和日内发生着周期性的变化。沥青混合料是典型的温度敏感性材料，其劲度和强度等具有强烈的温度依赖性，随着温度上升，其劲度和强度均降低。沥青路面结构的力学响应（应力、应变）、使用性能（疲劳开裂和永久变形）和使用寿命，都与温度状况密切相关。因此，在沥青路面结构分析和设计时，必须考虑路面的温度状况。

JTG D50—2017 在我国各地区沥青路面温度场分布规律研究成果的基础上，分析设年限内各时刻沥青路面在不同温度分布与行车荷载共同作用下路面结构的力学响应规律，根据疲劳方程和损伤线性叠加原理，得到总疲劳损伤，然后求得某温度，使其在设计期内的损伤与上述损伤相同，这个温度就是等效温度。具体原理详述如下。

① 等效温度计算原理。

当已知沥青层温度场 $T(z,t)$ 时，根据沥青混合料模量与温度的关系可推算出沥青层的模量分布状况，由此可细分沥青层，进而采用弹性层状体系，或其他数值计算方法，计算出任一时刻 t 在设计轴载作用下的力学响应（应力、应变）。

根据沥青路面材料的疲劳方程，可推算出任一时刻 t 的路面结构疲劳寿命 $N(t)$，若知道设计轴载在时间上的分布规律，根据损伤线性叠加原理，即可计算出路面在整个设计期的总疲劳损伤 D。

$$D = n_0 \int_0^{t_0} \frac{f_n(t)}{N(t)} \mathrm{d}t \tag{8-1}$$

式中：n_0——设计期内，设计轴载累计作用次数；

t_0——设计期；

$f_n(t)$——设计轴载时间分布密度函数，一般近似为均匀分布。

根据积分中值定理，可找到一个沿沥青层厚度均匀分布的温度 T_{ef}，使其求得的路面在整个设计期的总疲劳损伤 D_{f} 与式（8-1）求得的 D 相等，这一温度就是沥青层的等效温度。

根据对等效温度计算的分析，可得影响沥青层等效温度的因素有设计指标、地区、沥青混合料模量的热敏系数、沥青层厚度、沥青混合料 20℃模量与路基模量的比值、面层与基层的刚度比、材料的耐疲劳指数等。为了应用方便，规范计算得到了具有完整气象资料的全国 93 个地区，不同路面结构设计指标的基准路面结构等效温度，可以利用这些信息对非基准路面结构进行修正。

基准路面结构是指由面层、基层和路基组成的三层路面结构，分为粒料类基层沥青路面和无机结合料稳定类基层沥青路面两种形式。沥青面层厚度 $h_a = 180\mathrm{mm}$，粒料类基层或无机结合料稳定类基层厚度 $h_b = 400\mathrm{mm}$。沥青混合料动态模量 $E_a = 8000\mathrm{MPa}$，粒料层回弹模量 $E_b = 400\mathrm{MPa}$，无机结合料稳定层弹性模量 $E_b = 7000\mathrm{MPa}$，路基回弹模量 $E_0 = 100\mathrm{MPa}$。

② 温度调整系数计算原理。

在沥青层疲劳开裂、基层疲劳开裂和路基塑性变形三个设计指标的验算中，为了应用方便，计算未采用等效温度概念，而是通过温度调整系数直接修正路面结构的疲劳寿命。温度调整系数定义为，某等效温度 $T_{\mathrm{ef}i}$ 的设计轴载作用次数为 N_{if}，按损伤相当的原则转换成某参照温度（即 20℃，沥青混合料性质测试时的标准试验温度，并在结构分析时用于选取与该温度对应的沥青混合料性质参数）的设计轴载作用次数的乘数，即

$$k_{\mathrm{T}i} = \frac{N_{if}(20℃)}{N_{if}(T_{\mathrm{ef}i})} \tag{8-2}$$

式中：$k_{\mathrm{T}i}$——温度调整系数，下标 $i=1$ 对应沥青混合料层疲劳开裂分析，$i=2$ 对应无机结合料稳定层疲劳开裂分析，$i=3$ 对应路基顶面竖向压应变分析；

N_{if}（20℃）——20℃时的设计轴载作用次数；

N_{if}（T_{efi}）——等效温度T_{efi}的设计轴载作用次数，下标i的意义同k_{Ti}。

同样，规范计算得到了具有完整气象资料的全国93个地区，不同路面结构设计指标的温度调整系数，对于非基准路面结构再进行修正。

（2）温度调整系数与等效温度具体确定方法

根据所在地区的气温条件、路面结构类型和结构层厚度，采用温度调整系数表征不同地区气候条件对路面结构层疲劳开裂和路基顶面竖向压应变的影响，采用等效温度表征对沥青混合料层永久变形的影响。

一般分两个步骤确定温度调整系数和等效温度，首先确定基准路面结构的温度调整系数和等效温度，然后进行结构厚度和模量修正，便可得到不同结构路面的温度调整系数和等效温度。

不同气温状况下基准路面结构的损坏，转换成标准温度（20℃）条件下基准路面结构的等效损坏，得到基准路面结构温度调整系数。部分地区各类路面结构设计指标的基准结构温度调整系数和等效温度，可参照表8-6取用。其他地区的基准结构温度调整系数和等效温度，可按气温条件相近地区的系数值取用，气温资料宜取连续10年的平均值。

表8-6 各地气温统计资料及相应的基准路面结构温度调整系数和等效温度

地名	省（自治区、直辖市）	最热月平均气温/℃	最冷月平均气温/℃	年平均气温/℃	温度调整系数		基准等效温度/℃
					沥青混合料层层底拉应变、无机结合料稳定层层底拉应力	路基顶面竖向压应变	
北京	北京	26.9	−2.7	13.1	1.23	1.09	20.1
济南	山东	28.0	0.2	15.1	1.32	1.17	21.8
日照	山东	26.0	−2.0	12.7	1.21	1.06	19.4
太原	山西	23.9	−5.2	10.5	1.12	0.98	17.3
大同	山西	22.5	−10.4	7.5	1.01	0.89	15.0
侯马	山西	26.8	−2.3	13.0	1.23	1.08	19.9
西安	陕西	27.5	0.1	14.3	1.28	1.13	20.9
延安	陕西	23.9	−5.3	10.5	1.12	0.98	17.3
安康	陕西	27.3	3.7	15.9	1.35	1.19	21.7
上海	上海	28.0	4.7	16.7	1.38	1.23	22.5
天津	天津	26.9	−3.4	12.8	1.22	1.08	20.0
重庆	重庆	28.3	7.8	18.4	1.46	1.31	23.6
台州	浙江	27.7	6.9	17.5	1.42	1.26	22.8
杭州	浙江	28.4	4.5	16.9	1.40	1.25	22.8
合肥	安徽	28.5	2.9	16.3	1.37	1.22	22.6
黄山	安徽	27.5	4.4	16.6	1.38	1.23	22.3
福州	福建	28.9	11.3	20.2	1.55	1.40	24.9

续表

地名	省（自治区、直辖市）	最热月平均气温/℃	最冷月平均气温/℃	年平均气温/℃	温度调整系数 沥青混合料层层底拉应变、无机结合料稳定层层底拉应力	路基顶面竖向压应变	基准等效温度/℃
建瓯	福建	28.2	8.9	19.1	1.49	1.35	24.1
敦煌	甘肃	25.1	−8.0	9.9	1.10	0.97	17.6
兰州	甘肃	22.9	−4.7	10.5	1.12	0.98	17.0
酒泉	甘肃	22.2	−9.1	7.8	1.02	0.90	15.0
广州	广东	28.7	14.0	22.4	1.66	1.52	26.5
汕头	广东	28.6	14.4	22.1	1.64	1.50	26.1
韶关	广东	28.5	10.3	20.4	1.56	1.42	25.2
河源	广东	28.4	13.1	21.9	1.63	1.49	26.1
连州	广东	27.6	11.0	20.3	1.55	1.40	24.8
南宁	广西	28.4	13.2	22.1	1.64	1.51	26.3
桂林	广西	28.0	8.1	19.1	1.49	1.35	24.2
贵阳	贵州	23.7	4.7	15.3	1.31	1.15	20.1
郑州	河南	27.4	0.6	14.7	1.30	1.15	21.2
南阳	河南	27.3	1.7	15.2	1.32	1.17	21.4
固始	河南	28.1	2.6	16.0	1.36	1.21	22.3
黑河	黑龙江	21.5	−22.5	1.0	0.80	0.77	10.7
漠河	黑龙江	18.6	−28.7	−3.9	0.67	0.73	6.4
齐齐哈尔	黑龙江	23.0	−19.7	3.5	0.88	0.81	13.0
沈阳	辽宁	24.9	−11.2	8.6	1.06	0.94	16.9
大连	辽宁	24.8	−3.2	11.6	1.16	1.02	18.2
朝阳	辽宁	25.4	−8.7	9.8	1.10	0.97	17.7
二连浩特	内蒙古	24.0	−17.7	4.8	0.92	0.84	14.2
东胜	内蒙古	21.7	−10.1	6.9	0.98	0.87	14.2
额济纳旗	内蒙古	27.4	−10.3	9.5	1.10	0.97	18.2
海拉尔	内蒙古	20.5	−24.1	0.0	0.77	0.76	9.8
科右前旗	内蒙古	20.8	−16.7	3.0	0.86	0.79	11.4
通辽	内蒙古	24.3	−12.5	7.3	1.01	0.90	15.7
锡林浩特	内蒙古	21.5	−18.5	3.3	0.87	0.80	12.2

续表

地名	省（自治区、直辖市）	最热月平均气温/℃	最冷月平均气温/℃	年平均气温/℃	温度调整系数 沥青混合料层层底拉应变、无机结合料稳定层层底拉应力	路基顶面竖向压应变	基准等效温度/℃
石家庄	河北	26.9	−2.4	13.3	1.24	1.10	20.3
承德	河北	24.4	−9.1	9.1	1.07	0.95	16.8
邯郸	河北	26.9	−2.3	13.5	1.25	1.10	20.5
武汉	湖北	28.9	4.2	17.2	1.41	1.27	23.3
宜昌	湖北	27.5	5.0	17.1	1.40	1.25	22.7
长沙	湖南	28.5	5.0	17.2	1.41	1.26	23.1
常宁	湖南	29.1	6.0	18.1	1.45	1.31	23.9
湘西	湖南	27.2	5.3	16.9	1.39	1.24	22.4
长春	吉林	23.6	−14.5	6.3	0.97	0.87	14.9
延吉	吉林	22.2	−13.1	5.9	0.95	0.86	13.9
南京	江苏	28.1	2.6	15.9	1.35	1.20	22.1
南通	江苏	26.8	3.6	15.5	1.33	1.17	21.2
南昌	江西	28.8	5.5	18.0	1.45	1.30	23.8
赣州	江西	29.1	8.3	19.6	1.52	1.38	25.0
银川	宁夏	23.8	−7.5	9.5	1.08	0.95	16.8
固原	宁夏	19.6	−7.9	6.9	0.97	0.86	13.2
西宁	青海	17.3	−7.8	6.1	0.94	0.84	11.9
海北	青海	11.3	−13.6	0.0	0.74	0.74	5.5
格尔木	青海	18.2	−8.9	5.7	0.93	0.83	11.9
玉树	青海	12.9	−8.0	3.5	0.85	0.78	8.2
果洛	青海	9.9	−12.9	−0.3	0.73	0.74	4.7
成都	四川	25.5	5.8	16.5	1.37	1.21	21.5
峨眉山	四川	11.7	−5.8	3.4	0.84	0.77	7.4
甘孜州	四川	13.9	−4.6	5.7	0.92	0.82	10.0
阿坝州	四川	11.0	−10.0	1.7	0.79	0.75	6.4
泸州	四川	27.0	7.6	17.9	1.43	1.28	22.9
绵阳	四川	26.2	5.5	16.7	1.38	1.22	21.9
攀枝花	四川	26.4	12.8	20.8	1.57	1.42	24.6

续表

地名	省（自治区、直辖市）	最热月平均气温/℃	最冷月平均气温/℃	年平均气温/℃	温度调整系数 沥青混合料层层底拉应变、无机结合料稳定层层底拉应力	温度调整系数 路基顶面竖向压应变	基准等效温度/℃
拉萨	西藏	16.2	−0.9	8.4	1.01	0.88	12.5
阿克苏	新疆	24.2	−7.7	10.6	1.13	0.99	18.0
阿勒泰	新疆	22.0	−15.4	5.0	0.92	0.84	13.4
哈密	新疆	26.3	−10.0	10.1	1.12	0.99	18.5
和田	新疆	25.7	−4.1	12.9	1.22	1.08	20.0
喀什	新疆	25.4	−5.0	11.9	1.18	1.04	19.1
若羌	新疆	27.9	−7.2	12.0	1.19	1.06	20.2
塔城	新疆	23.3	−10.0	7.7	1.02	0.90	15.3
吐鲁番	新疆	32.3	−6.4	15.0	1.34	1.21	24.1
乌鲁木齐	新疆	23.9	−12.4	7.4	1.01	0.90	15.7
焉耆	新疆	23.4	−11.0	8.9	1.06	0.94	16.8
伊宁	新疆	23.4	−8.3	9.4	1.08	0.95	16.8
昆明	云南	20.3	8.9	15.6	1.30	1.13	18.7
腾冲	云南	19.9	8.5	15.4	1.29	1.12	18.5
蒙自	云南	23.2	12.7	18.8	1.46	1.29	21.9
丽江	云南	18.7	6.2	12.8	1.18	1.02	16.1
景洪	云南	26.3	17.2	22.7	1.66	1.51	25.6
海口	海南	28.9	18.4	24.6	1.77	1.65	27.9
三亚	海南	29.1	22.0	26.2	1.85	1.74	28.8
西沙	海南	29.3	23.6	27.0	1.89	1.79	29.3

路面结构沥青面层或基层（含底基层）由两层或两层以上不同材料结构层组成时，应按式（8-3）和式（8-4）分别换算成当量沥青面层和当量基层。对采用沥青结合料类基层的路面，将基层换算至当量沥青面层。超过两层时，重复利用式（8-3）和式（8-4）自上而下逐层换算，简化为由当量沥青面层、当量基层和路基构成的三层路面结构。

$$h_i^* = h_{i1} + h_{i2} \qquad (8-3)$$

$$E_i^* = \frac{E_{i1}h_{i1}^3 + E_{i2}h_{i2}^3}{(h_{i1}+h_{i2})^3} + \frac{3}{h_{i1}+h_{i2}}\left(\frac{1}{E_{i1}h_{i1}} + \frac{1}{E_{i2}h_{i2}}\right)^{-1} \quad (8-4)$$

式中：h_i^*，E_i^*——当量层厚度（mm）和模量（MPa），下标 $i=$a 为沥青面层，$i=$b 为基层。

路面结构的温度调整系数，应根据式（8-5）～式（8-19）计算。

$$k_{Ti} = A_h A_E \dot{k}_{Ti}^{1+B_h+B_E} \quad (8-5)$$

式中：k_{Ti}——温度调整系数，下标 $i=1$ 对应沥青混合料层疲劳开裂分析，$i=2$ 对应无机结合料稳定层疲劳开裂分析，$i=3$ 对应路基顶面竖向压应变分析；

$\dot{k}_{Ti}$——基准路面结构温度调整系数，按所在地查表 8-6 取用；

A_h，B_h，A_E，B_E——与面层、基层厚度和模量有关的函数，按式（8-6）～式（8-17）计算。

沥青混合料层疲劳开裂：

$$A_E = 0.76\lambda_E^{0.09} \quad (8-6)$$
$$A_h = 1.14\lambda_h^{0.17} \quad (8-7)$$
$$B_E = 0.14\ln(\lambda_E/20) \quad (8-8)$$
$$B_h = 0.23\ln(\lambda_h/0.45) \quad (8-9)$$

无机结合料稳定层疲劳开裂：

$$A_E = 0.10\lambda_E + 0.89 \quad (8-10)$$
$$A_h = 0.73\lambda_h + 0.67 \quad (8-11)$$
$$B_E = 0.15\ln(\lambda_E/1.14) \quad (8-12)$$
$$B_h = 0.44\ln(\lambda_h/0.45) \quad (8-13)$$

路基顶面竖向压应变：

$$A_E = 0.006\lambda_E + 0.89 \quad (8-14)$$
$$A_h = 0.67\lambda_h + 0.70 \quad (8-15)$$
$$B_E = 0.12\ln(\lambda_E/20) \quad (8-16)$$
$$B_h = 0.38\ln(\lambda_h/0.45) \quad (8-17)$$

λ_E——面层与基层当量模量之比，按式（8-18）计算。

$$\lambda_E = \frac{E_a^*}{E_b^*} \quad (8-18)$$

λ_h——面层与基层当量厚度之比，按式（8-19）计算。

$$\lambda_h = \frac{h_a^*}{h_b^*} \quad (8-19)$$

分析沥青混合料层永久变形量时，沥青混合料层的等效温度应按式（8-20）计算。

$$T_{pef} = T_\xi + 0.016h_a \quad (8-20)$$

式中：T_{pef}——沥青混合料层等效温度（℃）；

h_a——沥青混合料层厚度（mm）；

T_ξ——基准等效温度，按所在地查表 8-6 取用。

2. 沥青混合料层疲劳开裂验算

沥青混合料的室内疲劳性能试验，采用了常应变控制和常应力控制两种加载模式。通常认为，常应变控制加载模式适用于薄沥青混合料层，常应力控制加载模式适用于厚沥青混合料层。为此，在两种加载模式的疲劳性能模型基础上，通过构建过渡函数建立适用于不同加载模式的综合疲劳性能模型。而后，通过足尺路面加速加载试验和试验路段性能数据，验证和修正上述模型，建立沥青混合料层疲劳开裂预估模型，见式（8-21）。为了考虑不同加载模式的过渡与转换，该模型引入了疲劳加载模式系数 k_b。

$$N_{fl} = 6.32 \times 10^{15.96-0.29\beta} k_a k_b k_{T1}^{-1} \left(\frac{1}{\varepsilon_a}\right)^{3.97} \left(\frac{1}{E_a}\right)^{1.58} (VFA)^{2.72} \quad (8-21)$$

$$k_b = \left[\frac{1 + 0.3 E_a^{0.43} (VFA)^{-0.85} e^{0.024 h_a - 5.41}}{1 + e^{0.024 h_a - 5.41}}\right]^{3.33} \quad (8-22)$$

式中：N_{fl}——沥青混合料层疲劳开裂寿命（轴次）；

β——目标可靠指标，根据公路等级按表 8-7 取值；

k_a——季节性冻土地区调整系数，按表 8-8 采用内插法确定；

k_b——疲劳加载模式系数，按式（8-22）计算；

E_a——沥青混合料 20℃时的动态压缩模量（MPa）；

VFA——沥青混合料的沥青饱和度（%）；

h_a——沥青混合料层厚度（mm）；

k_{T1}——温度调整系数，按式（8-5）计算；

ε_a——沥青混合料层层底拉应变（10^{-6}）；根据弹性层状体系理论，按表 8-2 和图 8.1 选取计算点进行计算。

表 8-7 目标可靠度和目标可靠指标

公路等级	高速公路	一级公路	二级公路	三级公路	四级公路
目标可靠度/（%）	95	90	85	80	70
目标可靠指标 β	1.65	1.28	1.04	0.84	0.52

表 8-8 季节性冻土地区调整系数 k_a

冻区	重冻区	中冻区	轻冻区	其他地区
冻结指数 F/（℃·d）	≥2000	2000~800	800~50	≤50
k_a	0.60~0.70	0.70~0.80	0.80~1.00	1.00

沥青混合料层的疲劳开裂寿命应大于设计使用年限内设计车道的当量设计轴载累计作用次数。否则，应调整路面结构方案，重新验算，直至满足要求。

3. 无机结合料稳定层疲劳开裂验算

JTG D50—2017 在归纳了水泥稳定砂砾、水泥稳定碎石、水泥稳定土和石灰粉煤灰稳定碎石四种常用的混合料大量疲劳试验基础上，建立了无机结合料稳定粒料和稳定土的疲劳开裂模型，见式（8-23）。由于缺少足够的现场数据，因此无机结合料稳定层疲劳开裂模型的验证工作难度很大。JTG D50—2017 在大量无机结合料稳定类基层沥青路面结构调研的基础上，归纳整理了包含公路等级、交通荷载参数和路基回弹模量等因素的不同工况下无机结合料稳定类基层沥青路面典型结构。将调研的路面典型结构损坏状况与上述疲劳开裂模型分析结果进行对比,并引入现场综合修正系数,以反映室内性能模型与现场疲劳开裂损坏间的差异。

$$N_{f2} = k_a k_{T2}^{-1} 10^{a-b\frac{\sigma_t}{R_s}+k_c-0.57\beta} \quad (8-23)$$

$$k_c = c_1 e^{c_2(h_a+h_b)} + c_3 \quad (8-24)$$

式中:N_{f2}——无机结合料稳定层的疲劳开裂寿命(轴次);

β——目标可靠指标,根据公路等级按表 8-7 取值;

k_a——季节性冻土地区调整系数,按表 8-8 确定;

k_{T2}——温度调整系数,按式(8-5)计算;

R_s——无机结合料稳定类材料的弯拉强度(MPa);

a,b——疲劳试验回归参数,按表 8-9 确定;

k_c——现场综合修正系数,按式(8-24)确定;

c_1,c_2,c_3——参数,按表 8-10 取值;

h_a,h_b——分别为沥青混合料层和计算点以上无机结合料稳定层厚度(mm);

σ_t——无机结合料稳定层的层底拉应力(MPa),根据弹性层状体系理论,按表 8-2 和图 8.1 选取计算点进行计算。

表 8-9 无机结合料稳定层疲劳破坏模型参数

材料类型	a	b
无机结合料稳定粒料	13.24	12.52
无机结合料稳定土	12.18	12.79

表 8-10 现场综合修正系数 k_c 相关参数

材料类型	新建路面结构层或改建工程既有路面结构层		改建工程加铺层	
	无机结合料稳定粒料	无机结合料稳定土	无机结合料稳定粒料	无机结合料稳定土
c_1	14.0	35.0	18.5	21.0
c_2	−0.0076	−0.0156	−0.01	−0.0125
c_3	−1.47	−0.83	−1.32	−0.82

无机结合料稳定层的疲劳开裂寿命应大于设计使用年限内设计车道的当量设计轴载累计作用次数。否则,应调整路面结构组合或层厚,重新验算,直至满足要求。

4. 沥青混合料层永久变形量验算

JTG D50—2017 依据多种沥青混合料在不同温度、压力等条件下的大量有效车辙试验结果,建立了包含荷载作用次数、温度、竖向压应力、层厚和车辙试验永久变形量等参数的沥青混合料层永久变形量预估模型,并利用国内 10 余条公路多年车辙数据和 5 个试验路段车辙数据对该模型进行了验证和修正。

考虑沥青路面不同深度处应力分布和不同沥青混合料层抗车辙性能的差异,规定分层计算永久变形量。各分层永久变形量累加值与沥青混合料层总的永久变形量间的差异，已考虑在现场综合修正系数 k_R 中。

对路面设计使用年限内的永久变形量进行预估时，应当使用基于沥青混合料层永久变形量指标进行轴载换算获取的设计使用年限内设计车道的当量设计轴载累计作用次数。然而，结构分析需综合考虑路面的养护、维修工作。对交通量大、重载比例高的项目，路面设计使用年限内有时需要针对车辙进行一次或一次以上维修，此时 N_{e3} 采用通车至首次维修的期限内设计车道的当量设计轴载累计作用次数。

验算时应按下列要求对各沥青混合料层进行分层，分别计算各分层的永久变形量。

① 表面层，采用 10~20mm 为一分层。
② 第二层沥青混合料层，每一分层厚度应不大于 25mm。
③ 第三层沥青混合料层，每一分层厚度应不大于 100mm。
④ 第四层及其以下沥青混合料层，作为一个分层。

根据标准条件下的车辙试验，得到各沥青混合料层的车辙试验永久变形量，按式（8-25）和式（8-26）计算各分层的永久变形量和沥青混合料层总的永久变形量。

$$R_a = \sum_{i=1}^{n} R_{ai} \tag{8-25}$$

$$R_{ai} = 2.31 \times 10^{-8} k_{Ri} T_{pef}^{2.93} p_i^{1.80} N_{e3}^{0.48} (h_i/h_0) R_{0i} \tag{8-26}$$

$$k_{Ri} = (d_1 + d_2 z_i) 0.9731^{z_i} \tag{8-27}$$

$$d_1 = -1.35 \times 10^{-4} h_a^2 + 8.18 \times 10^{-2} h_a - 14.50 \tag{8-28}$$

$$d_2 = 8.78 \times 10^{-7} h_a^2 - 1.50 \times 10^{-3} h_a + 0.90 \tag{8-29}$$

式中：R_a——沥青混合料层永久变形量（mm）；

R_{ai}——第 i 分层永久变形量（mm）；

n——分层数；

T_{pef}——沥青混合料层永久变形等效温度（℃），根据式（8-20）计算；

N_{e3}——设计使用年限内或通车至首次针对车辙维修的期限内，设计车道的当量设计轴载累计作用次数；

h_i——第 i 分层厚度（mm）；

h_0——车辙试验试件的厚度（mm）；

R_{0i}——第 i 分层沥青混合料在试验温度为 60℃，压强为 0.7MPa，加载次数为 2520 次时，车辙试验永久变形量（mm）；

k_{Ri}——综合修正系数，按式（8-27）~式（8-29）计算；

z_i——沥青混合料层第 i 分层深度（mm），第一分层取 15mm，其他分层为路表距分层中点的深度；

h_a——沥青混合料层厚度（mm），h_a 大于 200mm 时，取 200mm；

p_i——沥青混合料层第 i 分层顶面竖向压应力（MPa），根据弹性层状体系理论，按表 8-2 和图 8.1 选取计算点进行计算。

计算所得的沥青混合料层永久变形量应满足表 8-3 的容许永久变形量要求。否则，应调整沥青混合料设计，直至满足要求。

满足沥青混合料层容许永久变形量要求的沥青混合料，尚应满足表 7-37 规定的标准车辙试验的动稳定度要求，其永久变形量 R_0 对应的动稳定度可用作沥青混合料的质量要求和施工控制指标。标准车辙试验温度为 60℃，压强为 0.7MPa，试件厚度为 50mm，加载次数为 2520 次时沥青混合料的动稳定度 DS，可根据永久变形量 R_0 按式（8-30）计算。

$$DS = 9365 R_0^{-1.48} \qquad (8-30)$$

式中：DS——沥青混合料动稳定度（次/毫米）。

5. 路基顶面竖向压应变验算

国外相关设计方法一般是通过控制路基顶面竖向压应变防止路基产生过大的永久变形，并采用试验路或现场观测数据拟合竖向压应变与交通荷载参数的关系。我国粒料类基层沥青路面应用较少，缺乏足够的实测数据。为此，整理了 AASHO 试验路 195 个路面结构资料以及现时服务能力指数 PSI 达 2.5 时的轴载作用次数，反算各个结构路基顶面竖向压应变值，建立路基顶面竖向压应变与 100kN 轴载作用次数间的经验关系式，经调整和修正，建立了路基顶面容许竖向压应变计算模型，见式（8-31）。

$$[\varepsilon_z] = 1.25 \times 10^{4-0.1\beta} (k_{T3} N_{e4})^{-0.21} \qquad (8-31)$$

式中：$[\varepsilon_z]$——路基顶面容许竖向压应变（10^{-6}）；

β——目标可靠指标，根据公路等级，按表 8-7 取值；

N_{e4}——设计使用年限内设计车道的当量设计轴载累计作用次数；

k_{T3}——温度调整系数，按式（8-5）计算。

按表 8-2 和图 8.1 选取计算点，根据弹性层状体系理论，计算路基顶面竖向压应变。路基顶面竖向压应变应小于容许压应变值。否则，调整路面结构方案，重新验算，直至满足要求。

6. 沥青面层低温开裂指数验算

在季节性冻土地区沥青路面低温开裂是常见病害。JTG D50—2017 采用经验法，分析了东北地区多个路段的沥青性质、路面结构、路基土质类型等与路面低温开裂状况的关系，并参考 Haas 加拿大机场道面模型，建立了路面低温开裂指数预估模型，见式（8-32）。

$$CI = 1.95 \times 10^{-3} S_t \lg b - 0.075(T + 0.07 h_a) \lg S_t + 0.15 \qquad (8-32)$$

式中：CI——沥青面层低温开裂指数；

T——路面低温设计温度（℃），为连续 10 年年最低气温平均值；

S_t——在路面低温设计温度加 10℃试验温度条件下，表面层沥青弯曲梁流变试验加载 180s 时蠕变劲度（MPa）；

h_a——沥青结合料类材料层厚度（mm）；

b——路基类型参数，砂 $b=5$，粉质黏土 $b=3$，黏土 $b=2$。

沥青面层的低温开裂指数值，应满足表 8-4 的要求。否则，应改变所选用的沥青材料，直至满足要求。

7. 防冻厚度验算

季节性冻土地区路基为中湿或潮湿状态时，应按式（8-33）计算公路多年最大冻深。根据公路多年最大冻深，按表 8-11 的规定验算路面的防冻厚度。路面结构厚度小于表 8-11 规定的最小防冻厚度时，应增设防冻层，使其满足最小防冻厚度的要求。

$$Z_{\max}=abcZ_d \tag{8-33}$$

式中：$Z_{\max}$——公路多年最大冻深（mm）；

Z_d——大地多年最大冻深（mm），根据调查资料确定；

a——大地冻深范围内路基、路面各层材料热物性系数，按表 8-12 确定；

b——路基湿度系数，按表 8-13 确定；

c——路基断面形式系数，根据表 8-14 按内插法确定。

表 8-11 沥青路面结构最小防冻厚度　　　　　　　　　　　单位：mm

路基土质	基层、底基层材料类型	对应于以下公路多年最大冻深 $Z_{\max}$ 和路基干湿类型的最小防冻厚度							
		中湿				潮湿			
		500~1000	1000~1500	1500~2000	>2000	500~1000	1000~1500	1500~2000	>2000
黏性土、细亚砂土	粒料类	400~450	450~500	500~600	600~700	450~550	550~600	600~700	700~800
	水泥或石灰稳定类、水泥混凝土	350~400	400~450	450~550	550~650	400~500	500~550	550~650	650~750
	水泥粉煤灰或石灰粉煤灰稳定类、沥青结合料类	300~350	350~400	400~500	500~550	350~450	450~500	500~550	550~700
粉性土	粒料类	450~500	500~600	600~700	700~750	500~600	600~700	700~800	800~1000
	水泥或石灰稳定类、水泥混凝土	400~450	450~500	500~600	600~650	450~550	550~650	650~700	700~900
	水泥粉煤灰或石灰粉煤灰稳定类、沥青结合料类	300~400	400~450	450~500	500~650	400~500	500~550	600~650	650~800

注：1. 在《公路自然区划标准》（JTJ 003—1986）中，对潮湿系数小于 0.5 的地区，Ⅱ、Ⅲ、Ⅳ等干旱地区的防冻厚度可比表中值减少 15%~20%。
　　2. 对Ⅱ区砂性土路基防冻厚度应相应减少 5%~10%。
　　3. 公路多年最大冻深大时，靠近上限取值，反之靠近下限取值。
　　4. 基层、底基层采用不同材料类型时，按厚度较大的材料类型确定。

表 8-12 路基、路面材料热物性系数 a

路基材料	黏质土	粉质土	粉土质砂	细粒土质砂、黏质砂	含细粒土质砾（砂）
热物性系数	1.05	1.10	1.20	1.30	1.35
路面材料	水泥混凝土	沥青结合料类	级配碎石	二灰或水泥稳定粒料	二灰土及水泥土
热物性系数	1.40	1.35	1.45	1.40	1.35

表 8 - 13　路基湿度系数 b

干湿类型	干燥	中湿	潮湿
湿度系数	1.0	0.95	0.90

表 8 - 14　路基断面形式系数 c

填挖形式和高（深）度	路基填土高度/m					路基挖方深度/m			
	零填	<2	2～4	4～6	>6	<2	2～4	4～6	>6
断面形式系数	1.0	1.02	1.05	1.08	1.10	0.98	0.95	0.92	0.90

8. 设计路面结构的验收弯沉值

（1）路基顶面验收弯沉值

路基顶面验收弯沉值 l_g 应按式（8-34）计算。计算路基顶面验收弯沉值时，采用路基平衡湿度状态下的路基顶面当量回弹模量，即只考虑湿度调整系数，不考虑干湿与冻融循环作用后的模量折减系数。当弯沉检测时路基湿度与平衡湿度存在差异时，需进行湿度修正。

$$l_g = \frac{176 pr}{E_0} \tag{8-34}$$

式中：l_g——路基顶面验收弯沉值（0.01mm）；

　　　p——落锤式弯沉仪承载板施加荷载（MPa）；

　　　r——落锤式弯沉仪承载板半径（mm）；

　　　E_0——平衡湿度状态下路基顶面回弹模量（MPa）。

宜采用落锤式弯沉仪（FWD）进行路基验收，落锤式弯沉仪荷载为50kN，荷载盘半径为150mm。实测的路基顶面弯沉代表值 l_0 应符合式（8-35）的要求。

$$l_0 \leqslant l_g \tag{8-35}$$

$$l_0 = (\bar{l}_0 + \beta s) K_1 \tag{8-36}$$

式中：l_g——路基顶面验收弯沉值（0.01mm）；

　　　l_0——路段内实测的路基顶面弯沉代表值（0.01mm），以 1～3km 为一评定路段，按式（8-36）计算；

　　　$\bar{l}_0$——路段内实测路基顶面弯沉平均值（0.01mm）；

　　　s——路段内实测路基顶面弯沉标准差（0.01mm）；

　　　β——目标可靠指标，根据公路等级按表 8-7 取值；

　　　K_1——路基顶面弯沉湿度影响系数，根据当地经验确定。

（2）路表验收弯沉值

路表验收弯沉值 l_a，应根据设计路面结构，采用弹性层状体系理论计算，计算点取荷载中心。路面结构层参数应与路面结构验算时相同。路基顶面回弹模量应采用平衡湿度状态下路基顶面回弹模量乘以模量调整系数 k_l，用以协调理论弯沉与实测弯沉的差异。需要特别注意，荷载应采用单圆均布垂直荷载。

模量调整系数 k_l 取值规定如下：无机结合料稳定类基层沥青路面和水泥混凝土基层

沥青路面，取0.5；粒料类基层沥青路面和沥青结合料类基层沥青路面，当采用无机结合料稳定底基层时，取0.5，否则取1.0。

路面交（竣）工时应对路表弯沉值进行检测。落锤式弯沉仪中心点弯沉代表值应符合式（8-37）要求。

$$l_0 \leqslant l_a \tag{8-37}$$

$$l_0 = (\overline{l}_0 + \beta \cdot s) K_1 K_3 \tag{8-38}$$

$$K_3 = e^{[9 \times 10^{-6}(\ln E_0 - 1)h_a + 4 \times 10^{-3}](20-T)} \tag{8-39}$$

式中：l_a——路表验收弯沉值（0.01mm）；

l_0——路段内实测路表弯沉代表值（0.01mm），以1~3km为一评定路段，按式（8-38）计算；

$\overline{l}_0$——路段内实测路表弯沉平均值（0.01mm）；

s——路段内实测路表弯沉标准差（0.01mm）；

β——目标可靠指标，根据公路等级按表8-7取值；

K_1——路表弯沉湿度影响系数，根据当地经验确定；

K_3——路表弯沉温度影响系数，按式（8-39）确定；

T——弯沉测定时沥青结合料类材料层中点实测或预估温度（℃）；

h_a——沥青结合料类材料层厚度（mm）；

E_0——平衡湿度状态下路基顶面回弹模量（MPa）。

8.1.3　路面结构验算流程

路面结构验算应按图8.2所示的流程进行，包括下列主要内容。

① 根据7.2节调查分析交通参数，确定交通荷载等级。

② 根据路基土类、地下水位高度确定路基干湿类型和湿度状况，按照7.3.4节要求，并结合现行《公路路基设计规范》（JTG D30—2015）的有关规定确定路基顶面回弹模量及必要的路基改善措施。

③ 根据设计要求，收集所在地区的常用路面结构组合和材料性质要求，分析影响路面结构设计的其他因素，初拟路面结构组合与厚度方案，选取设计指标。

④ 按7.4节，确定各结构层模量等设计参数，并检验粒料的 CBR 值，无机结合料稳定类材料的无侧限抗压强度，沥青低温性能要求，沥青混合料的低温破坏应变、动稳定度、贯入强度和水稳定性等。

⑤ 收集工程所在地区气温资料，确定各设计指标对应的温度调整系数或等效温度。

⑥ 采用多层弹性体系理论程序计算各设计指标的力学响应量。

⑦ 按8.1.2节进行路面结构验算，验算结果应符合规定，不符合时，调整路面结构方案重新验算，直至符合为止。

⑧ 对通过结构验算的路面结构进行技术经济分析，选定路面结构方案。

⑨ 计算设计路面结构的验收弯沉值。

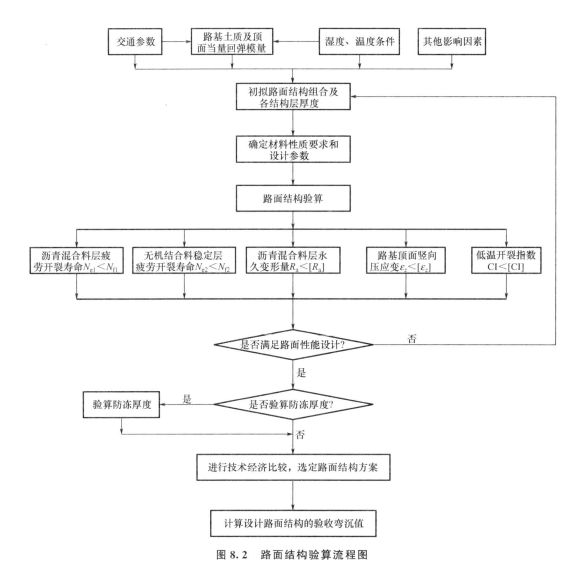

图 8.2 路面结构验算流程图

8.2 沥青路面改建设计

沥青路面随着使用时间的延长,其使用性能和承载能力不断降低,超过设计使用年限后便不能满足正常行车的要求,需要补强或改建。当原有路面需要提高等级时,对不符合技术标准的路段应先进行线形改善,改线路段应按新建路面设计。加宽路面、提高路基、调整纵坡的路段应视具体情况按新建或改建路面设计,在原有路面上补强时,按改建路面设计。

改建设计主要是针对路面结构性能不足的补强设计,因此有别于路面日常养护、预防性养护和局部维修。

改建设计应在充分调查既有路面状况和深入分析路面损坏原因基础上进行。在保证改建设计可靠性的前提下，应充分利用既有路面结构性能，减少不必要的开挖、铣刨，减少废弃材料，并积极、稳妥地再生利用既有路面材料。对改建施工时不中断交通的项目，改建设计应与交通组织设计和施工组织设计相结合。改建设计应采用动态设计理念，工程实施阶段应逐段调查分析现场路况，动态调整改建方案。

路面改建设计工作包括气候条件和交通荷载分析、既有路面调查与分析、改建方案确定以及改建路面结构验算等内容。

8.2.1 既有路面调查与分析

既有路面调查的目的是分析既有路面结构层结构性能和材料性能，记录路面损坏的分布位置，判断损坏产生深度（层位），分析损坏原因，提出消除病害或延缓病害发展的技术方案。

1. 既有路面调查与分析内容

既有路面调查与分析应包括下列内容。

① 收集既有路面及其排水设施的设计、施工及历史养护维修情况等技术资料。

② 调查分析交通量、轴载组成和增长率等交通荷载参数。

③ 调查路面破损状况，包括路面病害类型、严重程度、范围和数量等。损坏调查是既有路面调查的核心。通过不同类型损坏的数量分布，总结提出既有路面的1～3种主要损坏类型，并将其作为损坏原因深入分析和处治的主要目标。损坏位置（桩号、左幅、右幅）应记录准确，可以汇总表结合损坏分布图的形式记录损坏信息，以方便施工中对照图表进行损坏处治。

④ 采用落锤式动态弯沉仪或其他弯沉仪检测评价既有路面结构承载能力。落锤式动态弯沉仪（如图8.3所示）的弯沉盆数据可用以反算路面结构层和路基模量，且检测速度快，对交通影响小，有条件时应尽量采用。路表弯沉值与无机结合料稳定类基层的结构性破坏有一定关联，改建项目中常以路表弯沉值作为判别无机结合料稳定类基层是否发生结构性破坏的指标之一。因此，有条件时可按照一定的频率，在弯沉检测点处取芯，分析基层芯样完整性（或强度）与路表弯沉值的关联性，提出对应基层破坏的弯沉临界值。

图8.3 落锤式动态弯沉仪

⑤ 采用钻芯、探坑取样、路面雷达、切割等方式，调查分析既有路面厚度、层间结合及病害程度情况，并取样进行室内试验，测定试件模量、强度等，分析路面材料组成与退化情况。尤其对1～3种主要损坏类型，要注意加大频率、重点调查。

⑥ 对因路基问题导致路面损坏的路段，取样调查路基土质类型、含水率和CBR值等，分析路基稳定性和承载力等。首先要结合现场踏勘和路面的调查情况，初步分析是否存在路基造成路面损坏的问题，存在此问题时，应对路基进行深入调查。

⑦ 调查沿线气候条件、地下水位及路基路面排水状况。气候和地下水情况可从当地

气象部门和既有路面设计资料中获得。路基路面排水状况调查需结合现场踏勘、既有路面设计图和管养部门等多种方式。

⑧ 调查沿线跨线桥、隧道净空要求及其他影响路面改建设计的因素。上跨结构的净空、沿线结构的承载能力等是加铺层厚度的约束条件。其他影响路面改建设计的因素包括所在路网的交通分流条件、沿线路面材料的分布和品质等。

2. 调查结果分析

(1) 路况评价指标

现行《公路技术状况评定标准》(JTG 5210—2018) 和《公路养护技术规范》(JTG H10—2009) 规定的路况评价指标主要包括路面损坏状况指数 PCI、路面行驶质量指数 RQI、路面车辙深度指数 RDI、路面抗滑性能指数 SRI、路面结构强度指数 PSSI 等。其中 PCI 可以综合反映路面的损坏状况,是评价路面状况最常用的指标,但是该指标无法反映具体损坏的集中程度。改建设计时,往往需要根据具体损坏的集中程度制订对应的处治方案,需要分析不同类型损坏的集中程度与路面结构性能间的关系等。显然用上述指标评价路面状况是远远不够的,因此,还应增加路面裂缝间距、纵向裂缝率、网裂面积率和修补面积率等针对具体损坏的指标。

(2) 路况评价单元

路况数据应分幅、分车道进行整理,必要时可根据路况分段进行路况评价。最小评价单元需结合不同路段路况的变化情况和改建方案的最小施工段落长度确定。建议先按 100m 或 50m 作为最小评价单元,然后根据最小施工段落长度并考虑施工的连贯性进行段落归并。

(3) 无机结合料稳定类基层结构性破坏的判断指标

对于无机结合料稳定类基层沥青路面,改建设计中需要评估基层结构状态,即判断基层是否出现了结构性破坏。在设计阶段,无机结合料稳定类基层结构性破坏一般通过路面损坏密度和路表弯沉值两项指标初步判别。

路面结构层不同时,基层破坏与路面损坏密度和路表弯沉值间的关系有一定差异。因此,有必要通过一定数量的取芯工作,分析基层芯样完整性(或强度)与路面损坏密度和路表弯沉值的相关关系,针对性地提出判别基层结构状态的指标标准。

表 8-15 为无机结合料稳定类基层结构性破坏判别标准,满足所列指标之一时,即可认为基层出现了结构性破坏。

表 8-15 无机结合料稳定类基层结构性破坏判别标准

编号	指标	范围
1	路面破损率 DR/(%)	≥10
2	裂缝间距/m	≤15
3	网裂面积率/(%)	≥10
4	修补面积率/(%)	≥10
5	路表弯沉值	大于弯沉临界值

可以通过实测路表弯沉值并对应弯沉检测点钻取芯样，根据芯样完整性（或强度）与路表弯沉值的相关性，分析对应路面结构层破坏的弯沉临界值。

图 8.4 为弯沉值大于 0.27mm 的典型芯样，基层松散，因此可以将 0.27mm 作为弯沉临界值。

基层完整性评价

由于弯沉影响因素多、路面结构状况复杂，因此，设计阶段采用的指标，只能大致确定基层结构性破坏的路段位置，施工过程中需加强二次判定，动态调整改建方案。判定工作可采用现场取芯方式，根据芯样完整性（或强度）判断对应路段是否发生了结构性破坏，或者结合路面铣刨工作，上层铣刨后，现场根据外观等分析下层的开裂情况，如图 8.5 所示。

图 8.4　弯沉值大于 0.27mm 的典型芯样

图 8.5　沥青面层铣刨后基层开裂情况

（4）损坏原因分析和状态评估

根据既有路面调查结果综合分析病害原因，判断路面病害的层位、破坏程度、发展趋势及既有路面可利用程度。路面病害的原因、层位、破坏程度、发展趋势和可利用程度是确定既有路面处治方案的重要依据。需根据病害产生的层位和破坏程度，结合交通荷载状况、气候条件和拟采用的改建方案，判断既有路面结构层可否继续利用，并分析如何利用。

（5）路况数据的结果形式

路况数据可通过表、图两种方式汇总。汇总表便于进行工程量统计，损坏分布图则便于施工中根据桩号查找损坏。

8.2.2　改建方案

改建方案包括既有路面处治方案和加铺方案设计。

1. 既有路面处治方案

既有路面处治方案可采用局部病害处治方案、整体性处理方案或局部病害处治与整体性处理相结合的处理方案。

路面未发生结构性破坏且路表病害密度不大时，可采用局部病害处治方案，即针对病害部位和类型采取局部处治。

路面病害密度较大时，病害处治工作量大且处治后路面性能整体性下降较多，或当较长段落路面发生结构性损坏时，需采用整体性处理方案。整体性处理方案主要包括直接采用较厚的结构层加铺、整段铣刨至某一结构层后加铺和就地再生后再加铺等方式。具体处理方式首先要服从于项目的总体加铺方案，并兼顾结构的可靠性和施工的可行性。

2. 加铺方案

既有路面结构状况较好时，一般对局部损坏处治后直接加铺一层或多层改建方案，加铺层厚度通过结构验算确定。

既有路面结构状况较差，损坏集中或存在结构层碎裂情况时，可将既有路面铣刨至某一结构层或将既有路面就地再生后再加铺一层或多层改建方案，或在既有路面顶面直接设置较厚的加铺结构。

3. 其他技术要求

（1）加铺层与既有路面间的黏结

加铺层与既有路面材料之间的差异和施工因素的影响，使得加铺层与既有路面间较难形成有效黏结。对以往改建工程进行调研，其结果表明加铺层与既有路面间脱层是导致加铺层推移、网裂等损坏的重要原因，因此需重视加铺层与既有路面间的黏层和封层设计。具体措施有以下内容。

① 黏层采用改性乳化沥青或改性沥青。

② 加强黏层和封层设计。

③ 重视对既有路面的处理，要求处理后的既有路面满足结构性能要求，且清洁、平整、干燥。黏层和封层施工完成后注意封闭交通，并及时施工罩面层。

改建工程坑槽修补时回填混合料与既有路面间，以及扩建工程拼宽车道路面与既有路面拼接处竖向界面的黏结也十分重要，处理不好容易造成拼缝处开裂，或沿拼缝处渗水导致路面破坏。竖向界面处理措施包括涂刷改性乳化沥青、设置止水带等，其中设置止水带效果较好，能形成有效黏结并具有封水效果。

（2）路面排水系统

既有路面排水系统失效或设置不当，可能导致路面内部排水不良，引起水损坏，表现为唧泥、松散、坑槽等。存在此类情况时，改建设计中需重新设置排水系统或采取措施提高原排水系统的排水能力。

对于修建时没有采取中分带封闭措施的工程，雨水可经由中分带渗入路基和路面结构层。改建设计时，应注意调查既有路面是否发生由于中分带渗水导致的水损坏，并检测路基含水量，如已出现上述损坏，改建时可采取中分带封闭、设置横向排水管或排水盲沟等措施降低渗水对路面的影响。应结合现场踏勘，仔细分析边沟排水和横向排水是否有效，存在排水效率不足等情况时，应采取疏通、增设排水设施等措施。

对于扩建项目，应注意拼宽车道与既有车道路面结构的协调，避免拼宽车道影响既有车道层间水的排出。

（3）减少和延缓反射裂缝

既有路面存在较多裂缝时，为减少和延缓反射裂缝，可以采取增加结构层厚度、增设橡胶沥青应力吸收层或土工材料夹层等防裂措施。

8.2.3 改建路面结构验算

1. 改建路面结构验算原则

① 设计使用年限内预期的交通荷载参数按前述内容进行调查分析,并确定交通荷载等级。改建设计比新建设计具有更好的条件进行交通荷载参数调查分析,利用计重收费系统积累的交通数据和必要的现场观测,可获取更为准确的交通荷载参数数据。

② 加铺层以及经处治后的既有路面结构在设计使用年限内的使用性能同新建路面。

③ 既有路面破损不严重且结构性能较好(如图8.6所示),采用直接加铺方案或铣刨至某一结构层再加铺方案时,应同时对既有路面结构层和加铺层进行结构验算。

图8.6 结构性能较好的既有路面

④ 既有路面破损严重或结构性能不足(如图8.7所示)时,无论采用直接加铺方案还是铣刨至某一结构层再加铺方案,均应对加铺层进行结构验算。既有路面结构层视为加铺结构的基础,不再验算其结构性能。

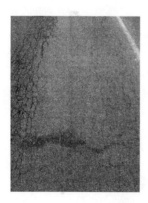

图8.7 结构破坏严重的既有路面

2. 既有路面结构层与加铺层设计参数

加铺层的设计参数应按新建路面结构确定。

既有路面结构层的设计参数应按下列要求确定。

① 将既有路面简化为由沥青结合料类材料层、无机结合料稳定层或粒料层和路基组成的三层体系,利用弯沉盆反演或芯样实测的方法确定各结构层模量。

② 既有路面无机结合料稳定层弯拉强度，宜根据现场取芯实测的无侧限抗压强度按式（8-40）计算，无条件时，可根据既有路面整体强度、基层和面层损坏状况，结合当地经验确定。

$$R_s = 0.21 R_c \tag{8-40}$$

式中：R_s——无机结合料稳定类材料试件的弯拉强度（MPa）；

R_c——无机结合料稳定类材料试件的无侧限抗压强度（MPa）。

无机结合料稳定类材料具有强度长期增长的特性，现场取芯实测既有路面结构层强度时，可能会出现芯样强度大于设计强度的情况。JTG D50—2017 以路面建成初期的状态参数为基础建立相关性能模型，直接采用既有路面无机结合料稳定层芯样强度进行结构验算存在一定的误差，需根据既有路面已承受的交通荷载作用次数及损坏状况，对结构层强度适当折减。折减后强度以不超过规范规定的初期强度为宜。一些单位采用行车道处与硬路肩处芯样的强度比作为强度折减系数，有一定借鉴意义。

③ 既有路面破损严重或结构性能不足时，不再要求既有路面在设计使用年限内保持结构性能，既有路面或铣刨后留用的路面结构层不再进行结构验算（此时往往需要更厚的加铺结构），其顶面当量回弹模量按式（8-41）计算。

$$E_d = \frac{176 pr}{l_0} \tag{8-41}$$

式中：E_d——既有路面结构顶面当量回弹模量（MPa）；

p——落锤式弯沉仪承载板施加荷载（MPa）；

r——落锤式弯沉仪承载板半径（mm）；

l_0——落锤式弯沉仪承载板中心点弯沉值（0.01mm）。

3. 验算指标

验算指标包括无机结合料稳定层或沥青混合料层疲劳开裂、沥青混合料层永久变形量和路基顶面竖向压应变，对于季节性冻土地区，验算指标还包括低温开裂指数。

此外，还需要计算改建路面结构的路表验收弯沉值 l_a，计算方法与前述相同。此处的模量调整系数 k_l 取值需考虑不同的改建方案。对既有路面损坏不严重且结构性能较好的路段，当路基模量为采用弯沉盆分层反算的方法确定时，k_l 取 1.0。对既有路面损坏严重或结构性能明显不足的路段，按式（8-41）确定既有路面或铣刨至某一结构层层顶当量回弹模量，当加铺层还有无机结合料稳定层或水泥混凝土层时，k_l 取 0.5，其他情况时，k_l 取 1.0。

8.3 沥青路面设计案例分析

8.3.1 新建沥青路面设计案例

1. 工程概况

大连地区某高速公路，设计车速 100km/h，设计使用年限 15 年。所在地区自然区划属 II_2

区，沥青路面气候分区属 2-2 区，年均降雨量 607mm，年平均气温 11.6℃，月平均气温最低为 -3.2℃，多年最低气温为 -20℃。路基干湿类型为干燥，土为低液限黏土。工程所在地区冻结指数 $F=240℃·d$。在 -10℃ 条件下表面层沥青弯曲梁流变试验的劲度模量 $S_t=300MPa$。

根据交通调查，已知设计初始年大型客车和货车交通量为 3500 辆/日，交通量年增长率 6.5%，方向系数取 0.55，车道系数取 0.5。车辆类型分布系数见表 8-16。

表 8-16 车辆类型分布系数（%）（一）

车辆类型	2类	3类	4类	5类	6类	7类	8类	9类	10类	11类
车辆类型分布系数	6.4	15.3	1.4	0	11.9	3.1	16.3	20.4	25.2	0

2. 当量设计轴载累计作用次数计算

设计车道 15 年内大型客车和货车累计量为

$$N=3500×365×0.55×0.5×[(1+0.065)^{15}-1]/0.065 \approx 8495498 (辆)$$

因此，设计交通荷载等级为重。采用水平三计算当量设计轴载累计作用次数。满载车与非满载车比例见表 8-17。

表 8-17 满载车与非满载车比例

车辆类型	2类	3类	4类	5类	6类	7类	8类	9类	10类	11类
非满载车比例	0.92	0.66	0.9	0.56	0.69	0.46	0.64	0.54	0.61	0.0
满载车比例	0.08	0.34	0.1	0.44	0.31	0.54	0.36	0.46	0.39	0.0

则根据式（7-19）～式（7-21）和表 7-9，可得到对应各设计指标的设计车道的当量设计轴载累计作用次数：沥青混合料层层底拉应变和沥青混合料层永久变形量的当量设计轴载累计作用次数为 $2.62×10^7$ 次；无机结合料稳定层层底拉应力的当量设计轴载累计作用次数为 $1.64×10^9$ 次；路基顶面竖向压应变的当量设计轴载累计作用次数为 $4.82×10^7$ 次。

3. 初拟路面结构方案

根据工程经验，初步拟定采用水泥稳定碎石基层沥青路面结构，见表 8-18，水泥稳定碎石基层厚度根据经验采用 380mm。

表 8-18 初步拟定的路面结构方案

结构层	材料类型	厚度/mm
面层	AC-13C（SBS）	40
	AC-20C（90号）	60
	AC-25C（90号）	80
基层	水泥稳定碎石	380
底基层	级配碎石	180

4. 确定路基和路面结构层材料参数

（1）路基顶面回弹模量

路基干湿类型为干燥，参考规范或教材，低液限黏土路基标准状态下回弹模量取

70MPa，湿度调整系数取 0.95，干湿与冻融循环作用后的模量折减系数取 0.80，则平衡湿度状态下的路基顶面回弹模量为 53.2MPa，满足规范规定。

（2）级配碎石底基层模量

参考表 7-31，经湿度调整后，级配碎石底基层模量取 300MPa。

（3）水泥稳定碎石基层模量和弯拉强度

参考表 7-35，水泥稳定碎石弹性模量取 24000MPa，乘以结构层模量调整系数 0.5，水泥稳定碎石基层模量为 12000MPa，弯拉强度为 1.8MPa。

（4）沥青面层模量

参考表 7-39，20℃、10Hz 时 SBS 改性沥青 AC-13C 模量为 11000MPa，90 号道路石油沥青 AC-20C 和 AC-25C 模量取 10000MPa。

（5）泊松比

根据表 7-40，路基泊松比取 0.4，级配碎石泊松比取 0.35，沥青混合料和水泥稳定碎石泊松比取 0.25。

5. 路面结构验算

（1）需验算的设计指标

根据表 8-1，需要验算的指标为水泥稳定碎石基层层底拉应力和沥青混合料层永久变形量，项目处于季节性冻土地区，还需进行低温开裂指数验算。

（2）水泥稳定碎石基层疲劳开裂寿命验算

① 层底拉应力计算。

层底拉应力采用 BISAR3.0 软件计算，该软件操作非常简单，介绍如下。

a. 打开 BISAR 3.0 软件，新建项目，在图 8.8 所示的界面中输入设计轴载（即双圆均布垂直荷载）。Y 方向为行车方向。

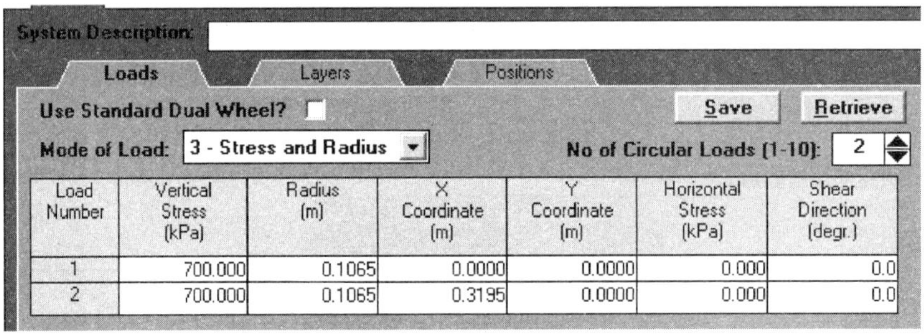

图 8.8 输入荷载

b. 输入各层材料的厚度、模量和泊松比，如图 8.9 所示。注意要保存数据。

c. 输入四个计算点位置，如图 8.10 所示，图中 1、2、3、4 四个位置，分别对应于图 8.1 中的 A、B、D、C。软件将只输出这四个点的计算结果。

d. 单击 "Results" 菜单的 "Calculate F5" 命令，如图 8.11 所示，软件开始路面结构计算。然后弹出计算数据窗口，如图 8.12 所示。再单击 "Block Table" 按键，弹出详细的计算数据，如图 8.13 所示，从中找出四个点中 Y 方向最大的拉应力，即 0.236MPa。因此，水泥稳定碎石基层疲劳开裂寿命验算中的拉应力 σ_t 取 0.236MPa。

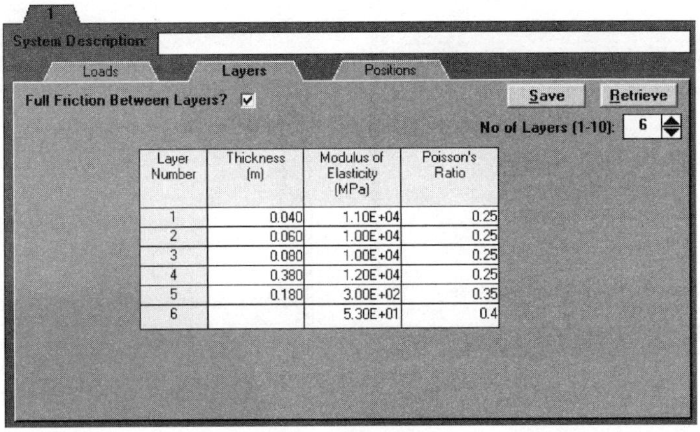

第 8 章 沥青路面结构验算与改建设计

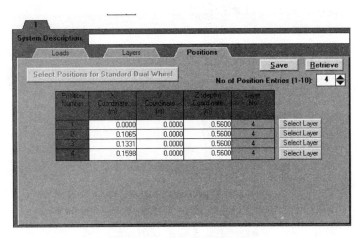

图 8.9　结构层参数

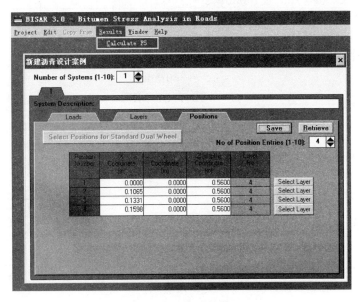

图 8.10　四个计算点位置

图 8.11　提交计算

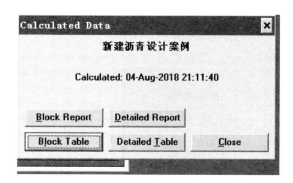

图 8.12 计算数据窗口

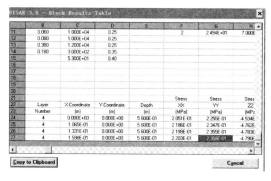

图 8.13 详细的计算数据

② 目标可靠指标确定。

根据表 8-7，高速公路目标可靠指标 $\beta = 1.65$。

③ 现场综合修正系数计算。

根据表 8-10，$c_1 = 14.0$，$c_2 = -0.0076$，$c_3 = -1.47$，则现场综合修正系数 k_c 为

$$k_c = c_1 e^{c_2(h_a + h_b)} + c_3 = 14.0 \times e^{-0.0076 \times (180+380)} - 1.47 \approx -1.271$$

④ 路面结构温度调整系数计算。

沥青面层有三层，按照由上到下逐层换算。

首先将上中面层换算为一层，为

$$h_a^* = 40 + 60 = 100 (\text{mm})$$

$$E_a^* = \frac{11000 \times 40^3 + 10000 \times 60^3}{100^3} + \frac{3}{100} \left(\frac{1}{11000 \times 40} + \frac{1}{10000 \times 60} \right)^{-1} \approx 10479.385 (\text{MPa})$$

上述 h_a^* 和 E_a^* 作为 h_{a1} 和 E_{a1}，和下面层再进行换算，得到

$$h_a^* = 100 + 80 = 180 (\text{mm})$$

$$E_a^* = \frac{10479.385 \times 100^3 + 10000 \times 80^3}{180^3} + \frac{3}{180} \left(\frac{1}{10479.385 \times 100} + \frac{1}{10000 \times 80} \right)^{-1}$$

$$\approx 10235.927 (\text{MPa})$$

然后，同理进行当量基层换算，可得到

$$h_b^* = 560 \text{mm}$$

$$E_b^* \approx 4045.316 \text{MPa}$$

根据表 8-6，该地区对应的基准路面结构温度调整系数 $\hat{k}_{T2}$ 为 1.16。

$$\lambda_E = \frac{E_a^*}{E_b^*} = \frac{10235.927}{4045.316} \approx 2.530$$

$$\lambda_h = \frac{h_a^*}{h_b^*} = \frac{180}{560} \approx 0.321$$

$$A_E = 0.10 \lambda_E + 0.89 = 1.143$$

$$A_h = 0.73 \lambda_h + 0.67 \approx 0.905$$

$$B_E = 0.15 \ln(\lambda_E / 1.14) \approx 0.120$$

$$B_h = 0.44 \ln(\lambda_h / 0.45) \approx -0.148$$

$$k_{T2} = A_h A_E \hat{k}_{T2}^{1+B_h+B_E} = 0.905 \times 1.143 \times 1.16^{1-0.148+0.120} \approx 1.19$$

⑤ 基层疲劳开裂寿命计算。

工程所在地区冻结指数 $F=240℃·d$，按表 8-8 内插法确定的季节性冻土地区调整系数 $k_a=0.95$。

根据表 8-9，基层疲劳破坏模型参数 $a=13.24$，$b=12.52$。

根据以上参数，按式（8-23）计算水泥稳定碎石基层疲劳开裂寿命。

$$N_{f2}=k_a k_{T2}^{-1} 10^{a-b\frac{\sigma_t}{R_s}+k_c-0.57\beta}=0.95\times 1.19^{-1}10^{13.24-12.52\frac{0.236}{1.8}-1.271-0.57\times 1.65}$$
$$=1.95\times 10^9 (轴次)$$

对应于基层层底拉应力的当量设计轴载累计作用次数为 1.64×10^9 次，水泥稳定碎石基层厚度 380mm 时，可满足要求。所以，基层厚度可取 380mm。

（3）沥青混合料层永久变形量计算

① 等效温度计算。

查表 8-6 可知大连地区的基准等效温度 $T_\xi=18.2℃$。

由式（8-20），得到沥青混合料层等效温度为

$$T_{pef}=T_\xi+0.016h_a=18.2+0.016\times 180\approx 21.1℃$$

② 各分层顶面竖向压应力计算。

根据分层的原则，将沥青混合料层分为七层。40mm 上面层，分为（10+15+15）mm 三层，60mm 中面层，分为（20+20+20）mm 三层，80mm 下面层，作为一层。

采用 BISAR3.0 分别计算设计轴载作用下各分层顶面竖向压应力。以第四层顶面竖向压应力计算为例进行介绍，其他层计算可参考。

打开上述计算层底拉应力的数据文件，只需把图 8.10 中计算点的位置调整即可。第四层顶面距离路表 0.04m，所以把图 8.10 中的 Z 坐标改为 0.04，如图 8.14 所示。

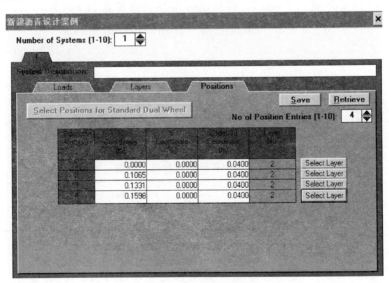

图 8.14 第四层竖向压应力计算点位置

按前述相同的操作计算，然后输出结果，如图 8.15 所示。从中找出 Z 方向最大的压应力，即 0.67MPa。因此，第四层顶面的最大竖向压应力 p_4 取 0.67MPa。

同理计算其他层顶面竖向压应力，见表 8-19。

BISAR 3.0 - Block Results Table

	C	D	E	F	G	H	I
11	1.000E+04	0.25		2	2.494E+01	7.000E-01	0.000E
12	1.000E+04	0.25					
13	1.200E+04	0.25					
14	3.000E+02	0.35					
15	5.300E+01	0.40					
16							
17							
18							
19							
20							
21				Stress	Stress	Stress	Strair
22	X-Coordinate	Y-Coordinate	Depth	XX	YY	ZZ	XX
23	(m)	(m)	(m)	(MPa)	(MPa)	(MPa)	[illegible]trai
24	0.000E+00	0.000E+00	4.000E-02	-3.338E-01	-3.514E-01	-6.687E-01	-7.874E
25	1.065E-01	0.000E+00	4.000E-02	-2.793E-01	-2.420E-01	-3.095E-01	-1.415E
26	1.331E-01	0.000E+00	4.000E-02	-2.855E-01	-2.094E-01	-1.017E-01	-2.077E
27	1.598E-01	0.000E+00	4.000E-02	-2.698E-01	-2.012E-01	-5.212E-02	-2.065E

Copy to Clipboard　　Cancel

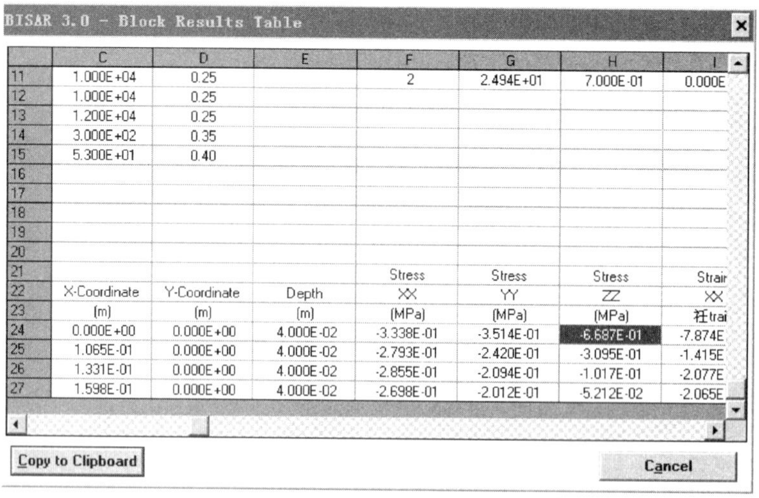

图 8.15　第四层竖向压应力计算结果

表 8-19　各分层顶面竖向压应力　　单位：MPa

p_1	p_2	p_3	p_4	p_5	p_6	p_7
0.7	0.7	0.69	0.67	0.62	0.55	0.48

③ 综合修正系数计算。

根据深度取值规则，自上而下各分层中点深度取值分别为 15mm、17.5mm、32.5mm、50mm、70mm、90mm 和 140mm。

根据式（8-27）～式（8-29），得到第一层综合修正系数 k_{R1} 为

$$d_1 = -1.35\times10^{-4}h_a^2+8.18\times10^{-2}h_a-14.5$$

$$= -1.35\times10^{-4}\times180^2+8.18\times10^{-2}\times180-14.5\approx-4.15$$

$$d_2 = 8.78\times10^{-7}h_a^2-1.50\times10^{-3}h_a+0.9$$

$$= 8.78\times10^{-7}\times180^2-1.50\times10^{-3}\times180+0.9\approx0.66$$

$$k_{R1}=(d_1+d_2z_1)\times0.9731^{z_1}=(-4.15+0.66\times15)\times0.9731^{15}\approx3.80$$

同理计算其他层综合修正系数，见表 8-20。

表 8-20　各分层综合修正系数

k_{R1}	k_{R2}	k_{R3}	k_{R4}	k_{R5}	k_{R6}	k_{R7}
3.80	4.57	7.11	7.36	6.22	4.74	1.94

④ 永久变形量计算。

根据表 7-37，表面层改性沥青混合料动稳定度不小于 2400 次/毫米，本次取 2500 次/毫米；中面层沥青混合料动稳定度不小于 800 次/毫米，本次取 1000 次/毫米；下面层沥青混合料动稳定度不小于 800 次/毫米，本次取 900 次/毫米。（若永久变形量不满足要求，则要再提高动稳定度，直至永久变形量满足要求。）

根据各层动稳定度，通过式（8-30），反算出各沥青混合料层车辙试验永久变形量

R_0。以表面层为例

$$R_{01} = \left(\frac{9365}{DS}\right)^{\frac{1}{1.48}} = \left(\frac{9365}{2500}\right)^{\frac{1}{1.48}} \approx 2.4 \text{(mm)}$$

同理计算其他层车辙试验永久变形量，见表8-21。

表8-21 各层车辙试验永久变形量

材料类型	车辙试验永久变形量 R_0/mm
表面层（AC-13C 改性沥青混凝土）	2.4
中面层（AC-20C 沥青混凝土）	4.5
下面层（AC-25C 沥青混凝土）	4.9

根据式（8-26）计算各分层永久变形量，以第一层为例。

$$R_{a1} = 2.31 \times 10^{-8} k_{R1} T_{pef}^{2.93} p_1^{1.80} N_{e3}^{0.48} (h_1/h_0) R_{01}$$
$$= 2.31 \times 10^{-8} \times 3.8 \times 21.1^{2.93} \times 0.7^{1.80} \times (2.62 \times 10^7)^{0.48} (10/50) \times 2.4 \approx 0.61 \text{(mm)}$$

同理计算其他层永久变形量，见表8-22。

表8-22 各分层永久变形量　　　　　　　　　　　　　　单位：mm

R_{a1}	R_{a2}	R_{a3}	R_{a4}	R_{a5}	R_{a6}	R_{a7}
0.61	1.10	1.67	4.11	3.02	1.85	2.59

则沥青混合料层永久变形量 R_a 为

$$R_a = \sum_{i=1}^{7} R_{ai} = 14.95 \text{ (mm)}$$

沥青混合料层永久变形量满足表8-3的容许永久变形量要求（不大于15mm），因此各层动稳定度要求无须调整。

（4）低温开裂指数计算

根据气候条件，所在地区低温设计温度 T=-20℃，路基填料为低液限黏土，路基类型参数 b=2，在-10℃条件下表面层沥青弯曲梁流变试验的劲度模量 S_t=300MPa，沥青混合料厚度 h_a=180mm，则根据式（8-32），得到低温开裂指数为

$$CI = 1.95 \times 10^{-3} S_t \lg b - 0.075(T + 0.07 h_a) \lg S_t + 0.15$$
$$= 1.95 \times 10^{-3} \times 300 \times \lg 2 - 0.075 \times (-20 + 0.07 \times 180) \times \lg 300 + 0.15 \approx 1.7$$

低温开裂指数满足表8-4的要求。

综上所述，基层疲劳开裂寿命、沥青混合料层永久变形量和低温开裂指数验算全部通过，因此初步拟定的路面结构方案可行，无须调整。

6. 路基顶面和路表验收弯沉值计算

弯沉采用FWD测定，不考虑干湿与冻融循环作用后的模量折减系数时的路基顶面回弹模量 E_0=66MPa，则路基顶面验收弯沉值为

$$l_g = \frac{176 pr}{E_0} = \frac{176 \times (50000/3.1415926/150^2) \times 150}{66} \approx 2.83 \text{(mm)}$$

按照拟定的路面结构方案，路基顶面回弹模量调整系数 k_l 取0.5，则路基顶面回弹模

量值为33MPa，采用BISAR3.0软件，将荷载调整为FWD荷载（单圆垂直荷载，50kN，半径150mm），如图8.16所示。

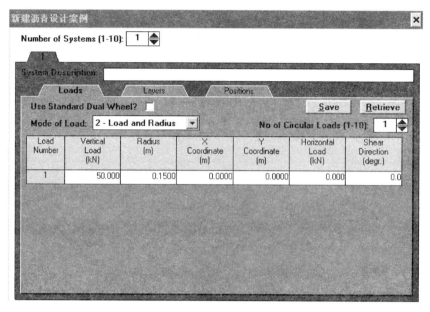

图 8.16 输入单圆荷载

将路基顶面回弹模量改为33MPa，并将计算点改为路表荷载圆中心，如图8.17所示。然后计算，并输出结果，如图8.18所示，UZ方向竖向位移为0.24mm，即路表验收弯沉值 l_a 为 0.24mm。

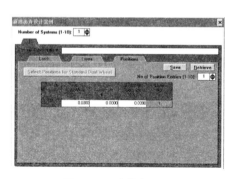

图 8.17 计算点位置

图 8.18 计算结果

7. 沥青混合料层贯入强度验算

根据有关气象资料，该地区月平均气温大于0℃的各月份平均气温 $T_d=15.2℃$。

$$\psi_s = (0.52 h_a^{-0.003} - 317.59 h_b^{-1.32}) E_b^{0.1} = (0.52 \times 180^{-0.003} - 317.59 \times 380^{-1.32}) \times 12000^{0.1} \approx 0.990$$

该地区每年有9个月月平均气温大于0℃，因此 N_{e5} 取 N_{e3} 的 0.75。

由式 (7-30)，得到

$$R_{\tau s} \geqslant \left(\frac{0.31 \lg N_{e5} - 0.68}{\lg[R_a] - 1.31 \lg T_d - \lg \psi_s + 2.50} \right)^{1.86}$$

$$\left(\frac{0.31 \lg N_{e5} - 0.68}{\lg[R_a] - 1.31 \lg T_d - \lg \psi_s + 2.50} \right)^{1.86} = \left(\frac{0.31 \times \lg(2.62 \times 10^7 \times 0.75) - 0.68}{\lg 15 - 1.31 \times \lg 15.2 - \lg 0.990 + 2.50} \right)^{1.86}$$

$$\approx 0.57 (\text{MPa})$$

即要求各沥青混合料层的综合贯入强度 $R_{\tau s} \geqslant 0.57 \text{MPa}$。

假定表面层贯入强度取 0.8MPa，中、下面层贯入强度取 0.5MPa，则根据式（7-32），得

$$R_{\tau s} = \sum_{i=1}^{3} w_{is} R_{\tau i} = 0.35 \times 0.8 + 0.42 \times 0.5 + 0.23 \times 0.5$$

$$\approx 0.60 (\text{MPa}) > 0.57 \text{MPa}$$

因此，假定可满足设计要求。

8. 总结

满足无机结合料稳定层疲劳开裂、沥青混合料层永久变形量和低温开裂要求的路面结构组合方案见表 8-23。

表 8-23 沥青路面结构组合方案与结构层模量

结构层	材料类型	厚度/mm	模量/MPa
面层	AC-13C（SBS）	40	11000
	AC-20C（90号）	60	10000
	AC-25C（90号）	80	10000
基层	水泥稳定碎石	380	12000
底基层	级配碎石	180	300
路基			53

8.3.2 改建沥青路面设计案例

1. 工程概况

某一级公路，2000 年通车，现已接近既有路面设计使用年限，近年来路面损坏日益严重，为提高服务水平，拟进行改建，改建后路面的设计使用年限为 15 年。项目所在地年平均气温为 16.9℃，最冷月平均气温为 4.5℃，最热月平均气温为 28.4℃。

2008 年针对车辙和路表抗滑性能不足进行了一次加铺，加铺采用 AC-13SBS 改性沥青混凝土，厚度为 4cm。既有路面结构见表 8-24。

表 8-24 既有路面结构

结构层	材料类型	厚度/mm
2008 年加铺层	AC-13SBS 改性沥青混凝土	40
既有路面面层	AC-16 沥青混凝土	40
	AC-20 沥青混凝土	60
既有路面基层	石灰粉煤灰稳定碎石	300

2. 既有路面结构状况调查

调查表明,既有路面主要损坏是车辙、横向裂缝和网裂。K0+000~K5+000(以下简称东段)和K5+000~K20+000(以下简称西段)路况存在明显差异。东段路面损坏严重,路面损坏状况评价等级为中,且路面弯沉值大,FWD检测弯沉代表值0.4mm,结构强度评价等级为差。西段路况较好,路面损坏状况评价等级为良,FWD检测弯沉代表值0.26mm,结构强度评价等级为良。

现场每公里钻取两个芯样,分析石灰粉煤灰稳定碎石基层芯样完整性与路面损坏密度和路表弯沉值的关系,当路面损坏密度和路表弯沉值达到表8-25所列条件之一时,基层芯样松散或强度严重不足。

表8-25 对应芯样松散或强度严重不足时的路况指标

指标	标准
路面损坏密度(处/100m)	≥5
路表弯沉值(0.01mm)	≥35

3. 交通调查

根据现场交通调查和历史交通数据分析,大型客车和货车交通量为2000辆/日,交通量年增长率为5.0%,方向系数为0.56,车道系数为0.5,车辆类型分布系数见表8-26。

表8-26 车辆类型分布系数(%)(二)

车辆类型	2类	3类	4类	5类	6类	7类	8类	9类	10类	11类
车辆类型分布系数	19.5	26.0	5.6	1.2	6.7	7.5	12.3	9.4	11.8	0.0

根据路网相邻公路的车辆满载情况分析,得到各类车型非满载车与满载车的比例,见表8-27。

表8-27 非满载车与满载车的比例

车辆类型	2类	3类	4类	5类	6类	7类	8类	9类	10类	11类
非满载车比例	0.89	0.58	0.86	0.46	0.75	0.60	0.61	0.47	0.75	0.0
满载车比例	0.11	0.42	0.14	0.54	0.25	0.40	0.39	0.53	0.25	0.0

则设计车道15年内大型客车和货车累计量为

$$N = 2000 \times 365 \times 0.56 \times 0.5 \times [(1+0.05)^{15} - 1]/0.05 \approx 4410658(辆)$$

因此,设计交通荷载等级为中。

改建工程可能用到的设计指标有无机结合料稳定层层底拉应力、沥青混合料层永久变形量和层底拉应变,针对上述三个设计指标,根据式(7-19)~式(7-21)和表7-9,可得到对应各设计指标的设计车道的当量设计轴载累计作用次数:沥青混合料层层底拉应变和沥青混合料层永久变形量的当量设计轴载累计作用次数为1.07×10^7次;无机结合料稳定层层底拉应力的当量设计轴载累计作用次数为6.23×10^8次。

4. 初拟改建方案

(1) 既有路面分段

根据既有路面调查情况，东段和西段路况差异较大，分别拟定改建方案。

(2) 既有路面处理

西段路况较好，没有达到表 8-25 所列的路面损坏密度或路表弯沉值标准，拟对既有路面局部损坏处治后，直接加铺面层。

东段约 80% 的路段达到表 8-25 所列的路面损坏密度或路表弯沉值标准，基层结构性损坏严重，同时沥青面层损坏严重。拟将既有路面沥青面层全部铣刨后，加铺基层和面层。

(3) 初拟改建方案

根据西段和东段路况，西段既有路面局部损坏处治后加铺 40~60mm 的 AC-13C 细粒式沥青混凝土；东段铣刨至既有路面基层顶面后，加铺 180~220mm 的水泥稳定碎石基层和 100mm 的沥青面层，两段加铺结构分别见表 8-28 和表 8-29。

表 8-28 西段加铺结构

结构层	材料类型	厚度/mm
加铺层	AC-13C	40/50/60
损坏处治后的既有路面面层	AC-13C	40
	AC-16C	40
	AC-20C	60
既有路面基层	石灰粉煤灰稳定碎石	300

表 8-29 东段加铺结构

结构层	材料类型	厚度/mm
加铺层	AC-13C	40
	AC-20C	60
	水泥稳定碎石	180/200/220
既有路面基层	石灰粉煤灰稳定碎石	300

5. 结构层材料参数

(1) 西段路面结构层材料参数

路基顶面回弹模量取 FWD 实测弯沉盆反算模量，均值为 60MPa。

对既有路面石灰粉煤灰稳定碎石基层钻取芯样，实测芯样弹性模量 20000MPa，乘以结构层模量调整系数 0.5，得到结构层弹性模量为 10000MPa。实测其弯拉强度均值为 1.6MPa。

既有路面沥青混合料层厚 140mm，无法采用芯样实测其动态模量，因此按 FWD 实测弯沉盆反算模量，均值为 8500MPa。

采用现行试验规程，测试加铺层 AC-13C 的动态模量均值为 10000MPa。

(2) 东段路面结构层材料参数

根据相关规定，东段既有路面破坏严重，采用较厚的加铺方案，既有路面结构层不再进行结构验算。以既有路面基层顶面当量回弹模量进行加铺层结构验算。选择代表性段落开挖面层后实测基层顶面弯沉值为0.55mm,根据式(8-41)计算得到基层顶面当量回弹模量为336MPa。

加铺层水泥稳定碎石基层,实测养生90d后弹性模量为24000MPa,乘以结构层模量调整系数0.5,得到结构层弹性模量为12000MPa。实测其弯拉强度均值为1.8MPa。

采用现行试验规程,测试加铺层AC-13C的动态模量均值为10000MPa,AC-20C的动态模量均值为11000MPa。

(3)泊松比

路基泊松比取0.40,沥青混合料面层和水泥稳定碎石基层泊松比取0.25。

6. 改建路面结构验算

路面结构需验算的设计指标包括无机结合料稳定层层底拉应力和沥青混合料层永久变形量。本例的沥青混合料层永久变形量验算从略,以下仅给出无机结合料稳定层层底拉应力验算过程。

根据要求,西段需验算既有路面石灰粉煤灰稳定碎石基层层底拉应力,东段需验算加铺层水泥稳定碎石基层层底拉应力。

(1)西段既有路面石灰粉煤灰稳定碎石基层疲劳开裂寿命

① 层底拉应力计算。

采用BISAR3.0软件,操作步骤同前,计算层底拉应力。当表8-28所列加铺结构中加铺层厚度分别为40mm、50mm和60mm时,既有路面石灰粉煤灰稳定碎石基层层底拉应力σ_t分别为0.310MPa、0.298MPa和0.287MPa。

② 目标可靠指标确定。

根据表8-7,一级公路目标可靠指标$\beta=1.28$。

③ 现场综合修正系数计算。

根据表8-10,$c_1=14.0$,$c_2=-0.0076$,$c_3=-1.47$,当加铺层厚度为40mm时,现场综合修正系数k_c为

$$k_c = c_1 e^{c_2(h_a+h_b)} + c_3 = 14.0 \times e^{-0.0076 \times (180+300)} - 1.47 \approx -1.105$$

同理,当加铺层厚度为50mm、60mm时,k_c分别为-1.132、-1.157。

④ 路面结构温度调整系数计算。

沥青面层有两层(既有沥青混合料层作为一层),当加铺层厚度为40mm时,则

$$h_a^* = 40+140 = 180(\text{mm})$$

$$E_a^* = \frac{10000 \times 40^3 + 8500 \times 140^3}{180^3} + \frac{3}{180}\left(\frac{1}{10000 \times 40} + \frac{1}{8500 \times 140}\right)^{-1} \approx 9098.571(\text{MPa})$$

同理,当加铺层厚度为50mm、60mm时

$$h_a^* = 190\text{mm}/200\text{mm}$$

$$E_a^* \approx 9141.754\text{MPa}/9168.740\text{MPa}$$

基层只有一层,因此得到

$$h_b^* = 300\text{mm}$$

$$E_b^* \approx 10000\text{MPa}$$

根据表8-6,该地区对应的基准路面结构温度调整系数$\hat{k}_{T2}$为1.40,当加铺层厚度为

40mm 时

$$\lambda_E = \frac{E_a^*}{E_b^*} = \frac{9098.571}{10000} \approx 0.910$$

$$\lambda_h = \frac{h_a^*}{h_b^*} = \frac{180}{300} = 0.6$$

$$A_E = 0.10\lambda_E + 0.89 = 0.981$$

$$A_h = 0.73\lambda_h + 0.67 = 1.108$$

$$B_E = 0.15\ln(\lambda_E/1.14) \approx -0.034$$

$$B_h = 0.44\ln(\lambda_h/0.45) \approx 0.127$$

$$k_{T2} = A_h A_E \hat{k}_{T2}^{1+B_h+B_E} = 1.108 \times 0.981 \times 1.40^{1+0.127-0.034} \approx 1.570$$

同理，当加铺层厚度为 50mm 和 60mm 时，k_{T2} 分别为 1.618 和 1.667。

⑤ 基层疲劳开裂寿命计算。

工程所在地区不是季节性冻土地区，因此季节性冻土地区调整系数 $k_a=1.0$。

根据表 8-9，基层疲劳破坏模型参数 $a=13.24$，$b=12.52$。

根据以上参数，按式（8-23）计算石灰粉煤灰稳定碎石基层疲劳开裂寿命。

$$N_{f2} = k_a k_{T2}^{-1} 10^{a-b\frac{\sigma_t}{R_s}+k_c-0.57\beta} = 1.0 \times 1.570^{-1} \times 10^{13.24-12.52 \times \frac{0.310}{1.6}-1.105-0.57 \times 1.28}$$

$$\approx 6.08 \times 10^8 （轴次）$$

同理，当加铺层厚度为 50mm 和 60mm 时，N_{f2} 分别为 6.88×10^8 轴次和 7.69×10^8 轴次。当加铺层厚度取 50mm 时，即可满足基层疲劳开裂寿命要求。因此，加铺层厚度取 50mm。

（2）东段加铺层水泥稳定碎石基层疲劳开裂寿命

① 层底拉应力计算。

采用 BISAR3.0 软件，操作步骤同前，计算层底拉应力。当表 8-29 所列加铺结构中基层厚度分别为 180mm、200mm 和 220mm 时，基层层底拉应力 σ_t 分别为 0.524MPa、0.475MPa 和 0.432MPa。

② 目标可靠指标确定。

根据表 8-7，一级公路目标可靠指标 $\beta=1.28$。

③ 现场综合修正系数计算。

根据表 8-10，$c_1=18.5$，$c_2=-0.01$，$c_3=-1.32$，当基层厚度为 180mm 时，现场综合修正系数 k_c 为

$$k_c = c_1 e^{c_2(h_a+h_b)} + c_3 = 18.5 e^{-0.01 \times (100+180)} - 1.32 \approx -0.195$$

同理，当基层厚度为 200mm、220mm 时，k_c 分别为 -0.399、-0.566。

④ 路面结构温度调整系数计算。

沥青面层有两层，则

$$h_a^* = 40 + 60 = 100 （mm）$$

$$E_a^* = \frac{10000 \times 40^3 + 11000 \times 60^3}{100^3} + \frac{3}{100}\left(\frac{1}{10000 \times 40} + \frac{1}{11000 \times 60}\right)^{-1} \approx 10487.698 （MPa）$$

基层只有一层，因此得到

$$h_b^* = 180\text{mm}/200\text{mm}/220\text{mm}$$
$$E_b^* = 12000\text{MPa}$$

根据表 8-6，该地区对应的基准路面结构温度调整系数 $\hat{k}_{T2}$ 为 1.40，当基层厚度为 180mm 时

$$\lambda_E = \frac{E_a^*}{E_b^*} = \frac{10487.698}{12000} \approx 0.874$$

$$\lambda_h = \frac{h_a^*}{h_b^*} = \frac{100}{180} \approx 0.556$$

$$A_E = 0.10\lambda_E + 0.89 \approx 0.977$$

$$A_h = 0.73\lambda_h + 0.67 \approx 1.076$$

$$B_E = 0.15\ln(\lambda_E/1.14) \approx -0.040$$

$$B_h = 0.44\ln(\lambda_h/0.45) \approx 0.093$$

$$k_{T2} = A_h A_E \hat{k}_{T2}^{1+B_h+B_E} = 1.076 \times 0.977 \times 1.40^{1+0.093-0.040} \approx 1.498$$

同理，当基层厚度为 200mm 和 220mm 时，k_{T2} 分别为 1.419 和 1.355。

⑤ 基层疲劳开裂寿命计算。

工程所在地区不是季节性冻土地区，因此季节性冻土地区调整系数 $k_a = 1.0$。

根据表 8-9，基层疲劳破坏模型参数 $a = 13.24$，$b = 12.52$。

根据以上参数，按式（8-23）计算水泥稳定碎石基层疲劳开裂寿命。

$$N_{f2} = k_a k_{T2}^{-1} 10^{a-b\frac{\sigma_t}{R_s}+k_c-0.57\beta} = 1.0 \times 1.498^{-1} \times 10^{13.24-12.52\times\frac{0.524}{1.8}-0.195-0.57\times1.28}$$
$$\approx 3.13 \times 10^8 \text{（轴次）}$$

同理，当基层厚度为 200mm 和 220mm 时，N_{f2} 分别为 4.52×10^8 轴次和 6.42×10^8 轴次。因此，当基层厚度取 220mm 时，可满足基层疲劳开裂寿命要求。

7. 路表验收弯沉值

按照拟定的路面结构方案，西段路基顶面回弹模量调整系数 k_l 取 1.0，东段路基顶面回弹模量调整系数 k_l 取 0.5，采用 BISAR 3.0 计算的西段路表验收弯沉值为 0.202mm，东段为 0.145mm。

8. 总结

综合上述分析，满足验算要求的路面结构方案见表 8-30 和表 8-31。

表 8-30 西段加铺结构和结构层模量

结构层	材料类型	厚度/mm	结构层模量/MPa
加铺层	AC-13C	50	10000
损坏处治后的既有路面面层	AC-13C	40	8500
	AC-16C	40	
	AC-20C	60	
既有路面基层	石灰粉煤灰稳定碎石	300	10000
路基			60

第8章 沥青路面结构验算与改建设计

表 8-31　东段加铺结构和结构层模量

结构层	材料类型	厚度/mm	结构层模量/MPa
加铺层	AC-13C	40	10000
	AC-20C	60	11000
	水泥稳定碎石	220	12000
既有路面石灰粉煤灰基层顶面			336

思考题

1. 沥青路面结构设计指标与标准有哪些？
2. 沥青路面结构验算为什么要计算温度调整系数或等效温度？
3. 2017 版沥青路面设计规范为什么要取消路表弯沉指标？路表弯沉指标为何可以作为验收指标？
4. 计算路表验收弯沉值时，路基模量为什么要乘以回弹模量调整系数 k_l？k_l 的取值原则有哪些？
5. 计算路基顶面验收弯沉值时，为什么不用考虑干湿与冻融循环作用后的模量折减系数？
6. 沥青路面改建设计时，如何确定既有路面可以继续利用？
7. 路面结构验算采用双圆均布垂直荷载，而弯沉验算却采用单圆均布垂直荷载，请问这是为什么？
8. 试设计某二级公路级配碎石基层沥青路面。

该公路位于华东地区，全长 60km，设计车速 80km/h，路面设计使用年限 12 年，年平均气温 17.5℃，最冷月平均气温 6.9℃，最热月平均气温 27.7℃。路基为黏土质砂，标准状态下回弹模量 75MPa，湿度调整系数 1.1，干湿与冻融循环作用后的模量折减系数 0.85。已知交通荷载等级为中，对应于沥青混合料层永久变形量和层底拉应变指标的当量设计轴载累计作用次数为 7.5×10^6，对应于路基顶面竖向压应变指标的当量设计轴载累计作用次数为 1.27×10^7。

拟采用级配碎石基层沥青路面（底基层也采用级配碎石），请设计该路面结构，验算设计指标并计算路基和路表验收弯沉值。（沥青混合料试件的有效沥青饱和度可取 65%）

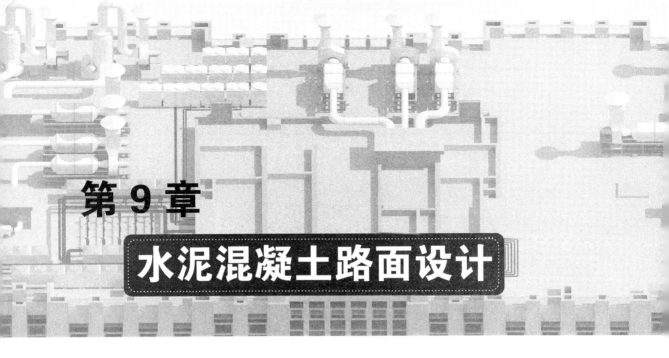

第 9 章

水泥混凝土路面设计

教学目标

本章介绍水泥混凝土路面设计的内容。本章目标为,了解水泥混凝土路面的类型、结构特征、优缺点,水泥混凝土路面配筋计算方法、计算理论;掌握交通荷载的计算方法、水泥混凝土路面结构组合设计的内容和方法、水泥混凝土路面接缝的构造和布设要求、各种板模型的设计计算方法。

教学要求

能力要求	知识要点	权重
能描述水泥混凝土路面的常用分类 能描述水泥混凝土路面的结构特征、优缺点 能计算交通荷载 能进行路面结构组合设计 能判断配筋位置并正确配筋 能进行接缝设计 能进行水泥混凝土路面厚度计算	水泥混凝土路面的分类	5%
	水泥混凝土路面的结构特征和优缺点	5%
	设计基准期、轴载换算	5%
	结构组合设计	25%
	纵缝、横缝、端部处理	20%
	配筋设计	5%
	弹性地基板理论	5%
	弹性地基单层板模型	10%
	弹性地基双层板模型	15%
	弹性地基复合板模型	5%

第 9 章 水泥混凝土路面设计

> **引例**
>
> 水泥混凝土路面强度高、耐久性能好，表面不产生车辙，是除了沥青路面以外，最重要的路面结构类型，如图 9.1 所示。

图 9.1 水泥混凝土路面

9.1 水泥混凝土路面分类与特点

9.1.1 水泥混凝土路面的分类

水泥混凝土路面是指以水泥混凝土做面层（配钢筋或不配钢筋）的路面，这种路面结构具有刚度大、强度高等力学特性，因此亦称为刚性路面。根据面层组成材料或施工方法的不同，其可分为普通水泥混凝土路面、钢筋混凝土路面、连续配筋混凝土路面、钢纤维混凝土路面、复合式路面和混凝土预制块路面等。目前使用最广泛的是普通水泥混凝土路面。

1. 普通水泥混凝土路面

普通水泥混凝土路面是指除接缝区和局部范围外，面层内均不配钢筋的水泥混凝土路面，也称素混凝土路面。与其他水泥混凝土路面相比，其构造上的主要特征如下。

① 板内基本不配钢筋，或只按构造在局部薄弱环节配置少量加强钢筋。

② 除个别特殊位置外，板块的胀缩将沿设定的接缝位置（板被主动切割出纵、横向正交的接缝）释放变形。

普通水泥混凝土路面

2. 钢筋混凝土路面

钢筋混凝土路面是指面层内配置纵、横向钢筋或钢筋网并设接缝的水泥混凝土路面。配置钢筋的目的是控制路面板在产生裂缝之后保持裂缝紧密接触，使裂缝宽度不会扩大。因此，钢筋混凝土路面主要适用于各种容易引起路面板开裂的情况，如下列情况。

① 路面板的平面尺寸过大或形状不规则。
② 地基较弱，可能产生明显不均匀变形。
③ 路面板下埋设地下设施，路面板上开设检查井等。

由于钢筋混凝土路面配钢筋后并不能提高板体的抗弯强度，因此其厚度与普通水泥混凝土路面相同。

3. 连续配筋混凝土路面

连续配筋混凝土路面

连续配筋混凝土路面是指面层内配置纵向连续钢筋和横向钢筋，横向不设缩缝的水泥混凝土路面。在路面纵向配有足够数量的连续钢筋，以控制路面板因纵向收缩而产生的横向裂缝。连续配筋混凝土路面因不设横向胀缝和缩缝，从而形成完整和平坦的表面，改善了行车平顺性，同时增加了路面板的整体强度。

连续配筋混凝土路面设置纵向连续钢筋的作用是约束变形，防止裂缝宽度增大，但其并不分担截面的弯拉应力，因此原则上连续配筋混凝土路面的厚度与普通水泥混凝土路面相同。

4. 钢纤维混凝土路面

钢纤维混凝土路面是指在混凝土面层中掺入钢纤维的水泥混凝土路面。钢纤维混凝土是一种性能优良的路面材料，它能显著提高混凝土的抗压强度、弯拉强度、抗冻、抗冲击、抗磨耗、抗疲劳等性能，将其应用在路面工程中，可以明显减小路面板厚度，改善路用性能。

钢纤维混凝土的弯拉强度为普通水泥混凝土的 1.5～2.0 倍，在所有条件相同的情况下，钢纤维混凝土路面板厚度为普通水泥混凝土的 0.55～0.75 倍，但最小厚度不低于 160～180mm。

5. 复合式路面

复合式路面是指面层由两层不同材料类型和力学性质的结构层复合而成的路面。比如由水泥混凝土和沥青混凝土等结构层构成的路面。

6. 混凝土预制块路面

混凝土预制块路面是指面层由水泥混凝土预制块铺砌成的路面。这种路面结构由面层、砂垫层（30～50mm）和基层组成。其具有结构简单、价格低廉，能承受较大应力，即使出现较大变形也不会破坏块料，便于修复等优点，因此，适用于二级及二级以下公路桥头引道沉降未稳定段、服务区停车场等路面。

9.1.2 水泥混凝土路面的结构特征

水泥混凝土路面同其他路面相比，有其自己的特性。首先，水泥混凝土路面板的弹性模量及力学强度大大高于其基层和土基的弹性模量及力学强度。其次，水泥混凝土的弯拉强度远小于抗压强度，为其 1/6～1/7，因此取水泥混凝土路面板的弯拉强度作为设计指标。同时，由于水泥混凝土路面板与其基层或土基之间的摩阻力一般不大，因此在力学图式上可把水泥混凝土路面板看作是弹性地基板，用弹性地基板理论对其进行分析计算。

在行车荷载作用下，当弯拉应力超过水泥混凝土的极限弯拉强度时，水泥混凝土路面板便产生断裂破坏。而且在行车荷载的重复作用下，由于疲劳效应，水泥混凝土路面板会在低于其极限弯拉强度时出现破坏。此外，由于路面板顶面和底面的温差会使路面板产生温度翘曲应力，且路面板的平面尺寸越大，翘曲应力也越大。另外，水泥混凝土是一种脆性材料，它在断裂时的相对拉伸变形很小。因此，在荷载作用下基层和土基的变形情况对水泥混凝土路面板的影响很大，不均匀的基础变形会使水泥混凝土路面板与基层脱空，在行车荷载作用下路面板会产生过大的弯拉应力而遭到破坏。

基于上述，为使路面能够经受行车荷载的多次重复作用，抵抗温度翘曲应力，并对地基变形有较强的适应能力，水泥混凝土路面板必须具有足够的弯拉强度和厚度。

水泥混凝土路面在行车荷载和环境因素的作用下可能出现的主要破坏类型有，断裂、唧泥、错台、拱起、接缝挤碎等。从水泥混凝土路面的几个主要破坏类型可以看出，影响水泥混凝土路面使用性能的因素是多方面的，如轮载、温度、水分、基层、接缝构造、材料以及施工和养护情况等。从保证路面结构承载能力的角度出发，水泥混凝土路面结构设计应以防止路面板断裂为主要设计标准。从保证汽车行驶性能的角度出发，应严格控制接缝两侧的错台量。因此，水泥混凝土路面结构设计必须从多方面采取措施来保证它的使用寿命。

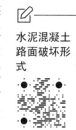

水泥混凝土路面破坏形式

水泥混凝土路面在经受行车荷载重复作用的同时，还受到大气温度周期性变化的影响。因此，水泥混凝土路面板的疲劳破坏不仅与荷载重复次数有关，还与温度周期性变化产生的温度翘曲应力重复作用有关。所以，路面板要防止两种因素综合作用产生的疲劳开裂，必须使荷载疲劳应力（σ_{pr}）与温度疲劳翘曲应力（σ_{tr}）之和不超过水泥混凝土的弯拉强度（f_r）。

9.1.3 水泥混凝土路面的优缺点

1. 水泥混凝土路面的优点

与其他类型路面相比，水泥混凝土路面具有以下优点。

① 强度高，水泥混凝土路面具有很高的抗压强度和较高的弯拉强度。

② 稳定性好，水泥混凝土路面的水稳定性、热稳定性均较好，特别是它的强度能随时间的延长而逐渐提高，不存在沥青路面的那种"老化"现象。

③ 耐久性好，水泥混凝土路面由于强度高和稳定性好，因此经久耐用，使用年限一般为 30 年，而且它能通行包括履带式车辆等在内的各种运输工具。

④ 有利于夜间行车，水泥混凝土路面色泽鲜明，能见度好，因此对夜间行车有利。

⑤ 耐磨性好，水泥混凝土路面在较长时间内能保持较好的路面使用品质。

⑥ 养护费用少。

2. 水泥混凝土路面的缺点

水泥混凝土路面主要有以下几方面的缺点。

① 对水泥和水的需求量大，修筑0.2m厚、7m宽的水泥混凝土路面，每1000m要耗费水泥400~500t、水约250t，尚不包括养生用的水在内，这给水泥供应不足和缺水地区带来较大困难。

② 存在接缝，一般水泥混凝土路面要建造许多接缝，这些接缝不但增加施工和养护的复杂性，而且容易引起行车跳动，影响行车的舒适性，接缝又是路面的薄弱点，如处理不当，将导致路面板边和板角处破坏。

③ 开放交通较迟，一般水泥混凝土路面完工后，要经过28d的湿治养生才能开放交通，如需提早开放交通，则需采取特殊措施。

④ 修复困难，水泥混凝土路面损坏后，开挖很困难，修补工作量也大，并且影响交通。

⑤ 比沥青路面行车噪声大。

9.1.4 水泥混凝土路面设计内容

水泥混凝土路面设计内容有以下六部分。

① 结构组合设计。按使用要求和当地条件，选择行车道和路肩的结构层类型和层次以及各结构层的组成材料类型和厚度，并选择和布设路表面和内部排水设施，组合成初步拟定的路面结构。

② 结构层厚度设计。通过力学计算和损坏预估分析，对初拟路面结构进行验证和修正，使之满足预定的使用性能要求，由此确定各结构层和路面结构所需的设计厚度。

③ 材料组成设计。依据各结构层的功能要求和力学性质要求，选择合适的组成材料，进行混合料组成设计和性质测试。

④ 接缝构造设计。确定路面板的平面尺寸，选择和布设接缝的类型和位置，设计接缝的构造。

⑤ 钢筋配置设计。确定特殊部位、钢筋混凝土面层或连续配筋混凝土面层的配筋量和钢筋布置。

⑥ 设计方案的技术经济论证。对高等级、极重和特重交通荷载等级或有特定使用要求的公路混凝土路面提出的各备选设计方案，进行寿命周期费用分析，依据资金筹措情况、目标可靠度要求以及其他非经济因素，选择费用—效果最佳方案。

此外，还需进行路表面特性设计，提供满足抗滑、耐磨或低噪声要求的路表面技术措施。

9.2 交通荷载分析

水泥混凝土路面通常以100kN单轴—双轮组荷载作为设计轴载，对极重交通荷载等级的水泥混凝土路面，宜选用货车中占主要份额特重车型的轴载作为设计轴载。

9.2.1 设计基准期

水泥混凝土路面设计基准期，是计算路面结构可靠度时考虑各项基本度量与时间关系所取用的基准时间，也可理解为保证路面结构达到规定可靠度指标时的有效时间。

水泥混凝土路面设计基准期与公路等级有关，可根据公路在路网中的功能定位、当地国民经济发展中的需求以及投资条件等因素，经综合论证后确定，通常可参照表 9-1 选定。

表 9-1 各级公路水泥混凝土路面设计基准期

公路等级	设计基准期/年	公路等级	设计基准期/年
高速公路、一级公路	30	三级公路	15
二级公路	20	四级公路	10

9.2.2 轴载换算

路面设计是以设计轴载累计作用次数下水泥混凝土面层产生疲劳断裂为指标，因此不同轴载作用次数应按照一定的法则换算成设计轴载作用次数，从而得到当量轴次。轴载换算公式是以等效疲劳损坏原则导出的。

各级轴载作用次数（N_i），按式（9-1）换算为设计轴载作用次数（N_s）。

$$N_s = \sum_{i=1}^{n} N_i \left(\frac{P_i}{P_s}\right)^{16} \tag{9-1}$$

式中：N_s——设计轴载作用次数；

P_s——设计轴载重（kN）；

P_i——第 i 级轴载重（kN），联轴按每一根轴载单独计；

n——各种轴型的轴载级位数；

N_i——i 级轴载的作用次数。

9.2.3 设计基准期内累计当量轴次

1. 交通调查与分析

可利用当地交通量观测站的观测和统计资料，或者通过实地设立站点进行交通量观测和统计，获取所设计公路的初期年平均日交通量（双向）及其车辆类型组成数据，剔除 2 轴 4 轮及以下的客、货运车辆交通量，得到包括大型客车交通量在内的初期年平均日货车交通量（双向）。

2 轴 6 轮及以上车辆交通量的方向分配系数应根据实际调查确定，如确有困难，可在 0.5~0.6 范围内选用。

2 轴 6 轮及以上车辆交通量的车道分配系数可根据设计公路的车道数，按表 9-2 确定。

表 9-2　2 轴 6 轮及以上车辆交通量的车道分配系数

单向车道数		1	2	3	≥4
车道分配系数	高速公路	—	0.70～0.85	0.45～0.60	0.40～0.50
	其他等级公路*	1.00	0.50～0.75	0.50～0.75	—

注：*交通受非机动车和行人影响较严重的取低限，反之取高限。

初期年平均日货车交通量（双向）乘以方向分配系数和车道分配系数，即为设计车道的年平均日货车交通量（ADTT）。

可按公路等级和功能以及所在地区的经济和交通运输发展情况，通过调查分析，预估设计基准期内的交通增长趋势，确定设计基准期内交通量的年平均增长率（g_r）。

2. 轴载调查与分析

路面设计中需要的是设计轴载作用次数，因此，与沥青路面设计中轴载换算相似，在水泥混凝土路面设计中，也需将设计车道的年平均日货车交通量（ADTT）按照一定的方法折算成设计轴载作用次数，一般有轴载当量换算系数法和车辆当量轴载系数法两种。

不管采取何种方法，都需要事先进行轴载调查。可通过实地设立站点进行各类车辆的轴型调查和轴重测定，或者利用该地区或相似类型公路已有称重站的车辆类型、轴型和轴重测定统计资料，获取设计公路的车辆类型、轴型和轴重组成数据，以及最重轴载和货车中占主要份额特重车型轴载。

（1）轴载当量换算系数法

各类车辆按轴型称重和统计时，可采用以轴型为基础的轴载当量换算系数法计算分析设计车道使用初期的设计轴载日作用次数。随机统计 3000 辆 2 轴 6 轮及以上车辆中单轴、双联轴和三联轴等不同轴型出现的单轴次数，并分别称取其单轴轴重。可按单轴轴重级位统计整理后得到轴载谱，并按式（9-2）计算确定不同轴重级位的设计轴载当量换算系数。

$$k_{p,i} = \left(\frac{P_i}{P_s}\right)^{16} \quad (9-2)$$

式中：$k_{p,i}$——不同单轴轴重级位 i 的设计轴载当量换算系数；

P_s——设计轴载的轴重（kN）；

P_i——单轴级位 i 的轴重（kN）。

依据单轴轴载谱和相应的设计轴载当量换算系数，可按式（9-3）计算得到设计车道使用初期的设计轴载日作用次数。

$$N_s = \text{ADTT}\frac{n}{3000}\sum_i (k_{p,i} \times p_i) \quad (9-3)$$

式中：N_s——设计车道的设计轴载日作用次数 [轴次/（车道·日）]；

ADTT——设计车道的年平均日货车交通量 [辆/（车道·日）]；

n——随机调查 3000 辆 2 轴 6 轮及以上车辆中出现的单轴总轴数；

p_i——单轴轴重级位 i 的频率（以分数计）。

（2）车辆当量轴载系数法

以车辆类型为基础进行各种轴型的轴载称重和统计时，可采用车辆当量轴载系数法计算分析设计车道使用初期的设计轴载日作用次数。

可将 2 轴 6 轮及以上车辆分为整车、半挂和多挂 3 大类,每类车再按轴数细分,分别按车型称重后得到单轴轴载谱。可由式(9-2)和式(9-4)计算得到各类车辆的设计轴载当量换算系数。

$$k_{p,k} = \sum_i (k_{p,i} \times p_i) \quad (9-4)$$

式中:$k_{p,k}$——k 类车辆的设计轴载当量换算系数;

p_i——k 类车辆单轴轴重级位 i 的频率(以分数计)。

依据调查所得的车辆类型组成数据,可按式(9-5)计算确定设计车道使用初期的设计轴载日作用次数。

$$N_s = \text{ADTT} \times \sum_k (k_{p,k} \times p_k) \quad (9-5)$$

式中:p_k——k 类车辆的组成比例(以分数计)。

3. 设计轴载累计当量轴次计算

设计基准期内水泥混凝土路面设计车道临界荷位处所承受的设计轴载累计作用次数,应按式(9-6)计算确定。

$$N_e = \frac{[(1+g_r)^t - 1] \times 365}{g_r} N_s \eta \quad (9-6)$$

式中:N_e——设计基准期内设计车道所承受的设计轴载累计作用次数(轴次/车道);

t——设计基准期(a);

g_r——基准期内货车交通量的年平均增长率(以分数计);

η——临界荷位处的车辆轮迹横向分布系数,按表 9-3 选用。

表 9-3 车辆轮迹横向分布系数

公路等级		纵缝边缘处
高速公路、一级公路、收费站		0.17~0.22
二级及二级以下公路	行车道宽>7m	0.34~0.39
	行车道宽≤7m	0.54~0.62

注:车道、行车道较窄或者交通量较大时,取高值;反之,取低值。

9.2.4 水泥混凝土路面交通荷载分级

水泥混凝土路面所承受的轴载作用,按设计基准期内设计车道临界荷位处所承受的设计轴载累计作用次数分为 5 级,分级范围见表 9-4。

表 9-4 水泥混凝土路面交通荷载分级

交通荷载等级	极重	特重	重	中等	轻
设计基准期内设计车道承受设计轴载(100kN)累计作用次数 N_e(10^4)	>1×10⁶	1×10⁶~2000	2000~100	100~3	<3

9.3 水泥混凝土路面结构组合设计

路面结构组合设计应根据道路的交通繁重程度，结合当地环境条件和材料供应情况，选择水泥混凝土路面的结构层，包括路基、垫层、基层、面层和路肩的结构类型和厚度，以组合成能够提供均匀、稳定支承，防止或减轻唧泥、错台等病害，承受预期的交通荷载作用，满足使用功能要求的路面结构。水泥混凝土路面结构如图9.2所示。

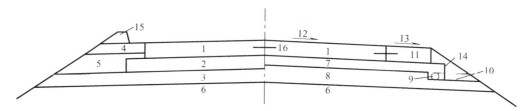

1—面层；2—基层；3—垫层；4—沥青路肩面层；5—路肩基层；6—路床；
7—排水基层；8—不透水垫层（或反滤层）；9—纵向集水沟和水管；10—横向排水管；
11—水泥混凝土路肩面层；12—路面横坡；13—路肩横坡；14—反滤织物；15—拦水带；16—拉杆

图9.2 水泥混凝土路面结构

9.3.1 路面结构组合需考虑的因素

1. 公路等级和交通荷载等级

公路等级高或交通荷载等级高的路面结构需选用较多的结构层次及较强和较厚的结构层；反之，低等级公路或轻交通荷载的路面结构可选用较少的结构层次及较弱和较薄的结构层。

2. 路基条件

对于较弱的路基，应首先采取改善路基的措施，在满足规定的最低支承要求后再考虑路面结构；对于较强的路基，可以相应减少路面结构层的强度或厚度。

3. 当地温度和湿度状况

在季节性冰冻地区，需考虑防冻层最小厚度的要求；在多雨潮湿地区，需考虑采用路面结构内部排水措施等。

4. 各个结构层的功能要求

路面结构由面层、基层和底基层、垫层等结构层组成，对各个结构层有不同的功能要求。各个结构层可以由不同类型和性质的材料组成，各具不同的力学特性。因而，为各个结构层所选择的组成材料，其性质要求和力学特性要满足各结构层的功能要求。

5. 结构层间的协调与平衡

选择和组合结构层时，应考虑结构层上下层次的相互作用以及层间结合条件和要求，如：

① 上下层的刚度（模量）比，会否引起上层底面产生过大的拉应力，会否使混凝土面层产生过大的温度和湿度翘曲应力。

② 无结合料的上层和下层的集料粒径和级配，会否引起水或细粒土的渗漏。

③ 下面层次的透水性，会否引起渗入水的积滞和下层表面的冲刷。

④ 层次间采用结合或隔离措施，对层内应力状况的不同影响以及对缩缝的及早开裂和缝隙张开宽度的影响等等。

路面结构是个多层体系，整个结构的性能和寿命受制于系统内最薄弱的环节（层次）。因而，在考虑并合理处理上下层次的相互作用的同时，还需要顾及整个路面结构体系中各组成部分（层）性能的协调，以能提供平衡的路面结构组合。

6. 路表水的渗入和冲刷

在设计时应充分考虑路表水的渗入和冲刷作用。路表水会沿面层板的接缝和裂缝渗入路面结构内，造成冲刷、唧泥、错台和板块断裂等损坏。除了采取路表排水、接缝填封或设置沥青类封层等措施以减少水的渗入外，组合设计时，还应考虑采取各种疏导和排除措施，防止渗入水积滞在路面结构内，如：

① 路肩结构应含透水层，以便横向排除路面结构内的渗入水。

② 设置内部排水系统（排水基层排水系统或路面边缘排水系统）等。

为减少面层底面脱空区内的积滞水对基层顶面的冲刷，应选用抗冲刷能力强的材料做基层。基层采用无机结合料稳定类材料时，由于会产生收缩裂缝，还应考虑底基层的抗冲刷能力。

9.3.2 路基

1. 基本性能要求

水泥混凝土面层刚度大，具有良好的荷载扩散能力，通过水泥混凝土路面结构传到路基顶面的荷载应力很小，一般不会超过 0.05MPa，因而，对路基承载力的要求并不高。但当路基出现不均匀变形时，混凝土面层与下卧层之间会出现局部脱空，面层应力会由此增加而导致面层板的断裂。因此，要求路基应稳定、密实、匀质，为路面结构提供均匀的支承，即路基在环境和荷载作用下产生的不均匀变形小。为控制路基的不均匀变形，必须在地基、填料、压实等方面采取相应的措施。

路面结构对路基所能提供的支承条件或水平，应有基本的要求。此要求可采用路床顶面的综合回弹模量值来表征，见表 9-5。

表 9-5　路床顶面的综合回弹模量值　　　　　　　　　　　单位：MPa

交通荷载等级	极重、特重	重、中等	轻
回弹模量，不小于	80	60	40

2. 一般设计原则

路床顶面的综合回弹模量值不满足表9-5要求时，应选用粗粒土或低剂量无机结合料稳定土作路床或上路床填料。当路基工作区底面接近或低于地下水位时，可采取更换填料、设置排水渗沟等措施，以提高路基的水稳定性、降低地下水位。

季节性冰冻地区的中湿类、潮湿类路基，当冰冻线深度达到路基的易冻胀土层时，在易冻胀土层上应设置防冻垫层或用不易冻胀土置换冰冻线深度范围内的易冻胀土。

水文地质条件不良的土质路堑，应采取地下排水措施。

对路堤下的软弱地基进行加固处治后，其工后沉降量应符合规定，并宜在路床顶部铺筑粒料层。

填挖交界或新老路基结合路段，应采取防止差异沉降的技术措施。

石质挖方或填石路床顶面应铺设整平层。整平层可采用碎石、低剂量水泥稳定粒料等材料，其厚度可根据路床顶面平整程度确定，最小厚度不小于100mm。

9.3.3 垫层

垫层主要设置在温度和湿度状况不良的路段上，其主要作用是防冻或排水，即在以下情况时，应在基层或底基层下设置垫层。

① 季节性冰冻地区，路面结构厚度小于最小防冻厚度要求（表9-6）时，应设置防冻垫层，使路面结构厚度符合要求。

② 水文地质条件不良的土质路堑，路床土湿度较大时，宜设置排水垫层。

表9-6 水泥混凝土路面结构层最小防冻厚度

路基干湿类型	路基土类别	当地最大冰冻深度/m			
		0.50~1.00	1.00~1.50	1.50~2.00	>2.00
中湿路基	易冻胀土	0.30~0.50	0.40~0.60	0.50~0.70	0.60~0.95
	很易冻胀土	0.40~0.60	0.50~0.70	0.60~0.85	0.70~1.10
潮湿路基	易冻胀土	0.40~0.60	0.50~0.70	0.60~0.90	0.75~1.20
	很易冻胀土	0.45~0.70	0.55~0.80	0.70~1.00	0.80~1.30

注：1. 易冻胀土——细粒土质砾（GM、GC）、除极细粉土质砂外的细粒土质砂（SM、SC）、塑性指数小于12的黏性土（CL、CH）。

2. 很易冻胀土——粉质土（ML、MH）、极细粉土质砂（SM）、塑性指数在12~22之间的黏质土（CL）。

3. 冻深小或填方路段，或基、垫层采用隔温性能良好的材料，可采用低值；冻深大或挖方及地下水位高的路段，或基、垫层采用隔温性能稍差的材料，应采用高值。

4. 冻深小于0.50m的地区，可不考虑结构层防冻厚度。

垫层应与路基同宽，厚度不得小于150mm，防冻垫层和排水垫层宜采用碎石、砂砾等颗粒材料。

9.3.4 基层和底基层

1. 基层、底基层类型和性能要求

基层和底基层按组成材料分为无机结合料类（包括贫混凝土、碾压混凝土、水泥稳定碎石、开级配水泥稳定碎石和石灰粉煤灰稳定碎石等）、沥青结合料类（包括沥青混凝土、沥青稳定碎石和开级配沥青稳定碎石等）和粒料类（包括级配碎石、级配砾石、未筛分碎石等）三大类型。

水泥混凝土路面结构的损坏形式与基层的抗冲刷能力有直接的关系。因此，对水泥混凝土面层下的基层来说，抗冲刷能力是其首要的要求。不耐冲刷的基层表面，在渗入水和荷载的共同作用下，会产生唧泥、板底脱空和错台等病害，导致行车的不舒适，并加剧面层板的断裂。

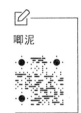
唧泥

基层的受冲刷程度与水的渗入、交通荷载作用的繁重程度和基层材料的抗冲刷能力有关。各类基层具有不同的抗冲刷能力，它取决于基层材料中结合料的性质和含量以及细料（小于0.075mm）的含量。一些试验结果表明，最耐冲刷的是贫混凝土（水泥剂量7%或8%）和沥青混凝土（沥青含量6%），其次是水泥稳定碎石（水泥剂量5%），再次是低剂量水泥稳定碎石（水泥剂量3.5%）和沥青稳定碎石（沥青含量3%），较易冲刷的是石灰粉煤灰稳定碎石和级配碎石，各种稳定土、未筛分碎砾石、细粒土等均不耐冲刷。根据交通荷载等级、基层抗冲刷能力，选用各类基层材料类型见表9-7。

表9-7 各交通荷载等级的基层材料类型

交通荷载等级	基层材料类型
极重、特重	贫混凝土、碾压混凝土或沥青混凝土
重	密级配沥青稳定碎石或水泥稳定碎石
中等、轻	级配碎石、水泥稳定碎石或石灰粉煤灰稳定碎石

此外，基层还需具有适当的刚度。提高基层的刚度，有利于改善接缝的传荷能力。然而，其作用只能在基层未受冲刷的前提下才能得到保证，同时，其效果不如在接缝内设置传力杆。此外，提高基层刚度虽然可以增加路面结构的弯曲刚度，降低面层板的荷载应力，但也会增加面层板的温度翘曲变形和翘曲应力，对路面结构产生不利影响，并不一定能减薄面层厚度。所以，对于基层刚度要辩证地看待。

路面承受极重、特重或重交通荷载时，往往采用刚度较大的基层，为了缓解由于基层与路床的刚度比过大而产生的问题，在基层下应设置底基层。路面承受中等或轻交通荷载时，可不设底基层。当基层为无机结合料稳定类材料，且上路床由细粒土组成时，基层与路床之间的刚度差仍可能很大，会引起基层因拉应力过大而开裂，应在基层下设置粒料类底基层。

通常情况下，底基层宜采用粒料类材料。基层采用无机结合料稳定类材料时，底基层没有必要再采用刚度较大的无机结合料稳定类材料，若采用此类材料，可能因底基层与路床的模量比大而产生过大的拉应力。各交通荷载等级的底基层材料类型可参照表9-8的规定。

表 9-8　各交通荷载等级的底基层材料类型

交通荷载等级	底基层材料类型
极重、特重、重	级配碎石、水泥稳定碎石或石灰粉煤灰稳定碎石
中等、轻	未筛分碎石、级配砾石或不设

基层采用无机结合料稳定类材料时，会出现收缩裂缝，为水的下渗和下卧层（底基层或路床）遭受冲刷提供条件。所以，底基层宜选用小于 0.075mm 颗粒含量少于 7% 的粒料类材料，以避免或减轻冲刷。无机结合料稳定类材料基层顶面应设置封层，封层可采用单层沥青表面处治或适宜的膜层材料等，当采用单层沥青表面处治时，厚度不宜小于 6mm。设置封层可减缓面层渗入水的冲刷作用，防止渗入水沿基层收缩裂缝下渗，此外还能降低基层和面层的黏结程度，减小摩阻力。

基层采用贫混凝土或碾压混凝土时，由于其刚度较大，会使面层板产生过大的温度和湿度翘曲变形，为了减少这种不利影响，在基层上应铺设沥青混凝土夹层，层厚不宜小于 40mm。

通过接缝或裂缝渗入混凝土路面结构内的水量相当大。因此，在多雨地区，路基为低透水性细粒土的高速公路和一级公路或者承受极重或特重交通荷载的二级公路，宜采用排水基层和纵向边缘排水系统以排出渗入水，减少渗入水对基层的冲刷作用，从而降低唧泥、错台和板底脱空等病害出现的可能性和程度。排水基层可选用多孔隙的开级配水泥稳定碎石、开级配沥青稳定碎石。为防止排水基层内的水分下渗，在排水基层下需设置不透水的底基层（密级配粒料或水泥稳定碎石），底基层顶面宜铺设沥青类封层或防水土工织物。

2. 基层、底基层尺寸要求

基层的厚度一般取 20cm 左右，最小厚度为 15cm，最大厚度一般不超过 30cm。过分强调基层的支承强度，试图用增加基层厚度以减薄面层板厚度的想法是不恰当的，也是不经济的，因为增加基层或底基层厚度对于降低面层板应力影响不大。根据结构层成型、方便施工（单层摊铺碾压）或排水要求等因素，表 9-9 给出了各种材料基层和底基层的结构层适宜施工层厚，应按设计轴载数多少和路床的强弱程度选择基层和底基层的厚度，如果设计厚度超出适宜厚度，可以按所提供的施工条件决定是否需要采用分层铺筑和压实。

表 9-9　各种材料基层和底基层的结构层适宜施工层厚

材料种类		适宜施工层厚/mm
贫混凝土、碾压混凝土		120~200
无机结合料稳定粒料		150~200
沥青混凝土	集料公称最大粒径 9.5mm	25~40
	集料公称最大粒径 13.2mm	35~65
	集料公称最大粒径 16mm	40~70
	集料公称最大粒径 19mm	50~75
沥青稳定碎石	集料公称最大粒径 19mm	
	集料公称最大粒径 26.5mm	75~100

续表

材料种类	适宜施工层厚/mm
多孔隙水泥稳定碎石	100～150
级配碎石、未筛分碎石、级配砾石或碎砾石	100～200

开级配沥青稳定碎石或水泥稳定碎石排水基层的计算厚度，应满足排除表面水设计渗入量的要求，并通过计算确定，详见第 10 章。排水基层的设计厚度宜依据计算厚度按 10mm 向上取整后再增加 20mm，因为面层内水泥浆下渗引起的排水基层堵塞深度约为 20mm。

基层的宽度应比混凝土面层每侧至少宽出 300mm（小型机具施工时）或 650mm（滑模式摊铺机施工时）。硬路肩采用混凝土面层时，基层的结构与厚度应与行车道相同。

碾压混凝土基层和弯拉强度超过 1.5MPa 的贫混凝土基层会产生收缩裂缝，从而导致混凝土面层出现反射裂缝。因此，这两类基层应设置与混凝土面层相对应的横向缩缝。一次摊铺宽度大于 7.5m 时，应设置纵向缩缝。

9.3.5 面层

1. 面层类型和性能要求

面层宜采用设接缝的普通水泥混凝土。当面层板的平面尺寸较大或形状不规则，路面结构下埋有地下设施，位于高填方、软土地基、填挖交界段等有可能产生不均匀沉降的路基段时，应采用接缝设置传力杆的钢筋混凝土面层。连续配筋混凝土、碾压混凝土和钢纤维混凝土等其他面层类型可依据适用条件选用，可参考表 9-10。

表 9-10 其他面层类型选择

面层类型		适用条件
连续配筋混凝土面层		高速公路
复合式面层	密级配沥青混合料上面层	极重、特重交通荷载的高速公路
	连续配筋混凝土下面层设传力杆普通水泥混凝土下面层	
碾压混凝土面层		二级及二级以下公路
钢纤维混凝土面层		高程受限制路段、混凝土加铺层
混凝土预制块面层		二级及二级以下公路桥头引道沉降未稳定段、服务区停车场

由于表面平整度难以满足要求以及接缝处难以设置传力杆，碾压混凝土不宜用作高速公路或一级公路或者承受特重或重交通荷载的二级公路的面层。

水泥混凝土面层是路面结构的主要承重层，同时也是与车辆直接接触的表面层，所以要求面层具有足够的强度和耐久性，同时还要求具有良好的行驶质量，即抗滑、耐磨、平整。

路面表面必须采用拉毛、拉槽、压槽或刻槽等方法筑做表面构造。在交工验收时表面构造深度应满足表 9-11 的要求。

表 9-11　各级公路水泥混凝土面层的表面构造深度要求　　　　　单位：mm

公路等级	高速公路、一级公路	二、三、四级公路
一般路段	0.70~1.10	0.50~1.00
特殊路段	0.80~1.20	0.60~1.10

注：1. 特殊路段——对于高速公路和一级公路系指立交、平交或变速车道等处，对于其他等级公路系指急弯、陡坡、交叉口或集镇附近。
　　2. 在年降雨量 600mm 以下的地区，表列数值可适当降低。

2. 面层厚度

普通水泥混凝土、钢筋混凝土、碾压混凝土和连续配筋混凝土面层的计算厚度，可依据交通荷载等级、公路等级和变异水平等级，通过计算确定，详见后述。各种混凝土面层的设计厚度应依据计算厚度加 6mm 磨耗层后，按 10mm 向上取整。

钢纤维混凝土的钢纤维体积率宜为 0.6%~1.0%，其面层厚度宜为普通水泥混凝土面层厚度的 0.75~0.65 倍，按钢纤维掺量确定。特重或重交通荷载时，其最小厚度应为 180mm，中等或轻交通荷载时，其最小厚度应为 160mm。

复合式路面的沥青混凝土上面层的厚度不宜小于 40mm。水泥混凝土下面层的计算厚度，详见后述。水泥混凝土下面层与沥青混凝土上面层之间应设置黏层。

初拟面层厚度时，可参考表 9-12。

表 9-12　水泥混凝土面层厚度的参考范围

交通荷载等级	极重	特重			重		
公路等级	—	高速	一级	二级	高速	一级	二级
变异水平等级	低	低	中	低	中	低	中	低	中
面层厚度/mm	≥320	320~280	300~260	280~240	270~230	260~220

交通荷载等级	中等			轻	
公路等级	二级		三、四级		三、四级
变异水平等级	高	中	高	中	高	中
面层厚度/mm	250~220	240~210	230~200	220~190	210~180

9.3.6　路肩

高等级公路的路肩由土路肩和硬路肩两部分组成。硬路肩的功能除了与普通公路一样作为路面的侧向支承，以保护路基路面结构外，还具有以下功能。

① 保证外侧车道高速行车的安全。外侧车道上高速行驶的车辆，由于种种原因，有时会驶出车道线范围，此时硬路肩将提供与行车道相近的刚度与平整度，以确保车辆平稳返回车道线范围内，因此路肩铺面结构应具有一定的承载力。其结构组合和材料选用应与行车道路面协调，不应使渗入的路表水积滞在行车道路面结构内。此外，这也给驾驶员一种安全感，以消除他们对车临边缘的紧张感，能保持其高速行车。

② 作为故障车辆停车修理的安全带。

③ 道路维修保养时,可用作备用车道。

④ 当交通量饱和时,为提高道路通行能力,可将其作为新增车道。

水泥混凝土路面的硬路肩可选用水泥混凝土面层或沥青面层。硬路肩的结构组合与面层板厚度,可以与主车道不同或相同。因为硬路肩仅承受主车道标准轴载累计作用次数的6%～9%,所以单独设计硬路肩时,其结构厚度肯定比主车道路面结构薄得多。这样表面上似乎可以节省部分工程费用,但是从硬路肩的使用功能考虑,有许多不利之处。

① 外侧车道重车比例高,进入硬路肩的车辆主要是货车,硬路肩与车道之间强度、刚度差别大将导致硬路肩被破坏。

② 水泥混凝土路面硬路肩采用沥青面层时,在施工准备工作方面会增添不少工作量,实际效果并不经济。

③ 硬路肩采用沥青面层后,会使主车道与硬路肩色调反差变大,在沿外侧边缘行车时,会增加驾驶员的紧张感,而不由自主降低车速。

④ 硬路肩的沥青面层与主车道水泥混凝土面层板之间的接缝很难做好,易渗水,可能成为路面的薄弱点。

因此,硬路肩宜选用水泥混凝土路面结构。高速公路和一级公路以及承受极重、特重和重交通荷载等级的公路,路肩铺面应采用与行车道路面相同的结构组合和组成材料类型。其他等级公路,路肩铺面的基层和底基层应采用与行车道路面结构相同的材料类型和厚度。

若路肩面层选用沥青类材料,中等交通荷载以上等级公路,应采用热拌沥青混合料;低等级公路和轻交通荷载等级公路,可采用沥青表面处治。路肩基层为粒料类材料时,其细料(小于0.075mm)含量不应超过6%。

为了减少车轮作用于面层板边缘的概率,降低行车荷载应力,行车道水泥混凝土面层宜宽出外侧车道边缘线0.6m。

路肩混凝土面层与行车道面层之间应设置拉杆,两者的横向缩缝应连通。行车道面层为连续配筋混凝土时,路肩混凝土面层的横向缩缝间距应为4.5m。

9.3.7 路面排水

为了保证将降落在路面和路肩表面的水迅速排走,避免路面积水影响行车安全和减少路面水渗入路面结构内部影响路面使用寿命,路面和路肩应做成中间高、两侧低的横坡,路面横坡坡度宜为1%～2%,路肩表面的横向坡度宜比路面横坡大1%～2%。

在降雨丰沛的地区,通过接缝或裂缝渗入水泥混凝土路面内的水量相当大。此外在面层板的边缘和角隅处,由于温度梯度和湿度梯度引起的翘曲变形以及地基的沉降变形,常出现面层板底面同基层顶面脱空的现象。大量的水分集聚在这些脱空区,促使唧泥和错台等病害的出现。所以水泥混凝土路面结构宜设置排水基层或排水垫层和纵向边缘排水系统以排出渗入水。纵向边缘排水系统由纵向集水沟(透水性填料)、纵向排水管和横向排水管组成,横向排水管间距为50～100m。

排水基层的纵向集水沟,当路肩采用沥青面层时,可设在路肩内侧边缘内;当路肩采用水泥混凝土面层时，可设在路肩下或路肩外侧边缘内。排水垫层的纵向集水沟宜设在路床边缘。

纵向排水管宜选用聚氯乙烯（PVC）或聚乙烯（PE）塑料管，宜设 3 排槽口或孔口，沿管周边等间隔（120°）排列，管径宜在 70～150mm。纵向集水沟的宽度宜采用 300mm。纵向集水沟的深度应能保证纵向排水管管顶低于排水层底面，并有足够厚度的回填料使纵向排水管不被施工机械压裂。沟内回填料宜采用与排水基层或垫层相同的透水性材料，或不含细料的碎石或砾石粒料。横向排水管应不带孔，其管径与纵向排水管相同。

纵向集水沟和排水管的纵坡坡度宜与路线纵坡相同，且不宜小于 0.3%。横向排水管的坡度不宜小于 5%。

9.4 水泥混凝土路面接缝设计

水泥混凝土面层由一定厚度的混凝土板组成，它具有热胀冷缩的性质。由于一年四季气候的变化，混凝土板会产生不同程度的膨胀和收缩变形，若这种变形受到约束，其将转变为温度内应力，当超过允许范围时，路面板即产生裂缝或拱胀等破坏。在一昼夜中，白天气温高，混凝土板顶面温度较底面高，这种温度差会使板的中部形成隆起的趋势。夜间气温降低，板顶面温度较底面低，会使板的四周和角隅发生翘起的趋势。若是由于板体自重或其他因素的影响，板的温度翘曲变形受到约束，则路面板在温度应力作用下将断裂成平面尺寸略小的板块，这样的分解过程直至温度应力降低到容许范围内。因此，对于普通水泥混凝土路面，必须按照温度应力的计算方法确定板块平面尺寸。

以纵向和横向接缝将路面板分割为规则的形状，对于消除内应力、保持路面外观整齐是有效的措施，如图 9.3 所示。但是接缝附近的路面板却因此成为了最薄弱的部位。因此，从兼顾两方面的需要出发，水泥混凝土路面既要设置接缝，又要尽量使接缝数量减少，并且接缝设计应能符合以下要求。

① 控制收缩应力和温度应力所引起裂缝的出现位置。
② 通过接缝提供足够的荷载传递，增强传荷能力。
③ 防止坚硬的杂物落入接缝缝隙内。

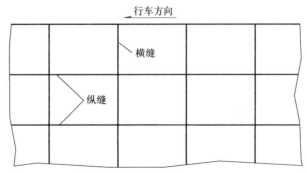

图 9.3 路面接缝设置

9.4.1 接缝设计的一般规定

普通水泥混凝土、钢筋混凝土、碾压混凝土和钢纤维混凝土面层板的平面布局宜采用矩形分块,其纵向和横向接缝应垂直相交,纵缝两侧的横缝不得相互错位。

纵向接缝的间距(即板宽)宜在3.0~4.5m范围内选用。纵向接缝可按车道线设置,这样可以使路面美观。

横向接缝的间距(即板长)影响板内温度应力、接缝缝隙宽度和接缝传荷能力,应按面层类型和厚度选定。

① 普通水泥混凝土面层宜为4~6m,面层板的长宽比不宜超过1.35,平面面积不宜大于25m²。横向接缝的间距可随面层厚度的增加而增大,随基层刚度的增加而适当缩短。

② 碾压混凝土或钢纤维混凝土面层宜为6~10m。

③ 钢筋混凝土面层宜为6~15m,面层板的长宽比不宜超过2.5,平面面积不宜大于45m²。

9.4.2 纵向接缝

纵向接缝是平行于水泥混凝土路面行车方向的接缝,分为施工缝和缩缝两种。

1. 纵向接缝布设原则

纵向接缝的布设应视路面总宽度、行车道及硬路肩宽度以及施工铺筑宽度而定。

① 一次铺筑宽度小于路面宽度时,应设置纵向施工缝。

② 一次铺筑宽度大于4.5m时,应设置纵向缩缝。

③ 碾压混凝土面层一次摊铺宽度大于7.5m时,应设置纵向缩缝;钢纤维混凝土面层在摊铺宽度小于7.5m时,可不设纵向缩缝。

纵向接缝应与路线中线平行。在路面等宽的路段内或路面变宽路段的等宽部分,纵向接缝的间距和形式应保持一致。路面变宽段的加宽部分与等宽部分之间,应以纵向施工缝隔开,把加宽部分作为向外接出的路面进行纵向接缝布设。加宽板在变宽段起终点处的宽度不应小于1.0m,以避免出现锐角板。

2. 纵向接缝构造

(1) 纵向施工缝

纵向施工缝应采用设拉杆平缝形式,上部应锯切槽口,深度为30~40mm,宽度为3~8mm,槽内灌塞填缝料,构造如图9.4(a)所示。

(2) 纵向缩缝

纵向缩缝应采用设拉杆假缝形式,锯切的槽口深度应大于施工缝的槽口深度,以保证混凝土在干缩或温缩时能在槽口下位置处断裂,否则会由于缩缝处截面的强度大于缩缝区外无拉杆的混凝土强度,导致缩缝区外的混凝土板出现纵向断裂。

无机结合料稳定类基层与面层板的摩阻系数,大于粒料类基层,所以混凝

纵向接缝

土干缩或温缩时受摩阻约束而产生的应力要大些，因此无机结合料稳定类基层上混凝土板缩缝的槽口深度要比粒料类基层深一些。具体规定为：采用粒料类基层时，槽口深度应为板厚的 1/3；采用无机结合料稳定类基层时，槽口深度应为板厚的 2/5。其构造如图 9.4 (b) 所示。

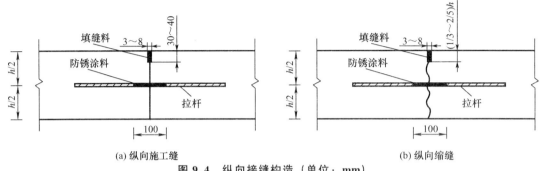

图 9.4 纵向接缝构造（单位：mm）

3. 拉杆

所有纵向接缝都应设置拉杆，以保证接缝缝隙不张开。

拉杆应采用螺纹钢筋，设在板厚中央，并应对拉杆中部 100mm 范围内进行防锈处理。拉杆间距与接缝形式、混凝土板厚度、接缝到自由边距离、钢筋等级有关。缩缝所需的拉杆间距比施工缝小，厚混凝土板所需的拉杆间距比薄混凝土板小，钢筋强度等级较低时所要求的拉杆间距小。

拉杆直径、长度和间距，可参照表 9-13 选用。施工布设时，拉杆间距应根据横向接缝的实际位置予以调整，最外侧的拉杆距横向接缝的距离不得小于 100mm。

表 9-13 拉杆直径、长度和间距　　　　　　　　　　单位：mm

面层厚度 /mm	到自由边或未设拉杆纵缝的距离/m					
	3.00	3.50	3.75	4.50	6.00	7.50
200~250	14×700×900	14×700×800	14×700×700	14×700×600	14×700×500	14×700×400
≥260	16×800×800	16×800×700	16×800×600	16×800×500	16×800×400	16×800×300

注：拉杆尺寸表示方法为直径×长度×间距。

连续配筋混凝土面层的纵缝拉杆可由板内横向钢筋延伸穿过接缝代替。

9.4.3 横向接缝

横向接缝是垂直于行车方向的接缝，共有缩缝、胀缝和施工缝三种。其中缩缝保证路面板因温度和湿度的降低而收缩时沿该路面板薄弱断面缩裂，从而避免产生不规则的裂缝，胀缝保证路面板在温度升高时能部分伸张，从而避免路面板在热天产生拱胀和折断破坏，同时胀缝也能起到缩缝的作用。

1. 横向接缝布设原则

① 每日施工结束或因临时原因中断施工时,必须设置横向施工缝,其位置宜选在缩缝或胀缝处。

② 横向缩缝可等间距或变间距布置,应采用假缝形式。极重、特重和重交通荷载公路的横向缩缝,中等和轻交通荷载公路邻近胀缝或自由端部的 3 条横向缩缝,收费广场的横向缩缝,应采用设传力杆假缝形式,其他情况可采用不设传力杆假缝形式。

③ 在邻近桥梁或其他固定构造物处,或者与其他道路相交处,应设置横向胀缝。胀缝条数应根据膨胀量大小设置。

2. 横向接缝构造

(1) 横向施工缝

设在缩缝处的横向施工缝,应采用加传力杆的平缝形式,其构造如图 9.5 所示;设在胀缝处的横向施工缝,其构造与胀缝相同,如图 9.8 所示。

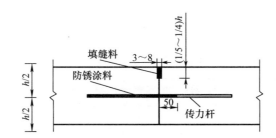

图 9.5 设在缩缝处的横向施工缝构造(单位:mm)

(2) 横向缩缝

横向缩缝顶部应锯切槽口,设置传力杆时槽口深度宜为面层厚度的 1/4~1/3,不设置传力杆时槽口深度宜为面层厚度的 1/5~1/4,其构造如图 9.6 所示。槽口宽度应根据施工条件、填缝料性能等因素而定,宽度宜为 3~8mm,槽内应填塞填缝料。二级及二级以下公路的槽口可一次锯切成型。高速公路和一级公路槽口宜二次锯切成型,在第一次锯切缝的上部宜增设宽 7~10mm 的浅槽口,槽口下部应设置背衬垫条,上部应用填缝料灌填,其构造如图 9.7 所示。

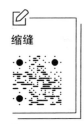

缩缝

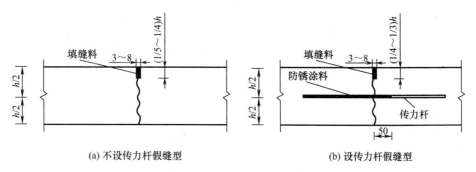

(a) 不设传力杆假缝型 (b) 设传力杆假缝型

图 9.6 横向缩缝构造(单位:mm)

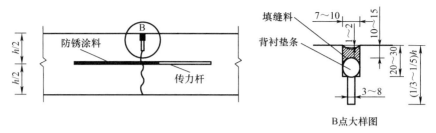

图 9.7 二次锯切槽口构造（单位：mm）

(3) 胀缝

胀缝宽宜为 20~25mm，缝内应设置填缝板和可滑动的传力杆，其构造如图 9.8 所示。传力杆一半以上长度的表面涂沥青，外面再裹敷 0.4mm 厚的聚乙烯膜，且杆的一端加金属套，内留 30mm 的空隙，填以泡沫塑料或纱头。带套的杆端在相邻板内交错布置。

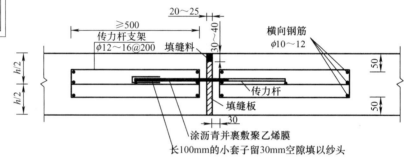

图 9.8 胀缝构造（单位：mm）

3. 传力杆

传力杆主要作用是增强路面板的传荷能力，确保路面板的整体性，提高路面的平整度和使用品质。传力杆应采用光圆钢筋，设在板厚中央，且保证传力杆的一半长度能够自由滑动，以防止因设置传力杆而引起的收缩裂缝。传力杆尺寸和间距可按表 9-14 选用。最外侧传力杆距纵向接缝或自由边的距离为 150~250mm。

表 9-14 传力杆尺寸和间距　　　　　　　　　　　　　　　单位：mm

面层厚度	传力杆直径	传力杆最小长度	传力杆最大间距
220	28	400	300
240	30	400	300
260	32	450	300
280	32~34	450	300
≥300	34~36	500	300

9.4.4 交叉口接缝布设

交叉口接缝布设时，应先分清相交道路的主次，保证主要道路的接缝位置和形式全线贯通。而后，考虑次要道路的接缝布设如何与主要道路相协调，并适当调整交叉口范围内主要道路的横缝位置。

两条道路正交时，各条道路宜保持本身纵缝的连贯，而相交路段内各条道路的横缝位置按相对道路的纵缝间距作相应变动，保证两条道路的纵横缝垂直相交，互不错位。两条道路斜交时，主要道路宜保持纵缝的连贯，而相交路段内的横缝位置应按次要道路的纵缝间距作相应变动，保证与次要道路的纵缝相连接。相交道路弯道加宽部分的接缝布置，应不出现或少出现错缝和锐角板。当出现错缝、锐角板时，宜加设防裂钢筋和角隅补强钢筋。

此外，在次要道路弯道加宽段起终点断面处的横向接缝，应采用胀缝形式。膨胀量大时，应在直线段连续布置2～3条胀缝。

图9.9为一些典型的交叉口接缝布置形式。

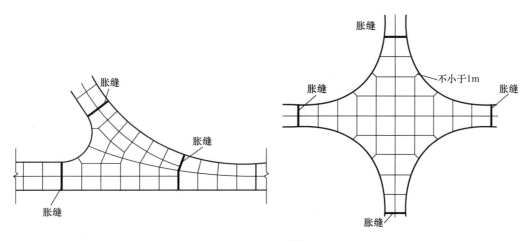

图9.9 交叉口接缝布置形式

9.4.5 端部处理

混凝土路面与桥涵、通道及隧道等固定构造物相衔接的胀缝无法设置传力杆时，可在毗邻构造物的板端部内配置双层钢筋网；或在长度为6～10倍板厚的范围内逐渐将板厚增加20%，如图9.10所示。

混凝土路面与桥梁相接应符合以下规定。

① 桥头设有搭板时，应在搭板与混凝土面层板之间设置长6～10m的钢筋混凝土面层过渡板。过渡板与搭板间的横缝采用设拉杆平缝形式，过渡板与混凝土面层板间的横缝采用设传力杆胀缝形式，如图9.11所示。膨胀量大时，应连续设置2～3条设传力杆胀缝。当桥梁为斜交时，钢筋混凝土板的锐角部分应采用钢筋网补强。斜交角度太小时，应采用

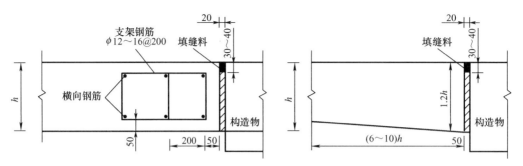

图 9.10　邻近构造物胀缝构造（单位：mm）

2~3 块渐变板逐渐转变为正交。

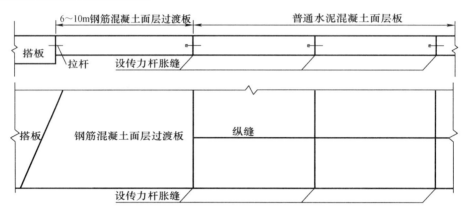

图 9.11　设搭板时，与桥头相接示意图

② 桥头未设搭板时，宜在混凝土面层板与桥台之间设置长 10~15m 的钢筋混凝土面层过渡板，如图 9.12 所示；或设置由混凝土预制块面层或沥青面层铺筑的过渡段，其长度应不小于 8m。

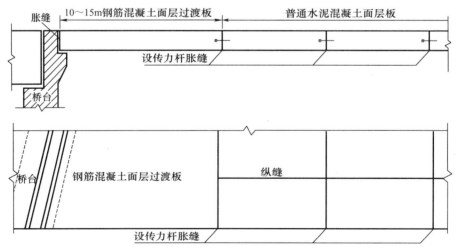

图 9.12　未设搭板时，与桥头相接示意图

混凝土面层与沥青面层相接时，由于沥青面层难以抵御混凝土面层的膨胀推力，致使沥青面层易出现推移拥起，形成接头处的不平整，从而引起跳车。因此，混凝土路面与沥

青路面相接处，其间应设置至少3m长的过渡段。过渡段的路面应采用两种路面呈阶梯状叠合布置，其下面铺设的变厚度混凝土过渡板的厚度不得小于200mm，如图9.13所示。过渡板顶面应设横向拉槽，沥青面层与过渡板之间应黏结良好。过渡板与混凝土面层板相接处的接缝内设置直径25mm、长700mm、间距400mm的拉杆。混凝土面层毗邻该接缝的1～2条横向接缝应采用胀缝形式。

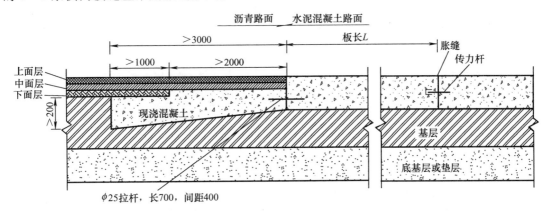

图9.13 混凝土路面与沥青路面相接段的构造布置（单位：mm）

9.4.6 填缝材料

各类接缝的槽口均需填缝处理，以免杂物和水进入。接缝填缝材料按使用性能分为胀缝接缝板和填缝料两类。

胀缝接缝板应选用能适应混凝土板膨胀收缩、施工时不易变形、复原率高和耐久性好的材料。高速公路和一级公路宜选用泡沫橡胶板、沥青纤维板；其他等级公路也可选用木材类或纤维类板。

填缝料应选用与混凝土接缝槽壁黏结力强、回弹性好、适应混凝土板收缩、不溶于水、不渗水、高温时不流淌、低温时不脆裂、耐老化、有一定抵抗砂石嵌入的能力、便于施工操作的材料。高速公路、一级公路宜选用硅酮类、聚氨酯类填缝料；二级及二级以下公路可选用聚氨酯类、橡胶沥青类或改性沥青类填缝料。

9.5 水泥混凝土面层配筋设计

9.5.1 普通水泥混凝土面层配筋

1. 纵向边缘钢筋

普通水泥混凝土面层基础薄弱的自由边缘、接缝为未设传力杆的平缝、主线与匝道相接处或与其他类型路面相接处,可在面层边缘的下部配置钢筋。可选用 2 根直径为 12～16mm 的螺纹钢筋,置于面层底面之上 1/4 厚度处并不小于 50mm,间距为 100mm,钢筋两端向上弯起,如图 9.14 所示。

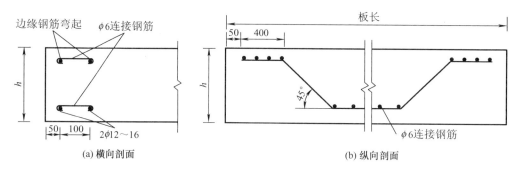

图 9.14　边缘钢筋布置（单位：mm）

2. 角隅钢筋

承受极重、特重或重交通荷载的水泥混凝土面层的胀缝、施工缝和自由边的角隅以及承受极重交通荷载的水泥混凝土面层缩缝的角隅,宜配置角隅钢筋。可选用 2 根直径为 12～16mm 的螺纹钢筋,置于面层上部,距顶面不小于 50mm,距边缘为 100mm,如图 9.15 所示。

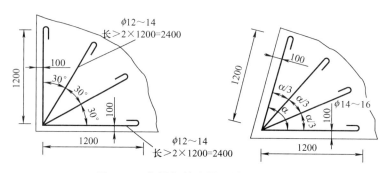

图 9.15　角隅钢筋布置（单位：mm）

3. 构造物顶面面层配筋

混凝土面层下有箱型构造物横向穿越,其顶面至混凝土面层底面的间距小于 800mm 时,在构造物顶宽及两侧各 1.5H+1.5m 且不小于 4m 的范围内,混凝土面层内应布设双层钢筋网,上下层钢筋网应分别设置在距面层顶面和底面 1/4～1/3 厚度处,如图 9.16 所示。构造物顶面至面层底面的距离在 800～1600mm 时,应在上述长度范围内的混凝土面层中布设单层钢筋网。钢筋网应设在距顶面 1/4～1/3 厚度处,如图 9.17 所示。钢筋直径宜为 12mm,纵向钢筋间距宜为 100mm,横向钢筋间距宜为 200mm。配筋混凝土面层与相邻混凝土面层之间应设置设传力杆的缩缝。

混凝土面层下有圆形管状构造物横向穿越,其顶面至面层底面的距离小于 1200mm 时,在构造物两侧各 1.5H+1.5m 且不小于 4m 的范围内,混凝土面层内应布设单层钢筋网,钢筋网应设在距面层顶面 1/4～1/3 厚度处,如图 9.18 所示。钢筋尺寸和间距及传力杆接缝设置与前述相同。

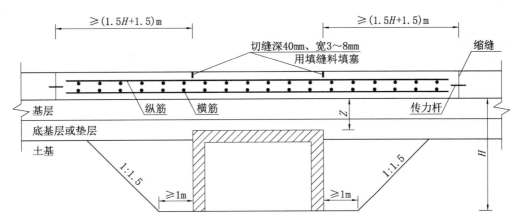

注：H 为面层底面到构造物底面的距离；Z 为面层底面到构造物顶面的距离。

图 9.16 箱形构造物横穿公路处的面层配筋（$Z<800mm$）

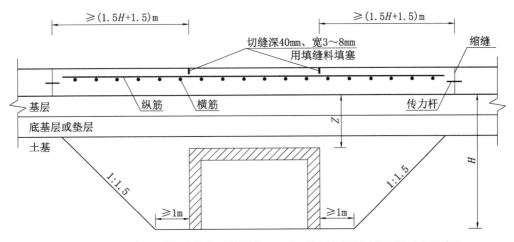

注：H 为面层底面到构造物底面的距离；Z 为面层底面到构造物顶面的距离。

图 9.17 箱形构造物横穿公路处的面层配筋（$Z=800\sim1600mm$）

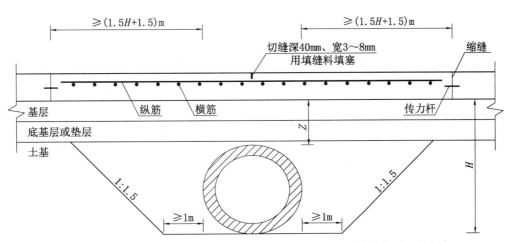

注：H 为面层底面到构造物底面的距离；Z 为面层底面到构造物顶面的距离。

图 9.18 圆形管状构造物横穿公路处的面层配筋（$Z<1200mm$）

9.5.2 钢筋混凝土面层配筋

钢筋混凝土面层的配筋量，主要依据平衡混凝土面层收缩受阻时产生的拉力而定。当混凝土面层自两端向中央收缩时，层底的摩阻力为混凝土的重力乘以它与基层的摩阻系数，这一摩阻力即为混凝土面层中央的拉力，并假定应力沿面层断面均匀分布，由钢筋承受，即

$$[f_s]A_s = 0.5\gamma L_s h\mu \quad (9-7)$$

式中：A_s——每延米混凝土面层宽（或长）所需的钢筋面积（mm^2）。

L_s——计算纵向钢筋时，为横缝间距（m）；计算横向钢筋时，为无拉杆的纵缝或自由边之间的距离（m）。

γ——面层混凝土的重度（kN/m^3）。

h——面层厚度（mm）。

μ——面层与基层之间的摩阻系数，按照表 9-15 选用。

$[f_s]$——钢筋的允许拉应力（MPa）。

表 9-15 混凝土面层与基层间摩阻系数经验参考值

基层材料	取值范围	代表值
级配碎石、级配砾石或碎砾石	0.5~4.0	2.5
沥青混凝土、沥青碎石	2.5~15	7.5
无机结合料稳定粒料	3.5~13	8.9
贫混凝土、碾压混凝土	3.0~20	8.5

若混凝土的重度取 $24kN/m^3$，钢筋的允许拉应力取 0.75 倍的屈服强度标准值，则式（9-7）可变为

$$A_s = \frac{16L_s h\mu}{f_{sy}} \quad (9-8)$$

式中：f_{sy}——钢筋的屈服强度（MPa）。

钢筋混凝土面层的配筋量按式（9-8）确定。配筋率与面层平面尺寸和气候因素有关，一般为 0.1%~0.2%，最低为 0.05%，最高可达 0.25%。

纵向和横向钢筋宜采用相同或相近的直径，直径差不应大于 4mm。钢筋的最小直径和最大间距，应符合表 9-16 的规定。钢筋的最小间距宜为集料最大粒径的 2 倍。

表 9-16 钢筋最小直径和最大间距　　　　单位：mm

钢筋类型	最小直径	纵向钢筋最大间距	横向钢筋最大间距
光圆钢筋	8	150	300
螺纹钢筋	12	350	600

钢筋布置应符合下列要求。

① 纵向钢筋应设在面层顶面下 1/3~1/2 厚度范围内，在不影响施工的情况下宜设在

接近面层顶面下 1/3 厚度处。

② 横向钢筋应位于纵向钢筋之下。

③ 纵向钢筋的搭接长度宜大于 35 倍钢筋直径,搭接位置应错开,各搭接端连线与纵向钢筋的夹角应小于 60°。

④ 边缘钢筋至纵缝或自由边的距离宜为 100~150mm。

9.6 水泥混凝土路面厚度设计

9.6.1 计算理论——弹性地基板理论*

1. 弹性薄板的定义与假定

两个平行面和垂直于这两个平行面的柱面或棱柱面所围成的物体,称为板。平分厚度 h 的平面称为板的中间平面,简称为中面。如果板的厚度 h 远小于板面的最小尺寸 b,该板就被称为薄板。在 xy 平面上放置的薄板受到垂直于板面 z 方向上的荷载,就会弯曲,中面所形成的曲面称为弹性曲面,而中面内各点沿 z 方向的位移称为薄板的挠度 w。假如挠度 w 远小于板的厚度 h,则其称为小挠度薄板。通常水泥混凝土路面,它的平面尺寸比厚度大得多,同时,由于水泥混凝土的脆性,面板不允许产生很大的挠度,因此水泥混凝土路面的构造和工作状态完全符合小挠度薄板特征。

薄板弯曲问题属于空间问题。为了简化空间问题的基本方程,提出了 3 个计算假定。

① 垂直于中面方向的线应变,即 ε_z 可以不计。取 $\varepsilon_z=0$,因为 $\varepsilon_z=\dfrac{\partial w}{\partial z}$,所以有

$$w=w(x,y) \tag{9-9}$$

也就是说,薄板内任意一根垂直于中面的直线,其上各点沿 z 方向的位移均相等,即挠度 w 只与平面位置 x,y 有关,与垂直坐标 z 无关。

② 应力分量 τ_{zx},τ_{zy} 和 σ_z 远小于其他应力分量,因此它们是次要的,其引起的应变可以不计,所以有

$$\gamma_{zx}=0, \quad \gamma_{zy}=0 \tag{9-10}$$

也就是说,所有垂直于中面的直线,在薄板弯曲以后,仍保持为直线,并且垂直于弹性曲面。由于不计 σ_z 对应变的影响,因此有

$$\begin{cases} \varepsilon_x=\dfrac{1}{E}(\sigma_x-\mu\sigma_y) \\ \varepsilon_y=\dfrac{1}{E}(\sigma_y-\mu\sigma_x) \\ \gamma_{xy}=\dfrac{2(1+\mu)}{E}\tau_{xy} \end{cases} \tag{9-11}$$

③ 薄板受有垂直于中面的荷载时,中面内各点都没有平行于中面的位移,即

$$(u)_{z=0}=0, \quad (v)_{z=0}=0 \tag{9-12}$$

因为

$$\varepsilon_x=\frac{\partial u}{\partial x}, \quad \varepsilon_y=\frac{\partial v}{\partial y}, \quad \gamma_{xy}=\frac{\partial v}{\partial x}+\frac{\partial u}{\partial y}$$

所以由式（9-12）可得

$$(\varepsilon_x)_{z=0}=0, \quad (\varepsilon_y)_{z=0}=0, \quad (\gamma_{xy})_{z=0}=0$$

也就是说，中面的任意一部分，在弯曲成弹性曲面后，在 xy 面上的投影形状保持不变。

2. 弹性曲面的微分方程

在薄板的弯曲问题中，取薄板的挠度 w 作为基本未知函数。因此，其他分量都要用 w 来表示。由式（9-10）可得到

$$\gamma_{zx}=\frac{\partial u}{\partial z}+\frac{\partial w}{\partial x}=0, \quad \gamma_{zy}=\frac{\partial w}{\partial y}+\frac{\partial v}{\partial z}=0$$

因此有

$$\frac{\partial u}{\partial z}=-\frac{\partial w}{\partial x}, \quad \frac{\partial v}{\partial z}=-\frac{\partial w}{\partial y} \tag{9-13}$$

由式（9-9）可知，$\frac{\partial w}{\partial x}$ 和 $\frac{\partial w}{\partial y}$ 只是 x 和 y 的函数，与 z 无关，于是式（9-13）积分可得到

$$u=-z\frac{\partial w}{\partial x}+f_1(x,y)$$

$$v=-z\frac{\partial w}{\partial y}+f_2(x,y)$$

根据式（9-12），当 $z=0$ 时，$u=v=0$，于是

$$f_1(x,y)=f_2(x,y)=0$$

因此，得到

$$\begin{cases} u=-z\dfrac{\partial w}{\partial x} \\ v=-z\dfrac{\partial w}{\partial y} \end{cases} \tag{9-14}$$

应变分量可以用 w 表示

$$\begin{cases} \varepsilon_x=\dfrac{\partial u}{\partial x}=-z\dfrac{\partial^2 w}{\partial x^2} \\ \varepsilon_y=\dfrac{\partial v}{\partial y}=-z\dfrac{\partial^2 w}{\partial y^2} \\ \gamma_{xy}=\dfrac{\partial v}{\partial x}+\dfrac{\partial u}{\partial y}=-2z\dfrac{\partial^2 w}{\partial x \partial y} \end{cases} \tag{9-15}$$

由式（9-11），应力分量 σ_x、σ_y 和 τ_{xy} 可以用 w 表示

$$\begin{cases} \sigma_x=-\dfrac{Ez}{1-\mu^2}\left(\dfrac{\partial^2 w}{\partial x^2}+\mu\dfrac{\partial^2 w}{\partial y^2}\right) \\ \sigma_y=-\dfrac{Ez}{1-\mu^2}\left(\dfrac{\partial^2 w}{\partial y^2}+\mu\dfrac{\partial^2 w}{\partial x^2}\right) \\ \tau_{xy}=-\dfrac{Ez}{1+\mu}\dfrac{\partial^2 w}{\partial x \partial y} \end{cases} \tag{9-16}$$

为了用 w 表示应力分量 τ_{zx}、τ_{zy} 和 σ_z，需要用到弹性力学中的平衡微分方程（不计体力）

$$\frac{\partial \tau_{zx}}{\partial z} = -\frac{\partial \sigma_x}{\partial x} - \frac{\partial \tau_{xy}}{\partial y}$$

$$\frac{\partial \tau_{zy}}{\partial z} = -\frac{\partial \sigma_y}{\partial y} - \frac{\partial \tau_{xy}}{\partial x}$$

$$\frac{\partial \sigma_z}{\partial z} = -\frac{\partial \tau_{zx}}{\partial x} - \frac{\partial \tau_{zy}}{\partial y}$$

将式（9-16）代入，并对 z 积分。由于薄板表面有如下边界条件

$$(\tau_{zx})_{z=\pm h/2} = 0,\ (\tau_{zy})_{z=\pm h/2} = 0,\ (\sigma_z)_{z=h/2} = 0$$

于是有

$$\begin{cases} \tau_{zx} = \dfrac{E}{2(1-\mu^2)}\left(z^2 - \dfrac{h^2}{4}\right)\dfrac{\partial}{\partial x}\nabla^2 w \\ \tau_{zy} = \dfrac{E}{2(1-\mu^2)}\left(z^2 - \dfrac{h^2}{4}\right)\dfrac{\partial}{\partial y}\nabla^2 w \\ \sigma_z = -\dfrac{Eh^3}{6(1-\mu^2)}\left(\dfrac{1}{2} - \dfrac{z}{h}\right)^2\left(1 + \dfrac{z}{h}\right)\nabla^2\nabla^2 w \end{cases} \quad (9-17)$$

为了求出挠度与荷载之间的关系，假定薄板顶面作用有向下的荷载 q，则在薄板顶面，有边界条件

$$(\sigma_z)_{z=-h/2} = -q$$

利用这一条件，将其代入式（9-17）的正应力公式，可得到

$$\frac{Eh^3}{12(1-\mu^2)}\nabla^2\nabla^2 w = -q \quad (9-18)$$

式（9-18）为薄板的弹性曲面微分方程。一切以弹性薄板假定为模式的水泥混凝土路面应力分析课题，归根到底就是根据薄板侧面的各种不同边界条件和约束条件，求解未知函数 w。然后由式（9-16）和式（9-17）求出各项应力分量。

9.6.2 应力计算实用方法

弹性地基板理论可以直接求解荷载应力，但只适合边界条件较为简单的情况。而有限元法可计算弹性地基上的有限尺寸板，对于板底脱空以及与相邻板之间具有一定传荷能力等特殊情况也能求解。我国现行规范采用有限元法，通过回归法得到了计算各种应力的公式。

1. 临界荷位

计算分析表明，水泥混凝土路面板在行车荷载作用下，板内产生的应力大小与荷载作用在板上的位置有关。因此，在进行水泥混凝土路面设计时，应选择荷载疲劳应力最大的位置作为临界荷位。根据各种典型路面结构的计算结果，通常水泥混凝土面层板取纵缝边缘中部作为临界荷位。

2. 计算模型

水泥混凝土路面结构分析采用的是弹性地基板理论，通过有限元法建立回归公式。按基层和面层类型和组合的不同，路面结构分析可分别采用下述力学模型。

① 弹性地基单层板模型——适用于粒料类基层上混凝土面层，旧沥青路面加铺混凝

土面层。面层板底面以下部分按弹性地基处理。

② 弹性地基双层板模型——适用于无机结合料稳定类基层或沥青类基层上混凝土面层，旧混凝土路面上加铺分离式混凝土面层。面层和基层或者新旧面层作为双层板，基层底面以下或者旧面层底面以下部分按弹性地基处理。

③ 复合板模型——适用于由两层不同性能材料组成的面层或基层复合板。旧混凝土路面上加铺结合式混凝土面层，两层不同性能材料组成的层间黏结的面层，作为弹性地基上的单层板或者弹性地基上双层板的上层板。无机结合料稳定类基层或沥青类基层与无机结合料稳定类底基层组成的基层，作为弹性地基上双层板的下层板。

因此，除了粒料类和旧沥青路面不属于板，其他各类材料，包括无机结合料稳定类、沥青类、旧混凝土板等均应作为板处理。板以下部分作为多层弹性地基，以地基当量回弹模量 E_t 表征。

新建公路的板底地基当量回弹模量 E_t 按式（9-19）计算。

$$E_t = \left(\frac{E_x}{E_0}\right)^\alpha E_0 \quad (9-19)$$

$$\alpha = 0.86 + 0.26 \ln h_x \quad (9-20)$$

$$E_x = \frac{\sum_{i=1}^{n} E_i h_i^2}{\sum_{i=1}^{n} h_i^2} \quad (9-21)$$

$$h_x = \sum_{i=1}^{n} h_i \quad (9-22)$$

式中：E_0——路床顶面综合回弹模量（MPa）；

α——与粒料层总厚度 h_x 有关的回归系数，按式（9-20）计算；

E_x——粒料层的当量回弹模量（MPa），按式（9-21）计算；

h_x——粒料层的总厚度（m），按式（9-22）计算；

n——粒料层的层数；

E_i、h_i——第 i 结构层的回弹模量（MPa）与厚度（m），回弹模量可参考表 9-17。

表 9-17 粒料类基层和底基层材料回弹模量经验参考值　　单位：MPa

材料类型	取值范围	代表值
级配碎石（基层）	200～400	300
级配碎石（底基层）	180～250	220
未筛分碎石	180～220	200
级配砾石（基层）	150～300	250
级配砾石（底基层）	150～220	190
天然砂砾	105～135	120

需要注意的是，式（9-19）仅适合换算粒料层顶面的当量回弹模量，其是根据单圆荷载直径 0.3m、层间连续、粒料层总厚度 0.1～0.5m、粒料层回弹模量与路床回弹模量之比小

于 10 的条件，按照荷载中心点挠度等效原则换算的。若条件不符，在采用式（9-19）进行换算时会使结果偏差较大。

在旧沥青路面上加铺混凝土面层时，旧沥青路面顶面的地基综合当量回弹模量 E_t 可根据落锤式弯沉仪（荷载 50kN、承载板半径 150mm）的中心点弯沉测定结果按式（9-23）计算，或根据贝克曼梁（后轴重 100kN 的车辆）的弯沉测定结果，按式（9-24）计算。

$$E_t = 18621/w_0 \quad (9-23)$$
$$E_t = 13739 w_0^{-1.04} \quad (9-24)$$
$$w_0 = \bar{w} + 1.04 s_w \quad (9-25)$$

式中：w_0——路段代表弯沉值（0.01mm），按式（9-25）计算；
$\bar{w}$——路段弯沉平均值（0.01mm）；
s_w——路段弯沉的标准差（0.01mm）。

3. 弹性地基单层板模型

（1）荷载应力计算

设计轴载在四边自由板临界荷位处产生的荷载应力 σ_{ps} 按式（9-26）计算。

$$\sigma_{ps} = 1.47 \times 10^{-3} r^{0.70} h_c^{-2} P_s^{0.94} \quad (9-26)$$
$$r = 1.21 (D_c/E_t)^{1/3} \quad (9-27)$$
$$D_c = \frac{E_c h_c^3}{12(1-v_c^2)} \quad (9-28)$$

式中：P_s——设计轴载的单轴重（kN）；
h_c、E_c、v_c——混凝土面层板的厚度（m）、弯拉弹性模量（MPa）和泊松比，弯拉弹性模量可参考表 9-18 确定；
r——混凝土面层板的相对刚度半径（m），按式（9-27）计算；
D_c——混凝土面层板的截面弯曲刚度（MN·m），按式（9-28）计算；
E_t——板底地基当量回弹模量（MPa），新建公路按式（9-19）计算，旧沥青路面上加铺混凝土面层按式（9-23）或式（9-24）计算。

表 9-18 水泥混凝土强度和弹性模量经验参考值

弯拉强度/MPa	1.5	2.0	2.5	3.0	3.5	4.0	4.5	5.0	5.5
抗压强度/MPa	7	11	15	20	25	30	36	42	49
抗拉强度/MPa	0.89	1.21	1.53	1.86	2.20	2.54	2.85	3.22	3.55
弹性模量/GPa	15	18	21	23	25	27	29	31	33

（2）荷载疲劳应力计算

混凝土板承受重复应力作用时，会在低于静载一次作用下的极限应力时出现破坏，这种强度降低现象即是疲劳。疲劳的出现，是由于材料内部存在局部缺陷或不均质。在荷载作用下混凝土板的某处发生应力集中而出现裂缝，应力的反复作用使微裂隙逐步扩展，从而不断减少板承受应力的有效面积，最终在反复作用一定次数后导致混凝土板破坏。

汽车在路面上行驶，使水泥混凝土路面板承受车轮加荷、卸荷多次重复作用，由此引起混凝土板疲劳破坏，这是促使路面开裂的重要原因，所以要进行荷载疲劳应力的验算。

设计轴载在面层板临界荷位处产生的荷载疲劳应力按式（9-29）计算。

$$\sigma_{pr} = k_r k_f k_c \sigma_{ps} \tag{9-29}$$

$$k_f = N_e^\lambda \tag{9-30}$$

$$\lambda = 0.053 - 0.017 \rho_f \frac{l_f}{d_f} \tag{9-31}$$

式中：σ_{pr}——设计轴载在面层板临界荷位处产生的荷载疲劳应力（MPa）；

σ_{ps}——设计轴载在四边自由板临界荷位处产生的荷载应力（MPa），按式（9-26）计算；

k_r——考虑接缝传荷能力的应力折减系数，采用混凝土路肩时，$k_r = 0.87 \sim 0.92$（路肩面层与路面面层等厚时取低值，减薄时取高值），采用柔性路肩或土路肩时，$k_r = 1$；

k_c——考虑计算理论与实际差异以及动载等因素影响的综合系数，按公路等级查表9-19确定；

k_f——考虑设计基准期内荷载应力累计疲劳作用的疲劳应力系数，按式（9-30）计算；

N_e——设计基准期内设计轴载累计作用次数；

λ——材料疲劳指数，普通水泥混凝土、钢筋混凝土、连续配筋混凝土，$\lambda = 0.057$，碾压混凝土和贫混凝土，$\lambda = 0.065$，钢纤维混凝土，按式（9-31）计算；

ρ_f——钢纤维的体积率（%）；

l_f——钢纤维的长度（mm）；

d_f——钢纤维的直径（mm）。

表 9-19 综合系数 k_c

公路等级	高速公路	一级公路	二级公路	三、四级公路
k_c	1.15	1.10	1.05	1.00

（3）最重轴载的最大荷载应力计算

当出现一些特重的轴载时，在最重轴载和最大温度梯度作用下，有可能出现混凝土板块的极限断裂破坏，所以除了验算荷载疲劳应力外，还应计算最重轴载的最大荷载应力。最重轴载在面层板临界荷位处产生的最大荷载应力，按式（9-32）计算。

$$\sigma_{p,\max} = k_r k_c \sigma_{pm} \tag{9-32}$$

式中：$\sigma_{p,\max}$——最重轴载 P_m 在面层板临界荷位处产生的最大荷载应力（MPa）；

σ_{pm}——最重轴载 P_m 在四边自由板临界荷位处产生的最大荷载应力（MPa），按式（9-26）计算，式中的设计轴载 P_s 改为最重轴载 P_m（以单轴计，kN）。

（4）温度疲劳应力计算

在面层板临界荷位处产生的温度疲劳应力按式（9-33）计算。

$$\sigma_{tr} = k_t \sigma_{t,\max} \tag{9-33}$$

$$\sigma_{t,\max} = \frac{\alpha_c E_c h_c T_g}{2} B_L \tag{9-34}$$

$$B_L = 1.77 e^{-4.48 h_c} C_L - 0.131(1-C_L) \tag{9-35}$$

$$C_L = 1 - \frac{\sinh t\ \cos t + \cosh t\ \sin t}{\cos t\ \sin t + \sinh t\ \cosh t} \tag{9-36}$$

$$t = \frac{L}{3r} \tag{9-37}$$

$$k_t = \frac{f_r}{\sigma_{t,\max}} \left[a_t \left(\frac{\sigma_{t,\max}}{f_r} \right)^{b_t} - c_t \right] \tag{9-38}$$

式中：σ_{tr}——面层板临界荷位处的温度疲劳应力（MPa）；

$\sigma_{t,\max}$——最大温度梯度时面层板产生的最大温度应力（MPa），按式（9-34）计算；

α_c——混凝土的线膨胀系数，根据粗集料的岩性按表 9-20 取用；

T_g——公路所在地 50 年一遇的最大温度梯度，按表 9-21 取用；

B_L——综合温度翘曲应力和内应力的温度应力系数，按式（9-35）确定；

C_L——混凝土面层板的温度翘曲应力系数，按式（9-36）计算；

L——面层板的横缝间距，即板长（m）；

r——面层板的相对刚度半径（m），按式（9-27）计算；

k_t——温度疲劳应力系数，按式（9-38）计算；

a_t、b_t 和 c_t——回归系数，按所在地区的公路自然区划查表 9-22 确定；

f_r——水泥混凝土 28d 弯拉强度标准值（MPa），见表 9-23。

表 9-20 水泥混凝土线膨胀系数经验参考值

粗集料类型	石英岩	砂岩	砾石	花岗岩	玄武岩	石灰岩
水泥混凝土线膨胀系数（10^{-6}/℃）	12	12	11	10	9	7

表 9-21 最大温度梯度标准值 T_g

公路自然区划	Ⅱ、Ⅴ	Ⅲ	Ⅳ、Ⅵ	Ⅶ
最大温度梯度/（℃/m）	83~88	90~95	86~92	93~98

表 9-22 回归系数 a_t、b_t 和 c_t

系数	公路自然区划					
	Ⅱ	Ⅲ	Ⅳ	Ⅴ	Ⅵ	Ⅶ
a_t	0.828	0.855	0.841	0.871	0.837	0.834
b_t	1.323	1.355	1.323	1.287	1.382	1.270
c_t	0.041	0.041	0.058	0.071	0.038	0.052

表 9-23 水泥混凝土 28d 弯拉强度标准值   单位：MPa

交通荷载等级	极重、特重、重	中等	轻
水泥混凝土的弯拉强度标准值	≥5.0	4.5	4.0
钢纤维混凝土的弯拉强度标准值	≥6.0	5.5	5.0

4. 弹性地基双层板模型

(1) 面层板或上面层板荷载疲劳应力计算

面层板或上面层板的荷载疲劳应力 σ_{pr} 按式（9-29）计算。其中，荷载疲劳应力系数 k_f、应力折减系数 k_r 和综合系数 k_c 的确定方法，与单层板相同。设计轴载 P_s 在上层板临界荷位处产生的荷载应力 σ_{ps} 应按式（9-39）确定。

$$\sigma_{ps}=\frac{1.45\times 10^{-3}}{1+D_b/D_c}r_g^{0.65}h_c^{-2}P_s^{0.94} \quad (9-39)$$

$$D_b=\frac{E_b h_b^3}{12(1-v_b^2)} \quad (9-40)$$

$$r_g=1.21[(D_c+D_b)/E_t]^{1/3} \quad (9-41)$$

式中：D_b——下层板的截面弯曲刚度（MN·m），按式（9-40）计算；

h_b、E_b 和 v_b——下层板的厚度（m）、弯拉弹性模量（MPa）和泊松比，无机结合料稳定类材料按表 9-24 采用考虑收缩开裂后的有效模量，沥青类材料按表 9-25 取用动态模量；

r_g——双层板的总相对刚度半径（m），按式（9-41）计算；

h_c、D_c——上层板的厚度（m）和截面弯曲刚度（MN·m），按式（9-28）计算。

表 9-24 无机结合料稳定类基层和底基层材料弹性模量经验参考值　单位：MPa

材料类型	7d 浸水抗压强度	试件模量	收缩开裂后模量	疲劳破坏后模量
水泥稳定类	3.0～6.0	3000～14000	2000～2500	300～500
	1.5～3.0	2000～10000	1000～2000	200～400
石灰、粉煤灰稳定类	≥0.8	3000～14000	2000～2500	300～500
	0.5～0.8	2000～10000	1000～2000	200～400
石灰稳定类	≥0.8	2000～4000	800～2000	100～300
	0.5～0.8	1000～2000	400～1000	50～200
开级配水泥稳定碎石（CTPB）	≥4.0	1300～1700		—

表 9-25 沥青结合料类基层材料动态模量经验参考值

材料类型	条件	取值范围/MPa
沥青混凝土（AC-10）	20℃，10Hz，90A、110A 空隙率 7%，沥青用量 6%	4700～5600
沥青混凝土（AC-16）		4500～5400
沥青混凝土（AC-25）		4000～5000
密级配沥青碎石（ATB-25）		3500～4200
开级配沥青稳定碎石（ATPB）	20℃，沥青用量 2.5%～3.5%	600～800

(2) 贫混凝土或碾压混凝土基层板或下面层板荷载疲劳应力计算

贫混凝土或碾压混凝土基层板或下面层板荷载疲劳应力，应按式（9-42）计算。其中，荷载疲劳应力系数 k_f 和综合系数 k_c 的确定方法与单层板相同。设计轴载 P_s 在下层板临界荷位处产生的荷载应力应按式（9-43）计算。

$$\sigma_{bpr} = k_f k_c \sigma_{bps} \tag{9-42}$$

$$\sigma_{bps} = \frac{1.41 \times 10^{-3}}{1 + D_c/D_b} r_g^{0.68} h_b^{-2} P_s^{0.94} \tag{9-43}$$

式中：σ_{bpr}——下层板的荷载疲劳应力（MPa）；

σ_{bps}——设计轴载 P_s 在下层板临界荷位处产生的荷载应力（MPa）。

（3）最重轴载的最大荷载应力计算

最重轴载在上层板临界荷位处产生的最大荷载应力应按式（9-32）计算。其中，应力折减系数 k_r 和综合系数 k_c 的确定方法与单层板相同。最重轴载在四边自由板临界荷位处产生的最大荷载应力应按式（9-39）计算，式中的设计轴载 P_s 改为最重轴载 P_m（以单轴计，kN）。

（4）温度疲劳应力计算

上层板的温度疲劳应力 σ_{tr}、最大温度翘曲应力 $\sigma_{t,max}$、综合温度翘曲应力和内应力的温度应力系数 B_L 的确定方法与单层板相同，应分别按式（9-33）、式（9-34）、式（9-35）计算，式（9-35）中的温度翘曲应力系数 C_L 应按式（9-44）计算。下层板的温度疲劳应力不需计算分析。

上层板的温度翘曲应力系数 C_L 的计算公式为

$$C_L = 1 - \left(\frac{1}{1+\xi}\right)\frac{\sinh t \cos t + \cosh t \sin t}{\cos t \sin t + \sinh t \cosh t} \tag{9-44}$$

$$t = \frac{L}{3r_g} \tag{9-45}$$

$$\xi = -\frac{(k_n r_g^4 - D_c) r_\beta^3}{(k_n r_\beta^4 - D_c) r_g^3} \tag{9-46}$$

$$r_\beta = \left(\frac{D_c D_b}{(D_c + D_b) k_n}\right)^{\frac{1}{4}} \tag{9-47}$$

$$k_n = \frac{1}{2}\left(\frac{h_c}{E_c} + \frac{h_b}{E_b}\right)^{-1} \tag{9-48}$$

式中：ξ——与双层板结构有关的参数，按照式（9-46）计算；

r_β——层间接触状况参数（m），按式（9-47）计算；

k_n——面层与基层之间竖向接触刚度，上下层之间不设沥青混凝土夹层或隔离层时按式（9-48）计算，设沥青混凝土夹层或隔离层时，k_n 取 3000MPa/m。

5. 弹性地基复合板模型

（1）面层复合板荷载疲劳应力计算

面层复合板的荷载疲劳应力和最大荷载应力计算，与单层板或上层板完全相同，只需用面层复合板的截面弯曲刚度 $\widetilde{D}_c$ 和等效厚度 $\widetilde{h}_c$ 替代单层板或上层板的弯曲刚度 D_c 和厚度 h_c 即可，板相对刚度半径 r 或 r_g 应依据面层复合板的截面弯曲刚度 $\widetilde{D}_c$ 重新计算。

面层复合板的截面弯曲刚度 $\widetilde{D}_c$ 按式（9-49）计算，等效厚度 $\widetilde{h}_c$ 按式（9-50）计算。

$$\widetilde{D}_c = \frac{E_{c1}h_{c1}^3 + E_{c2}h_{c2}^3}{12(1-v_{c2}^2)} + \frac{(h_{c1}+h_{c2})^2}{4(1-v_{c2}^2)}\left(\frac{1}{E_{c1}h_{c1}} + \frac{1}{E_{c2}h_{c2}}\right)^{-1} \quad (9-49)$$

$$\widetilde{h}_c = 2.42\sqrt{\frac{\widetilde{D}_c}{E_{c2}d_x}} \quad (9-50)$$

$$d_x = \frac{1}{2}\left[h_{c2} + \frac{E_{c1}h_{c1}(h_{c1}+h_{c2})}{E_{c1}h_{c1}+E_{c2}h_{c2}}\right] \quad (9-51)$$

式中：E_{c1}、h_{c1}——面层复合板上层的弯拉弹性模量（MPa）和厚度（m）；

E_{c2}、v_{c2}、h_{c2}——面层复合板下层的弯拉弹性模量（MPa）、泊松比和厚度（m）；

d_x——面层复合板中性轴至下层底部的距离（m），按式（9-51）计算。

(2) 面层复合板温度疲劳应力计算

面层复合板的温度疲劳应力和温度应力系数的确定方法与单层板相同。最大温度应力 $\sigma_{t,\max}$ 应按式（9-52）计算。

$$\sigma_{t,\max} = \frac{\alpha_c T_g E_{c2}(h_{c1}+h_{c2})}{2} B_L \xi \quad (9-52)$$

$$\xi = 1.77 - 0.27\ln\left(\frac{h_{c1}E_{c1}}{h_{c2}E_{c2}} + 18\frac{E_{c1}}{E_{c2}} - 2\frac{h_{c1}}{h_{c2}}\right) \quad (9-53)$$

式中：B_L——面层复合板的温度应力系数，按式（9-35）计算，其中面层板厚度 h_c 取面层复合板的总厚度（$h_{c1}+h_{c2}$），式（9-35）中温度翘曲应力系数 C_L，单层板时按式（9-36）计算，双层板时按式（9-44）计算；

ξ——面层复合板的最大温度应力修正系数，按式（9-53）计算。

(3) 基层复合板应力计算

基层复合板的弯曲刚度按式（9-54）计算。以此弯曲刚度替代式（9-40）、式（9-41）、式（9-47）和式（9-48）中的弯曲刚度，计算双层板的荷载疲劳应力和温度疲劳应力。

$$D_{b0} = D_{b1} + D_{b2} \quad (9-54)$$

式中：D_{b0}——基层复合板的弯曲刚度（MN·m）；

D_{b1}、D_{b2}——基层和底基层的弯曲刚度（MN·m），分别按基层和底基层的厚度 h_{b1} 和 h_{b2} 以及弹性模量 E_{b1} 和 E_{b2}，由式（9-40）计算。

基层为贫混凝土或碾压混凝土时，复合板中基层的荷载疲劳应力 σ_{bpr} 应按式（9-55）计算。其他类型基层不需进行荷载疲劳应力计算。

$$\sigma_{bpr} = \frac{\widetilde{\sigma}_{bpr}}{1 + D_{b2}/D_{b1}} \quad (9-55)$$

式中：$\widetilde{\sigma}_{bpr}$——按式（9-42）计算得到的基层复合板的名义荷载疲劳应力，其中，以基层厚度 h_{b1} 替代式中的基层厚度 h_b，以复合板弯曲刚度 D_{b0} 替代式中基层板弯曲刚度 D_b。

9.6.3 水泥混凝土路面厚度设计方法

我国水泥混凝土路面厚度设计采用"概率极限状态设计法"，该设计方法应用了结构可靠度理论和分析方法，故也称为可靠度设计法。

1. 可靠度设计标准

我国《公路工程结构可靠度设计统一标准》(GB/T 50283—1999) 规定，根据结构破坏可能产生的后果的严重程度，将公路工程结构的设计分为三个安全等级，路面工程的安全等级仅考虑高速公路、一级公路和二级公路路面，其相应的安全等级分别规定为一级、二级和三级。为了适应各等级公路水泥混凝土路面设计，《公路水泥混凝土路面设计规范》(JTG D40—2011) 对《公路工程结构可靠度设计统一标准》(GB/T 50283—1999) 的规定进行了调整，将一级公路路面的安全等级提升为一级，二级公路路面的安全等级提升为二级，三级和四级公路路面的安全等级列为三级。若二级及二级以下公路路面结构破坏可能产生很严重后果时，可提高一级安全等级。

采用可靠度设计法进行水泥混凝土路面设计时，可靠度设计标准详见表 9-26。JTG D40—2011 根据各级公路路面结构设计安全等级，提出了相应的设计基准期、目标可靠度和目标可靠指标的要求，设计时应符合表中的规定。

表 9-26 可靠度设计标准

公路等级	高速	一级	二级	三级	四级
安全等级	一级		二级	三级	
设计基准期/年	30		20	15	10
目标可靠度/（%）	95	90	85	80	70
目标可靠指标	1.64	1.28	1.04	0.84	0.52

目标可靠度是所设计的路面结构应具有的可靠水平。表 9-26 规定的目标可靠度是采用"校准法"确定的。所谓"校准法"就是对按现行设计规范或设计方法设计的已有路面进行隐含可靠度分析，参照隐含可靠度制定目标可靠度，则所设计的路面结构接纳了以往的工程设计和使用经验，具有与原有设计方法相等的可接受性和经济合理性。

可靠度设计法引入了材料性能和结构尺寸参数的变异水平及交通荷载参数的变异性，变异水平分为低、中和高三级，详见表 9-27，应按公路等级以及所采用的施工技术和所能达到的施工质量控制和管理水平，通过调研确定变异水平等级和相应的变异系数。高速公路、一级公路的变异水平等级宜为低级，二级公路的变异水平等级应不大于中级。确有困难时可按表 9-27 规定的主要设计参数变异系数范围选择相应的变异系数。

表 9-27 变异系数 c_V 的范围

变异水平等级	低	中	高
水泥混凝土弯拉强度	$0.05 \leqslant c_V \leqslant 0.10$	$0.10 < c_V \leqslant 0.15$	$0.15 < c_V \leqslant 0.20$
基层顶面当量回弹模量	$0.15 \leqslant c_V \leqslant 0.25$	$0.25 < c_V \leqslant 0.35$	$0.35 < c_V \leqslant 0.55$
水泥混凝土面层厚度	$0.02 \leqslant c_V \leqslant 0.04$	$0.04 < c_V \leqslant 0.06$	$0.06 < c_V \leqslant 0.08$

2. 极限状态方程

（1）面层板

水泥混凝土路面结构设计应以面层板在设计基准期内，在行车荷载和温度梯度综合作用下，不产生疲劳断裂作为设计标准；并以最重轴载和最大温度梯度综合作用下，不产生极限断裂作为验算标准。其极限状态设计表达式可分别采用式（9-56）和式（9-57）。

$$\gamma_r(\sigma_{pr}+\sigma_{tr}) \leqslant f_r \tag{9-56}$$

$$\gamma_r(\sigma_{p,\max}+\sigma_{t,\max}) \leqslant f_r \tag{9-57}$$

式中：σ_{pr}——面层板在临界荷位处产生的行车荷载疲劳应力（MPa），计算方法见9.6.2节；

σ_{tr}——面层板在临界荷位处产生的温度梯度疲劳应力（MPa），计算方法见9.6.2节；

$\sigma_{p,\max}$——最重轴载在临界荷位处产生的最大荷载应力（MPa），计算方法见9.6.2节；

$\sigma_{t,\max}$——所在地区最大温度梯度在临界荷位处产生的最大温度翘曲应力（MPa），计算方法见9.6.2节；

γ_r——可靠度系数，依据所选目标可靠度、变异水平等级及变异系数通过计算确定，可参考表9-28；

f_r——水泥混凝土28d弯拉强度标准值（MPa），按表9-23确定。

表9-28 可靠度系数

变异水平等级	目标可靠度/（%）			
	95	90	85	80～70
低	1.20～1.33	1.09～1.16	1.04～1.08	—
中	1.33～1.50	1.16～1.23	1.08～1.13	1.04～1.07
高	—	1.23～1.33	1.13～1.18	1.07～1.11

注：变异系数接近表9-27下限时，可靠度系数取低值；接近上限时，取高值。

（2）基层板

贫混凝土或碾压混凝土基层应以设计基准期内行车荷载不产生疲劳断裂作为设计标准。其极限状态设计表达式可采用式（9-58）。

$$\gamma_r \sigma_{bpr} \leqslant f_{br} \tag{9-58}$$

式中：σ_{bpr}——基层内产生的行车荷载疲劳应力（MPa），计算方法见9.6.2节；

f_{br}——基层材料的弯拉强度标准值（MPa）。

贫混凝土或碾压混凝土基层具有比底基层大得多的刚度，因而会产生较大的层底拉应力，需要进行应力分析，以确定合适的层厚或所需的强度。而其他基层，比如无机结合料稳定类基层，层底拉应力不大，所以无须验算。基层经受的温度梯度小，相应的温度翘曲应力可忽略不计，所以不需验算温度疲劳应力。

3. 防冻厚度

在季节性冰冻地区，路面结构层的总厚度不应小于表9-6规定的最小防冻厚度。

4. 混凝土板厚度计算流程

① 进行路面结构组合设计，初拟路面结构，包括路床、垫层、基层和面层的材料类型和厚度，并按表 9-12 所列的水泥混凝土面层厚度建议范围，依据交通等级、公路等级和所选变异水平等级初选混凝土板厚度。

② 按照初拟路面结构的组合情况，选择相应的结构分析模型。

③ 分别计算混凝土面层板（单层板或双层板的面层板）的最重轴载产生的最大荷载应力、设计轴载产生的荷载疲劳应力、最大温度梯度产生的最大温度应力及温度疲劳应力。

④ 验算是否满足式（9-56）和式（9-57）的要求，若满足，初选厚度可作为混凝土板的计算厚度。

⑤ 贫混凝土或碾压混凝土基层或者双层板的下面层板，需计算荷载疲劳应力，并验算是否满足式（9-58）的要求。

⑥ 若不能同时满足式（9-56）、式（9-57）和式（9-58）的要求，则应改选混凝土面层板厚度或调整基层类型和厚度，重新计算，直到同时满足式（9-56）、式（9-57）和式（9-58）的要求。

⑦ 计算厚度加 6mm 磨损厚度后，应按 10mm 向上取整，作为混凝土面层的设计厚度。

例 1 公路自然区划Ⅳ区新建一条一级公路，路基土为砂土，路床顶距地下水位 1.0m，当地粗集料以砾石为主。拟采用普通水泥混凝土面层，基层采用水泥稳定砂砾。经交通调查分析得知，设计轴载 $P_s=100$kN，最重轴载 $P_m=180$kN，设计车道使用初期标准轴载日作用次数为 3200 次，交通量年平均增长率为 5%。请设计此水泥混凝土路面结构。

解： ① 交通分析。

由表 9-26 可知，一级公路的设计基准期为 30 年，安全等级为一级。从表 9-3 查得，临界荷位处的车辆轮迹横向分布系数为 0.22。则得到设计基准期内设计车道标准荷载累计作用次数为

$$N_e = \frac{[(1+g_r)^t-1] \times 365}{g_r} N_s \eta = \frac{[(1+0.05)^{30}-1] \times 365}{0.05} \times 3200 \times 0.22$$
$$= 1707 \times 10^4 (\text{轴次})$$

该交通荷载等级为重。

② 初拟路面结构。

施工变异水平取低等级。根据一级公路重交通荷载等级和低变异水平等级，查表 9-12 可得，初拟普通水泥混凝土面层厚度为 0.26m，水泥稳定砂砾基层厚度为 0.20m，底基层选用级配砾石，厚度为 0.18m。单向路面宽度为 0.5m（左侧路缘带）+2×3.75m（行车道）+2.75m（硬路肩），纵向接缝按车道线布置，则行车道板平面尺寸取 5.0m×4.25m 和 5.0m×3.75m，纵向接缝为设拉杆假缝，横向接缝为设传力杆假缝。硬路肩面层采用与行车道面层等厚的混凝土，并设拉杆与行车道板相连。

③ 路面材料参数确定。

按表 9-18 和表 9-23，取普通水泥混凝土面层的 28d 弯拉强度标准值为 5.0MPa，相应的弯拉弹性模量和泊松比为 31GPa 和 0.15。按表 9-20，取砾石粗集料混凝土的线膨胀

系数 $\alpha_c = 11 \times 10^{-6}/℃$。

查表 2-2，取砂土标准状态下的回弹模量为 120MPa，砂土毛细水上升高度约为 0.9m，而本项目路床顶距地下水位 1.0m，因此可以认为路床处于潮湿状态。查表 2-4，湿度调整系数取 0.7，干湿循环作用后的模量折减系数取 0.95，由此平衡湿度状态下路床顶综合回弹模量取 $120 \times 0.7 \times 0.95 = 80$（MPa）。

查表 9-24，水泥稳定砂砾基层的弹性模量取 2000MPa，泊松比取 0.20，级配砾石底基层回弹模量取 250MPa，泊松比取 0.35。

按式（9-19）～式（9-22）计算板底地基综合回弹模量。

$$E_x = \sum_{i=1}^{n}(h_i^2 E_i) / \sum_{i=1}^{n} h_i^2 = \frac{h_1^2 E_1}{h_1^2} = \frac{0.18^2 \times 250}{0.18^2} = 250(\text{MPa})$$

$$h_x = \sum_{i=1}^{n} h_i = h_1 = 0.18\text{m}$$

$$\alpha = 0.26\ln(h_x) + 0.86 = 0.26 \times \ln(0.18) + 0.86 \approx 0.414$$

$$E_t = \left(\frac{E_x}{E_0}\right)^{\alpha} E_0 = \left(\frac{250}{80}\right)^{0.414} \times 80 \approx 128.2(\text{MPa})$$

板底地基综合回弹模量取整 $E_t = 125\text{MPa}$。

混凝土面层板的弯曲刚度 D_c、基层板的弯曲刚度 D_b、路面结构总相对刚度半径 r_g 为

$$D_c = \frac{E_c h_c^3}{12(1-v_c^2)} = \frac{31000 \times 0.26^3}{12 \times (1-0.15^2)} \approx 46.4(\text{MN}\cdot\text{m})$$

$$D_b = \frac{E_b h_b^3}{12(1-v_b^2)} = \frac{2000 \times 0.20^3}{12 \times (1-0.20^2)} \approx 1.39(\text{MN}\cdot\text{m})$$

$$r_g = 1.21\left(\frac{D_c + D_b}{E_t}\right)^{1/3} = 1.21 \times \left(\frac{46.4 + 1.39}{125}\right)^{1/3} \approx 0.878(\text{m})$$

④ 荷载应力。

按式（9-39），标准轴载和极限轴载在临界荷位处产生的荷载应力为

$$\sigma_{ps} = \frac{1.45 \times 10^{-3}}{1 + D_b/D_c} r_g^{0.65} h_c^{-2} P_s^{0.94} = \frac{1.45 \times 10^{-3}}{1 + 1.39/46.4} \times 0.878^{0.65} \times 0.26^{-2} \times 100^{0.94} \approx 1.452(\text{MPa})$$

$$\sigma_{pm} = \frac{1.45 \times 10^{-3}}{1 + D_b/D_c} r_g^{0.65} h_c^{-2} P_m^{0.94} = \frac{1.45 \times 10^{-3}}{1 + 1.39/46.4} \times 0.878^{0.65} \times 0.26^{-2} \times 180^{0.94} \approx 2.522(\text{MPa})$$

按式（9-29）计算面层荷载疲劳应力，按式（9-32）计算面层最大荷载应力。

$$\sigma_{pr} = k_r k_f k_c \sigma_{ps} = 0.87 \times 2.584 \times 1.10 \times 1.452 \approx 3.59(\text{MPa})$$

$$\sigma_{p,\max} = k_r k_c \sigma_{pm} = 0.87 \times 1.10 \times 2.522 \approx 2.41(\text{MPa})$$

其中：应力折减系数 $k_r = 0.87$；综合系数 $k_c = 1.10$；疲劳应力系数 $k_f = N_e^{\lambda} = (1707 \times 10^4)^{0.057} \approx 2.584$。

⑤ 温度疲劳应力。

由表 9-21，最大温度梯度取 92℃/m。按式（9-35）和式（9-44）计算综合温度翘曲应力和内应力的温度应力系数 B_L。

$$k_n = \frac{1}{2}\left(\frac{h_c}{E_c}+\frac{h_b}{E_b}\right)^{-1} = \frac{1}{2}\times\left(\frac{0.26}{31000}+\frac{0.20}{2000}\right)^{-1} \approx 4613(\text{MPa/m})$$

$$r_\beta = \left[\frac{D_c D_b}{(D_c+D_b)k_n}\right]^{1/4} = \left[\frac{46.4\times 1.39}{(46.4+1.39)\times 4613}\right]^{1/4} \approx 0.131(\text{m})$$

$$\xi = -\frac{(k_n r_g^4 - D_c)r_\beta^3}{(k_n r_\beta^4 - D_c)r_g^3} = -\frac{(4613\times 0.878^4 - 46.4)\times 0.131^3}{(4613\times 0.131^4 - 46.4)\times 0.878^3} \approx 0.199$$

$$t = \frac{L}{3r_g} = \frac{5.0}{3\times 0.878} \approx 1.90$$

$$C_L = 1 - \left(\frac{1}{1+\xi}\right)\frac{\sinh(1.90)\cos(1.90)+\cosh(1.90)\sin(1.90)}{\cos(1.90)\sin(1.90)+\sinh(1.90)\cosh(1.90)}$$

$$\approx 1 - \frac{0.200}{1+0.199} \approx 0.833$$

$$B_L = 1.77e^{-4.48h_c}C_L - 0.131(1-C_L) = 1.77e^{-4.48\times 0.26}\times$$
$$0.833 - 0.131\times(1-0.833) \approx 0.438$$

按式（9-34）计算面层最大温度应力。

$$\sigma_{t,\max} = \frac{\alpha_c E_c h_c T_g}{2}B_L = \frac{11\times 10^{-6}\times 31000\times 0.26\times 92}{2}\times 0.438 \approx 1.79(\text{MPa})$$

温度疲劳应力系数 k_t，按式（9-38）计算。

$$k_t = \frac{f_r}{\sigma_{t,\max}}\left[a_t\left(\frac{\sigma_{t,\max}}{f_r}\right)^{b_t} - c_t\right] = \frac{5.0}{1.79}\left[0.841\times\left(\frac{1.79}{5.0}\right)^{1.323} - 0.058\right] \approx 0.442$$

按式（9-33）计算温度疲劳应力。

$$\sigma_{tr} = k_t\sigma_{t,\max} = 0.442\times 1.79 \approx 0.79(\text{MPa})$$

⑥ 结构极限状态校核。

查表9-28，一级安全等级，低变异水平条件下，可靠度系数 γ_r 取1.14。按式（9-56）和式（9-57）校核路面结构极限状态是否满足要求。

$$\gamma_r(\sigma_{pr}+\sigma_{tr}) = 1.14\times(3.59+0.79) \approx 4.99(\text{MPa}) \leq f_r = 5.0\text{MPa}$$
$$\gamma_r(\sigma_{p,\max}+\sigma_{t,\max}) = 1.14\times(2.41+1.79) \approx 4.79(\text{MPa}) \leq f_r = 5.0\text{MPa}$$

综上，拟定的由计算厚度0.26m的普通水泥混凝土面层和厚度0.18m的水泥稳定粒料基层组成的路面结构满足要求，可以承受设计基准期内荷载应力和温度应力的综合疲劳作用，以及最重轴载在最大温度梯度时的一次作用。取混凝土面层设计厚度为0.27m。

水泥混凝土路面结构设计图

思考题

1. 各类水泥混凝土路面的设计特点是什么？
2. 水泥混凝土路面结构组合设计需要考虑的因素有哪些？
3. 水泥混凝土路面对路基和基层的基本要求有哪些？
4. 为何纵向缩缝锯切的槽口深度大于施工缝的槽口深度？
5. 胀缝可以不设吗？为什么？
6. 普通水泥混凝土路面，哪些场合需要配置钢筋？
7. 水泥混凝土路面应力计算有哪些分析模型？各适用于什么场合？

第9章在线答题

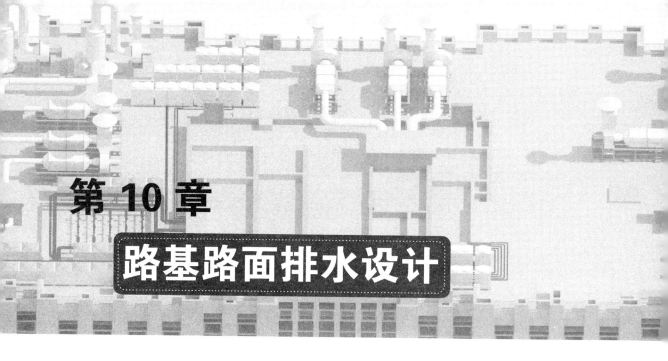

第 10 章 路基路面排水设计

📖 **教学目标**

本章介绍路基路面排水设计内容。本章目标为，了解路基路面排水设计的目的和一般原则；掌握路面表面排水、中央分隔带排水、超高路段排水、坡面排水等地表排水的具体方式以及它们排水设施（边沟、截水沟、排水沟、跌水与急流槽等）的功能、布置及构造要求，路面内部排水的水力水文计算，路面内部排水系统（路面边缘排水系统、排水基层和排水垫层）的具体设计；熟悉各种地下排水设施的功能、布置及构造要求。

📖 **教学要求**

能力要求	知识要点	权重
能描述排水的目的和一般原则 能描述排水设施的种类 能描述地表排水的方式 能进行地表排水设计 能进行路面内部排水系统设计 能合理选择地下排水设施类型 能进行地下排水设计	排水的目的、分类及原则	10%
	路面表面排水、中央分隔带排水、超高路段排水、坡面排水的具体方式	15%
	边沟、截水沟、排水沟、跌水、急流槽等	25%
	路面内部排水计算	10%
	路面边缘排水系统设计、排水基层设计和排水垫层设计	20%
	暗沟、渗沟、边坡渗沟、支撑渗沟、排水垫层、隔离层、仰斜式排水孔、渗井等	20%

第 10 章　路基路面排水设计

引例

水是诱发路基路面病害的主要自然因素。就病害的规模、范围及成因而言，水往往是决定性的因素之一。因此，路基路面排水设计是路基路面设计中的重要项目和内容。常见的路基路面排水设计如图 10.1 所示。

(a) 加盖板的边沟　　　　　　　　　　　　(b) 卵石边沟

图 10.1　常见的路基路面排水设计

10.1　概述

10.1.1　水的危害

水渗透到沥青混合料内部，促使沥青从矿料颗粒表面剥落，降低沥青混合料的结构强度；水集聚在无机结合料稳定类基层顶面无法排出，在荷载作用下形成灰浆，从面层裂缝处唧出，严重破坏面层与基层的连续性。随着渗水量的增加，水分集聚面积不断增大，伴随水损坏与疲劳的共同作用，路面有的形成坑槽，有的扩展为网裂，发展十分迅速。

水分通过水泥混凝土路面的接缝渗入内部，冲刷基层，会产生唧泥、板底脱空和错台等病害，导致行车的不舒适，并加速和加剧板的断裂。

对于路基，水的危害更为严重。水对路基表面产生冲刷，路基内部含水率增加后，会导致抗剪强度的下降，严重的将导致土体强度完全散失，可能带来沉陷、滑坡、泥石流等严重的地质灾害。

水对行车安全也有重要影响。车辆在有积水的路面上行驶，容易溅起水雾，影响驾驶员视线，也会形成"水漂"现象，可能造成严重的交通事故。

因此，路基路面排水设计合理与否直接影响着路基的稳定性和路面的使用寿命，也影响着交通安全。

10.1.2 排水的目的、种类及原则

1. 排水的目的

道路排水系统设计的目的是迅速排除公路路界内的地表水，防止地表水漫流、淤积或下渗，确保路基路面稳定；对路界以外的地表水进行拦截并排除到路基用地范围以外，以防止其对路基的冲刷和侵蚀；对影响路基稳定的地下水予以隔断、疏导，排除含水层中的地下水，降低地下水位，使路基处于干燥或中湿状态。

2. 排水设施的种类

影响路基路面的水流根据其来源不同，可分为地表水和地下水，与之相对应的排水工程为地表排水和地下排水。再进一步细分，可将路基路面排水设施分为以下三类。

① 路界地表排水。其包括拦水带、边沟、截水沟、排水沟、跌水、急流槽等。

② 路面内部排水。其包括路面边缘排水系统、排水基层和排水垫层等。

③ 路界地下排水。其包括暗沟、渗沟、渗井等。

3. 排水设计的一般原则

① 公路排水系统的设置应以保障结构稳定和行车安全为目的。系统中的路界地表、路面内部及路界地下排水设施间应互相衔接与协调，保证公路排水系统的有效性和耐久性。

② 公路排水系统总体设计应在全面调查沿线水文、气象、地形、地质、环境敏感区等建设条件的基础上，根据公路功能、等级，确定排水设计原则，划分排水段落，分段确定路线和主要构造物排水方案和排水路线，完成排水系统布置图。

③ 公路排水系统应与主体工程及自然环境相适应。设计中应注重各种排水设施的功能和相互之间的衔接，防、排结合，形成完善的排水系统。

④ 公路排水系统设计应避免冲毁农田及水利设施，并与农田排灌系统相协调。公路排水应自成系统，与农业灌溉系统互不干扰。

⑤ 排水设施的结构应安全耐久、经济合理，便于施工、检查和养护维修。排水设施所用材料的强度应符合规定。

⑥ 施工临时性排水设施宜与永久性排水设施相结合。

⑦ 路侧公路排水设施的形式选择应与安全设施设置紧密配合。路堑段排水边沟宜采用浅碟形或带盖板的边沟，采用敞开式深边沟时路侧应设置护栏。

⑧ 路界地表水不宜流入桥面、隧道及其排水系统。

10.2 路界地表排水

路界范围内，雨水主要降在路面表面（包括超高路段）、中央分隔带、坡面等部位，

下面分别介绍这些部位的雨水排除方式及主要排水构造物。

10.2.1 路面表面排水

路面表面排水有分散漫流式和集中排水式两种排水方式。

1. 分散漫流式

分散漫流式即利用道路的路拱横坡，使降落在路表的水从最高处沿路拱向道路边缘流动，经土路肩顺边坡流下。

分散漫流式排水方式在工程上便于施工，经济性好，因此应在满足路面排水及边坡冲刷要求的前提下，尽量采用。采用分散漫流式排水，应符合以下规定。

① 路堑地段路面表面水应通过横向分散漫流式汇集于边沟内。

② 路线纵坡平缓、汇水量不大、路堤较低，且边坡坡面不易受到冲刷的路段，以及设置了具有截、排水功能的骨架护坡的高填方路段，可采用路面横向分散漫流式排除路表水。

③ 采用路面横向分散漫流式排水时，宜对土路肩及坡面进行加固。

2. 集中排水式

集中排水式即在硬路肩外侧边缘设置拦水带或排水沟渠，如图 10.2 所示，将路面表面水首先汇集至拦水带附近或沟渠内，再通过一定间隔设置的排出口和坡面急流槽，将水排到路基边沟内。

路堤较高且边坡坡面未作防护，或坡面虽有防护措施但仍有可能受到冲刷的路段，应采用集中排水式排除路表水。

高速公路及一级公路的设计积水宽度不得超过右侧车道外边缘；二级及二级以下公路的设计积水宽度不得超过右侧车道中心线。当硬路肩宽度较窄、汇水量大或拦水带形成的过水断面不足时，可采用沿土路肩设置 U 形路肩边沟等措施加大过水断面，如图 10.3 所示。路肩边沟宜采用水泥混凝土等预制件铺筑。

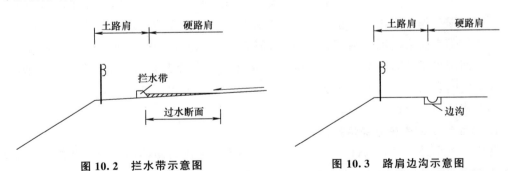

图 10.2　拦水带示意图　　　　图 10.3　路肩边沟示意图

路肩拦水带宜用水泥混凝土、沥青砂或当地其他材料预制或现场浇筑。在季节性冰冻地区及受盐侵蚀破坏的路段，宜采用现浇沥青砂、花岗岩、陶瓷预制件等耐冻、耐盐蚀材料。拦水带宜采用梯形横断面。

拦水带应通过间隔一定距离的泄水口，将水及时排走。泄水口的间距应根据过水断面水面漫盖宽度的要求和泄水口的泄水能力通过水力计算确定，宜为 25～50m。高速公路、一级公路车道较多时，宜采用较小的泄水口间距。在凹形竖曲线底部、道路交叉口、匝道口、与桥涵构造物连接、填挖交界处等位置设置泄水口。凹形竖曲线的底部应加密设置泄水口，泄水口应设置在最低点，并在其前后3～5m处各增设一个泄水口。

拦水带泄水口宜设置成喇叭口式。不对称式泄水口的泄水能力由于水流畅通而优于对称式，所以，对于纵坡坡度大于1.5%的坡段，宜采用不对称的喇叭口式，喇叭口上游方向与下游方向的长度比不宜小于3∶1，上游方向渐变段最小半径不宜小于90cm，下游方向最小半径不宜小于60cm。为提高泄水口的泄水量，可在泄水口处设置低凹区。不对称泄水口如图10.4所示。

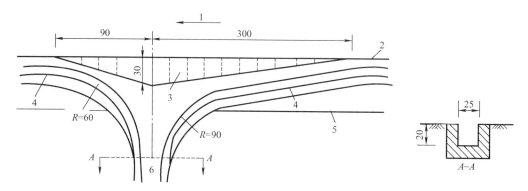

1—水流方向；2—硬路肩边缘；3—低凹区；4—拦水带顶；5—路堤边坡坡顶；6—急流槽

图 10.4 不对称泄水口（单位：cm）

10.2.2 中央分隔带排水

中央分隔带排水是高等级公路地表排水的重要内容，如果处理不当，会在中央分隔带内部产生积水，导致路基土含水率过大、强度降低，所以对中央分隔带排水应引起足够的重视。应根据分隔带绿化、交通安全设施形式和分隔带表面的处理方式等因素选择不同的排水方式：①表面采用铺面封闭的中央分隔带，降落在分隔带表面的雨水排向两侧行车道；②表面未采用铺面封闭的中央分隔带，降落在分隔带表面的雨水汇集在中间低洼处，由分隔带内的表面排水设施或地下排水设施排除。不管采用何种方式，中央分隔带回填土与路面结构之间均应设置防水层。

1. 铺面封闭的中央分隔带排水

降雨量较小、中央分隔带较窄时，中央分隔带可采用表面铺面封闭分散排水。分隔带铺面应采用两侧外倾的横坡，坡度宜与路面横坡度相同，铺面材料可采用沥青处治材料或其他封闭材料，如图10.5所示。

2. 未采用铺面封闭的中央分隔带排水

中央分隔带未采用表面铺面封闭时，分隔带内部宜设置由防水层、纵向排水渗沟、集水槽和横向排水管等组成的防排水系统，如图10.6所示。宽度大于3m的中央分隔带表面宜设置成浅碟形，横向坡度宜为1∶4～1∶6。

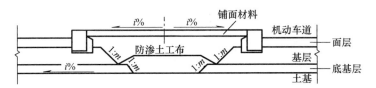

图 10.5 铺面封闭的中央分隔带排水示意图

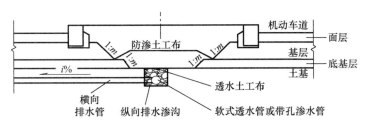

图 10.6 未采用铺面封闭的中央分隔带排水示意图

中央分隔带排水渗沟宜设置在通信管道之下，渗沟顶面与回填土之间应设置反滤层，渗沟两侧及底部应设置防水层。宜采用管式渗沟，渗沟材料及设计应符合有关规定。横向排水管宜采用直径为 100～200mm 的塑料管。

10.2.3 超高路段排水

超高路段的曲线外侧标高抬高，路面雨水无法直接排入路基边沟里，需要进行特殊处理。

1. 排水方式

超高路段外侧排水方式，可根据降雨量及路面宽度，采取经内侧路面排除或设置地下排水设施排除方式。

（1）经内侧路面排除方式

超高路段外侧路面表面水通过中央分隔带开口流经内侧半幅路面排泄时，经济性和结构可靠性都优于设置地下排水设施排除方式，但对行车会造成一定的影响。所以，在对内侧行车安全影响不大时可采用，具体规定为，年降水量小于 400mm 的地区，双向四车道公路，可采用在中央分隔带设开口明槽方案，路面水流经内侧路面排除。

（2）设置地下排水设施排除方式

年降水量大于或等于 400mm 的地区，或车道数超过四车道的公路，外侧路面表面水宜通过地下排水系统排除，即雨水排到沿中央分隔带边缘设置的纵向水沟（管）中，再通过一定距离设置的集水井、横向排水管和急流槽，最后排入路基边沟里，如图 10.7 所示。

2. 地下排水设施构造

超高路段的地下排水系统应由纵向集水沟（管）、集水井、检查井、横向排水管、急流槽等组成。纵向集水沟（管）、集水井及检查井等排水设施应在中间带内设置，不得侵入行车道。

纵向集水沟（管）可采用缝隙式集水沟（管）、碟形浅沟或设带孔盖板的矩形沟等形式。沟底纵坡坡度宜与路线纵坡一致，且不应小于0.3%。

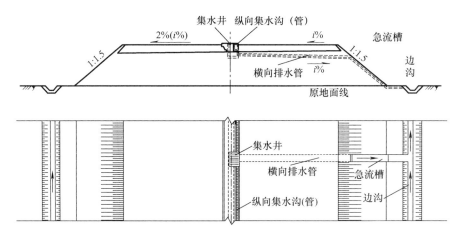

图 10.7　超高路段中央分隔带排水系统示意图

集水井的形式、数量和间距应根据超高路段的外侧半幅路面汇水面积、流量及出水口的泄流能力确定。集水井的间距宜为20～50m，纵向集水沟（管）串联集水井的个数不宜超过3个。路线纵坡坡度小于0.3%的路段，可增加集水井数量。

纵向集水沟（管）、集水井及检查井等的盖板材料应采用钢筋混凝土、铸铁或钢筋加强的复合材料，材料强度和盖板厚度应根据设计汽车荷载等级计算确定。

10.2.4　坡面排水

降落在边坡表面的雨水，主要依靠漫流的方式，汇集在各种沟渠里。

10.2.5　地表排水设施

前面介绍了降落在路界不同部位（路面、中央分隔带、坡面等）雨水的排除方式，不管采用何种方式，雨水最终都要通过各种沟渠（边沟、截水沟、排水沟、跌水与急流槽等）排至路界范围外。必要时还要设置渡水槽、倒虹吸等，应结合地形和天然水系进行布设，并做好进出口的位置选择和处理，防止出现堵塞、溢流、渗漏、淤积、冲刷和冻结等现象。这些排水设施，分别设在路基不同部位，各自的排水功能、布置要求和构造形式，均有所不同。

地表排水设施设计中，对于降雨的重现期：高速公路、一级公路应采用15年，其他等级公路应采用10年。各类地表排水设施的断面尺寸应满足设计排水流量的要求，沟顶应高出沟内设计水面0.2m以上。地表排水沟（管）排放的水流不得直接排入饮用水水源、养殖池。

1. 边沟

边沟分为路堤边沟和路堑边沟，位于土路肩或护坡道外侧，用于汇集和排除路面、路肩及边坡的水。常用的边沟断面形式有三角形、浅碟形、梯形、矩形、带盖板矩形、暗埋式边沟等，如图10.8所示。设计时，应充分体现"宽、浅、隐、绿"的特点，既要考虑降雨强度、汇水面积、地形、地质，也要注意边沟形式对路侧安全和环境景观的影响，因地制宜，合理选用。当路基边坡高度不大、汇水面积较小时，应优先采用三角形、浅碟形边沟。

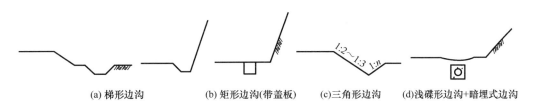

图 10.8　边沟形式示意图

高速公路、一级公路挖方路段的矩形边沟宜增设带泄水孔的钢筋混凝土盖板或路侧护栏，钢筋混凝土盖板的强度和厚度应满足承载汽车荷载的要求。

边沟沟底纵坡应结合路线纵坡、地形、地质、出水口位置等情况选定。其坡度宜与路线纵坡坡度一致，且不宜小于0.3%，困难情况下，不应小于0.1%。

边沟出水口间距，应结合地形、地质条件以及桥涵和天然沟渠位置，经水力计算确定。梯形、矩形边沟不宜超过500m，多雨地区不宜超过300m，三角形、浅碟形边沟不宜超过200m。

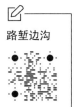

2. 截水沟

设置在挖方路基边坡坡顶以外或山坡路堤上方的适当位置，用以拦截路基上方流向路基的地表水，减轻边沟的水流负担，保护挖方边坡和填方坡脚不受水流冲刷和损害的人工沟渠，称为截水沟。

截水沟根据路基填挖情况和所处位置可分为路堤截水沟、堑顶截水沟和平台截水沟，如图10.9、图10.10和图10.11所示。深路堑或高路堤坡面径流量大时，可设置平台截水沟，以减少坡面冲刷。

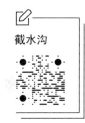

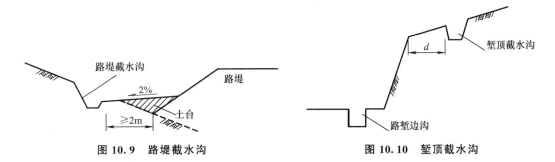

图 10.9　路堤截水沟　　　　　图 10.10　堑顶截水沟

截水沟的距离要从截水沟的作用和防止截水沟内的水渗漏两方面考虑，距离过大，未拦截的地表水较多，距离过小，会产生渗漏问题。一般情况下，挖方路基的堑顶截水沟应设置在坡口5m以外，并宜结合地形进行布设。填方地段斜坡上方的路堤截水沟距路堤坡脚的距离，应不小于2m。

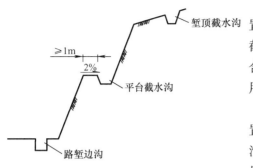

图 10.11　平台截水沟

截水沟应根据地形条件及汇水面积等进行设置，应尽量与绝大多数地表水流方向垂直，以提高截水效能和缩短沟的长度。其断面形式及尺寸应结合设置位置、排水量、地形及边坡情况确定，可采用梯形或矩形断面，沟底纵坡坡度不宜小于 0.3%。

截水沟长度超过 500m 时，宜在中间适宜位置处增设泄水口，通过急流槽（管）分流引排，泄水口间距以 200～500m 为宜，截水沟的水流应排至路界外，不宜引入路堑边沟。当截水沟或急流槽（管）对行车产生视觉冲突或影响路域环境景观时，可利用地势隐蔽或采用灌木遮蔽，若上方汇水面积小，可不设截水沟。

截水沟应进行防渗加固。

3. 排水沟

排水沟的主要用途在于引水。将边沟、截水沟、取（弃）土场和路基附近低洼处汇集的水引向路基以外时，应设置排水沟。

排水沟的布置，必须结合地形等自然条件，因势利导，平面上力求"短捷平顺"，以直线为宜，必须转向时，尽量采用较大半径（10～20m 以上），缓慢改变方向，保证水流畅通。纵面上应具有合适的纵坡坡度，以保证水流不会因流速太快产生冲刷，亦不会因流速太小而形成淤积，为此应通过水文水力计算择优选定，一般情况下，可取 0.5%～1.0%，不宜小于 0.3%，亦不宜大于 3%。若纵坡坡度大于 3%，应采取相应的加固措施。排水沟的连续长度不宜大于 500m。

排水沟的断面形式应结合地形、地质条件确定，一般采用梯形断面，尺寸大小应经过水力水文计算选定，深度与底宽均不应小于 0.5m。排水沟的沟壁坡率视土质而定，一般土层为 1∶1.0～1∶1.5。

排水沟与其他排水设施的连接应顺畅。水流排入河道或沟渠时，为防止对原水道产生冲刷或淤积，两者水流流向应呈小于 45°的锐角相交，并设半径为 10 倍排水沟顶宽的圆弧，如图 10.12 所示。

4. 跌水与急流槽

水流通过坡度大于 10%、水头高差大于 1.0m 的陡坡地段或特殊陡坎地段时，宜设置跌水或急流槽。跌水是阶梯形的建筑物，水流以瀑布的形式通过，有单级和多级的，它的作用主要是降低流速和消减水的能量。急流槽是具有很陡坡度的水槽，但水流不离开槽底，其主要适用于距离短、水面落差很大的情况。

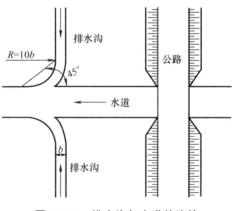

图 10.12　排水沟与水道的连接

跌水的基本构造可分为进水口、消力池和出水口三个组成部分，如图 10.13 所示。陡坡或沟谷地段的排水沟，宜设置跌水等消能结构物，避免其出水口下游的桥涵、自然水道或农田受到冲刷。跌水横断面形式可采用矩形，断面尺寸要求同急流槽。不设消力池的跌水台阶高度与长度之比应与原地面坡度相吻合，且台阶高度不宜大于 0.6m。带消力池的跌水台阶高度与长度之比也应结合原地面的坡度确定，单级跌水墙的高度不宜小于 1.0m，消力坎高度不宜小于 0.5m，消力坎与跌水墙的距离不宜小于 5m。

在路堤和路堑坡面或者坡面平台上向下竖向集中排水时，宜设置急流槽，如图 10.14 所示。边沟、截水沟、排水沟纵坡坡度很大时，可设置急流槽减小纵坡坡度。急流槽的进水口与沟渠泄水口之间宜采用喇叭口形式连接，并做铺砌处理，出水口处应设消能设施。急流槽底面宜设置防滑平台或凸榫。急流槽可采用矩形断面等

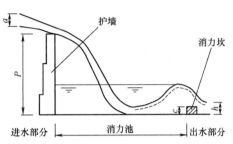

图 10.13 跌水构造示意图

形式，槽深不应小于 0.2m，槽底宽度不应小于 0.25m。采用浆砌片石时，矩形断面槽底厚度不应小于 0.2m，槽壁厚度不应小于 0.3m。

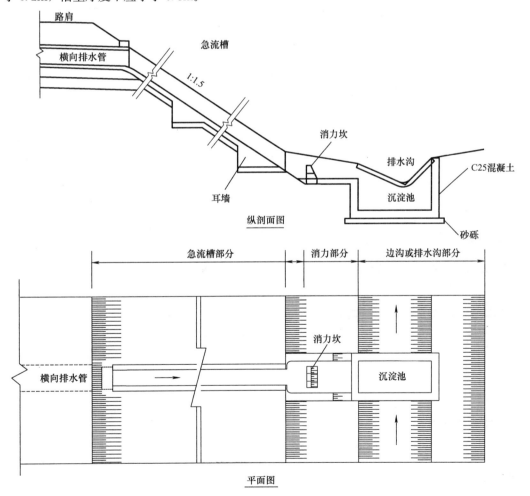

10.14 路堤急流槽示意图

跌水与急流槽的进、出水口是容易发生水流冲刷破坏的关键点，所以一定要做好防护与加固。

5. 倒虹吸与渡水槽

当水流需要横跨路基，同时又受到设计标高的限制难以横跨时，可以采用沟槽或管道的方式，将水流从路基底部或上部架空跨越，前者称倒虹吸，后者称渡水槽，分别相当于涵洞和渡水桥。两者属于路基地面排水的特殊结构物，并且多半是配合农田水利所需而采用的。

倒虹吸的设置往往是因路基横跨原沟渠时沟渠水位高于路基设计标高，不能按正常条件设置涵洞，此时采用倒虹吸，如图 10.15 所示。

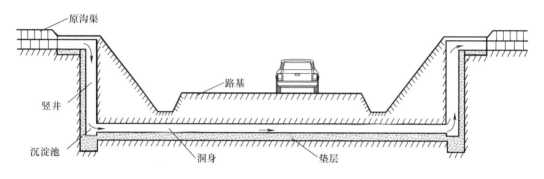

图 10.15 倒虹吸布置图

倒虹吸借助上下游沟渠水位差，利用势能迫使水流降落，经路基下部管道流向路基另一侧，再复升流入下游水渠。由于所设管道为有压管道，倒虹吸的水流成多次 90°改变方向，水流条件较差，结构要求较高，容易漏水和淤塞，且难以清理和修复，因此应尽量不用或少用，使用时需合理设计，进行水力计算，选择最佳设计方案，并要求施工保证质量，使用时要经常检查维修。

一般情况下，管道选用箱形或圆形，以水泥混凝土或钢筋混凝土结构为主，有条件时亦可使用铸铁管，管径约 0.5~1.5m。主管埋置深度，要求上面填土厚度不小于 1.0m，亦不宜埋置过深，以填土厚度不超过 3.0m 为宜。管道两端设竖井，可以竖立或倾斜，视地形和用地条件而定，井底标高低于管道，起沉淀沙作用。为减少堵塞现象，除要求管道内具有 1.5m/s 以上的流速外，还宜在进口处设置沉沙池和拦泥栅。

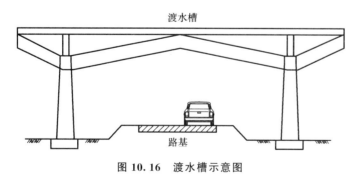

图 10.16 渡水槽示意图

渡水槽示意图如图 10.16 所示。原水道与路基设计标高相差较大时，如果路基两侧地形有利，或当地确有必要，可设简易桥梁架设水槽或管道，从路基上部跨越，以勾通路基两侧的水流。

渡水槽由进（出）水口、槽身和下部支承三部分组成，其中进（出）水口段的构造，如图 10.17 所示。

渡水槽

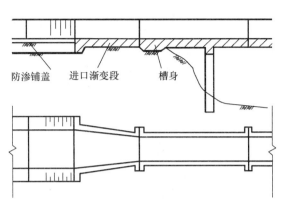

图 10.17 渡水槽进（出）水口段布置图

为降低工程造价，槽身过水横断面一般均比两端的沟渠横断面小，槽中水流速度相应有所提高，因此进（出）水口段应注意防止冲刷和渗漏。进（出）水口处应设置过渡段，根据土质情况，分别将槽身两端伸入路基两侧地面 2～5m，而且进（出）水口过渡段宜长一些，以防淤积。如果主槽较短，槽身可与沟渠的横断面相同，沟渠和槽身直接衔接不设过渡段。水流横断面不同时，过渡段的平面收缩角约为 10°～15°，据此可确定过渡段的有关尺寸。与槽身连接的土质沟渠应予防护加固，其长度至少是沟渠水深的四倍。

6. 地表排水设施的材料强度要求

各类排水构造物的材料强度要求，见表 10-1。

表 10-1 各类排水构造物的材料强度要求

材料类型	最低强度要求		适用范围
	非冰冻区、轻冻区	中冻区、重冻区	
片石	MU30	MU30	沟底和沟壁铺砌
水泥砂浆	M7.5	M10	浆砌、抹面、勾缝
水泥混凝土	C20	C25	混凝土构件
	C15	C15	混凝土基础

注：轻冻区——冻结指数小于 800 的地区；
中冻区——冻结指数为 800～2000 的地区；
重冻区——冻结指数大于 2000 的地区。

10.3 路面内部排水

不管是水泥混凝土路面，还是沥青路面，总是有各种接缝或裂缝。降落在路面的雨水，会通过这些缝下渗到路面结构内部。此外，路基两侧有滞水时，水也有可能侧向渗入路面结构内部。被围封在路面结构内部的自由水，会浸湿各结构层材料和路基土，使它们的强度下降，从而使路基路面结构承载力降低，缩短使用寿命。更为严重的是，由于路面是层状结构，层间结合处易出现空隙，进入空隙的水在行车荷载作用下，冲刷结构层材料，造成唧泥（浆）病害，使得路面结构的使用性能迅速变差。

设置路面内部排水系统将积滞在路面结构内部的水分迅速排除到路基路面结构外，有利于改善路基路面的使用性能，大大提高使用寿命。

10.3.1　一般要求

遇有下列情况之一时，宜设置路面内部排水系统。

① 年降水量为 600mm 以上的湿润多雨地区，路床由渗透系数不大于 10^{-4} mm/s 的细粒土填筑的高速、一级或重要的二级公路。

② 路基两侧有滞水，可能渗入路面结构内。

③ 重冰冻地区，路床为粉性土的潮湿路段。

④ 现有公路路面改建或路基改善工程，需排除积滞在路面结构内的水。

路面内部排水系统设计应符合以下规定。

① 路面内部排水系统中各种排水设施的设计排泄量均应不小于路面表面水渗入量的 2 倍，下游排水设施的泄水能力应超过上游排水设施的泄水能力。

② 排水设施应能避免被渗流从路面结构、路基或路肩中带来的细颗粒堵塞。

③ 系统的排水功能不应随时间很快降低。

路面内部排水系统可由路面边缘排水系统、排水基层和排水垫层单独或组合构成。路表面渗入路面结构的水量大，仅设置路面边缘排水系统难以迅速排除时，可在面层下设置排水基层。地下水丰富的低填和挖方路段的路基顶面应设置排水垫层。

10.3.2　表面水渗入量计算

行车道路面表面水渗入路面结构的量，可按路面类型分别由下列公式计算确定。

水泥混凝土路面
$$Q_\mathrm{p} = K_\mathrm{c}(n_z + n_\mathrm{h}\frac{B}{L_\mathrm{c}}) \tag{10-1}$$

沥青路面
$$Q_\mathrm{p} = K_\mathrm{a} B \tag{10-2}$$

式中：Q_p——纵向每延米行车道路面表面水渗入量 [m³/(d·m)]。

K_c——每延米水泥混凝土路面接缝或裂缝的表面水设计渗入率 [m³/(d·m)]，可取 0.36m³/(d·m)。

K_a——每平方米沥青路面的表面水设计渗入率 [m³/(d·m²)]，可取 0.15m³/(d·m²)。

B——单向坡度路面的宽度 (m)。

L_c——水泥混凝土路面的横缝间距（即板长）(m)。

n_z——B 范围内纵向接缝的条数（包括路面与路肩之间的接缝）；对不设置中央分隔带的双向横坡路段，公路路脊处的接缝（全幅中间接缝）按 0.5 条计；对设置中央分隔带的非超高路段，路面与中央分隔带间的接缝按 1 条计。

n_h——L_c 范围内横向接缝和裂缝的条数。

例1 广东湛江地区某一级公路,单向路面宽度为 7.5m,水泥混凝土路面,拟采用路面边缘排水系统。请计算行车道路面表面水渗入量。

解: 单向路面宽 7.5m,共有纵向接缝 3 条 (其中 1 条接缝同路肩相接),设横向接缝间距 5m,路面无纵向和横向裂缝。取每延米水泥混凝土路面接缝的表面水设计渗入率 $K_c=0.36\text{m}^3/(\text{d}\cdot\text{m})$,广东湛江地区年降水量大于 1000mm,安全系数取 3,则纵向每延米行车道路面表面水渗入量为

$$Q_p = K_c\left(n_z + n_h \frac{B}{L_c}\right) = 3 \times 0.36 \times \left(3 + 1 \times \frac{7.5}{5}\right) = 4.86[\text{m}^3/(\text{d}\cdot\text{m})]$$

例2 广东湛江高速公路,单向铺筑宽度为 10.75m (含路缘带、行车道和硬路肩),沥青混凝土路面,拟采用排水基层。请计算行车道路面表面水渗入量。

解: 排水基层的上侧边缘超出路面边缘 0.5m,下侧边缘超出路面边缘 1m,取每平方米沥青路面的表面水设计渗入率 $K_a=0.15\text{m}^3/(\text{d}\cdot\text{m}^2)$,广东湛江地区年降水量大于 1000mm,安全系数取 3,则纵向每延米行车道路面表面水渗入量为

$$Q_p = K_a B = 3 \times 0.15 \times (0.5 + 10.75 + 1) \approx 5.51[\text{m}^3/(\text{d}\cdot\text{m})]$$

10.3.3 路面边缘排水系统

1. 路面边缘排水系统的组成及特征

路面边缘排水系统应沿路面结构外侧边缘设置,宜由透水性填料集水沟、纵向排水管、横向出水管和反滤织物等组成,如图 10.18 所示。

路面边缘排水系统是将渗入路面结构内部的自由水,先沿路面结构层的层间空隙或某一透水层横向排入由透水性材料组成的纵向集水沟,并汇流入沟中的带孔排水管内,再由横向出水管引排出路基。这种方案常用于基层透水性较小的水泥混凝土路面,特别是用于改善排水状况不良的旧水泥混凝土路面,可以在不改变原路面结构的情况下改善排水状况,提高原路面的使用性能和寿命。

但是,自由水在路面结构层内沿层间的渗流速率要比向下渗流速率慢许多倍,并且部分自由水仍有可能被阻封在路面结构内,因此,路面边缘排水系统的渗流时间长,路面结构处于潮湿状态的时间比排水基层系统长很多。

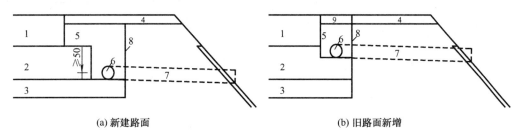

(a) 新建路面   (b) 旧路面新增

1—面层;2—基层;3—垫层;4—路肩面层;5—集水沟;6—排水管;
7—出水管;8—反滤织物;9—回填路肩面层

图 10.18 路面边缘排水系统示意图 (单位: mm)

2. 路面边缘排水系统的构造要求

（1）集水沟

集水沟的断面尺寸应根据透水性材料的渗透系数和设计泄水能力需要确定。

集水沟底面的最小宽度，对于新建路面不宜小于 0.3m；对于旧路面新增路面边缘排水系统，应能保证排水管两侧各有至少 0.1m 宽的透水性填料。透水性填料底面和外侧应铺反滤织物。反滤织物可用聚酯类、尼龙或聚丙烯材料制成的无纺织物，能透水，但细粒土不能随水一起透过。

非冰冻区，新建路面基层、垫层不透水时，集水沟的底面通常与基层底面齐平或略低；改建路面时，为减少开挖量，集水沟可浅些，但纵向排水管中心应低于基层顶面。冰冻区，纵向排水管应尽可能设在冰冻线以下。

集水沟宽度较小，集料压实困难，又位于靠近路面边缘的路肩面层下，承受车轮荷载的概率较高，所以不宜采用松散的粒料，否则易引起变形，造成路肩过早损坏。因此，集水沟的透水性填料宜采用水泥处治开级配碎石，其空隙率宜为 15%～20%。粗集料最大粒径不应大于 31.5mm，粒径 4.75mm 以下的细粒含量不应超过 16%，2.36mm 以下的细粒含量不应超过 6%。集料在通过率为 15% 时的粒径应为排水管槽口宽或孔口直径的 1.0～1.2 倍。水泥处治集料的配合比，应按透水性要求和施工要求通过试配确定，水泥同集料的比例可为 1:6～1:10，水灰比可为 0.35～0.47。

（2）纵向排水管

纵向集水沟内也可不设排水管，完全由透水性填料排除渗入路面结构内部的自由水，但是集水沟的断面和透水性材料的渗透系数必须足够大，因此建议设置纵向排水管。

纵向带孔排水管管径应按设计流量根据水力计算确定，宜在 70～150mm 范围内选用。管材强度及埋设深度应保证不被车辆或施工机械压坏。新建路面时，排水管管底宜与基层底面齐平；旧路面新增路面边缘排水系统时，管中心应低于基层顶面。排水管的纵坡坡度宜与路线纵坡相同，且不宜小于 0.3%。

纵向排水管宜选用聚氯乙烯（PVC）或聚乙烯（PE）塑料管，每延米排水管的开口总面积不宜小于 4200mm²。宜设 3 排槽口或孔口，沿管周边等间隔（120°）排列。设槽口时，槽口的宽度可为 1.3mm，长度可为 15mm；设孔口时，孔的直径可为 5mm。

（3）横向出水管

沿纵向排水管间隔适当距离设置不带孔的横向出水管，将汇集的水排引至排水沟或涵洞内。

横向出水管管径应不小于纵向排水管管径，其间距和安设位置应根据水力计算，并结合邻近地面高程和公路纵横断面情况确定，横向坡度不宜小于 5%。除了起端和终端外，中间段的出水管宜采用双管的布置方案。出水管与排水管之间应采用圆弧形承口管联结，圆弧半径不宜小于 300mm，如图 10.19 所示。

埋设出水管应采用反开槽法，并用低透水性材料回填。出水管的外露端头应采取用镀锌铁丝网或格栅罩住等措施，以防杂物进入或啮齿动物侵扰；出水口的下方应采取铺设

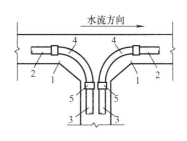

1—集水沟；2—排水管；
3—出水管；4—半径不小于 300mm 的弯管；5—承口管

图 10.19 路面边缘排水系统出水管布置示意图

水泥混凝土防冲刷垫板或者对泄水道的坡面进行浆砌片石防护等措施,防止冲刷路基边坡。

例3 条件同例1,该段路线的设计纵坡坡度为1‰,请按行车道路面表面水渗入量进行边缘排水管设计。

解: 设出水管间距为50m,则集水沟需要排泄的行车道路面表面水渗入量为

$$Q = 50Q_p = 50 \times 4.86/(24 \times 3600) \approx 0.0028 (\text{m}^3/\text{s})$$

取纵向排水管管径 $d = 0.08$m,则其水力半径 $R = d/4 = 0.08/4 = 0.02$(m)。管的过水断面面积 $A = \pi d^2/4 = 3.14 \times 0.08^2 \div 4 \approx 0.005$(m^2)。

塑料管的粗糙系数 n 取 0.01。

按曼宁公式计算管内流速为

$$v = n^{-1} R^{\frac{2}{3}} i^{\frac{1}{2}} = 0.01^{-1} \times 0.02^{\frac{2}{3}} \times 0.01^{\frac{1}{2}} \approx 0.737 (\text{m/s})$$

排水管泄水量为

$$Q_0 = vA = 0.737 \times 0.005 \approx 0.0037 (\text{m}^3/\text{s}) > Q$$

所以,出水管间距为50m时,纵向排水管和横向出水管管径都可采用0.08m。

10.3.4 排水基层

1. 排水基层特征

单独设置路面边缘排水系统难以迅速排除渗入水时,需要设置排水基层。

排水基层直接设置在面层下,作为路面结构的基层或基层的一部分,共同承受车轮荷载的作用。排水基层下应设置不透水层阻截自由水下渗浸湿垫层和路基,或者防止垫层和路基中的细粒土进入排水基层造成堵塞。

排水基层可采用横贯路基整个宽度的形式,不设路面边缘排水系统。渗入排水基层内的自由水,通过横向渗流,直接排泄到路基坡面外。这种形式便于施工,但是在坡面出口处易于生长杂草或被其他杂物堵塞,因此要特别注意日常养护和清理。

排水基层也可采用结合路面边缘排水系统的形式,渗入路面结构内部的水,先通过竖向渗流进入排水基层,然后横向渗流进入纵向集水沟和排水管,再由横向出水管引排出路基。

排水基层排水系统,如图10.20所示,自由水进入透水层的渗流路径短,在透水性材料中的渗流速率快,排水效果好,一般在新建路面时可考虑采用。

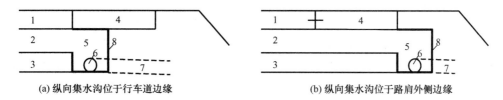

(a) 纵向集水沟位于行车道边缘　　　　(b) 纵向集水沟位于路肩外侧边缘

1—面层;2—排水基层;3—不透水垫层;4—路肩面层;5—集水沟;
6—排水管;7—出水管;8—反滤织物

图 10.20　排水基层排水系统

2. 排水基层材料设计

排水基层可采用水泥或沥青处治的不含或含少量粒径 4.75mm 以下细料的开级配碎石材料，也可采用未经结合料处治的开级配碎石材料，并应符合以下规定。

① 集料应选用洁净、坚硬的碎石，其压碎值不得大于 28%。采用沥青处治时，最大公称粒径宜为 16mm；采用水泥处治时，最大公称粒径宜为 19mm；最大公称粒径不得超过层厚的 2/3。粒径 4.75mm 以下细料的含量不得大于 10%。混合料级配应满足透水性要求，渗透系数不得小于 300m/d。

② 水泥处治碎石集料的水泥用量不得少于 160kg/m³，其 7d 浸水抗压强度不得低于 3MPa。沥青处治碎石集料的沥青用量可为集料烘干质量的 2.5%～4.5%。

③ 渗透系数可采用常水头或变水头渗透试验测定。

④ 水泥混凝土面层的排水基层，宜采用水泥处治开级配碎石。沥青混凝土路面的排水基层，宜采用沥青处治碎石。

3. 排水基层厚度设计

排水基层厚度 H_b 应根据所需排放的水量和基层材料的渗透系数，通过式（10-3）计算确定，并满足最小厚度的要求。采用沥青处治碎石时，最小厚度不得小于 60mm；采用水泥处治碎石时，最小厚度不得小于 80mm；采用级配碎石时，最小厚度不得小于 120mm。

$$H_b \geq \frac{Q_{cb}}{k_b i_h} \qquad (10-3)$$

式中：Q_{cb}——纵向每延米排水基层的泄水能力 [m³/(d·m)]；

k_b——排水基层设计渗透系数 (m/d)；

i_h——基层横坡坡度。

例 4 条件同例 2，根据行车道路面表面水渗入量进行排水基层厚度设计，路面横坡为 2%。

解： 设排水基层设计渗透系数为 2000m/d，则排水基层排泄行车道路面表面水渗入量所需的厚度为

$$H_b \geq \frac{Q_{cb}}{k_b i_h} = \frac{5.51}{2000 \times 0.02} \approx 0.138(\text{m})$$

考虑到排水基层顶面的空隙有可能在施工中被堵塞，因此取其设计厚度为 0.17m。

4. 排水基层宽度设计

排水基层宽度应根据面层施工需要确定，宜超出面层宽度 300～900mm，排水基层一般上侧方向超出面层边缘不小于 300mm，下侧方向到达纵向集水沟外缘。

5. 纵向集水沟

纵向集水沟的内侧常位于行车道面层边缘处，但有时为了避免排水管被面层施工机械压坏，或者避免路面受集水沟沉降变形的影响，可将集水沟内侧边缘向外移出 600～900mm。当路肩采用水泥混凝土面层时，可将其设在路肩下或路肩外侧边缘内。

纵向集水沟的深度应能保证纵向排水管管顶低于排水基层底面，并有足够厚度的回填料使排水管不被施工机械压坏。沟内回填料宜采用与排水基层相同的透水性材料，或不含细料的碎石或砾石粒料。

纵向集水沟的其他要求同路面边缘排水系统。

6. 渗流时间计算

自由水在路面结构内的渗流时间不能太久。在冰冻区，滞留时间过长会使水分在基层

内结冰,从而损害路面结构,并使排水系统受阻。在非冰冻区,自由水滞留时间长,会使路面结构长时间处于饱水状态,从而影响路面寿命。所以,要对渗入水在路面结构内的最大渗流时间进行限制,冰冻地区不应超过1h,其他地区不应超过2h。渗入水在排水基层内的渗流时间可按式(10-4)计算确定。

$$T \approx 0.69 \frac{n_e L_t}{k_b J_0} \quad (10-4)$$

$$L_t = B\sqrt{1+\frac{i_z^2}{i_h^2}} \quad (10-5)$$

式中:T——渗流时间(h);
n_e——排水基层的有效空隙率;
L_t——渗流路径长(m);
k_b——排水基层的渗透系数(m/s);
J_0——路面合成坡度;
i_z——基层纵坡坡度。

例5 条件同例2,设基层纵坡坡度2%,基层横坡坡度2%,请计算自由水在排水基层内的渗流时间。

解: 渗流路径长为

$$L_t = B\sqrt{1+\frac{i_z^2}{i_h^2}} = (0.5+10.75+1) \times \sqrt{1+\frac{0.02^2}{0.02^2}} \approx 17.32(m)$$

设排水基层的渗透系数$k_b=2000$m/d,有效空隙率$n_e=0.25$,则渗流时间为

$$T \approx 0.69 \frac{n_e L_t}{k_b J_0} = 0.69 \times \frac{0.25 \times 17.32}{2000 \times \sqrt{2} \times 0.02} \approx 0.053(d) = 1.27(h) < 2h$$

10.3.5 排水垫层

1. 排水垫层特征

地下水丰富的低填和挖方路段的路基顶面应设置排水垫层。排水垫层宜采用横贯路基整个宽度的形式,也可采用结合路面边缘排水系统的形式。

路基中的自由水上移到排水垫层后,向两侧横向渗流。路基为路堤时,水向路基坡面外排流,直接排除,可不设路面边缘排水系统。路基为路堑或半路堑时,挖方坡脚处需设置路面边缘排水系统。

2. 排水垫层材料设计

排水垫层材料应同时满足排水和反滤的要求,因此对级配要求较为严格。排水垫层宜选用开级配集料(砂或砂砾石),其级配应满足以下要求。

$$5d_{15} \leqslant D_{15} \leqslant 5d_{85} \quad (10-6)$$

$$D_{50} \leqslant 25d_{50} \quad (10-7)$$

$$D_{60}/D_{10} \leqslant 20 \quad (10-8)$$

式中:D_x——开级配集料在通过率为x%时的粒径(mm);
d_x——路基土级配在通过率为x%时的粒径(mm)。

10.4 路界地下排水

当地下水影响路基稳定或强度时，通常要根据具体情况采取拦截、引排含水层的地下水，疏干坡体内地下水，降低地下水位，以及隔离的措施进行处理。

10.4.1 一般要求

地下排水的目的是提供稳定的路基和坡体，提高路基基底的承载能力。

进行地下排水设计前，应进行野外工程地质和水文地质调查、勘探和测试，摸清地下水的类型和补给来源、地下水的活动规律，以及有关水文地质参数。在排除地下水的同时，应采取措施防止地表水下渗而造成对地下水的补给，并不得将地表水排放到地下排水设施内。

地下排水设施应具有足够的强度，能承受来自包括排水设施及路基路面施工的施工荷载、路面结构静载、行车荷载及路基变形或周围环境影响等产生的作用。

地下排水设施应采取反滤措施，防止堵塞、失效。

应妥善处理地下排水设施出水口的排水通道，避免出现漫流或冲刷坡面。地下水可排放到路界地表排水系统中。地下排水设施出水口处水流应处于无压状态。

对于地下排水设施设计，要进行地下水流量、流速的计算，并应注意地下水的渗流条件会随年份、季节的改变而发生变化。当与施工的复查结果有差异时，就要根据现场观测资料做相应的调整。

10.4.2 地下排水设施设计

应根据地下水类型、含水层埋藏深度、地层渗透性、地下水对环境的影响，并考虑与地表排水设施协调等，选用适宜的地下排水设施。

1. 当地下水埋藏浅或无固定含水层时，可采用的地下排水设施

（1）暗沟

暗沟是设置在地表以下引导水流的沟渠，无渗水和汇水的功能。路基基底范围内有泉水外涌时，宜设置暗沟将水引排至路堤坡脚外或路堑边沟内，如图 10.21 所示。

暗沟的尺寸应根据泉水流量计算确定。暗沟宜采用矩形断面，沟底、沟壁宜采用浆砌片石或水泥混凝土预制块砌筑，沟顶应设置混凝土或石盖板，盖板顶面上的填土厚度不应小于 0.5m，并应采取有效措施防止暗沟淤塞。暗沟沟底的纵坡坡度不宜小于 1%，出水口处应加大纵坡坡度，并应高出地表排水沟 0.2m 以上。

（2）渗沟

渗沟是指在地面下或路基内设置，用于汇集、排除地下水或路基内水的沟状结构物。

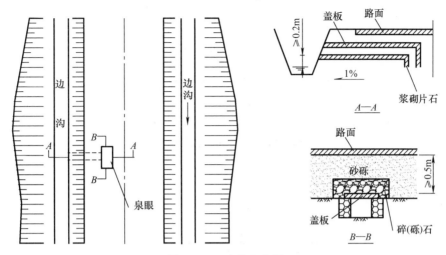

图 10.21　暗沟示意图

有地下水出露的挖方路基、斜坡路堤以及地下水位埋深小于 0.5m 的低路堤等路段，可沿挖方或填方边坡坡脚设置纵向渗沟，将水拦截在路基范围外，使其从路堑或路堤中排出，如图 10.22、图 10.23 所示。

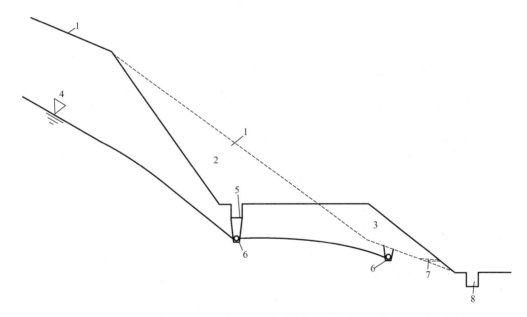

1—天然地面；2—挖方；3—填方；4—地下水位；5—路堑边沟；6—纵向渗沟；
7—水平排水层；8—路堤边沟

图 10.22　拦截地下水的纵向渗沟

路基纵向填挖交替地段，近路堑的路堤基底遇有含水层出露的情况，需在填挖交界处设置横向渗沟，以拦截含水层内的地下水，并排出路界，如图 10.24 所示。

按构造的不同，渗沟有三种基本形式：填石渗沟、管式渗沟和洞式渗沟。

填石渗沟，也称为盲沟，通过粒料的缝隙排水，一般适用于地下水流量不大、排水距

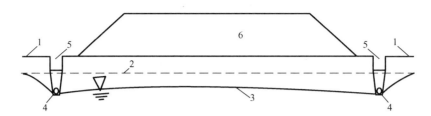

1—天然地面；2—原地下水位；3—降低后的地下水位；4—纵向渗沟；5—路堤边沟；6—路堤

图 10.23 降低地下水位的纵向渗沟

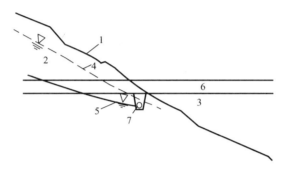

1—天然地面；2—挖方；3—填方；4—原地下水位；5—降低后的地下水位；
6—路面结构；7—横向渗沟

图 10.24 拦截地下水的横向渗沟

离较短的地段，填石渗沟较易堵塞，其最小纵坡坡度不宜小于1%。

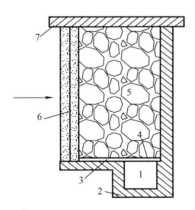

1—排水洞；2—浆砌片石；3—混凝土盖板；
4—透水土工织物；5—透水性回填料；
6—反滤层；7—封闭层

图 10.25 洞式渗沟

管式及洞式渗沟，排水能力较大。管式渗沟可用于地下水流量较大、地下水位埋藏浅、地下排水距离较长的地段。洞式渗沟（如图10.25所示）可用于地下水流量大、地下水位埋藏深的路段。洞式渗沟开挖深度大、施工麻烦，条件允许时，应优先采用管式渗沟。管式及洞式渗沟最小纵坡坡度不宜小于0.5%。

洞式渗沟应设置在路基范围外。在渗沟底部以浆砌片石形成排水槽，槽顶覆盖水泥混凝土条形盖板，形成排水洞，盖板板条间应留有20mm宽的缝隙，间距不超过300mm。盖板顶面铺透水土工织物，沟内回填透水性填料，沟顶覆盖200mm厚的不透水封闭层。

管式渗沟的排水管管径不宜小于150mm，可选用带孔的PVC、PE塑料管、软式透水管、无砂混凝土管或带孔的水泥混凝土管等材料，并符合下列规定。

① 带孔的排水管，槽孔的内径宜为5～10mm，纵向间距宜为75mm，按4或6排对称地排列在圆管断面的下半截，如图10.26（b）所示。带槽的排水管，槽口的宽度宜为3～

5mm，按两排间隔165°对称地排列在圆管断面的下半截，如图10.26（c）所示。设置排水管时，槽孔必须面向沟底，使渗流由下部漫入管内。

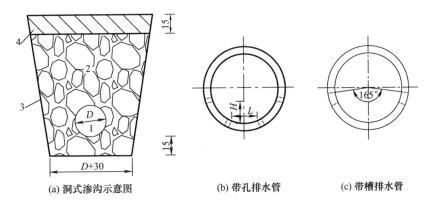

(a) 洞式渗沟示意图　　(b) 带孔排水管　　(c) 带槽排水管

1—带槽孔排水管；2—透水性回填料；3—反滤层或反滤织物；4—不透水封闭层

图 10.26　带槽孔排水管的圆孔和槽口布置示意图

② 圆孔与槽孔布设应满足表10-2所列要求。

表 10-2　带槽孔排水管的槽孔布置尺寸要求　　单位：mm

管径	圆孔			槽口		管径	圆孔			槽口	
	排数	H	L	长度	间距		排数	H	L	长度	间距
150	4	70	98	38	75	300	6	140	195	75	150
200	4	94	130	50	100	380	6	175	244	75	150
250	4	116	164	50	100	460	6	210	294	75	150

渗沟的渗水部分应采用洁净的透水性粒料充填，比如洁净的砂砾、粗砂、碎石、片石等，粒料中粒径小于2.36mm的细粒料含量不得大于5%。回填料外围应设置反滤层，渗沟能否起到良好的排水作用，反滤层的设计与施工是关键。要正确选择反滤层的层数、反滤材料颗粒大小及其级配，在施工中应保证按设计要求，洗净砂石料，按颗粒大小不同分层填筑。

反滤层可选用粒料类、无砂混凝土或土工织物。反滤层选用的砂砾石应洁净，小于0.15mm的颗粒含量不得大于5%。土工织物反滤层宜采用无纺土工织物，当沟壁土质为黏性土、粉土或粉细砂时，可在土工织物与沟壁之间增设一层厚度为0.1～0.15m的中砂反滤层。无砂混凝土反滤层厚度宜为0.1～0.2m，当沟壁土质为黏性土、粉土或粉细砂时，在无砂混凝土块外侧，还应设置厚度为0.1～0.15m的中粗砂或土工织物反滤层。

渗沟位于路基范围外时，透水性回填料顶部应覆盖不小于0.15m的不透水填料。

对于斜坡路堤与路基填挖交界处的渗沟，除了在迎水面设置反滤层外，还应在填方区背水面侧壁和底面设置防渗层，防渗层可采用复合土工膜等材料。

渗沟的出水口应高出地表排水沟常水位0.2m以上。

（3）边坡渗沟和支撑渗沟

赋存有地下水的坡面，当坡体土质潮湿、无集中的地下水流但危及路基安全时，宜设置边坡渗沟或支撑渗沟。

边坡渗沟用于疏干潮湿边坡的水分和引排边坡上部出露的泉水或上层滞水，减轻坡面冲刷，如图10.27所示。边坡渗沟应垂直嵌入边坡坡体，根据边坡情况可按条带形、分岔形或拱形布置。当边坡上只是局部潮湿且面积不大时，宜布置成条带形；当局部潮湿的面积较大时，宜布置成分岔形；当边坡普遍潮湿时，应布置成拱形。边坡渗沟的间距取决于地下水的分布、流量和边坡土质等因素，一般宜为6～10m。边坡渗沟宽度宜为1.2～1.5m，深度视边坡潮湿土层的厚度而定。由于引排的地下水流量较小，因此沟底填以大粒径石料作为排水通道。沟壁做反滤层，其余空间用筛洗干净的透水性材料填充。基底埋入潮湿土层以下较干燥而稳定的土层中，宜呈阶梯状，基础宜采用浆砌片石。渗沟顶部可采用干砌片石铺砌，下部出水口宜采用干砌片石垛支撑。

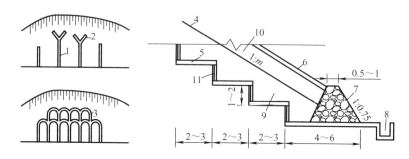

1—主沟；2—岔沟；3—拱形沟；4—干湿土层分界线；5—浆砌片石铺砌；
6—干砌片石覆盖；7—干砌片石垛；8—边沟；9—底部回填粗粒料；
10—上部回填细料；11—反滤织物或反滤层

图10.27 边坡渗沟布置和构造示意图（单位：m）

支撑渗沟用于支撑不稳定的边坡，兼起排除和疏干坡体内地下水的作用。支撑渗沟有主干和分支两种。主干平行于可能滑动方向，布置在地下水露头处或因土中水冲刷形成坍塌的地方。分支应根据坡面汇水情况合理布置，可与滑动方向成30°～45°角，并可延伸至滑动范围外，以起拦截地下水的作用，如图10.28所示。如滑坡推力大，范围广，可采用抗滑挡土墙与支撑渗沟相结合的措施，以支撑滑坡体。

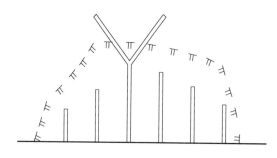

图10.28 支撑渗沟布置示意图

支撑渗沟的横向间距应根据土质情况和渗水量确定，宜为6～8m，沟深不宜小于1.5m，沟宽不宜小于1.5m。基底应埋入滑动面以下稳定地层内0.5m，呈阶梯状，基础宜采用浆砌片石,沟内应回填透水性粒料。回填料外围应设置反滤层。沟顶部可采用干砌片石铺砌。支撑渗沟构造示意图如图 10.29 所示。

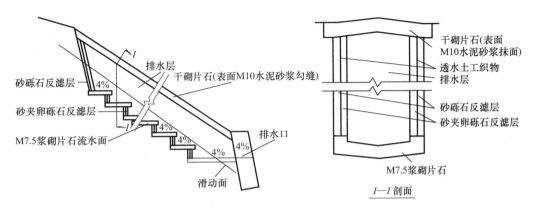

图 10.29 支撑渗沟构造示意图

(4) 排水垫层和隔离层

对于细粒土低路堤,当黏质土地段地下水位埋深小于 0.5m 或粉质土地段地下水位埋深小于 1.0m 时,地下水及毛细水对路床土的影响大,路床多处于潮湿状态,将造成路床强度降低,承载力不足,因此为保证路床处于中湿状态,使其具有足够的强度和承载力,路堤底部应设置排水垫层和隔离层。

排水垫层厚度不应小于 0.3m,垫层材料宜选用天然砂砾或中粗砂。采用复合排水板作为隔离层时,可不设排水垫层。

隔离层可选用土工膜、复合土工膜、复合排水板等土工合成材料,隔离材料的厚度、材质及类型应根据气候、地质条件确定。

2. 当地下水埋藏较深或存在固定含水层时,可采用的地下排水设施

当坡面有集中地下水时,可设置仰斜式排水孔来增加稳定性,如图 10.30 所示。仰斜式排水孔具有施工方便、工期较短、节约材料和劳动力的特点,是一种经济有效的方法。

仰斜式排水孔的设置位置和数量应视地下水分布的情况及地质情况而定,长度应伸至地下水富集部位或潜在滑动面,并宜根据边坡渗水情况成群分布。其孔径大小一般不受流量控制,主要取决于施工机具和孔壁加固材料。排水孔钻孔直径宜为 75~150mm,孔内应设置透水管,透水管直径宜为 50~100mm,可选用软式透水管或带孔的 PVC、PE 塑料管等材料。透水管应外包土工布作为反滤层。仰斜式排水孔仰角不宜小于 6°。

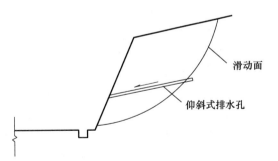

图 10.30 仰斜式排水孔示意图

渗井属于立式地下排水设施,当地下存在多层含水层,其中影响路基的上部含水层较薄,排水量不大,且平式渗沟难以布置时,可采用立式(竖向)排水设置渗井的方式,使渗井穿过不透水层,将路基范围内的上层地下水,引入更深的含水层中,以降低上层的地下水位或将其全部予以排除。图 10.31 为圆形渗井的结构与布置图例。

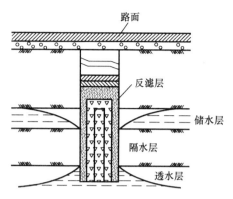

图 10.31 圆形渗井的结构与布置图例

渗井的平面布置及孔径、渗水量，按水力计算而定，一般为直径 1.0～1.5m 的圆柱形，亦可为边长 1.0～1.5m 的方形。井深视地层构造情况而定，井内由中心向四周按层次，分别填入由粗而细的砂石材料，粗料渗水，细料反滤。填充料要求筛分冲洗，施工时需用铁皮套筒分隔填入不同粒径的材料，要求层次分明，粗细材料不得混杂，以保证渗井达到预期排水效果。

鉴于渗井施工不易，单位渗水面积的造价高于渗沟，因此一般尽量少用。有时，因土基含水量较大，严重影响路基路面的强度，而且其他地下排水设施不易布置，其他技术措施如隔离层的造价较高时，可将渗井作为排水方式之一，设计时应进行分析比较，有条件地选用。

3. 检查井

暗沟、渗沟及渗水隧洞的平面转弯、纵坡变坡点等处及直线段每隔一定间距，应设置检查井。检查井的设置应符合以下规定。

① 渗沟检查井的设置间距不宜大于 30m，渗水隧洞检查井的设置间距不宜大于 100m。

② 兼起渗井作用的检查井的井壁外，应设置反滤层。

③ 检查井直径应满足疏通的需要，且不宜小于 1m，井内应设检查梯，井口应设井盖，当深度大于 20m 时，应增设护栏等安全设备。检查梯应采取防腐蚀措施或采用耐腐蚀的复合材料。

思考题

1. 水对路基路面的危害有哪些？
2. 路基路面排水的目的以及排水设施的分类有哪些？
3. 路界地表排水有哪些排除方式？
4. 路界地表排水设施有哪些？各自适用于哪些场合？
5. 路面边缘排水系统由哪些部位组成？有哪些构造方面的规定？
6. 排水基层要进行哪些验算？怎么验算？
7. 地下排水设施有哪些？各自适用于哪些场合？
8. 暗沟与渗沟的区别是什么？
9. 边坡渗沟与支撑渗沟的区别是什么？

参 考 文 献

陈忠达，原喜忠，2013. 路基支挡工程［M］. 北京：人民交通出版社.

陈忠平，2004. 气泡混合轻质填土新技术［M］. 北京：人民交通出版社.

邓卫东，等，2012.《公路土工合成材料应用技术规范》释义手册［M］. 北京：人民交通出版社.

邓学钧，陈荣生，2005. 刚性路面设计［M］. 2版. 北京：人民交通出版社.

龚晓南，2008. 地基处理手册［M］. 3版. 北京：中国建筑工业出版社.

郭大智，冯德成，2001. 层状弹性体系力学［M］. 哈尔滨：哈尔滨工业大学出版社.

郭大智，任瑞波，2001. 层状粘弹性体系力学［M］. 哈尔滨：哈尔滨工业大学出版社.

黄晓明，2019. 路基路面工程［M］. 6版. 北京：人民交通出版社.

交通部第二公路勘察设计院，1996. 公路设计手册：路基［M］. 2版. 北京：人民交通出版社.

李福普，沈金安，2005. 公路沥青路面施工技术规范实施手册［M］. 北京：人民交通出版社.

李广信，张丙印，于玉贞，2013. 土力学［M］. 2版. 北京：清华大学出版社.

李海光，等，2011. 新型支挡结构设计与工程实例［M］. 2版. 北京：人民交通出版社.

李立寒，孙大权，朱兴一，等，2018. 道路工程材料［M］. 6版. 北京：人民交通出版社.

李志勇，王江帅，李彦伟，等，2011. 道路防排水技术［M］. 北京：人民交通出版社.

凌天清，曾德荣，2006. 公路支挡结构［M］. 北京：人民交通出版社.

刘伯莹，关彦斌，丁小军，等，2013.《公路排水设计规范》释义手册［M］. 北京：人民交通出版社.

偶昌宝，石泉彬，2011. 路基路面工程［M］. 北京：北京大学出版社.

王恩远，吴迈，2014. 实用地基处理［M］. 北京：中国建筑工业出版社.

王海涛，涂兵雄，2017. 理正岩土工程计算分析软件应用——支挡结构设计［M］. 北京：中国建筑工业出版社.

王旭东，张蕾，曾峰，等，2015.《公路路面基层施工技术细则》实施手册［M］. 北京：人民交通出版社.

吴万平，等，2015.《公路路基设计规范》释义手册［M］. 北京：人民交通出版社.

姚祖康，2002. 公路排水设计手册［M］. 北京：人民交通出版社.

殷宗泽，等，2007. 土工原理［M］. 北京：中国水利水电出版社.